BRUNNEN
VERLAG GIESSEN · BASEL

VERLAG DER LIEBENZELLER MISSION, LAHR

Alfred Gajan

Hoffnung tröstet auf dem Weg

Aus meinem Leben

BRUNNEN
VERLAG GIESSEN · BASEL

VERLAG DER LIEBENZELLER MISSION, LAHR

In großer Dankbarkeit meiner geliebten Christa gewidmet

*»Sprich nie, um zu gefallen, sondern um zu gestalten.
Eine wahre Rede ist einfach.
Wo Taten benötigt werden und nicht Worte,
handle und spare die Rede.
Ein Kranker verlangt nach keinem Arzt, der redet,
sondern nach einem, der heilt.«*

Johann Amos Comenius

*»Hoffnung tut auf der Pilgerreise not.
Sie ist es, die auf dem Wege tröstet.«*

Augustin

Die Deutsche Bibliothek – CIP-Einheitsaufnahme

Gajan, Alfred:
Hoffnung tröstet auf dem Weg : aus meinem Leben / Alfred Gajan. –
Gießen : Brunnen-Verl.; Lahr : Verl. der Liebenzeller Mission. 2000
(TELOS-Bücher ; 2415 : TELOS-Paperback)
ISBN 3-7655-1206-0
ISBN 3-88002-708-0

ISBN 3-7655-1206-0 Brunnen Verlag
ISBN 3-88002-708-0 Edition VLM

Alle Rechte vorbehalten, auch der auszugsweisen Wiedergabe und Fotokopie
© Copyright 2000 by Edition VLM im Verlag der St.-Johannis-Druckerei
Umschlaggestaltung: Ralf Simon
Herstellung: St.-Johannis-Druckerei, 77922 Lahr
Printed in Germany

Inhalt

Vorwort 9
Fernweh und Heimweh 11
Meine Familie 13
  Mit drei »Müttern« aufgewachsen 13
  Meine Kindheit am Fuß der Hohen Tatra 16
  Von der slowakischen Heimat nach Österreich 19
  Nach Fohnsdorf in der Steiermark 22
  Unser Wohnsitz: Birkenau im Odenwald 24
  Schule und Beruf 25

Zeit der Krankheit 31
  Auf der Suche nach der Heimat 34
  Heimkehr durch Umkehr 36
  Als Christ im Krankenhaus 41
  Ein Hoffnungsschimmer 43
  Verändert nach Hause 46
  Meine geistliche Heimat 48
  Wie soll es beruflich weitergehen? 52

Aufbruch in »Neuland« 56
  Beginn in Bad Liebenzell 56
  Leben und Unterricht im Missionshaus 57
  Erste Verantwortung 62
  Abschied von Mama 66
  Mein erster Dienstbereich 70
  Dienst einüben – zum Probedienst in Bietigheim 71
  Begegnung mit einem erfahrenen Pionier 72
  Erfahrungen im Probedienst 76
  Der Probedienst wird verlängert 79
  Wundersame Liebe 80
  Gedanken im Urlaub 83
  Dienst im »Hauptquartier« 86
  Verkürzter Weg 88
  Nach Reutlingen 89
  Erste Erfahrungen als Prediger 90

Unsere Ehe beginnt	95
Zu zweit unterwegs	97
Abschied von lieben Menschen	99
Gemeinsam in der Ehe und im Dienst	101
Auch im Sturm gehen wir weiter	111
Immer offen für Gäste!	117
Eine berufliche Weichenstellung	122
Aufbruch nach Schwäbisch Hall	124
Das Arbeitsfeld wird größer	128
Wir beginnen eine Teestuben-Arbeit	130
In vielfältigem Einsatz	131
Unsere Israel-Reise	136
Eine neue berufliche Entscheidung	137
An einer Wegscheide angekommen	142
Zum Inspektor berufen	142
Abschied	147
Vor uns eine große Wegstrecke	148
Einzug in die neue Wohnung	149
Unser neues Betätigungsfeld	150
Verkündigung	156
Gremienarbeit	165
Lehrtätigkeit	178
Vorbereitung und Durchführung	
von Veranstaltungen	183
»Feuilleton-Evangelisation«	191
Schriftleitung	194
Familiäres – Privates	198
Unser Kinderwunsch	198
Gallensteine wurden gefährlich	199
Zwei Buben werden uns anvertraut	202
Ferien	204
Und wieder Abschied nehmen	210
Feste	216
Verschiedene Anfechtungen	220

Die schwerste –
und doch eine schöne Zeit unserer Ehe 240
   Im Urlaub 240
   Vorbereitungen zu Hause 244
   Heidelberg 246
   Wieder zu Hause 270
   Auf der »Tannenhöhe« 277
   In Freiburg 283
   Auf dem Heimweg 301
   Das Leben geht weiter 314
   Abschiedsschmerz 323

Ich will ja gern vorwärts stapfen,
so energisch wie ich kann 327
   Wir sind ja auf dem Heimweg 335

Vorwort

Vor dem Schreiben eines Vorworts steht das Lesen, oftmals eine herbe Last. Man quält sich durch ein Buch, muss man doch etwas Passendes und wenn möglich Geistreiches dazu schreiben. Doch völlig anders erging mir's hier, bei der Autobiografie von Alfred Gajan, dem langjährigen Inspektor des Liebenzeller Gemeinschaftsverbandes. Fast zehn Jahre lang habe ich mit ihm im Gnadauer Vorstand eng zusammengearbeitet.

Jedes Mal ertappte ich mich dabei, dass ich von dem Buch nicht loskam. Ich musste mich immer wieder von der Lektüre wegreißen. Was machte das Buch für mich so interessant und lesenswert? Wo liegen die Gründe?

Zum einen darin: Wenn Alfred Gajan aus seinem bewegten Leben erzählt, hält er den roten Faden durch. Er schweift nicht auf Nebenschauplätze ab. Das erleichtert das Lesen. Obendrein schreibt der Verfasser ohne Effekthascherei. Er, der auf außergewöhnliche Weise zum Glauben an Jesus Christus gekommen ist, verzichtet folgerichtig auf allen geistlichen Schematismus. Das tut gut und macht das Buch lebensecht. Daraus kann jeder für sich und seinen Glaubensweg lernen.

Zum andern hat man hier ein ehrliches Buch vor sich. Es hebt sich wohltuend von manchen Lebensbeschreibungen ab, nach deren Lektüre man sich fragt: Hat derjenige denn keine Fehler gehabt? Alfred Gajan hat die Größe, auch sein Versagen und seine Irrwege zu schildern und die Fettnäpfchen zu beschreiben, in die er hineingetappt ist – ohne jedoch damit zu kokettieren. So etwas schafft Nähe zum Leser, denn das kommt jedem bekannt vor. Zum Glück leben wir als Christen nicht davon, dass wir alles richtig machen. Mehr zu scheinen als wir wirklich sind, haben wir nicht nötig. Alfred Gajan versucht das gar nicht erst. Er lebt aus der Vergebung.

Nicht zuletzt handelt es sich um ein zutiefst sehnsüchtiges Buch. Es hat mich an den Satz des Arztes Johann Heinrich Jung-Stilling aus dem 18. Jahrhundert erinnert: »Selig sind, die da Heimweh haben, denn sie sollen nach Hause kommen.« Außerdem klingen die Liedzeilen von Paul Gerhardt an, wohl aus der Zeit des Dreißigjährigen Krieges: »Ich wand're meine Straße, die zu der Heimat führt, da mich ohn alle Maße mein Vater trösten wird.« Das Motiv der Heimat, des Heimwehs und der Sehnsucht, Heimat zu finden und zu Hause zu sein, durchzieht das Leben von Alfred Gajan. Mehr als einmal lässt er uns daran teilhaben, wie »Hoffnung tröstet auf dem Weg«. Das kann gerade solche aufrichten und trösten, die Ähnliches zu durchleben haben.

Wenn Alfred Gajan den letzten Weg seiner Frau Christa schildert, dann gibt er nicht nur seinen Leserinnen und Lesern daran Anteil, sondern er leistet zugleich im Nachhinein ein Stück persönlicher Trauerarbeit. Er schreibt sich das Spannungsgeflecht von Krankheit, Hoffnung, Enttäuschung, Tod und Trost von der Seele. Im eindrücklichen Erzählen entlastet er sich selbst, schreibt sich gleichsam frei und wird dadurch neu beziehungsfähig.

Ich wünsche diesem Buch, dass Christen aller Altersstufen nach ihm greifen. Denn über das Persönliche hinaus schildert es auch ein Stück alltägliche Kirchengeschichte der Nachkriegszeit – betrachtet aus der Perspektive eines der freien Werke, die die Kirche Jesu Christi seit ihren Anfängen maßgeblich mitgeprägt haben.

Ich hoffe, dass andere dieses Buch ebenso lesenswert finden wie ich und dabei erleben können, wie »Hoffnung tröstet auf dem Weg«.

Dr. theol. Christoph Morgner
Präses des Evangelischen Gnadauer Gemeinschaftsverbandes

Fernweh und Heimweh

Pausenlos regnete es auf Budapest herunter. Hier wie in anderen Städten eignen sich solche Tage besonders zum Besuch von Museen und sehenswerten Gebäuden. Unsere nicht gerade kleine Gruppe stand vor einem der Wahrzeichen der ungarischen Metropole: Wir warteten auf Einlass in das Parlamentsgebäude, das mit seiner symmetrischen Bauweise das Pester Donauufer beherrscht. Seine Außenansicht beeindruckte uns sehr. Natürlich wirkt sie aus größerem Abstand noch imponierender – etwa von der gegenüberliegenden Fischerbastei auf der Budaer Donauseite aus. Wetterbedingt zog es uns aber mehr ins Innere des Gebäudes hinein.

Endlich war es soweit: Nach einer Personen- und Gepäckkontrolle standen wir auf dem roten Teppich, der die 96 Treppenstufen bedeckt, die zum Kuppelsaal im Mittelbau führen. Namhafte Staatsmänner sind hier schon hinaufgeschritten. Eine Ungarin erklärte uns in ausgezeichnetem Deutsch, was den Ausschlag zu solch einer herausragenden Leistung neuerer Architektur gegeben hatte. Sie zitierte den beliebten Volksdichter Vörösmarty Mihály (1800–1855): »Heimat ohne Heim« (frei übersetzt). Im Ungarischen ist das ein Wortspiel: »A hazának nincsen háza.« Schon 1846 hatte Vörösmarty diesen Satz in seinem Gedicht »Országháza« niedergeschrieben. Diese drei Worte haben die Nation beflügelt, ihrer geliebten Heimat ein Heim zu errichten. Damals, unter der Herrschaft der Habsburger, galt der Gedanke an ein ungarisches Parlamentsgebäude als rebellisch.

Wir standen auf dem Absatz im Treppenhaus, wo in einer Nische die Büste des Architekten Emmerich Steindl zu sehen ist. Er ist ein Beispiel dafür, zu welch großen Opfern das ungarische Volk während der Bauphase 1885–1902 bereit war. Emmerich Steindl starb kurz vor der Fertigstellung des gewaltigen Baus.

Es ist beeindruckend, unter der 96 Meter hohen Kuppel zu stehen. Von hier aus gewinnt man den Zugang zum Südflügel des Gebäudes mit dem Sitzungssaal des Abgeordnetenhauses und zum Nordflügel, in dem sich der Kongresssaal befindet. Früher war dies der Sitzungssaal des Oberhauses.

Die Zahl 96 spielt also sowohl bei der Treppe als auch bei der Höhe der Kuppel eine Rolle, was kein Zufall ist. 1896 fand die Tausendjahrfeier der Landnahme durch die Magyaren statt. Das sollte auch im Parlamentsgebäude symbolisiert werden, das sich damals im Bau befand.

Die Liebe eines Volkes zu seiner Heimat hatte sich mit dem Parlamentsgebäude ein Heim, ein Zuhause, geschaffen.

Während seiner Herbstferien nahmen wir einmal unseren jüngsten Neffen Michael auf eine Dienstreise ins fränkische Bayern mit. Wir waren erst nachmittags losgefahren, und als wir den Heimweg antraten, war es stockdunkel. Unser elfjähriger Neffe hatte richtig empfunden: »Sonst fahren wir heim, bevor es dunkel wird.« Daheim ist eben Geborgenheit.

Wir kennen beides: das Fernweh und das Heimweh. Einmal zieht es uns hinaus. Wir suchen das Weite. Doch dann brauchen wir wieder ein Dach über dem Kopf. Wir brauchen das Heim. Wir sehnen uns nach Geborgenheit und Wärme, wie ein durchnässter Wanderer spätabends dem Licht seines Hauses zustrebt, wo er erwartet wird.

Was bestimmt den so vertrauten Begriff *Heimat*?

Meine Familie

Mit drei »Müttern« aufgewachsen

Je kompletter, je harmonischer eine Familie ist, desto mehr heimatliche Gefühle verbinden sich mit ihr. Solche Familien sind heute selten geworden.

Auch ich kann keine komplette Familie aufweisen. Als ich drei Jahre alt war, ließen sich meine Eltern scheiden. Mein Vater, Arpád Gajan, ging ins Ausland. Meine Mutter, Maria Gajan, war plötzlich »allein erziehend«. Doch bei der Erziehung halfen ihr meine Großmutter und meine Tante Anna. Alle Voraussetzungen waren somit geschaffen für eine *Ver*ziehung des kleinen Buben, eines Einzelkindes. Mutter investierte alles in ihren Sohn. Und dazu verwöhnten mich noch zwei andere »Mütter«. Da musste meine »Erziehung« fehlschlagen! Dazu kam, dass ich als Kind gesundheitlich anfällig war.

Meist fragte der Lehrer seine Schüler am Anfang eines Schuljahres, wenn er sie kennen lernen wollte, nach ihren Eltern. Und dann hörte es die ganze Klasse: Geschieden!

Nie habe ich versucht herauszubekommen, wer von meinen Eltern mehr Schuld daran hatte. Ohne Schuld auf beiden Seiten geht es wohl bei keiner Scheidung ab. Fest steht, dass die Kinder unter der Trennung ihrer Eltern leiden. Habe ich jedoch je meinen Eltern Vorwürfe gemacht? Ich kann mich nicht daran erinnern. Das scheint mir ein Zeichen dafür zu sein, dass mein Verhältnis zu den Eltern nicht belastet war.

Mein Vater hat nicht lange danach wieder geheiratet. Meine Mutter mühte sich redlich, mit ihrem Los fertig zu werden. Natürlich litt sie darunter. Sie war damals eine junge Frau von 29 Jahren. Mama eröffnete ein kleines Geschäft für Milch und Milchprodukte. Das ging nicht lange gut. Dann arbeitete sie als Verkäuferin in einem Textilgeschäft; dann wieder als Schneiderin. So versuchte sie, das nötige Geld für unseren Lebensunterhalt zu verdienen.

Ich wuchs also unter drei »Müttern« auf und habe ihnen sehr viel zu verdanken. Tante Anna war es, die – vielleicht unbewusst – dafür sorgte, dass das väterliche Element in meiner Erziehung nicht fehlte. Sie war eine sehr liebe Frau mit einem gewinnenden, charmanten Äußeren, aber in ihrer erzieherischen Liebe war sie auch konsequent. Zwei Erlebnisse aus meiner Kindheit und Jugend sollen das beispielhaft verdeutlichen.

Es war meine Gewohnheit, täglich rechtzeitig vor Beginn des Unterrichts im Klassenzimmer zu sein. Die Tür des Schulhauses stand meist einladend offen. Diesmal war sie aber geschlossen. Ich befürchtete, zu spät zu kommen. Es war auch niemand mehr auf der Straße zu sehen. Nach kurzem Überlegen kehrte ich um und ging nach Hause. Der Heimweg fiel mir schwer. Ich musste ja begründen, warum ich so früh heimkehrte. Natürlich blieb die Frage nicht aus, warum ich zurückkäme. Meine Antwort: »Der Unterricht fällt heute aus.« Woher ich das wüsste? »Mein Freund Eugen hat es mir gesagt.« So naiv habe ich gelogen. Ich hätte es doch wissen müssen, dass es auffällt, wenn keine anderen Schulkinder auf der Straße zu sehen sind. Außerdem wohnten Eugens Großeltern mit seinem Onkel und seiner Tante in unserer Nachbarschaft. Meistens kam er nachmittags zu dem Großbauern, der den Stall voll Tiere hatte. Dort traf ich mich oft mit ihm, was ich aber jetzt vermeiden wollte. Freilich, wenn Mutter oder meine Tante ihn nach der Schule fragen würden, käme alles ans Licht.

Ich verhielt mich während des Vormittags sehr ruhig zu Hause – äußerlich. In meinem Inneren tobten Anklage und Selbstrechtfertigung gegeneinander. Auch versuchte ich, allen, die weiterfragen könnten, aus dem Weg zu gehen. Plötzlich wurde ich mit strengem Ton gerufen. Ich verhielt mich still im Schlafzimmer. Die Tür ging auf. Ich wurde entdeckt. Und wieder kam die Frage, wie das mit der Schule und mit dem Eugen gewesen sei. Wie unangenehm! Am liebsten wäre ich in den Boden versunken. Dann schaute ich in die Augen meiner Mutter und meiner Tante, die ich doch so lieb hatte – und kapitulierte. Stockend kam es über meine Lippen, dass das mit Eugen gar nicht stimmte und dass ich Angst gehabt hätte, ich käme zu spät zum Unterricht. Ich schämte mich. Trotzdem fiel eine Last von mir ab. Ich durfte wissen: Das bleibt in der Familie. Und das mit dem Lehrer würde meine Mutter mir schon regeln helfen.

Die andere Begebenheit ereignete sich, als ich schon ein frecher Teenager war. Ich wollte unbedingt an einer Faschingsveranstaltung teilnehmen. Alle waren dagegen. Trotzdem bot ich all meine Überzeugungskunst auf und versuchte klar zu machen, dass dies doch ein harmloses Vergnügen sei. Wahrscheinlich ging es mir gar nicht so sehr um das Vergnügen: Ich wollte vor meinen Freunden als erwachsen gelten und mein Gesicht nicht verlieren. Aber da wurde Tante Anna so energisch, wie ich sie selten erlebt hatte. Als hätte sie eine große Gefahr für mich gewittert, verschloss sie kurzerhand die Tür. Ich suchte den Weg durch ein Fenster im Erdgeschoss. Tante Anna stellte sich vor das Fenster und umklammerte mit ihrer Hand den Fenstergriff. Ihr Gesicht überzeugte mich von zweierlei: Sie ist nicht bereit, ihre Meinung zu ändern – und sie liebt mich, wie sie es mir schon oft bewiesen hatte. Sie trug den Sieg davon. Ich blieb zu Hause.

Ich kann es nicht anders sagen: Meine Kindheit war trotz allem schön. Ich hatte eine Eisenbahn. Natürlich musste die Lokomotive noch aufgezogen werden. Ich konnte viele komfortable Spielzeugautos mein Eigen nennen. Wenn ich krank war, las mir Großmutter vor – zunächst aus Märchenbüchern und später aus »Der Schatz im Silbersee«, »Winnetou« und aus anderen Bänden von Karl May.

Als Tante Anna und Onkel Eduard heirateten – das war die erste Hochzeit, die ich miterlebte –, meinte ich mit meinen sechs Jahren, der wichtigste Gast zu sein. Da ist mir etwas Peinliches passiert. In einem Vorraum stand ein Bierfass, natürlich mit Inhalt. Es war angestochen und deshalb mit einem Hahn versehen. Er glänzte metallisch schön und machte mich neugierig. Schließlich drehte ich daran. Da schoss ein Strahl schäumender Flüssigkeit heraus. Ich versuchte, den Hahn zuzuhalten. Das nützte nichts. Das gelb-weiße Nass floss über meine schönen weißen Hosen. Auf die Idee, den Hahn wieder zuzudrehen, kam ich vor Schreck nicht. Ich schrie in meiner Hilflosigkeit. Endlich kam jemand und sah die Überschwemmung und mich weinend mit meinen (bier-)nassen Hosen.

Die Hochzeitsfeier, auf die ich mich so gefreut hatte, war für mich natürlich vorbei. Ich landete im Bett. Vielleicht hatte ich aus der hohlen Hand auch etwas getrunken, als ich versuchte, die kostbare Flüssigkeit nicht auf den Boden fließen zu lassen. Vielleicht löste auch schon der Duft meiner alkoholisierten Hosen bei mir einen kleinen Rausch aus. Schläge erhielt ich keine. An tadelnde Worte kann ich mich auch nicht erinnern. Ich war ja gestraft genug, dass die Hochzeit meiner geliebten Tante Anna für mich so ausging.

Meine Kindheit am Fuß der Hohen Tatra

Wenn wir von unserer Heimat sprechen, so verstehen wir darunter ein Gebiet, einen Ort, vielleicht auch ein Haus. Obwohl wir heute eine sehr mobile Gesellschaft geworden sind, begegnet man immer wieder Menschen, die bis ins hohe Alter in demselben Haus wohnen, in dem sie geboren worden waren und worin sie ihre Kindheit verbracht hatten.

Ich bin am 22. April 1933 in Matzdorf in der Oberzips geboren worden, einer deutschen Sprachinsel in der Slowakischen Republik am Fuß der Hohen Tatra. Dieser Teil der Karpaten ist das flächenmäßig kleinste Hochgebirge auf dem Globus. Die höchste Erhebung ist die Gerlsdorfer Spitze, 2663 Meter hoch. Von unserem Haus aus konnte man – je nach Wetterlage – das ganze Gebirgspanorama sehen. Manchmal wirkte es ganz nahe. Aber die Tatra versteht es auch, sich zu verbergen. Ganz schnell hüllt sie sich in ein Wolkenkleid. Sie ist ein urwüchsiges Gebirge mit vielen kleinen und großen Seen.

Wenn in langen Wintern im gemauerten Herd unserer Küche das Feuer knisterte, saß ich in der Dämmerung nicht selten auf dem Schoß meiner Großmutter. Sie erzählte aus ihrer Kindheit. Ich hörte gespannt zu, wenn von Bären die Rede war, jenen Tieren, die es dort auch heute noch gibt. Es schauderte mich, wenn ich mir die heulenden Wölfe vorstellte, die einst bei klirrender Kälte um unser Dorf strichen und ihren Hunger zu stillen suchten.

Der Rotbach, der durch Matzdorf fließt, kommt von der Tatra herunter. Mein Schulweg führte auf einem schmalen Holzsteg über ihn. Im Sommer spielten wir an seinen Ufern. Im Winter liefen wir auf seiner dicken Eisdecke mit Schlittschuhen. Der Kern Matzdorfs bestand aus drei Straßen, die durch kleinere Wege miteinander verbunden waren: die Sommergasse, die Wintergasse und zwischen beiden die Mittelgasse. Dann gab es den Oberort mit kleinen alten Häusern am Nordende. Am Südrand befand sich in der Nähe der großen Fabrik die so genannte »Kolonie«, eine Siedlung für Arbeiter der Firma C. A. Scholz. Den »Kaiserweg« hätte ich fast vergessen. Das war die Durchgangsstraße von Deutschendorf (Poprad) nach Käsmark. Der östliche Teil dieser Straße am Ortsrand wurde »Dollargasse« genannt. Die Häuser dort sollen mit dem Geld erbaut worden sein, das ihre Besitzer in Amerika verdient hatten. Es waren manche aus der Zips-Region befristet oder ganz nach Amerika und Kanada ausgewandert.

Wie kamen die Deutschen in die Zips? Nur kurz lässt sich das hier streifen: Schon vor der Völkerwanderung vermischten sich germanische Völker mit den dort lebenden Kelten. Die ungarischen Könige holten im 12. und 13. Jahrhundert deutsche Siedler aus dem Flämischen, dem Rheinland, aus Sachsen und aus Süddeutschland in das Gebiet unter der Tatra. Die ungarischen Herrscher wollten »im äußersten Norden ihres damaligen Reiches nicht Wälder und Wildnisse, sondern einen festgefügten und wirtschaftlich erschlossenen Schutzwall mit ausgesuchten Wächtern haben ... Also wurden Deutsche aus Deutschland gerufen – mit Äxten und Sägen, mit Pflügen und Kellen. Ihre Gründlichkeit, ihr zäher Fleiß und ihre fachlichen Fähigkeiten schufen sehr bald den gewünschten Schutzwall zur Zufriedenheit der ungarischen Könige, die sie darum mit so vielen Privilegien belohnten, dass sich die Zipser Deutschen eine Selbstverwaltung auf allen lebenswichtigen Gebieten auf- und ausbauen konnten.«[1] Zwar zerstörte der Mongolensturm 1243 manche dieser Siedlungen, wie andere Stürme in den folgenden Jahrhunderten auch. Doch was Deutsche dort schufen, konnte selbst der Zweite Weltkrieg und seine Folgen nicht ganz auslöschen.

Die heutige Slowakische Republik gehörte bis Ende des Ersten Weltkriegs zu Ungarn. Die ungarische Monarchie hinterließ prägende Spuren. Die ausgezeichnete Koch- und

---

[1] Julius Gretzmacher, »Die Kunst der Zipser Deutschen«, Käsmark/Wien

Backkunst ist meinem Gaumen noch sehr vertraut. Doch nicht nur das: Die Deutschen in der Zips waren auch der ungarischen Sprache kundig. Nicht wenige hatten sich zudem noch das Slowakische angeeignet, wobei freilich Deutsch ihre Muttersprache blieb. 1918 kam es zum Zusammenschluss von Böhmen und Mähren mit der Slowakei. 1939 wurde die Slowakei wieder selbstständig. 1945 entstand die Tschechoslowakische Republik mit kommunistischem Vorzeichen. Nach der *samtenen Revolution* 1989 bahnte sich eine demokratische Föderation an. Sehr bald, 1992 schon, wurde dieser Entwicklung ein Ende gesetzt. Die Slowakei sollte mit Wirkung vom 1. Januar 1993 wieder selbstständig sein und von Vladimir Meciar als Ministerpräsidenten regiert werden.

Ich lebte nur von 1933 bis 1944 am Fuße der Hohen Tatra. Als ich elf Jahre alt war, musste ich meine Heimat verlassen. Seit 1939 stand die Slowakei *unter dem Schutz des Deutschen Reiches* durch die Einflussnahme des katholischen Priesters Josef Tiso. Es entstand eine *Deutsche Jugend*. Der trat ich bei, weil ich Deutscher war. Ich spielte als Pimpf im Spielmannszug mit. Wer wusste schon, was sich hinter dem für uns neuem Deutschtum verbarg? Erst als meine Mutter eines Tages bewegt erzählte, wie eine ihr bekannte Frau nur wegen ihrer jüdischen Abstammung deportiert worden war, begannen wir zu ahnen, was es mit dem Hitler-Regime auf sich hatte. 1938 wurden nach dem Münchner Abkommen die deutsch besiedelten Randgebiete Böhmens und Mährens – das Sudetenland – an das nationalsozialistische Deutsche Reich angeschlossen. 1939 folgte die Angliederung des tschechoslowakischen Restgebiets als *Protektorat Böhmen und Mähren* an Hitlers *Großdeutschland*.

Diese Ereignisse wirkten sich auch in unserer *Volksschule* aus. Unsere Klasse erhielt einen *Klassenführer*. Dazu war ich erkoren worden – wohl, weil ich im Winter Schaftstiefel trug. Meine Aufgabe war es, festzustellen, wer fehlt. Betrat der Lehrer das Klassenzimmer, hatten die Schüler aufzustehen. Ich marschierte durch den Mittelgang nach vorn, nahm Haltung an und grüßte den Lehrer. Dann machte ich eine Kehrtwendung zur Klasse hin und kommandierte: »Stillgestanden!« Mit einer erneuten Kehrtwendung wandte ich mich zum Lehrer um und meldete, wer fehlte. Wenn niemand fehlte, hieß es: »Niemand fehlt.« Dann wurde gebetet: »Herr, schütze unser deutsches Land und gib dem Führer, der uns auferstand, allezeit die Kraft zu seinem Werke …« Die Fortsetzung dieses *Gebetes* habe ich nicht mehr im Gedächtnis. Dann Kehrtwendung zur Klasse: »Rührt euch!« Das war der *militärische* Teil des Unterrichtes.

Ich kann mich noch gut an den Religionsunterricht erinnern. Unser Pfarrer Fabry betrat das Klassenzimmer, lächelte freundlich und setzte sich ans Harmonium. Er spielte sehr temperamentvoll, sodass das ganze Instrument in Schwingungen geriet, wenn er die Pedale bediente. Des öfteren ließ er uns das Lied singen: »Wir pflügen und wir streuen den Samen auf das Land, doch Wachstum und Gedeihen steht in des Himmels Hand. …« Ob er dabei auch an uns, seine Schüler, als an das *Land* dachte?! Der Religionsunterricht war Saat auf Hoffnung.

Deutsche Soldaten wurden zu unseren Freunden. Als im Sommer 1944 ein so genannter Partisanenaufstand[2] unser Leben bedrohte, sind wir zu einer Schwester meines Onkels in die Nachbarstadt Käsmark geflohen. Die Partisanen kletterten auf die Dächer und schossen in die Höfe hinunter. Da kamen die ersehnten deutschen Soldaten und schlugen den Aufstand nieder. Vier von ihnen waren dabei gefallen. Am Rathaus der Stadt wurde ihrer dankbar gedacht. Ich war natürlich dabei.

Wir Kinder gaben den deutschen Landsern Schinken von unserer Hausschlachtung und andere Leckerbissen. Sie schenkten uns Rasierseife, wohl, weil sie sonst nichts zu verschenken hatten, sich aber dennoch als dankbar zeigen wollten. Wir gaben sie begeistert weiter.

Von der slowakischen Heimat nach Österreich

Eines Tages kündigte sich von der Ukraine her durch heftige Detonationen die näher kommende Ostfront an. Frauen und

---

[2] Der von Banská Bystrica (Neusohl) ausgehende slowakische Volksaufstand.

Kindern wurde empfohlen, das Land zu verlassen. Im Oktober 1944 verließen auch wir die Heimat, in der guten Meinung, bis Weihnachten wieder zurück zu sein. Es war ja überall zu lesen: »*Aushalten – Durchhalten – Die Wende kommt!*«

Mit unserem Gepäck – es war nicht allzu viel – fuhren wir über einen Pass der Hohen Tatra nach Zakopane, dem bekannten Wintersportort auf der polnischen Seite des Gebirges. Ein verlaustes Lager wartete dort auf uns. Wir hielten uns dort aber nicht lange auf, sondern zogen bald weiter nach Sakrau zu einem längeren Lageraufenthalt. Wir hausten dort in einer Baracke, in der wir nachts wie die Heringe dicht nebeneinander auf dem Fußboden lagen. In den Fenstern fehlte teilweise das Glas, die Türen waren nicht dicht. An eine Heizung kann ich mich nicht erinnern, wohl aber an meine Zahnschmerzen, die mir Tag und Nacht keine Ruhe ließen. Ich hatte nur ein Mittel. In der Toiletten-Baracke kam eiskaltes Wasser aus dem Hahn. Damit spülte ich meinen Mund. Das half eine Weile. Dann war die nächste »Therapie« dieser Art nötig. An eine zahnärztliche Behandlung war damals nicht zu denken.

Als einziger Mann war mein Großvater mit uns aufgebrochen, weil er schon über 60 Jahre alt war. Meine Großmutter, meine Mutter, meine Tante, jedoch ohne den Onkel (weil die jüngeren Männer ja die Heimat *verteidigen* sollten), eine Schwester meiner Großmutter, Tante Rosa, und deren Tochter Doris gingen mit, während ihr Mann und ihr Sohn auch zurückbleiben mussten. Die Eltern meiner Großmutter, Jakob und Maria Pasternak, hatten sieben Kinder, von denen die Töchter Anna und Amalie früh starben. Von den verbliebenen fünf war Maria, meine Großmutter, dem Alter nach die Mittlere. Johann war der Älteste. Er heiratete eine Ungarin und wurde in Budapest ansässig. Berta, die Jüngste, wanderte mit ihrer Familie nach Kanada aus. Sie war eine meiner Patentanten. Julie, die ältere, und Rosa, die jüngere Schwester meiner Großmutter, waren in Matzdorf verheiratet.

Mein Großvater stammte aus Österreich und war in unserem engeren Verwandtenkreis als Einziger katholisch. Zu Beginn des letzten Jahrhunderts war er aus beruflichen Gründen zuerst von der Steiermark nach Linz in Oberösterreich umgezogen und schließlich nach Matzdorf gekommen (vor dem Ersten Weltkrieg gehörte ja dies alles zur ungarisch-österreichischen Monarchie). In Matzdorf war er Werkmeister in der großen Metallwarenfabrik der Familie Scholz geworden.

Wir wollten zu Großvaters älterem ledigem Bruder in die Steiermark weiter, um sobald als möglich die schrecklichen Lager verlassen zu können. Die Reise zu diesem Ziel war aber nur zulässig, wenn wir eine schriftliche Einladung vorlegen konnten. Mein Großvater und ich, wir machten uns täglich auf den nicht ganz kurzen Weg zur nächsten Post; voller Spannung fragten wir dort, ob das Telegramm schon eingetroffen sei, das wir aus Österreich sehnlichst erwarteten. Bei solchen Gängen konnte ich zum ersten Mal in meinem Leben nicht mehr sagen: »Wir gehen *heim*«, sondern es hieß jetzt: »Wir kehren ins Lager zurück.« Endlich hielten wir das Telegramm in Händen. Es ermöglichte uns, aus dem Lager entlassen zu werden. »Wenn wir nur erst in Wien wären!«, dachten wir.

Die Bahnsteige und die Züge waren voll von Menschen, Uniformierten und Zivilisten. An ihren Gesichtern war abzulesen, ob sie in Richtung Osten oder Richtung Westen fuhren. Der Bahnhof in Kattowitz ist mir noch gut in Erinnerung: Ich hatte Großvaters Hutschachtel zu hüten. Darin befanden sich nicht nur seine Hüte, sondern auch Tabakwaren, teils für seinen Eigenbedarf, teils zum Schachern und Schmieren. Der Zug, in den wir einsteigen sollten, war hoffnungslos überbelegt. Man drückte und schob uns hinein. Ich kämpfte um die besagte Hutschachtel. Schließlich landete ich in der Zug-Toilette. Auch andere hatten dort schon Zuflucht gefunden.

In Wien angekommen, saßen wir müde auf unserem Gepäck in der Wartehalle des Südbahnhofs. Er kam uns so leer vor im Vergleich mit den Bahnhöfen, die wir hinter uns hatten. Plötzlich kam ein Mann hereingestürzt, erblickte uns, stutzte und rief uns zu unserem großen Erstaunen zu: »Was macht ihr jetzt hier? Wisst ihr nicht, dass täglich um 11 Uhr in Wien Fliegeralarm ist? Die feindlichen Bomber machen öffentliche Gebäude in Wien systematisch dem Erdboden gleich!« Wer war dieser Bote des Unheils? Er stammte ausgerechnet aus Matzdorf und war meinen Angehörigen gut bekannt. Die Welt ist doch ein *Dorf!*

Seine Botschaft erschütterte mich zutiefst. In meiner großen Angst betete ich. Merkwürdig, als Kind habe ich gewiss nicht nur im Religionsunterricht gebetet. Großmutter hatte mich das kurze Kindergebet gelehrt: »Ich bin klein, mein Herz mach rein, soll niemand drin wohnen als Jesus allein.« Solche vorformulierten Gebete sprach ich. Man plappert sie oft mit und spricht sie nach, gedankenlos. Hier in der Halle des Südbahnhofs in Wien betete ich wohl zum ersten Mal ein selbst formuliertes Gebet, etwa so: »Lieber Gott, beschütze uns doch in dieser Gefahr. Und wenn du mich noch einmal hier herausbringst, dann soll mein Leben dir gehören.«

Vor der fahrplanmäßigen Abfahrtszeit brachte uns ein zusätzlich eingesetzter Zug aus dem gefährdeten Bahnhofsgelände heraus. Meine Mutter wollte mir die schöne Gegend zeigen, als wir den Semmering hinauffuhren, aber ich schlief vor Erschöpfung ein.

Nach Fohnsdorf in der Steiermark

Fohnsdorf hieß der größere Ort in der Steiermark, in dem Großvaters Bruder, Onkel Ferdl, zu Hause war. Er holte uns am Bahnhof ab. »Mici mit dem Buam wohnt bei mir«, mit dieser freundlichen Einladung wollte er meiner Mutter und mir eine besondere Ehre erweisen. Aber die mit Möbeln vollgestellte Dachwohnung gefiel Mutter nicht. Mich beeindruckte dort am meisten der Ständer mit den langen Porzellankopf-Pfeifen, die Onkel Ferdl mit Vorliebe rauchte.

Wir sieben zogen lieber in den Gesinderaum des katholischen Pfarrhauses ein. Die Doppeltüre schloss nicht ganz dicht; das Zimmer hatte drei kleine Fenster und war für uns zunächst Schlaf-, Wohnraum und Küche in einem. Waschen konnten wir uns nebenan in der Waschküche, in die man über den Hof gelangte. Auf die Toilette ging man auch über den Hof, dann aber durch einen Obstgarten in ein angebautes *Luftschlösschen*. Es war Ende Oktober!

Hier erlebten wir auch die letzte »Kriegsweihnacht«. Bei Fliegeralarm eilten wir in einen Bergstollen, der einer Tropfsteinhöhle glich. Manchmal verbrachten wir dort viele Stunden. Das Kohlenbergwerk in Fohnsdorf und der Flugplatz in Zeltweg – einem Städtchen, das nur wenige Kilometer entfernt war – waren für den Luftkrieg lohnende Ziele. Deshalb belästigten uns auch nicht selten Tiefflieger.

Trotz dieser Erschwernisse besuchte ich mit großer Freude in Fohnsdorf eine Art Mittelschule. Ich begann gleich mit der zweiten Klasse, um ein Jahr aufzuholen, das mir durch die Ereignisse der letzten Jahre verloren gegangen war. Mein Englischlehrer anerkannte meine Leistungen, und er verstand es, mich zum Lernen zu motivieren. An etwas Negatives erinnere ich mich aber auch: Einmal musste ich ihm zum Einnehmen seiner Arznei ein Glas Wasser holen. Ich hatte das Glas zu weit oben angefasst. Vor versammelter Klasse zeigte er mir tadelnd, wie weit die Finger vom Rand des Glases entfernt bleiben müssen. Vorfälle wie dieser bleiben im Gedächtnis haften.

1945 erlebten wir in Fohnsdorf zunächst den Einmarsch der Russen. Weiße Leintücher wurden in die Fenster gehängt. Nach Kriegsende wurde die Steiermark englische Besatzungszone. Inzwischen fühlten wir uns in Fohnsdorf schon recht zu Hause, und auch die Männer, die zunächst in der Slowakei hatten zurückbleiben müssen, hatten mittlerweile zu uns gefunden. Pfarrer Paul Trifter stellte uns eines Tages den Speisesaal des Pfarrhauses als weiteren Raum zur Verfügung, ein sehr schönes Gemach mit Parkettboden, Holztäfelung an den Wänden und vier großen Fenstern. Das wurde für sechs von uns der Schlafraum.

Pfarrer Trifter mochte mich wohl besonders. Am Heiligen Abend 1945 fehlte ihm für die Christmette ein Ministrant. Er fragte mich, ob ich nicht aushelfen wollte. Ich fühlte mich verpflichtet und wurde einer der Ministranten.

In Fohnsdorf gab es auch eine kleine evangelische Diasporagemeinde, die von dem Pfarrer in Judenburg und von einer Gallneukirchner Diakonisse betreut wurde. Bei ihr erhielt ich auch Konfirmandenunterricht. Es freute mich, dass sie nach dem Unterricht stets leckeres Anisgebäck spendierte.

Unser Wohnsitz: Birkenau im Odenwald

Anfang 1946 sollten alle in Österreich lebenden Deutschen nach Deutschland umgesiedelt werden. Im Mai galt es Abschied zu nehmen von manchem, was mir schon sehr vertraut geworden war. In diesem Alter passt man sich schnell an. Ich sprach mit Freuden den Steiermärker Dialekt. Das nützte aber nichts. Wieder mussten wir unsere Kisten packen.

Der Transport erfolgte per Bahn – im Viehwaggon. Zuerst wurden die Kisten verladen. Darauf lagerten in einem Waggon zwanzig Personen, vom Kind bis zur Uroma. Eine Toilette gibt es in solchen Waggons ja nicht, nur große Schiebetüren. Ich weiß nicht mehr, wie lange wir unterwegs waren. Über Bad Gastein, Dorfgastein, Hofgastein, München, Stuttgart, Frankfurt fuhren wir nach Dieburg in Hessen. Dort wurden wir in ein Schulhaus einquartiert, das zur Notunterkunft umfunktioniert worden war. Frei von Ungeziefer war diese Bleibe allerdings nicht. Meine Mutter fand so etwas rasch heraus. Eines Tages ging es weiter. Wir wurden per Lkw mit Zwischenstation Auerbach an der Bergstraße nach Birkenau im Odenwald gefahren. Da Pfingstferien waren, konnten wir auch dort zunächst im Schulhaus untergebracht werden.

Sollte Birkenau zu unserer neuen *Heimat* werden? Nach ein paar Tagen wurden uns unsere Quartiere zugewiesen. »Liebknechtstraße«, lautete unsere erste Adresse. Uns, die wir immer noch sechs Personen waren, wurden zwei Räume zur Verfügung gestellt. Der eine befand sich im Erdgeschoss, der andere im Dachgeschoss. Der untere Raum wurde unsere Küche; darin stand auch das Bett für Onkel Eduard und Tante Anna. Der Dachbodenraum war etwas größer, hatte dafür aber schräge Wände. Hier wurde ein Bett für Großvater und ein dreifaches Stockbett aufgestellt. Unten durfte meine Großmutter schlafen, in der Mitte meine Mutter, ganz oben ich. Das war meist abends und morgens ein großer Spaß! Den mittleren Teil dieses interessanten Bettgestells konnte man auch umklappen. Dann sah das Ganze aus wie ein Sofa mit Baldachin. Weniger lustig war, dass dieses Dreistockbett voll Wanzen war. Wie mühte sich meine Mutter, diese Tiere auszurotten! Es gelang einfach nicht. Man riet uns, das ganze Bett zu verbrennen. Es blieb nichts anderes übrig, und so übergaben wir es eines Tages unten im Hof den Flammen.

Schule und Beruf

Nun stellte sich natürlich auch die Frage nach Arbeitsplätzen und – was mich betraf – nach der passenden Schule. Mama brachte manchmal einen Wunsch zur Sprache, den sie schon in Matzdorf gelegentlich geäußert hatte: Sie wollte mit mir nach Kanada auswandern. Aber ich widersetzte mich dem, denn ich wollte unter keinen Umständen von meiner Großmutter und von Tante Anna weg. Meine Angehörigen wollten, dass ich Pfarrer oder Lehrer werden sollte. Deshalb wurde nach einem geeigneten Gymnasium Ausschau gehalten. Nach intensivem Prüfen entschieden wir uns für Weinheim. Damals zählte man die Klassen in den Gymnasien lateinisch, von der Sexta bis zur Oberprima. Ich ließ mich meinem Alter entsprechend in die Quarta – also die dritte Klasse – aufnehmen.

Sehr bald stellte ich fest, dass ich vor allem in Mathematik und Englisch sehr im Rückstand war. Das Niveau der Schule in Österreich war niedriger, und auch das Schulsystem war ein anderes. Außerdem kam als Fremdsprache Latein dazu, was für mich eine große Herausforderung darstellte.

Zu essen gab es wenig. Meine drei »Mütter« traten mir einen Teil ihrer Lebensmittelmarken ab. Auch bettelten wir bei Bauern in den kleinen Dörfern des Odenwaldes. Manchmal bekamen wir einige Eier und ein paar Kartoffeln. Das war für damalige Verhältnisse viel. Später schickte uns Tante Berta aus Kanada Pakete. Sie waren in Leinwand eingenäht. Es war jedes Mal ein Fest, wenn ich ein Paket (manchmal auch zwei Pakete) von der Post abholen durfte! Die Grundnahrungsmittel darin waren wichtig, aber über Schokolade und Kaugummi freute ich mich natürlich auch. Manche Kleider, Sakkos, Mäntel, Krawatten und Schuhe ließen mich manchmal von Gleichaltrigen ein wenig abstechen. Ansonsten bemühte ich mich, mich meiner neuen Umgebung anzupassen. Bald beherrschte ich den hessischen Dialekt mit den Zischlauten perfekt.

Meine Leistungen in der Schule aber wurden schlechter. Ich quälte mich mühsam durch. Bei geringem Erfolg lässt auch die Motivation nach. Fächer, die neu dazukamen, nahm ich gern an und brachte in ihnen gute Leistungen. In anderen Fächern wie Latein und Mathematik kam es zu unaufholbaren Lücken. So schrieb ich zum Erstaunen der Lehrer beispielsweise in Französisch und Geographie gute Noten, während ich in Latein und Mathematik permanent schlecht blieb. Schließlich fassten wir den Entschluss, mit der Untersekunda – dem so genannten Einjährigen – das Gymnasium zu beenden. Es tat mir damals Leid, die Schule verlassen zu müssen, in der ich meine Freunde hatte. Eine Klasse zu wiederholen hätte mir wohl entscheidend geholfen. Doch damals war das »Parken« noch sehr ehrenrührig. Also hörte ich auf.

Als Kind spielte ich sehr gern »Lehrer«. Unser Blumengarten war das »Klassenzimmer«. Ein kleiner Zierzaun trennte mich von den »Schülern«, vor denen ich auf und ab ging und meine Vorträge hielt. Wenn der Phlox verblüht war, brach ich einen Stengel ab und verwendete ihn als Zeigestab. Ein akademischer Beruf kam jedoch jetzt für mich nicht mehr infrage.

Auch manche Beziehungen hörten damit auf. Gern denke ich an alle Lehrer zurück, wenn manche unter uns Schülern auch sehr zu leiden hatten. Da wäre zum Beispiel unser Biologielehrer Schneider zu nennen, der Vegetarier war. Es verging kaum eine Unterrichtsstunde, ohne dass er uns nicht klar zu machen versuchte, dass jegliche Aggression und jeder Krieg die Folge des Fleisch- und Blutgenusses der Menschen wären.

Einmal kamen wir nach einem Klassenfest auf der Studentenburg, der *Wachenburg*, zu fortgeschrittener Stunde am Haus dieses Lehrers vorbei. Da entschlossen wir uns, stehen zu bleiben und nicht gerade *piano*, sondern in feuchtfröhlicher Stimmung zu singen: »Drei Lilien, drei Lilien, die pflanzt ich auf ein Grab, da kam Professor Schneider und fraß sie ab.«

Wir hatten ausgemacht, zu einer solchen »Wachenburgfete« auch Mädchen aus unserer Schule einzuladen. Ich hatte mein Auge auf das meiner Meinung nach schönste Mädchen des

Gymnasiums geworfen. Sie nahm meine Einladung an. Ich frohlockte. Die anderen werden staunen! Niemand konnte ja eine Schönere mitbringen, wenn ich schon die Schönste hatte. Es machte Spaß – in der ersten Hälfte unseres Beisammenseins. Während der zweiten Hälfte machte sich, immer auffälliger, ein Mitschüler an meinen Schwarm heran. Schließlich begleitete *er* sie nach Hause. Ich war abgeblitzt. Welch eine Demütigung für einen Teenager!

Ich hatte mich entschlossen, die Lehre zum Industriekaufmann in einem Textilbetrieb für Damenbekleidung in Mörlenbach zu durchlaufen. Am 1. September 1950 trat ich in diese Firma ein. Damit war der Wunsch meiner Angehörigen, dass ich Pfarrer oder Lehrer würde, begraben. Was sich meine Angehörigen bei diesem Berufswunsch für mich gedacht haben, weiß ich nicht. Meine Großeltern schienen das jedoch nicht oberflächlich gemeint zu haben. Pfarrer sollte man ohnehin nicht werden ohne eine innere Überzeugung, sonst ist die Gemeinde schließlich unglücklich und der Pfarrer auch.

Da muss ich ein Erlebnis mit meinem katholischen Großvater einflechten, über das ich heute noch staune.

Es war nicht lange vor meiner Konfirmation. Pfarrer Stork, der damals in Birkenau und in einigen Filialgemeinden amtierte, war mein Konfirmator. Nach einer Konfirmandenstunde gab er uns eine ungewöhnliche Aufgabe: Wir sollten das nächste Mal das Bibelwort mitbringen, das wir uns als Konfirmationsspruch – »Denkspruch« nennt man das auch – wünschten. Ich war in Verlegenheit. In der Bibel kannte ich mich nicht aus. Als wir zu Hause darüber sprachen, sagte mein Großvater spontan: »Nimm Psalm 25, Vers 7.« Ich habe diese Stelle zwar nicht nachgeschlagen, aber ich nannte sie gegenüber Pfarrer Stork.

So wurde Psalm 25,7 mein Konfirmationsspruch, und dieses Psalmwort sollte später in meinem Leben eine große Bedeutung gewinnen: »Gedenke nicht der Sünden meiner Jugend und meiner Übertretungen, gedenke aber meiner nach deiner Barmherzigkeit, HERR, um deiner Güte willen!«

In der Textilmanufaktur hatte ich als kaufmännischer Lehrling in verschiedenen Abteilungen zu arbeiten. Ich begann in der Statistik. Mein Arbeitsraum befand sich direkt gegenüber dem Chefbüro. Deshalb hatte auch die Chefsekretärin ihren Schreib- und Schreibmaschinentisch hier. Da sie häufig mit dem Chef unterwegs sein musste, saß ich an ihrem Schreibtisch. Hier hatte ich auch meine erste unliebsame Begegnung mit dem Chef der Firma, per Telefon, das eines Tages klingelte. Hätte ich doch den Hörer nicht abgenommen! Ich nahm ihn ab, obwohl mein Vorgesetzter gegenüber saß. Ich meldete mich mit »Ja, bitte ...« Und dann brach ein Gewitter los. Es war der Chef: »Was heißt: ›Ja, bitte‹? Melden Sie sich mit Namen, damit man weiß, wer dran ist ...« So ging es recht lautstark weiter. Ich hielt vor Schrecken den Hörer weg, bis mein Vorgesetzter ihn mir aus Barmherzigkeit abnahm, mit dem Chef redete und sich für mich entschuldigte. Das war eine Demütigung! Es versteht sich, dass ich nicht den Wunsch hatte, unserem Chef in der nächsten Zeit zu begegnen. Allerdings sollte ich mit ihm noch sehr gute Erfahrungen machen.

Natürlich wünscht man sich als 17-Jähriger, Freundschaften mit Mädchen eingehen zu können. Ich war oft verliebt, manchmal sehr heftig. Mitunter ertappte ich mich dann beim Träumen von einer glücklichen Ehe. Als Teenager träumt man nicht selten mit offenen Augen. Doch zu einer richtigen Freundschaft mit einem Mädchen kam es nicht.

In der Schule wie im Betrieb ging es mir gut. War das ein Ereignis, als ich mein erstes Geld verdient hatte: 30 DM brutto! Das erste monatliche Einkommen reichte gerade, mir einen schicken Pullover zu kaufen.

In unserer Familie waren inzwischen zwei markante Veränderungen eingetreten. Zum einen konnten wir eine andere Wohnung beziehen. »Schwanklingenweg« hieß unsere neue Adresse. Wir zogen in ein Haus, das sich eine Familie erbaut hatte, die in Mannheim ein Geschäft betrieb. Mit dem Bau hatte es damals schnell gehen müssen, weil das Haus gegen Ende des Zweiten Weltkriegs eine Zufluchtsstätte sein sollte vor den unzähligen Bombenangriffen über Mannheim. In manchem war es noch ein Provisorium. Es war fast ein Rohbau, unverputzt und ohne Trinkwasserleitung. Täglich mussten wir in einem Fass auf einem zweirädrigen Karren die Tagesration etwa 500

Meter den Berg hinauftransportieren. Interessant wurde es, wenn es geregnet hatte und der Schwanklingenweg aufgeweicht war. Das nahm man damals jedoch noch gern in Kauf. Die meiste Zeit wohnten wir allein im Haus. Im Kellergeschoss hatten wir die Küche und Nebenräume. Im ersten Geschoss bewohnten wir drei Zimmer.

Die zweite Veränderung war das Sterben meines Großvaters an Lungentuberkulose. Damit hatte ich nicht gerechnet. Immer schon hatte ich bisher befürchtet, von meiner sehr geliebten Großmutter Abschied nehmen zu müssen. Der Gedanke, dass sie einmal nicht mehr bei uns sein könnte, tat mir schon als Kind weh. Freilich schmerzte auch der Abschied von Großvater. Wir erlebten ja seine Leidenszeit mit.

Meine drei »Mütter« sprachen manchmal von »zu Hause«, von der Wintergasse 181 in Matzdorf. Das interessierte mich damals sehr wenig. Ich lebte zukunftsorientiert. 1952 feierte der Männergesangsverein »Eintracht 1852 Birkenau« sein hundertjähriges Bestehen. Weil ich gern sang, war ich von diesem Fest begeistert. Ich wurde aktives Mitglied und sang im ersten Bass. Bald gehörte ich auch einer Theatergruppe dieses Vereins an. Für Weihnachten wurde ein Stück eingeübt. Die Bevölkerung ließ sich gern zu solchen Veranstaltungen einladen.

Meine Lehrzeit verging wie im Nu. Ich hatte Freude an der Arbeit und am Lernen. Beim Durchlaufen der wichtigsten Abteilungen machte mir die Arbeit im Versand besondere Freude, denn sie war abwechslungsreich. Hier ging die Fertigware ein. Das waren die appretierten Stoffe in Ballen von je rund 50 Metern. Diese Ware wurde noch einmal durchgesehen (in der Fachsprache hieß das »geputzt«). Dann wurde sie nach Kommissionen sortiert und an die verschiedenen Kunden versandt.

Es war eine Zeit lang meine Aufgabe, die Versandposten nach den Aufträgen zu sortieren und dabei keine Designs zu verwechseln. Jedoch bin ich im Erkennen mancher Farben nicht sicher. Das behielt ich allerdings für mich! Da die Farben nummeriert waren, konnte ich mich an den Ziffern orientieren. So gelang es mir, meine Farbschwäche geheim zu halten. Der Versandleiter, ein origineller Sachse, sah sich die Stoffstapel vor der Verpackung ohnehin nochmals an.

Ich erinnere mich an ein sehr schönes Großkaro, von dem Heinz Oestergaard, einer der damals führenden Modeschöpfer, »wichtigster Vertreter der deutschen Haute Couture«[3], ein schickes Modell schuf.

Mein zunehmendes Interesse an diesem Fachbereich weckte in mir den Wunsch, Textilingenieur zu werden. Die schriftliche Kaufmannsgehilfenprüfung legte ich im Frühjahr 1953 in Weinheim ab. »Der Schüler Alfred Gajan, Kl. III/1, erhält in Anerkennung seines Fleißes und seiner guten Leistungen einen Preis. Weinheim, den 20. März 1953«, steht in einem kleinen Volkslexikon als Widmung zu lesen, das mir nach der Prüfung überreicht wurde.

Der Prüfungserfolg spornte mich an. Vor allem aber beflügelte mich eine Einladung des Firmenchefs in sein schönes Arbeitszimmer, aus dem jener Anruf am Anfang meiner Lehre kam. Ganz allein war ich dort mit Herrn Horstmann. Mein Herz klopfte. Was er wohl wollte? Zuerst fragte er mich nach meinen weiteren Plänen. Stockend äußerte ich auch meinen geheimen Wunsch, Textilingenieur zu werden. Darauf erwiderte er, dass er daran interessiert sei, mich in seinem Betrieb zu behalten. Nach der mündlichen Kaufmannsgehilfenprüfung vor der Industrie- und Handelskammer in Mannheim solle ich erst einmal zum Volontieren je ein viertel Jahr nach England, Schweden und in die Schweiz gehen, um dann in sein Sekretariat zurückzukehren. Dann sähe man weiter. Ganz beglückt kam ich aus der Chefaudienz.

---

[3] Das große DUDEN LEXIKON Band 6, S. 26.

Zeit der Krankheit

Manchmal fühlte ich mich ziemlich abgespannt und müde. War es die berühmte Frühjahrsmüdigkeit? Mir und anderen wollte ich meine zunehmende körperliche Schwäche nicht eingestehen.

Vor allem beunruhigte mich und meine Angehörigen der Husten im Sommer. Deshalb verschwand ich meistens, wenn ich husten musste. Früher hatte ich einmal bemerkt, dass nach dem Husten an der vorgehaltenen Hand Blutspuren waren. Im September bekam ich einen Hustenanfall, bei dem ziemlich viel Blut mitkam. Schnell schluckte ich es. Doch das Verbergen gelang nicht mehr. Der Arzt wurde geholt. Seine Diagnose war nicht schwer zu stellen. Er wies mich, sobald ich transportfähig war, zur genaueren Untersuchung und Behandlung in die Bassermannklinik in Mannheim ein. »Doppelseitige Lungentuberkulose« lautete das endgültige Ergebnis der Untersuchungen. Das war damals wie ein Todesurteil. Bei der Aufnahme wurde das Körpergewicht festgestellt: 56,4 kg bei einer Körperlänge von 1,80 Meter. Im linken Oberlappen der Lunge befanden sich Einlagerungen. Im Mittelfeld links ein großes Hohlgeschwür. Auch im rechten Oberfeld konnten Einlagerungen festgestellt werden.

Das Essen fiel mir sehr schwer. Ohne mit Flüssigkeit nachzuhelfen, brachte ich kaum etwas hinunter. Der ältere Herr neben mir hatte seine Mahlzeit wesentlich schneller beendet als ich mit meinen 20 Jahren. Zunächst wurde mir eine Spritzen-Kur verordnet. Die Krankenschwestern versuchten, mich bei Stimmung zu halten. Sie lobten mich, wenn ich las, und interessierten sich für meine Lektüre. In den ersten Wochen meines Krankenhausaufenthalts las ich zum Beispiel – allerdings mit Mühe – eine Lebensbeschreibung Leonardo da Vincis (1452–1519), jener genialen Gestalt der Renaissance, deren 500. Geburtstags man im Jahr zuvor gedacht hatte.

Die anderen drei Patienten in meinem Zimmer bekamen manchmal Wochenendurlaub. Dazu war ich nicht in der Lage.

Auch an Weihnachten konnte ich nicht nach Hause. Das war der erste Heilige Abend, den ich nicht im Kreise meiner Lieben verbrachte. Weitere sollten folgen.

In den ersten Monaten des Jahres 1954 wurde ich zu einer Liegekur in die Liegehalle geschickt. Anfangs fiel mir das schwer. In viele Decken verpackt lagen wir auf dem so genannten »Bock«, einer Art Liegebett. Nun nahm endlich mein Körpergewicht wieder zu. Man hatte mir geraten, viel Butter zu essen. Manchmal schluckte ich die Buttersternchen pur. Mit Recht warnte mich jemand, ich solle an meine Leber denken wegen der vielen Tabletten, die ich einzunehmen hatte.

Nach sieben Monaten Aufenthalt in der Bassermannklinik folgte eine Kur in der Ernst-Ludwig-Heilstätte in Sandbach im Odenwald. Das war ein neues Haus mit sehr schöner Ausstattung; die Liegehallen befanden sich gleich neben den Stationen. Doch schon bei der Aufnahme wurde meine Freude über die voranschreitende Genesung getrübt. Der Chefarzt meinte: »Sie gehören eigentlich in ein chirurgisches Haus.« Drei Monate blieb ich hier. Im Juli 1954 wurde ich in die Thoraxklinik nach Heidelberg verlegt. Station 6, Zimmer 1 sollte für mich in den nächsten Jahren zur schicksalsschweren »Heimat« werden. Meine Unterkunft befand sich im Dachgeschoss und hatte zwei schräge Wände und zwei Dachgaubenfenster. Zu den Fenstern herein grüßten die Parkbäume mit ihren Ästen.

Die Stationsbelegschaft wechselte genauso wie die Belegschaft meines Zimmers. Ich aber blieb. Auch die beiden verantwortlichen Schwestern der Station waren vom ständigen Personalwechsel ausgenommen. Schwester Gerhardis und Schwester Theobalda waren zwei katholische Ordensschwestern. Sie verrichteten ihren schweren Dienst mit bewundernswerter Hingabe und Opferbereitschaft. Vieles ging dabei über ihre Pflicht hinaus, etwa wenn sich eine von ihnen abends erkundigte, ob wir extra etwas zu essen oder zu trinken wollten.

Auch die Stationsärzte wechselten. Der Chefarzt und seine Oberärzte blieben. Diese waren auch die Operationsärzte. In den 50er Jahren begann man bei der Behandlung der Tuberkulose, Teile der Lunge zu entfernen. Davor hatte man durch Pneumolysen (operativ angelegte Pneus) die Lunge ruhig gestellt und die berüchtigten »Plastiken« durchgeführt. Diese Art von Operation, bei der Rippen entfernt wurden, um den Brustkorb zu verkleinern, damit der kranke Teil der Lunge zusammenklappt, hatte der Klinik die makabre Bezeichnung »Knochenmühle« eingebracht.

Ich kam in die Thoraxklinik mit der Bereitschaft, mich operieren zu lassen. Versuche, einen »Pneu« anzulegen und die Lunge ruhig zu stellen, waren bereits in der Ernst-Ludwig-Heilstätte fehlgeschlagen, da sich durch Rippfellentzündung zu dicke Schwarten gebildet hatten. Diese konnten mit der Nadel nicht durchstoßen werden, um Luft einzuführen und dadurch die Lunge zusammenzudrücken. Ein »Pneu« wäre der kleinste Eingriff gewesen.

Nun war ich gespannt, was man mir in Heidelberg vorschlagen würde. Es war in der Thoraxklinik üblich, neu aufgenommene Patienten nach den Voruntersuchungen dem Ärztestab vorzustellen. Nun kam ich an die Reihe. Erwartungsvoll begab ich mich in das Kellergeschoss. Ganz benommen war ich von der Fülle der Ärzte und der Dunkelheit (denn es wurden die Röntgenaufnahmen angeschaut). Rasch kam der Bescheid vom Chefarzt: »Wir können jetzt nicht operieren wegen der Doppelseitigkeit des Befundes. Es ist nur eine konservative Behandlung möglich. Haben Sie Geduld.« Damit wurde ich entlassen. Allein mit meinen Gedanken ging ich wieder auf mein Zimmer.

Nach solch einer Enttäuschung war ich immer am besten im Bett untergebracht. Das Bett gehörte ja auch zur »konservativen Behandlung«, zumal es mir manchmal tatsächlich recht schlecht ging. Das alles musste erst einmal verarbeitet werden. In dieser Situation ließen mich meine Lieben nicht im Stich, und ich kann heute noch nur mit großem Staunen für ihre aufopfernde Liebe und Treue danken. Jede Woche besuchten mich meine Mutter und Tante Anna am Sonntag- und am Mittwochnachmittag. Was das für sie bedeutete, konnte ich damals gar nicht recht ermessen. Sie mussten drei verschiedene öffentliche Verkehrsmittel in Anspruch nehmen, um von Birkenau nach Heidelberg zu gelangen. Das waren hin und zurück ungefähr vier Stunden Fahrzeit. Zwei Stunden blieben sie bei mir. Sie hatten jedes Mal schwere Taschen dabei, die auf dem Hinweg mit frischer Wäsche, mit Nahrungsmitteln, auf die ich Appetit angemeldet hatte, und mit Obst gefüllt waren. Auf dem Rückweg waren sie mit gebrauchter Wäsche und Leergut gefüllt. Auch an Blumen ließen es meine Lieben genauso wenig fehlen wie an »Lesenahrung«. Außer Illustrierten las ich etliche Werke der Weltliteratur.

Für mich war es der Höhepunkt im Wochenablauf, wenn meine Lieben zu Besuch kamen. Sie versuchten, mir Mut zu machen, obwohl sie selbst Mut nötig hatten. Das fiel mir auf, wenn sie die Tür ganz behutsam aufmachten, obwohl sie angeklopft hatten. Zuerst öffneten sie einen Spalt, um zu sehen, wie sie mich antreffen. Sicher taten sie das auch mit Rücksicht auf die anderen Patienten, obwohl diese meistens sonntags nicht anwesend waren. Es war schön, mir über Ereignisse in Birkenau berichten zu lassen, obwohl der Abstand für mich im Laufe der Zeit recht groß wurde. Später interessierte ich mich für das Bauen. Meine Lieben hatten es gewagt, ein kleineres Siedlungshaus zu bauen mit viel Eigenleistung von Onkel Eduard. Deshalb kam er in jener Zeit selten zu Besuch.

Auf der Suche nach der Heimat

Die zwei Besuchsstunden gingen jedes Mal viel zu schnell vorbei. Danach war ich wieder mit meinen Fragen allein. Wahrscheinlich hätte ich sie meinen Lieben gegenüber auch gar nicht ausgesprochen. Es waren die Grundfragen, die nur ein Mensch stellen kann. Die Literatur, die ich las, gab mir darauf auch keine befriedigenden Antworten, auch nicht die griechische Philosophie, in die ich ein wenig hineinschnupperte. Es waren Fragen wie: Wozu das alles? Was ist der Sinn meiner Lebensführung? Wie hängt doch die Frage nach dem Sinn unseres Lebens eng zusammen mit der Frage nach dem Woher und dem Wohin! Eine Sehnsucht nach letzter Geborgenheit war in mir aufgebrochen. Das kann ich nur mit dem Heimweh vergleichen, mit der Sehnsucht nach einer Heimat, die man nicht kennt – oder nach jemandem, den man nicht kennt.

Später las ich einmal die drei lateinischen Worte, die von

Aurelius Augustinus (354–430) stammen: *Homo desiderium dei* (»der Mensch, Sehnsucht Gottes«). Dies hatte Augustin in doppeltem Sinne verstanden: Gott sehnt sich nach dem Menschen – der Mensch hat Sehnsucht nach Gott.

Ich suchte, aber mir war nicht bewusst, wonach. Das Suchen war mit einem ungestillten Sehnen verbunden. Zunächst war es wie ein Ahnen nur, dass mir Wesentliches fehlte. Ich wusste schließlich: Selbst wenn mir die Gesundheit nicht mehr fehlte, würde mir das doch fehlen, was durch nichts Materielles, durch keinen Menschen ersetzbar ist. Ich begann zu beten. Doch ich kannte den nicht, mit dem ich sprechen wollte. Ich betete zuerst aus existenzieller Angst. Dann betete ich aus suchendem Sehnen.

In der Krankenhauskapelle, wo die Ordensschwestern ihre Gebete verrichteten, fand sonntags auch ein evangelischer Gottesdienst statt. Ein Ruhestandspfarrer mit Namen Hecht versah den Dienst des Krankenhausseelsorgers. Er war ein kleiner, schwacher Mann; es schien, als sei ihm der Talar zu groß. Wenn er auf unsere Station kam, fragte er in den Zimmern: »Wie geht's?« Ob er immer Antwort erwartete und bekam? Er roch etwas nach Nikotin.

Nachdem ich anfangs diese Gottesdienste besuchte, ließ es mein Zustand lange nicht zu, dass ich in die Kapelle ging. Deshalb setzte ich eines Sonntags den Kopfhörer auf, um die Übertragung des evangelischen Gottesdienstes zu hören. Da erhielt ich einen folgenschweren Impuls. Weder das, worüber Pfarrer Hecht predigte noch die Lieder blieben in meinem Gedächtnis haften. Aber *ein* Satz blieb, der mich getroffen hatte: »Man kann die Krankheitszeit auch dazu nutzen, um in der Bibel zu lesen.« Ich überlegte: Was spricht eigentlich dagegen? Zeit zu lesen hatte ich ohnehin genug. Der Inhalt der Bibel war mir sehr fern, obwohl ich mich »evangelisch« nannte.

Noch am selben Sonntag bat ich meine Mutter, mir beim nächsten Mal die Bibel mitzubringen. Sie lag zu Hause im Schrank. Es war die Bibel, die mir Schwester Käthe Pötzhold zum Abschied von Fohnsdorf geschenkt hatte. Nachdem ich meinen Wunsch geäußert hatte, sah mich Mama prüfend an. Fürchtete sie, ich hätte den berühmten Krankenhauskoller bekommen? Beim nächsten Besuch aber hatte sie tatsächlich die Bibel in der Tasche. Ich verstaute sie in meiner Nachttischschublade. Anfangs hatte ich Hemmungen, sie in die Hand zu nehmen. Wie konnte ich das Bibellesen so bewerkstelligen, dass es möglichst wenige mitbekamen? Ich kannte keinen Patienten auf Station 6, der in der Bibel las. Doch ich konnte das Bibellesen nicht verborgen halten. Bald wussten es meine Zimmerkollegen und die Stationsschwestern, und mit der Zeit sprach es sich auf der ganzen Station herum. Wenn Visite kam, versuchte ich das schwarze Buch schnell in die Schublade zu befördern.

Bei meiner Bibellektüre hatte ich zunächst vorne bei 1. Mose 1,1 zu lesen begonnen, wie bei einem Roman. Einmal überraschte mich Pfarrer Hecht während einem seiner Routinebesuche beim Bibellesen. »Was lesen Sie?«, wollte er wissen. »Ich lese in der Bibel«, antwortete ich zögernd. »Wo?«, war seine zweite Frage. »1. Chronika so und so viel«, sagte ich. »Lesen Sie doch im Neuen Testament, aber machen Sie, was Sie wollen«, meinte er abschließend. Diesen Rat befolgte ich. Später hielt ich mich an einen Plan für die tägliche Bibellese, wobei der 86. und der 103. Psalm immer wieder wiederholt wurden.

Heimkehr durch Umkehr

Erhielt ich auf diesem Weg die gewünschten Antworten? Meine Antwort lautet eindeutig: Ja! Denn beim Bibellesen lernte ich mich selbst kennen. Ich war verirrt im Denken und Streben. Ich hatte bisher eine falsche Lebenskonzeption. Ich war sehr weit von meinem Ursprung entfernt. Das war der Grund dafür, dass meine Sehnsucht, mein Heimweh so groß war. Die Entfernung war nicht räumlich zu verstehen. *Ein* Hindernis trennte mich von dem lebendigen Gott: meine Schuld. Sünde ist Trennung von Gott.

Ich litt unter dieser Trennung; sie raubte mir den Frieden. So versuchte ich, auf- und wegzuräumen. Ich wollte Ordnung in mein Leben bekommen. Ich schrieb Briefe an meine Großmutter, auch an die Firma. Die Antworten auf meine Briefe waren sehr verständnisvoll, tröstend. Großmutter zitierte in ihrem Brief ein Lied aus dem Gesangbuch, in dem sie manchmal gelesen hatte: »Jesus nimmt die Sünder an; mich hat er auch angenommen.« Das war der entscheidende Tipp. Ich begriff meinen Konfirmationsspruch aus Psalm 25, Vers 7. Er wurde zu meiner herzlichen Bitte: »Gedenke nicht der Sünden meiner Jugend und meiner Übertretungen, gedenke aber meiner nach deiner Barmherzigkeit, HERR, um deiner Güte willen!«

Beim Bibellesen lernte ich vor allem Jesus kennen. Er ist die verkörperte Sehnsucht Gottes nach dem Sünder. Er hat unsere Schuld weggeräumt, als er unschuldig am Kreuz starb. Er ist der Weg zu Gott. Er stillt das Heimweh, indem er uns zu Gott zurückbringt. Er schenkt Frieden mit Gott. Dies durfte ich nach und nach im Glauben fassen.

Nach einiger Zeit bekam ich das Bedürfnis, eine Generalbeichte abzulegen. Zögernd fragte ich eines Tages Herrn Pfarrer Hecht, ob er zu einem Gespräch Zeit hätte. Wir verabredeten einen Termin. Und dann saß ich ihm in der kleinen Sakristei der Krankenhauskapelle gegenüber. Alles, was mir bewusst geworden war, sprach ich vor ihm aus. Immer wieder ertappte ich mich dabei, wie ich mildernde Umstände anführen wollte. Dann widersprach ich mir und betonte, dass es meine ganze Verantwortung sei. Das wusste ich: Es gab keine andere Rechtfertigung vor Gott außer der, die mir Jesus erwirkt hatte. Der Pfarrer hörte still zu. Dann sprach er mir unter Handauflegung im Namen Jesu Christi Vergebung zu, betete kurz und entließ mich.

Was damals im Januar 1957 geschehen ist, habe ich recht kurz und knapp berichtet. Deshalb möchte ich noch etwas erwähnen, was unbedingt dazugehört. Es stellten sich nämlich Hindernisse in diesen Weg. Mein Gottesbild war korrekturbedürftig. Es trug durch einen Teil meiner Lebenserfahrung harte Züge. Die Lektüre des Alten Testaments veränderte dies nicht ausreichend. Nicht zuletzt die Tatsache, dass ich unter dem Gerichtsurteil Gottes stand, bestärkte mein Gottesbild. Ich wurde ja an all das erinnert, woran ich am liebsten nicht erinnert worden wäre. Und dieser Gott soll nach mir Sehnsucht haben? Das war für meinen Verstand unfasslich.

Welche Mittel müssen ihm dienen, um uns zu helfen! Eines Tages verirrte sich ein junger, eben flügge gewordener Spatz in unser Zimmer. Dieser kleine Federklumpen landete ausgerechnet hinter meinem Kopfkissen in meinem Bett. Ich war erstaunt, ja beglückt. Ich verhielt mich ganz ruhig. Dieses Ereignis hat mein kompliziertes erwachsenes Denken kindlich gemacht. Ich fühlte mich in der Nähe dieses kleinen, hilflosen Tieres wohl, und mir fiel ein, was im Neuen Testament von den Sperlingen steht: »Kauft man nicht zwei Sperlinge für einen Groschen? Dennoch fällt keiner von ihnen auf die Erde ohne euren Vater«, sagt Jesus. Ich folgerte: Erst recht fliegt keiner in mein Bett, hinter mein Kopfkissen, »ohne euren Vater«. Und dann heißt es weiter: »Nun aber sind auch eure Haare auf dem Haupt alle gezählt. Darum fürchtet euch nicht; ihr seid besser als viele Sperlinge« (Mt 10,29–31). Plötzlich begeisterte mich nicht mehr die Nähe des kleinen Vogels, sondern die Nähe des großen Gottes, der mein Vater sein will. Er denkt an mich. Er sorgt für mich. Er sehnt sich nach mir! In Zeiten langer Krankheit wird man sensibler für Kleinigkeiten. Doch auch solche Empfindsamkeit reichte nicht aus, dass aus dieser *Kleinigkeit* eine so große Erkenntnis wurde. Das war Gottes Wirken an meiner Seele.

Das Geheimnis von Jesus Christus ging meinem Verstand auch nicht ohne weiteres ein. An einem Heiligen Abend saß ich alleine im Aufenthaltsraum von Station 6. Über Weihnachten waren die meisten Zimmer leer. Die Patienten hatten Urlaub. Der Flur hatte Sparlicht. Im Aufenthaltsraum war nur die Krippe beleuchtet. Die Weihnachtsgeschichte hatte für mich aufgehört, Kinderidyll zu sein. Dabei war mir die Beschreibung von Weihnachten durch den Evangelisten Johannes eine Hilfe: »Im Anfang war das Wort, und das Wort war bei Gott, und Gott war das Wort ... Und das Wort ward Fleisch und wohnte unter uns, und wir sahen seine Herrlichkeit, eine Herrlichkeit als des eingeborenen Sohnes vom Vater, voller Gnade und Wahrheit« (vgl. Joh 1,1–5 und 9–14). »Das Wort ward Fleisch« – so steigt der Sohn Gottes herab. So verlässt er die *Heimat* beim Vater, um uns heimatlos Gewordene zu suchen und uns den Weg zurück zu zeigen. Da gehen Herzen mit dem großen *Heimweh* auf für das Weihnachtswunder. Da werden harte Menschenherzen zur Krippe. Damals hat mich der Satz von Angelus Silesius[4] ergriffen: »Und wäre Christus tausendmal zu Bethlehem geboren und nicht in dir, du gingest doch verloren.« Dass der ewige Gottessohn durch eine Jungfrau in diese heimatlos gewordene Welt hineingeboren wurde, war nun für meinen Verstand kein Ärgernis mehr. Ich konnte mich an der Krippe und an dem Bericht der Weihnachtsgeschichte nach dem Evangelisten Lukas von Herzen freuen. In den Monaten meines Suchens machte ich die Erfahrung, die viele mit mir teilen: Wer Jesus Christus verstehen will, muss ihn erleben.

Hatte ich auch eine Antwort auf die Frage nach dem Sinn meiner Krankheit erhalten? Sie stand mir ja bedrängend vor Augen. Inzwischen hatte ich fast zweieinhalb Jahre *konservativer Behandlung* in der Thoraxklinik in Heidelberg hinter mir. An meinem Befund hatte sich so gut wie nichts geändert. Von einer Chefvisite zur anderen hieß es: »Haben Sie Geduld.«

Ich verstand bei der *konservativen* Behandlung nicht, dass man mich jahrelang in den Niederungen Heidelbergs ließ, wo sich oft am Neckar Nebel einstellte. Wäre nicht eine höhere Lage günstiger gewesen? Einmal machte ich dem Stationsarzt den Vorschlag, mich doch nach St. Blasien oder nach Davos zu verlegen. Seine knappe Antwort lautete, dass das für mich zu hoch läge.

Im April 1954 schon hatte ich einen mutmachenden Brief vom Chef meiner Lehrfirma erhalten. Es war seine Antwort auf meinen Dank für die monatliche finanzielle Unterstützung. Jahrelang erhielt ich etwa die Höhe meiner Bezüge im dritten Lehrjahr. »Hadern Sie nicht mit der Zeit, in der Sie um Ihre Gesundheit kämpfen, sondern tragen Sie den Glauben in sich, dass Sie die Sache überstehen ...«

Ich traute es unserem Schöpfer und Erlöser, dem lebendigen Gott, zu, dass er mir helfen und mich heilen konnte. Doch wusste ich nicht, ob es seinem Plan mit mir entspricht. Manchmal ging es mir besser. Dann fühlte ich mich wieder sehr elend. Meistens lag ich im Bett. Inzwischen war ich stationsältester Patient geworden.

---

[4] Johannes Scheffler, 1624–1677.

Richard Horstmann i.Fa.:
TEXTILMANUFAKTUR
G. m. b. H.
STRUMPFFABRIK UND WOLLWEBEREI

Geschäftsführung

Herrn
Alfred G a j a n

M a n n h e i m
----
z.Zt. Bassermann-Klinik

Mörlenbach/Odenw., den 5.4.1954   A/E

Mein lieber Herr Gajan!

Ich danke Ihnen für Ihr Schreiben vom 1.4.54. Glauben Sie mir, dass ich an Ihrem Schicksal aufrichtig teilnehme, da mich ein ähnliches in meinen jungen Jahren auch 2 1/2 Jahre an das Krankenbett fesselte. Es ist dann alles gut gegangen, trotzdem ich mein Bein durch diese Krankheit verlor. Sie dürfen mir glauben, dass dieses Schicksal auch hart gewesen ist. Je härter das aber in jungen Jahren ist und je mehr man mit aller Energie dagegen angeht, desto mehr schafft man später.

Sie müssen aber jetzt ausharren. Genau wie meine Krankheit seinerzeit mein Studium unterbrach, ist das Ihrige nun auch unterbrochen. Sie können sich aber weiterbilden, indem Sie kaufm. Bücher lesen, sich in Sprachen heranbilden, denn Sie haben das Zeug dazu. Hadern Sie nicht mit der Zeit, in der Sie um Ihre Gesundheit kämpfen, sondern tragen Sie den Glauben in sich, dass Sie die Sache überstehen; denn Glaube versetzt Berge, und ist der beste Arzt, der Ihnen helfen wird.

Ich freue mich, dass ich Ihnen wenigstens in einer kleinen Form weiterhelfen kann und hoffe, dass ich Sie eines Tages bei uns wieder sehen werde.

Mit freundlichen Ostergrüssen!

Ihr ergebener

Die lieben Schwestern hatten mich zum *Stationsschreiber* befördert: Ich durfte Kurven schreiben und Namensschilder für die Türen. Diese Arbeiten verrichtete ich auch meistens im Bett. Wenn mir der Rücken wehtat, konnte ich mich ein wenig umlegen.

Hoffnung und Enttäuschung, Fortschritt und Rückschlag – hatte das einen Sinn für mich gewonnen? Nicht alle Fragen unseres Lebens werden lückenlos beantwortet. Doch eine gravierende Teilantwort habe ich auf die bohrende Frage nach dem Sinn meiner Krankheit damals schon erhalten. Sie war für mich auf doppelte Weise zur Heimsuchung geworden: Gott suchte mich *heim* – ich suchte letzte *Heimat*. In der Person des Christus war dieses Suchen zum Finden geworden.

Als Christ im Krankenhaus

Die anderen Patienten auf Station erlebten mich nicht nur als Stationsschreiber. Sie wussten, dass ich die Bibel las, dass ich praktizierender Christ war. Das nahmen nicht alle wohlwollend zur Kenntnis.

Mit einem Mitpatienten, einem freundlichen jungen Mann von kleiner Gestalt, mit Lockenschopf, konnte ich gute Gespräche führen. Er vertraute mir seinen großen Wunsch an, als Novize in ein Kloster aufgenommen zu werden. Sogar seine Bewerbungsunterlagen durfte ich lesen. Er war sich nicht sicher, ob er aufgenommen würde, weil er ein »Pneumolysenträger« war (so nannte man das in der Fachsprache der Patienten, wenn ein Patient die entsprechende Operation hinter sich hatte). Manchmal schien ich ihm auch in Fragen des Glaubens zu konsequent zu sein. Es mag sein, dass meine Konsequenz als Härte verstanden wurde, als eine Art Gesetzlichkeit.

Er hatte sein Zimmer schräg gegenüber. Wenn er leichten Schrittes ins Zimmer 1 kam, verglich er mich manchmal mit Martin Luther: Beim Liegen hatte sich bei mir nämlich ein beachtliches Doppelkinn bemerkbar gemacht. Ich wog damals fast zwei Zentner. Wenn mir manchmal sein quirliges, unter-

haltsames Wesen zu viel wurde, zitierte ich den Vierzeiler von
Wilhelm Raabe (1831–1910):

>»Der Adler fliegt allein,
> die Krähen scharenweise.
> Gesellschaft braucht der Tor,
> doch Einsamkeit der Weise.«

Ich war nicht bei einer Evangelisation mit Billy Graham, Gerhard Bergmann oder einem anderen Evangelisten zum lebendigen Glauben an Jesus Christus gekommen, die mir damals alle fremd waren. Ich fand nicht in einem Gemeindezusammenhang zu Gott zurück. Deshalb hatte ich auch keine Gemeindeprägung. Ein bestimmter *Stallgeruch* fehlte mir. Ich war jahrelang Patient und las jahrelang ein und dieselbe Bibel. Das war es, was mich prägte.

Zu dem Prozess des *Heim*findens kam noch etwas dazu: Es waren ab einem bestimmten Datum am Montagnachmittag Bibelstunden anberaumt worden. Sie fanden in der Kapelle statt. Meistens hielt sie ein Oberstudienrat namens Rolf Müller. Er nahm es auf sich, sich regelmäßiger Kontrolluntersuchungen zu unterziehen, da er sich durch das Betreten der Thoraxklinik der Ansteckungsgefahr aussetzte. Er hatte als Gymnasiallehrer ständig mit jungen Menschen zu tun.

Gemessen an dem pensionierten Krankenhauspfarrer Hecht war Herr Müller noch jung. Er war kein Theologe, und seine Bibelauslegung war alltagsnah, einfühlsam und praktisch. Er sang meist ein Lied und begleitete sich selbst an der kleinen Orgel. Wenn es mein Gesundheitszustand erlaubte, nahm ich an diesen Bibelstunden teil. Konnte ich einmal nicht dabei sein, besuchte mich Herr Müller und brachte mir christliche Literatur von St. Chrischona, von Beatenberg oder von Bad Liebenzell. Das waren damals noch alles *böhmische Dörfer* für mich. Ich las alles sehr aufmerksam. Nichts widersprach meinem Bibelverständnis. Auf diese Weise wurde ich in biblischer Lehre geistlich prägend weitergeführt.

Später erst begriff ich die Zusammenhänge. Der Oberstudienrat war ein evangelischer Christ mit Glaubensüberzeugung. Er war Pietist, der erste, dem ich bewusst begegnet bin. Er gehörte der Gemeinschaft des Liebenzeller Verbandes in Heidelberg-Rohrbach an und war später ihr Leiter.

Einer der Patienten auf Station 6 erzählte gern meist nicht ganz astreine Witze. Anfangs tat er dies in meiner Gegenwart, wohl auch, um mich zu provozieren. Eines Tages sah er mich an, bevor er beginnen wollte, und sagte: »Das hörst du ja nicht gern«, machte eine Wendung und ging. Ich wollte einfach Gott recht bleiben, nachdem ich ihm durch den Glauben an Jesus Christus recht geworden war. Daher konnte ich keine gute Miene zum bösen Spiel machen.

Vielleicht habe ich manchmal auch zu viel über meinen Glauben gesprochen. Es war gut gemeint und kostete mich die Überwindung von Hemmungen. Ich empfand es so, als redete ich zu wenig darüber, als schämte ich mich und sei zu feige.

Ein Ereignis kann ich nicht vergessen. Es war wohl Oberarztvisite gewesen. Danach betrat ich ein Vierbett-Zimmer. Ich hatte überhaupt noch nichts gesagt. Manfred Hensel, einen Kopf länger als ich und ganz hager, fuhr mich an: »Ich weiß schon, was du mir sagen willst: ›Wen Gott liebt, den züchtigt er.‹ Dann soll er doch endlich aufhören, mich zu lieben!«, schrie er. Das wollte ich Manfred nicht sagen. Und ich habe überhaupt nichts gesagt. Erschrocken ging ich wieder. Später erfuhr ich, dass Manfred Hensel keine gute Nachricht vom Arzt erhalten hatte.

Ein Hoffnungsschimmer

Es muss auch Anfang 1957 gewesen sein, als mir ein Arzt sagte, es sei ein neues Medikament zur Bekämpfung der Tuberkulose auf dem Markt, allerdings noch nicht in Deutschland.

In den USA hätte man aber gute Erfahrung damit gemacht. Es heiße Cykloserin und man würde es bei mir anwenden, wenn ich es besorgen könnte.

Da kam mir natürlich die gute Tante Berta in den Sinn, die

uns in den Hungerjahren die in Leinwand vernähten Pakete geschickt hatte. Meine Großmutter war es wohl, die an ihre Schwester schrieb und unsere Bitte vortrug. Es dauerte nicht lange, da waren die Kapseln da. Sie schickte regelmäßig das vom Arzt angegebene Quantum.

Natürlich war das für mich ein Hoffnungsschimmer. Wollte mir mein himmlischer Vater dadurch helfen? Das Medikament schien anzuschlagen. Nach drei bis vier Monaten erlitt ich aber wieder einen Rückschlag. Es stellte sich sogar eine kleine Blutung ein. Mama und Tante Anna saßen an meinem Bett. Unter Tränen sagte ich ihnen die Liedstrophe, die mir in den Tagen zuvor wichtig geworden war:

»Es jammre, wer nicht glaubt!
Ich will mich stillen;
mir fällt kein Haar vom Haupt
ohn' Gottes Willen.
In Jesus hab ich hier das beste Leben;
und sterb ich, wird er mir ein besser's geben.«[5]

Meine Lieben hatten verstanden, was in mir vorgegangen war. Ich hatte mich mit dem Gedanken auseinander gesetzt, dass Gott mein junges Leben auf dieser Erde beenden würde. Doch das war diesmal anders als früher, wenn ich mit diesem Gedanken umging. Damals hatte ich nur Angst und versuchte deshalb, solche Gedanken zu verdrängen.

Zwei Stationen unter uns, auf Station 4, befanden sich die so genannten »Eiter-Patienten«. Männer verschiedenen Alters lagen hier am Schlauch. Es hatte sich manchmal nach einer Operation ein Infekt eingestellt. Oft waren die Eitererreger gegen medikamentöse Behandlung immun. Auf dieser Station starben viele Patienten. Das erfuhren wir auf Station 6 auch. So wurden wir auch mit dem Tod konfrontiert. Doch damals hatte ich nur Angst vor dem Tod. Ich hatte keine lebendige Hoffnung. Es ist hoffnungslos, sich mit dem Tod auseinander setzen

---

[5] Philipp Friedrich Hiller (1699–1769).

zu müssen, ohne die Heimat bei dem lebendigen Gott zu haben, ohne Jesus Christus, den Sieger über den Tod. Und das Verdrängen dieses Themas nützt nichts.

Mit dem obigen Liedvers hatte ich meinem himmlischen Vater ein zaghaftes Ja gegeben. Ich wollte einverstanden sein, auch wenn er mich nicht genesen lassen würde und mein junges Leben auf dieser Erde zu Ende ginge. In jenen Tagen wurde mir besonders deutlich, welch einen Schatz von Liedern wir in unseren Gesangbüchern haben. Schade, dass ich damals (im Juli oder August 1957) nur so wenige auswendig konnte.

Was dann geschah, kann ich nicht erklären, nur berichten. Es war wie eine zum Positiven hin überstandene Krise. Die Röntgenaufnahmen, die im Abstand von vier Wochen gemacht wurden, bestätigten, dass sich mein Befinden gebessert hatte. Die Ärzte nahmen es zur Kenntnis. Ob sie eine medizinische oder psychologische Erklärung dafür hatten? Ich habe es nicht erfahren.

Mein Schlaf war jetzt tief und fest; Nachtschweiß stellte sich nicht mehr ein. Wenn ich morgens aufwachte, fühlte ich mich frisch. Ich bekam Kraft, die stärker war als meine Krankheit. Ich wagte mich aus dem Bett und begann, Spaziergänge im Krankenhauspark zu unternehmen. Im Oktober und November trainierte ich nach dem Abendessen im Park. Von Tag zu Tag konnte ich meine Runden im Freien erweitern. Ich ging über das raschelnde Herbstlaub und dankte meinem großen Gott. Für mich war dieses Erleben wunderbar – im vollen Sinne des Wortes.

Der Chefarzt stellte mir in Aussicht, dass ich entlassen würde, wenn die nächsten gründlichen Untersuchungen ein gutes Ergebnis brächten. Am 2. November 1957, einem sonnigen Herbsttag, ließ ich mich nachmittags von einem Mitpatienten, der sein Auto dabei hatte, nach Birkenau fahren. Zum ersten Mal seit dem 20. Juli 1954 wieder zu Hause! Unser Häuschen war fertig. Meine Angehörigen waren noch nicht lange zuvor eingezogen. Wie schön war das alles!

Verändert nach Hause

Am 7. Dezember 1957 wurde ich aus der Thoraxklinik in Heidelberg entlassen. Freilich war ich vorerst noch arbeitsunfähig. Aber damit ging ein Abschnitt meines Lebens zu Ende, der für mich zu den wichtigsten gehört. Der schon erwähnte Mitpatient bot sich an, mich samt Gepäck nach Hause zu fahren. Es war ein trüber, winterlicher Tag. Unterwegs, noch in Heidelberg, bat ich meinen Chauffeur, vor einer Drogerie Halt zu machen. Es war mein großer Wunsch, mit meinen Lieben an den Abenden dieser Adventszeit Andacht zu halten; dazu wollte ich Kerzen mitbringen. Eine schöne, runde Norwegerkerze und eine Bienenwachskerze nahm ich mit. Wir fuhren weiter. Unterwegs wurde es immer dunkler, obwohl es Vormittag war, und Sprühregen fiel. Die Straße wurde glatt – und ein Auffahrunfall war die Folge. Wir konnten trotzdem weiterfahren und kamen noch vor dem Mittagessen zu Hause an. Nachdem wir uns gestärkt hatten, verabschiedete sich mein Chauffeur. Es tat mir Leid, ihn allein zurückfahren zu lassen. Er kam wieder gut im Krankenhaus an, und die Unfallangelegenheit wurde auch geregelt.

Ein neuer Abschnitt hatte begonnen – nicht nur für mich, sondern für uns alle. Onkel Eduard rauchte mit Rücksicht auf mich nicht mehr in der Wohnküche, in der wir alle aßen. Das war eine Umstellung für ihn. Und doch geschah es mit einer Selbstverständlichkeit. Der Tagesablauf aller wurde etwas verändert. Ich hielt noch meine Liegekuren ein. Doch das hatte sich schnell eingespielt.

Die abendlichen Andachten zu halten kostete mich zuerst etwas Überwindung. Ich hatte ja keine Erfahrung als »Hauspriester«, und ich wollte meine Angehörigen auch nicht bevormunden. Doch sie ließen es sich gefallen und nahmen gerne teil. Das Singen unterließ ich zunächst. Ich wusste nicht, wie die Kapazität der Stimmen meiner Lieben war und ob es nicht Tränen heraufbeschwören würde. Dazu reichte mein Atem noch nicht aus, um ein Lied oder einige Strophen alleine zu singen. So las ich einen Bibelabschnitt, oft die Tageslese. Wenn ich etwas wusste, sagte ich einige Gedanken dazu. Dann kam das Neukirchener Kalenderblatt an die Reihe, und zum Schluss betete ich kurz. Natürlich wurde zuerst eine der mitgebrachten Kerzen angezündet.

Sonntags besuchten meine Mutter, Tante Anna und ich den Gottesdienst der evangelischen Kirche in Birkenau. Der Weg zur Kirche war etwas weit und für mich noch anstrengend. Vor allem das Bergaufgehen auf dem Heimweg ermüdete mich noch.

In der Kirche fiel ich unter den überwiegend älteren Damen auf. Beim Singen war eine Männerstimme ungewöhnlich. Trotz meiner Kurzatmigkeit sang ich gern und flott. Auch klopfte ich einmal beim Pfarrer in der Sakristei an und fragte, ob ich am Ausgang Traktate verteilen dürfe. Er erlaubte es mir.

Eine ältere Dame, die das alles registriert hatte, sprach mich nach einem Gottesdienst an. »Sie sind Herr Gajan?«, fragte sie. »Eigentlich müssten Sie irgendwo hingehen, wo auch junge Menschen unter dem Wort Gottes zusammenkommen. Ich hätte eine Empfehlung. Allerdings ist das in Weinheim, im Konfirmandensaal der Peterskirche. Und am 1. Januar hat die Liebenzeller Gemeinschaft, um die es sich handelt, dort nachmittags eine besondere Veranstaltung. Ich könnte Sie mitnehmen.« Sie sprach sehr korrekt mit einem ostpreußischen Akzent und schaute mich dabei mit ihren strahlenden Augen an. Ich war etwas unschlüssig. Einerseits wollte ich mich nicht so recht festlegen. Man wusste ja gar nicht, wie das Wetter am 1. Januar sein würde. Große Sprünge konnte ich noch nicht machen. Wir mussten mit dem Zug fahren. Der Weg zum Bahnhof war noch weiter als der zur Kirche. Aber was mich lockte, war die Liebenzeller Gemeinschaft! Dass sie erwähnt wurde, war für mich eine Empfehlung. Herr Müller, der bereits erwähnte Oberstudienrat aus Heidelberg, der mein Freund geworden war, gehörte dort auch dazu. Also sagte ich zu.

Manchmal versuchte ich mir auszumalen, wie das ausgesehen und welche Eindrücke das auf Beobachter gemacht haben mag: Es treffen sich am Birkenauer Bahnhof eine ältere Dame mit »Wolkenschieber« – sie war früher Hutmodistin – und ein junger Mann in grauem Mantel aus geschorenem Loden und mit schwarzer Baskenmütze. Sie fahren mit dem Zug nach Weinheim, steigen in Weinheim-Tal aus und gehen zur Peterskirche.

Meine Garderobe hatte sich nämlich geändert. Nach meiner starken Gewichtszunahme in der Klinik hatte mir meine Mutter zwei sehr schöne Anzüge in Hellgrau und in Braun gekauft, dazu einen schicken Wintermantel in Nougat mit einem weichen, hellen, dazu passenden Schal. Gerade dieser Mantel erschien mir jetzt zu fein. Ich bevorzugte die Farbe grau. Und ein Lodenmantel sollte es sein. Mama überlistete mich jedoch, indem sie einen geschorenen Loden für mich aussuchte. Ich liebte geschmackvolle Kleidung. Und das hatte ich als Schwäche bei mir entdeckt. Freilich ist das keine Sünde, wenn man an Schönem Gefallen hat. Unser Schöpfer freut sich an Schönem. Das beweist seine wunderbare Schöpfung. Doch wenn man erlesene Kleidung zu wichtig nimmt, kann das auch »Eitelkeit« genannt werden. Und diese wollte ich überwinden.

Meine geistliche Heimat

Der 1. Januar 1958 kam. Ich fuhr mit Fräulein Heering (so hieß die ältere Dame nämlich) nach Weinheim. Weil wir bereits frühzeitig unterwegs waren, drückte mir meine Begleiterin einen Stoß Traktate in die Hand und gab mir zu verstehen, dass ich diese auf der einen Seite der Nördlichen Hauptstraße verteilen sollte. Sie ging mit ihren Traktaten auf die andere Seite. Das war zwar nicht so verabredet, aber es gehörte offenbar dazu. Ich fühlte mich dabei in meiner Haut zunächst gar nicht wohl. Die Nördliche Hauptstraße liegt unmittelbar unter dem damals von wohlhabenden Rentnern bevorzugten Wohngebiet Hirschkopf. Im Geist stellte ich mir vor: Da kommt einer meiner früheren Lehrer des Wegs, und wir begegnen uns. Wie verhalte ich mich? Aber zu solch einem Aufeinandertreffen kam es nicht. Meine Sorge war umsonst. Die Zeit ging schneller vorbei, als ich dachte.

Als wir in den Konfirmandensaal gingen, war er schon fast voll besetzt. Ich war zum ersten Mal einer der ungefähr 60 Besucher dieser Veranstaltung. Fräulein Heering versuchte, mich einigen Leuten bekannt zu machen. Das Durchschnittsalter gefiel mir. Das Liedgut war mir zum Teil fremd. Es wurde aus dem »Reichsliederbuch« gesungen. Zum ersten Mal in meinem Leben hörte ich einen Gitarrenchor. Gottes Wort verkündigte ein älterer Laie auf originelle Weise. Zwei oder drei berichteten noch kurz von ihren Erfahrungen im vergangenen Jahr. Einer von ihnen bezog sich auf das inhaltsschwere Sätzlein, das die leibliche Mutter des Herrn Jesus den Dienern bei der Hochzeit zu Kana zurief, indem sie auf Jesus wies: »Was er euch sagt, das tut!« (Joh 2,5). Das habe ich im Gedächtnis behalten, denn es sollte für mich im neuen Jahre 1958 eine wegweisende Rolle spielen. Dann wurden Neujahrslose gezogen, ein Brauch, der bis heute in den Landeskirchlichen Gemeinschaften geübt wird. Mich beeindruckte die Herzlichkeit im Umgang miteinander.

So war ich in die Liebenzeller Gemeinschaft in Weinheim eingeführt worden. Der »Neue« aus Birkenau war auch von den meisten wahrgenommen worden. Ich bin überzeugt, dass manche bereits für mich gebetet hatten. Fräulein Heering dürfte in der Gebetsstunde von mir erzählt haben. Sie war eine »klassische« Gemeinschaftsfrau: Sie besuchte treu die Gottesdienste in der evangelischen Kirche in Birkenau und fehlte auch bei den Veranstaltungen der Gemeinschaft in Weinheim nicht. Sie lebte vorbildlich und missionarisch, weil sie auf den wiederkommenden Herrn Jesus ausgerichtet war. Sie bekannte ihren Herrn und war eine treue Beterin.

Meinem ersten Besuch im Konfirmandensaal der Peterskirche folgten viele weitere. Noch waren mir enge Grenzen gezogen, da meine Gesundheit noch nicht ganz wiederhergestellt war. Sonntags begleiteten mich meist meine Mutter und Tante Anna. Onkel Eduard kam seltener mit. Auch donnerstags in der Bibelstunde war ich immer öfter dabei. Die »Brüder« luden mich sehr bald zum Gebet vor den Zusammenkünften ein. Weil die Jugend ohnehin an den Veranstaltungen der Gemeinschaft teilnahm, besuchte ich die Jugendbundstunden kaum. Ich hatte ja weder Führerschein noch Auto. Dreimal in der Woche mit dem Zug nach Weinheim zu fahren und die weiten Wege zum Bahnhof zurückzulegen, war mir noch etwas viel.

Die Liebenzeller Gemeinschaft in Weinheim war aus dem »Jugendbund für Entschiedenes Christentum« (so hieß der EC damals) entstanden. Es war eine Freude, die jungen Leute zu sehen, die diesem Kreis angehörten. Zwei junge Männer studierten gerade Theologie. In den folgenden Jahren gehörte eine Jungschar mit bis zu 100 Buben zur Jugendarbeit. Gemeinschaft und Jugend waren missionarisch tätig. Und für den Mai 1958 war eine Zeltmission auf dem »Juxplatz« in Weinheim geplant. Betreut wurde die Arbeit in Weinheim und einigen Außenorten von einem Liebenzeller Prediger.

Anstrengungen lösten bei mir immer noch Schweißausbrüche aus. Regelmäßige Kontrolluntersuchungen wurden beim Gesundheitsamt in Heppenheim vorgenommen, dessen medizinischer Leiter der frühere Oberarzt der Ernst-Ludwig-Heilstätte in Sandbach war. Wir kannten uns von daher. Er sagte mir einmal sehr nüchtern, dass eine solche Krankheit, wie ich sie hatte, trotz voranschreitender Genesung auch wieder einmal aufflackern könnte. Eine Dame vom Gesundheitsamt prüfte recht bald nach meiner Entlassung aus dem Krankenhaus unsere Wohnverhältnisse. Dabei riet sie mir, den Tagesablauf durch eine ausgiebige Mittagsruhe zu unterbrechen.

An das Bienenhaus von Onkel Eduard wurde ein kleiner Raum angebaut mit einer entfernbaren Glaswand. Das war in den Sommermonaten meine »Liegehalle«. Mein Tagesrhythmus war natürlich ein anderer geworden. Spazieren gehen sollte ich. Dann kamen immer wieder die Fahrten nach Weinheim in meine *geistliche Heimat*. Das nahm Zeit und Kraft in Anspruch. Meine Tage waren ausgefüllt, obwohl an Arbeit noch nicht zu denken war. Das Pensum meiner Bibellektüre wollte ich jedoch nicht verringern. Meine Gebetsanliegen vermehrten sich rasch; für diese Anliegen zu beten, erfoderte auch einige Zeit.

Das Jahresfest der Gemeinschaft in Weinheim rückte näher. Ich wurde gefragt, ob ich bereit sei, über meinen Weg zu Jesus und mit Jesus zu berichten. Oberstudienrat Müller würde auch sprechen, außerdem würde der neue Prediger eingeführt. Ich sagte mit Herzklopfen zu. Das war das erste Mal, dass ich in einer solchen Öffentlichkeit meinen Glauben an Jesus Christus mit eigenen Worten bekennen sollte. Wenn ich von »Herzklopfen« spreche, meine ich das buchstäblich. Ich hatte bei körperlichen Anstrengungen oder bei Aufregungen einen sehr hohen Puls.

Die Veranstaltung fand in einem größeren Saal statt. Das Programm war abwechslungsreich gestaltet. Der gemischte Chor sang mit dem Tenor-Solisten Wilhelm, einem der beiden Theologiestudenten aus dem EC, der auch Gesangsunterricht nahm. Die Textwahl harmonierte ohne Absprache. Der neue Prediger, Friedhelm Schrodt, sprach über den staunenden Ausruf des Mose: »Wie hat er die Leute so lieb!« (5Mose 33,3 a alte Lutherübersetzung).

Ich stellte über meine Ausführungen Worte aus dem Hebräerbrief: »Wen der Herr lieb hat, den züchtigt er, und er schlägt jeden Sohn, den er annimmt. Es dient zu eurer Erziehung, wenn ihr dulden müsst« (Hebr 12,6 und 7 a). Der Chor sang darauf »Wunder der Gnade Jesu« mit dem wohlklingenden Part des Tenor-Solo im Refrain.

Das machte mir neu bewusst: Es ist wahrlich keine Selbstverständlichkeit, dass ich mit dabei sein und den Namen meines Retters und Herrn bekennen durfte. Zu seiner Ehre wollte ich leben und etwas zum »Lob seiner Herrlichkeit« (Eph 1,14 b) sein. Es war eine Freude, Rolf Müller zu begegnen und mein Zeugnis in seiner Gegenwart, also vor einem Zeugen, zu sagen.

Dieses Jahresfest hat mich darin bestärkt, dass die Liebenzeller Gemeinschaft in Weinheim meine geistliche Heimat sein sollte. Es hatte sich in Weinheim eine Umschichtung in meinem Freundeskreis ergeben. Ich hatte nicht nur Freunde, ich hatte Brüder und Schwestern gefunden. Mich freute besonders an dieser »Schar« (wie sie der neue Prediger manchmal nannte), dass sie eine missionarische Einstellung hatte, nicht nur, weil sie für die Arbeit der Liebenzeller Mission im Ausland betete und opferte. Diese Gemeinschaftsleute wollten Menschen, die *ohne* Jesus lebten, *für* ihn gewinnen.

Auch der geplante Einsatz der Zeltmission im Mai kam aufgrund dieser missionarischen Gesinnung zustande. Ein solcher Zelteinsatz macht Arbeit und verlangt den Veranstaltern manches Opfer ab. Das bekam ich in Weinheim zum ersten Mal mit, wenn auch aus einer gewissen Distanz, weil ich auswärts wohnte. Es handelte sich um das Evangelisationszelt der Liebenzeller Mission. Redner waren Gottlieb Weiland und August Horeld. Der temperamentvolle Stürmer und der väterliche Seelsorger ergänzten sich. Ich wollte so oft wie möglich dabei sein und nahm auch meine Angehörigen mit.

Wie soll es beruflich weitergehen?

Eine schwerwiegende Frage beschäftigte mich. Man deutete mir auf dem Gesundheitsamt an, dass ich mit meiner Arbeitsstelle langsam Kontakt aufnehmen könne. Was sollte aus mir werden? Welchen Weg schlage ich ein, wenn mich das Gesundheitsamt für eine Berufsausübung freigibt? Gehe ich in meine Ausbildungsfirma zurück? Natürlich müsste ich dann die mündliche Gehilfenprüfung zuerst nachholen. Trotz des Abstandes von fünf Jahren wäre das möglich gewesen. Auch konnte ich davon ausgehen, dass Herr Horstmann mir die Wiederanstellung in seinem Betrieb leicht gemacht hätte. Und war ich ihm das nicht schuldig, nachdem er mich jahrelang so großzügig unterstützt hatte?

Doch da war noch eine andere Frage, die mich nicht los ließ. Gehört mein Leben nicht ganz dem Herrn, der es mir in doppelter Weise neu geschenkt hatte? Ich wusste ja nicht, wie viel Zeit er mir auf dieser Erde ließ. Sollte ich diese Zeit nicht ganz *ihm* zur Verfügung stellen? Sollte ich nicht in den vollzeitlichen Dienst gehen? Doch das würde bedeuten, dass ich mich umschulen lassen, etwas ganz Neues beginnen müsste. Und wenn ja, wohin sollte ich mich wenden? Und wer nimmt einen so unsicheren Kandidaten wie mich? Ist das Risiko nicht zu groß? Außerdem war ich mit meinen 25 Jahren nicht mehr der Jüngste. Und bis ich damit überhaupt beginnen konnte, würde ich vielleicht 26 oder 27 Jahre alt sein.

Diese Fragen trieben mich um. Ich entschloss mich, das Gespräch mit dem Evangelisten Gottlieb Weiland zu suchen. Wir trafen uns in einem kleinen Zelt, und ich schilderte ihm meine Lage. Inzwischen wusste ich, dass die Liebenzeller Mission eine theologische Ausbildung an einem eigenen Seminar anbot. Auch hatte ich erfahren, dass Gottlieb Weiland dem Komitee der Liebenzeller Mission angehörte. Ich fragte zaghaft, ob man in Liebenzell solche Leute wie mich brauchen könne.

Er riet mir, mich zu bewerben. Das erstaunte mich, und das Staunen wuchs, als ich die Bewerbungsunterlagen aus Bad Liebenzell vor mir liegen und die Aufnahmebedingungen gelesen hatte: Gesund sollte man sein; eine abgeschlossene Berufsausbildung sollte man haben oder das Abitur. Auch war das Aufnahmealter begrenzt. Ich räumte mir wenig Chancen ein.

Nachdem das Missionszelt Weinheim verlassen hatte, beschäftigte ich mich eingehend mit den Bewerbungsunterlagen. Wenn man an einem Kreuzweg steht, muss man ja klären, welchen Weg man nehmen soll. Ich dachte: Wenn die Liebenzeller Mission negativ auf meine Bewerbung reagiert – was ich für wahrscheinlich hielt –, hätte ich ein deutliches Zeichen, dass ich den anderen Weg zu gehen habe.

Ich schickte also eine unvollständige Bewerbung mit einem sehr ausführlichen Lebenslauf an die Leitung der Liebenzeller Mission, betete und wartete. In jeder Beziehung war ich abhängig von dem lebendigen Gott.

Im Sommer durfte ich meine erste Bibelstunde halten. In Niederliebersbach, einem der Außenorte von Weinheim, traf sich ein Bibelkreis in einem Privathaus. Dort sollte ich Gottes Wort auslegen. Ich bereitete mich gründlich vor. Als Bibeltext war mir Jesaja 12 wichtig geworden. »Das Danklied der Erlösten« steht über den sechs Versen. In Vers eins heißt es: »Ich danke dir, HERR, dass du bist zornig gewesen über mich und dein Zorn sich gewendet hat und du mich tröstest.«

Dieses Wort Gottes sprach zu mir in meiner damaligen Seelenlage. Ich war für Gottes großes Eingreifen unendlich dankbar. Ich hatte ein getröstetes Gewissen, ein zufriedenes Herz. Mein Körper wurde auch kräftiger. Ich konnte zu Fuß nach Niederliebersbach und zurück gehen. Auch konnte ich eine Stunde füllen mit den Gedanken, die ich dem gehaltvollen Bibelabschnitt entnahm.

Man sollte ein Musikinstrument spielen können, hatte ich in den Aufnahmebedingungen des Theologischen Seminars der Liebenzeller Mission gelesen. Ich spielte aber kein Instrument. Friedhelm Schrodt, der neue Prediger in Weinheim, hatte mir Klavierunterricht angeboten. Dazu benötigte ich allerdings ein Instrument. Er schlug mir vor, sich nach einem gebrauchten

Klavier umzusehen. Er fand ein preisgünstiges Instrument. Als es angeliefert wurde, war Mama unzufrieden. Der schwarze Kasten sei viel zu groß für mein Zimmer, er nähme zu viel Platz weg. Sie ruhte nicht, bis das Klavier in Zahlung gegeben war und ein neues, niedrigeres Instrument in brauner Farbe in meinem Zimmer stand. Dies hat mich bis heute begleitet.

Das war typisch für meine Mutter. Das Geld für das Klavier hatte sie mühsam mit Heimarbeit verdient. Es handelte sich um Taschentücher, die zusammengelegt werden mussten. Mindestens zweimal in der Woche schleppte sie ihr Arbeitsmaterial von der Firma Lassmann in Mörlenbach zum dortigen Bahnhof und vom Birkenauer Bahnhof zu uns nach Hause. Das war ein weiter Weg. Die fertige Ware musste auf demselben Weg zurücktransportiert werden. Es tut mir heute noch Leid, dass ich Mama einst zu dieser Heimarbeit geraten hatte.

Als das Klavier dastand, begann das Üben. Mir war klar, dass ich nicht das Niveau eines Konzert-Pianisten erreichen konnte. Aber wenn ich nur Lieder und Choräle begleiten könnte, hätte ich mein Ziel schon erreicht. Als ich die ersten Lieder spielen konnte, freuten sich alle – auch ich.

In der Gemeinschaft in Weinheim wurde zum Herbstmissionsfest nach Bad Liebenzell eingeladen. Am zweiten Sonntag im September fuhr in aller Frühe ein Bus nach Bad Liebenzell. Mama und ich hatten uns auch angemeldet. Ich merkte, dass Mama sehen wollte, wo ihr Sohn sich beworben hatte. Es war ein Herbsttag, wie er im Bilderbuch steht. Das schöne Nagoldtal begeisterte uns. Busse parkten damals in der Hindenburgstraße. Wir liefen an den Gärten vorbei, in denen die Dahlien in vielen Farben blühten. Zum ersten Mal betraten wir den »Missionsberg«. Ein dunkles Zelt stand auf der Wiese. Auch außerhalb standen Bänke unter Apfelbäumen mit reifen Früchten. Hinter uns befand sich das Missionshaus. Es bot eine eindrucksvolle Kulisse.

Mama und ich verfolgten alles sehr aufmerksam. Wir sprachen wenig miteinander, auch auf dem langen Heimweg. Jeder von uns hatte seine Gedanken, mit denen er fertig werden musste. Ich hatte den Eindruck, es hätte sich eine Spannung bei meiner Mutter gelöst. Sie musste ja, obwohl ich bereits 25 Jahre alt war, ihr schriftliches Einverständnis zu meiner Bewerbung geben. Das gehörte zur Vervollständigung meiner Unterlagen und musste nachgereicht werden. Auf mich hatte der Missionsberg anziehende Kraft ausgeübt.

Eines Tages erhielt ich von Bad Liebenzell positiven Bescheid: Am 1. September 1959 könne ich aufgenommen werden. Das war eine schwerwiegende Entscheidung, die über mich oder für mich, jedenfalls außerhalb von mir getroffen worden war. Im Nachhinein sieht alles freilich ganz anders aus. Heute weiß ich: Diese Entscheidung war nur vordergründig bei der Missionsleitung in Bad Liebenzell gefallen – letztlich hatte *Gott* sie getroffen. Das war sein Ruf für mich in den vollzeitlichen Dienst!

Mich hatte in der Thoraxklinik in Heidelberg das Wort meiner Rettung gewiss gemacht: »Wer mein Wort hört und glaubt dem, der mich gesandt hat, der hat das ewige Leben und kommt nicht in das Gericht, sondern er ist vom Tode zum Leben hindurchgedrungen« (Joh 5,24). Jesus hat mir sein Leben geschenkt – ewiges Leben in qualitativem und in quantitativem Sinn. Ich habe Jesus mein Leben anvertraut. Jeder, der sein Leben Jesus überlässt, ist automatisch in seinen Dienst gestellt. Was den vollzeitlichen Dienst anbetrifft, bedarf es schon noch eines besonderen Auftrags. Die Zusage, in das Seminar der Liebenzeller Mission aufgenommen zu sein, war für mich dieser *Wink*.

Nachdem diese wichtige Entscheidung gefallen war, wurden die Vorbereitungen für meinen Aufenthalt in Bad Liebenzell getroffen. Mutter und Tante Anna nähten Namen in meine Wäsche. Bettwäsche in der angegebenen Größe wurde gekauft oder genäht. Koffer wurden angeschafft. Und vor allem musste ich Herrn Richard Horstmann mitteilen, was ich vorhatte. Ich schilderte ihm schriftlich, was sich in meinem Inneren in den vergangenen Monaten ereignet hatte. Ich bat ihn um Verständnis, wenn ich jetzt einen Weg gehe, der mir früher unwahrscheinlicher erschienen war. Für sein Vertrauen und seine Unterstützung bedankte ich mich sehr. Er nahm meine Erklärung verständnisvoll auf und wünschte mir alles Gute für meine theologische Ausbildung.

Aufbruch in »Neuland«

Beginn in Bad Liebenzell

Der 1. September 1959 kam. Die Koffer waren gepackt. Friedhelm, der Prediger von Weinheim, hatte sich angeboten, mich samt meinem Gepäck mit seiner »Isetta« nach Bad Liebenzell zu fahren. (Eine »Isetta« war ein Kleinwagen, dessen einzige Tür frontal angebracht war und nach oben aufging.) Mein großer Überseekoffer wurde hinten auf dem Gepäckträger angeschnallt; ein kleinerer Koffer kam in den Innenraum, der nichts an Überfluss zu bieten hatte. Wir beide – zwei ausgewachsene Männer – saßen ja auch noch darin.

Das Abschiednehmen fiel mir nicht so schwer, denn ich hatte ja eine große Perspektive. Bei meinen Lieben war das anders. Wir alle wussten, dass ich an Weihnachten wieder nicht zu Hause sein würde. In den letzten Jahren hatte ich nur zweimal – 1957 und 1958 – Weihnachten mit meinen Lieben feiern können. Die erste Klasse des Theologischen Seminars der Liebenzeller Mission hat immer das Vorrecht, im Missionshaus Weihnachten zu feiern. Das war auch damals für mich gewiss. Sonst war vieles ungewiss, was meine Zukunft betraf. Das Gesundheitsamt hatte mich nicht gesund geschrieben. Ich wurde an das Gesundheitsamt in Calw für weitere Kontrolluntersuchungen überwiesen. Ärztlicherseits wurde mir aber nichts in den Weg gelegt.

Auf unserer Fahrt auf der Autobahn über Karlsruhe schilderte mir mein Chauffeur das Leben der Seminaristen während der Ausbildung. Er brachte mir Besonderheiten des Missionsberges nahe. Die Zeit verging wie im Nu.

In Bad Liebenzell angekommen, wurden wir von Frau Rommel, der Hausmutter, freundlich begrüßt. Ich bekam vorübergehend im so genannten »Brüderstock« das Zimmer »Sanftmut« zugewiesen. Mein Begleiter war inzwischen in die Buchhandlung geeilt. Als er zurückkam, hatte er Bücher in der Hand, die er mir teils im Auftrag der Gemeinschaft, teils als Geschenke von sich überreichte. Das war eine Überraschung und eine liebe Erinnerung an meine geistliche Heimat. Dann nahmen wir Abschied voneinander.

Leben und Unterricht im Missionshaus

Nun war ich also im Missionshaus. In einer neuen Umgebung. Mit einem neuen Lebensrhythmus. Mit neuen Gesichtern und neuen Namen musste ich mich vertraut machen. Wie wird alles werden? In einem Liedvers des China-Missionars Friedrich Traub aus Korntal heißt es: »Wie er mich durchbringt, weiß ich nicht; doch dieses weiß ich wohl, dass er, wie mir sein Wort verspricht, mich durchbringt wundervoll.« So wollte ich auch vertrauen.

Die ersten Wochen im September waren unterrichtsfrei. Die Seminaristen wurden für die Vorbereitung des Herbstmissionsfestes und für andere praktische Arbeiten benötigt. Schon da musste man auf mich Rücksicht nehmen, weil ich nicht für alle Arbeiten einsatzfähig war. So wurde ich in die Buchhandlung geschickt, um dort im Versand mitzuhelfen. Der »Buchhändlerknoten«, den mir Frau Fickler, die damalige Leiterin der Buchhandlung, beibrachte, wurde mir weniger zum Problem. Aber wenn ich manchmal per Rucksack Päckchen zur Post brachte und gleichzeitig die Nachmittagspost abholte und den steilen Postberg hinaufschleppte, spürte ich deutlich, wie begrenzt meine körperliche Kraft noch war. Nassgeschwitzt kam ich auf dem Berg an, obwohl ich einige Male stehen blieb, um auszuruhen und wieder zu Luft zu kommen. Meine Mitseminaristen nahmen den Postberg im Laufschritt, wenn es sein musste.

Jetzt war ich, das Einzelkind und der Patient, der die Einsamkeit liebte, von Brüdern mit unterschiedlichstem Beruf, Charakter, Temperament und mit sehr verschiedener Begabung umgeben.

Aber auch die Schwesternschaft der Liebenzeller Mission will ich nicht vergessen. Manchmal waren wir im Unterricht beieinander. Bei den Proben des gemischten Chores saßen oder standen wir vor Schwester Lydia Ewald, der temperamentvollen Musiklehrerin, Chorleiterin und Organistin. Sie wollte uns das

Dirigieren beibringen. Wir mussten die entsprechenden, an Gymnastik erinnernden Übungen machen und schlugen den Vierviertel- oder den Dreivierteltakt. Nicht selten waren Lachsalven die Folge. Leider haben nur wenige das Dirigieren richtig gelernt.

Meine Vermutung bestätigte sich: Sobald man vor einem Lehrer sitzt, machen sich Schüleralluren bemerkbar, auch wenn man schon auf die Dreißig zugeht. Dreizehn Brüder traten 1959 ein, von denen ich der Älteste war. Wilfried Dehn, der Jüngste von uns, war sieben Jahre jünger als ich. Ausgerechnet wir beide wurden von der Hausmutter als »Hausbrüder« zusammengestellt, als der Unterricht begonnen hatte. Die Aufgabe der »Hausbrüder« war es, für Sauberkeit zu sorgen, zum Beispiel im Frühstücksraum. Dieser befand sich im Kellergeschoss und war mit schlichten Tischen und Bänken ausgestattet. Dort wurde das zweite Frühstück eingenommen, eine sehr beliebte Mahlzeit. Meist gab es Speisereste vom Vortag. Manche Gerichte schmecken eben aufgewärmt besser. Manche Seminaristen hatten auch private Reserven, die sie bei dieser Gelegenheit verzehrten. Die »Hausbrüder« hatten dieses »Schlachtfeld« wieder aufzuräumen, das Geschirr zu spülen und in die Regale zu stellen. Den langen Flur des »Pfarrstocks« hatten sie zu putzen, und auch die Fenster des Treppenhauses gehörten in ihren Zuständigkeitsbereich.

Sehr interessant wurde es für die »Hausbrüder«, wenn sie die Zimmer des Brüderstocks für Gäste zu richten hatten. Dabei ging es nicht nur um das Reinigen der Zimmer. Dafür hatten die jeweiligen Bewohner zu sorgen, und zwar täglich. Aber bei bestimmten Anlässen zogen die Seminaristen aus ihren Zimmern in das *Zelthaus*. Dort hatten sie für einige Tage ein Massenquartier, damit für die erwarteten Gäste Platz wurde. Die »Hausbrüder« holten dann dienstbeflissen die Porzellan-Waschgeschirre, die Waschschüsseln und Wasserkrüge aus dem Lager, reinigten diese und stellten sie auf die dafür vorgesehenen Tische oder Schränkchen. Diese Geschirrstücke waren damals schon »antik«, teils schadhaft. Hatten die Gäste das Missionshaus wieder verlassen, so begann für die »Hausbrüder« die Aufräumarbeit.

Was Wilfried und mir besonders Freude machte, war das Ausschütteln der »Teppiche« (Wolldecken) auf dem Balkon des Missionshauses. Das waren die von den Seminaristen in ihrem Massenquartier benutzten grauen Decken aus den Kriegsjahren. Sie waren nicht von besonders guter Qualität, staubten aber umso mehr. Jeder von uns hatte zwei Zipfel in der Hand, schüttelte, was er konnte, und verunreinigte die gute Schwarzwaldluft. Kopfkissen und Bettdecken wurden ja unbezogen den Gästen zur Verfügung gestellt.

Im Laufe der ersten Klasse traf ein Gastschüler bei uns ein. Weil er eine verkürzte Ausbildung anstrebte, hatte er einen Auswahlstundenplan. Mit ihm gemeinsam bezog ich im »Pfarrstock« ein Zimmer mit fließendem Wasser. Die Möbel darin waren weiß. Auf den ersten Blick hätte man meinen können, es handle sich um ein Krankenzimmer.

Einmal wurde es auch dazu. Mein Zimmerbruder, Karl Weber, hatte Grippe. Ich machte meine Mittagsruhe und lag auch im Bett. Die Ärztin kam. Die Tür zu unserem Zimmer ging so auf, dass sie mich vor sich hatte, während die Tür das Bett des Patienten verdeckte. Gut, dass die Hausmutter die Ärztin begleitete. Sie sagte ihr, in welchem Bett der Kranke lag.

Es wurde viel Rücksicht auf mich genommen. Dafür bin ich heute noch sehr dankbar. Meine Brüder hatten Stalldienst (die Mission betrieb damals noch eine Landwirtschaft), oder sie waren – ihrem Beruf entsprechend – in den Werkstätten oder im Straßenbau tätig oder arbeiteten sonstwo. Auf einem so großen Areal mit vielen Gebäuden gibt es immer genügend Arbeit. Ich durfte mich als »Hausbruder« nützlich machen.

Im Blick auf den Tagesrhythmus und den Unterricht bildete ich keine Ausnahme. Zum Tagesablauf gehörte der Zimmer- und der Hausputz. Ein Bruder aus der Absolventenklasse traute es mir wohl nicht zu, dass ich die hintere Wendeltreppe richtig fegen könne. Er demonstrierte mir sehr gründlich, wie ich auch die Ecken der Treppe zu reinigen hätte. Der Senior, ein Bruder der dritten Klasse, teilte den Hausputz für samstags ein. Die Bereiche wurden ausgetauscht. Es war ein Unterschied zwischen dem Putzen des Esszimmers und des Kellergangs. Letzterer hatte einen Rauputz-Betonboden und wurde mit einem größeren Teil eines Kartoffelsacks feucht aufgewischt. Diesen Jutelappen auszuwringen war recht beschwerlich.

Der Unterricht war für mich Erholung.

In dem Fach *Missionsgeschichte* wurde uns unter anderem die Geschichte der Liebenzeller Mission nahe gebracht. Diese interessierte mich sehr. Da stand in der Gestalt des Gründers der China-Inland-Mission Hudson Tayler als leuchtendes Vorbild vor uns, ebenso Pfarrer Heinrich Coerper, der 1899 mit dem Deutschen Zweig der China-Inland-Mission in Hamburg begann. Welch ein Glaubensmut! Welche Anfechtungen, welche Schwierigkeiten mussten überwunden werden! 1902 ging dem jungen Werk die Heimat verloren. Missionswerke siedelten sich in jener Zeit an der Waterkant an, wo die Häfen mit Überseeschiffen waren. Personen und Gepäck sollten schnell dort sein, wo man in ferne Länder reisen konnte. Wohin sollte das kleine Pflänzlein versetzt werden? Pfarrer Coerper und seinem jungen Glaubenswerk wurde ausgerechnet in den Schwarzwald der Weg gewiesen, recht weit weg von der Waterkant und in das Hoheitsgebiet der Basler Mission hinein, die hier ihre Freunde hatte. Das konnte nicht konfliktfrei gehen. Es gehörte von Anfang an zu den Grundsätzen der späteren Liebenzeller Mission, dass sie ein Glaubenswerk ist, das von den Spenden seiner an Jesus, den Herrn der Mission, glaubenden Freunde lebt und arbeitet.

Nachdem das schöne, in die Schwarzwaldlandschaft passende Missionshaus fertig gestellt war (es wurde 1905–1907 gebaut), konnte Pfarrer Coerper sagen: »Wir haben nur Liebes- und Dankesschulden.«

Ich staunte damals als Liebenzeller Anfänger, mit welchem Verantwortungsbewusstsein und welcher Sparsamkeit einerseits und wie geschmackvoll und großzügig andererseits sowohl die Häuser als auch die Anlagen gestaltet worden waren.

Es war lehrreich für uns zu hören, wie Gott Menschen ausgesucht hatte, den Weg des Missionswerkes nach Bad Liebenzell zu bahnen und es hier zu begleiten und zu unterstützen. Der Name von Schwester Lina Stahl leuchtete vor uns auf. Sie hatte jahrelang darum gebetet, dass der heutige Missionsberg ein »feuerspeiender Berg« werden möchte. Sie meinte das im übertragenen, geistlichen Sinn. Lange war nichts davon zu sehen. Als ein Pforzheimer Fabrikant die spätere Villa Lioba als ein Gebäude erbaute, das einem anderen Zweck dienen sollte, und der Schornstein sichtbar wurde, vermerkten Spötter: »Jetzt wird der Berg Feuer speiend.« Oder da war Frau von Diest, die das ganze Gelände der Mission schenkte. Wir hörten von dem Fabrikanten Johannes Blank aus Calw, einem Mann, der ganz hinter dem kleinen Werk stand und in seinem unverwüstlichen Optimismus behauptete, das Leben sei ein Fest. Ganz lebhaft war vielen auf dem Missionsberg Pfarrer Heinrich Coerper in Erinnerung, und zwar noch von eigenem Erleben her.

Zu unserem Unterricht gehörte auch die »Praktische Stunde«. Ihr lagen Aufzeichnungen aus dem Unterricht vom Gründer des Werkes zugrunde. Sie enthielten ganz praktische Tipps für den Dienst im Reich Gottes. Wenn uns die Sprache auch nicht mehr aktuell erschien – der Inhalt war umso plausibler.

Mir als Neuling fiel das Familienbewusstsein der Liebenzeller Mission auf. Wie wurde gebetet, wenn ein Glied des Werkes in der Heimat oder im Ausland erkrankt war! Wie groß war die Anteilnahme! Es mag sein, dass dies für manche Seminaristen nichts Besonderes war, gerade für solche, die das Werk schon von Kindesbeinen an kannten. Bei mir war das anders. Mir war das alles recht neu. Ein paar Monate zuvor kannte ich das Missionswerk nur vom Hörensagen.

Durch manche Umzüge innerhalb des Hauses blieb man recht beweglich. So durfte ich einmal für einige Wochen nur in der Sakristei des Missionshaussaales wohnen. Das hatte den Vorzug, ein Einzelzimmer zu haben. Die Tür rechts vom Podium führte da hin. Es gab zwar auch einen direkten Zugang von außen, den man aber nicht benutzen konnte, weil er innen mit Möbeln zugestellt war. Ich musste in jener Zeit immer durch den Missionshaussaal gehen. Auch die Toilette im Flur war nur über den Missionshaussaal für mich zu erreichen. Dieser Saal mit den festgeschraubten Bänken hat mir Ehrfurcht abverlangt.

Mit dem Brüderchor hatten wir einen Einsatz in Hofheim bei Worms und in der Gemeinschaft in Weinheim. Zwischen den beiden Terminen luden meine Angehörigen die ganze Mannschaft zum Kaffee nach Birkenau ein. Viel Zeit hatten wir natürlich nicht. Nachdem wir uns gestärkt hatten, stellten sich meine »Brüder« vor dem Haus als Chor auf. Schnell reihte ich mich im ersten Bass ein. Und dann erklang das Lied, das damals sehr gern gesungen wurde: »Wir leben in der letzten Zeit, bald wird der Heiland kommen ...« Solche Klänge waren unsere Nachbarn nicht gewöhnt. Manche traten ans Fenster. Manche öffneten es. Es war ja Sonntagnachmittag. Längst hatten sie gemerkt, dass es nicht der Männergesangverein *Eintracht 1852 Birkenau* sein konnte, bei dem ich einst Chorsänger war. Er hatte ein anderes Repertoire. Der kurze Besuch bei meinen Lieben hat ihnen gut getan.

Dass wir Weihnachten im Missionshaus verbrachten, war ein besonderes Erlebnis. Für Gedanken an meine Lieben zu Hause hatte ich kaum Zeit. Freilich war ein Paket von ihnen bei mir eingetroffen, unter anderem mit einer schmucken, warmen hellbeigen Strickweste. Damit hatte Mama mir wieder etwas besonders Gutes tun wollen.

Wie schnell ging die erste Hälfte des Jahres 1960 vorüber! Und schon war das erste Schuljahr zu Ende. Vier Wochen Ferien standen uns bevor. Diese Zeit in Birkenau wurde überschattet durch die Erkrankung meiner lieben Mutter. Leider wurde auch bei ihr eine Lungentuberkulose festgestellt, und sie wurde zur Kur nach Reichelsheim im Odenwald geschickt. Es schien nicht so schlimm zu sein. Das ließ mich am Ferienende beruhigt nach Bad Liebenzell zurückkehren. Wir schrieben uns. Mama informierte mich über ihr Ergehen. Wir beteten füreinander.

Erste Verantwortung

In der zweiten Klasse wurden wir wesentlich mehr gefordert als in der ersten, schon vom Stundenplan her. Es kam Griechisch dazu und die manchmal gefürchtete Probepredigt im Fach »Homiletik« (»Predigtlehre«). Ich hatte innerhalb dieses Jahres zwei Probepredigten schriftlich auszuarbeiten und eine davon vor der Klasse und vor dem Lehrer zu halten.

Zum anderen kam ein Außendienst dazu. Jeder hatte eine Station oder mehrere zu betreuen, die er in bestimmten Zeitabständen aufsuchte. Daneben mussten Dienste in Gemeinschaftsstunden, Jugendkreisen, Kinderstunden usw. vorbereitet werden. Mein Bezirk (im Seminaristenjargon sagten wir: »Diözese«) war Schömberg. In diesem heilklimatischen Kurort hielten sich damals in den verschiedenen Sanatorien viele Tuberkulose-Patienten jeden Alters auf. An den Sonntagen gingen die jungen Leute des Jugendbundes manchmal in diese Heilanstalten, um geistliche Lieder zu singen und Traktate zu verteilen. Dabei sollte ich nicht fehlen. Dafür schien ich zuständig zu sein. Es machte mir auch viel Freude, mit einzelnen Patienten sprechen zu können. An bestimmten Sonntagen hatte ich auch die Gemeinschaftsstunde zu halten.

Die Dienste in den Sanatorien ließen in mir den Gedanken aufkommen, ein Traktat zu schreiben. Es kostete mich einen Kampf, was die Beweggründe anbetraf. Wollte ich mich besonders profilieren? Wollte ich etwas Besonderes sein? Waren dies meine Motive, so wollte ich nicht schreiben, denn dann konnte auch kein Segen darauf liegen. Und das wollte ich doch. Den vielen Patienten sollte damit geholfen werden. Dann meinte ich endlich, die innere Freiheit zum Schreiben zu haben. Ich teilte meine Gedanken auch Oskar Fuhrmann mit, der damals gerade Pfarrer Rommel als Hausvater abgelöst hatte. Er stimmte zu und vermittelte den Druckauftrag an die St.-Johannis-Druckerei in Lahr-Dinglingen. Das Traktat trug als Überschrift die Frage des Herrn Jesus Christus an den 38 Jahre lang Kranken am Teich Betesda in Jerusalem: »Willst du gesund werden?« (Joh 5,6 b). Es ging dabei vor allem um das Angebot der inneren Heilung. Das Verhältnis eines gottfernen Menschen zu seinem Gott sollte gesund werden. Das Traktat wurde in Schömberg bei unseren Einsätzen und darüber hinaus verteilt.

Ich teilte damals das Zimmer »Hoffnung« auf dem Brüderstock mit Bruder Kempf, einem pensionierten Eisenbahner. Er wollte sich für den Dienst der Verkündigung als Laie zurüsten lassen. Einer unserer Vorgänger, Johannes Rattel, Elektriker von Beruf, hatte innen über der Tür aus Draht geformte Buchstaben angebracht, die die beiden griechischen Wörter wiedergaben: *anapausaste oligon.* Das heißt übersetzt: »Ruht ein wenig!« (Mk 6,31). (Damit das auch tagsüber unkompliziert befolgt werden konnte, hatten die Seminaristen einen Spezial-Bettenbau entwickelt: Die Bettdecke wurde zusammengerollt an der Wand platziert und das Bett mit einer Tagesdecke überdeckt. So hatte man tagsüber eine Couch.)

Im Herbst fühlte ich mich eines Tages nicht so wohl wie sonst. Ich fürchtete, meine Krankheit flackert wieder auf. Sonntags hatte ich in der Gemeinschaft in Schömberg den Predigtdienst. Ich war sehr angefochten. Zuvor besuchte ich den Gemeinschaftsleiter. Wir beteten für die Gemeinschaftsstunde. Ich hatte nicht den Mut, ihm etwas über mein Befinden zu sagen. Am liebsten wäre ich in eines der Sanatorien gegangen und hätte um Aufnahme gebeten. Nach meinem Dienst war ich bei einer alten Schwester zum Kaffee eingeladen, die ihren Lebensabend in Schömberg verbrachte. Ihr sagte ich meine Not. Sie wies mich darauf hin, dass die Boten des Herrn Jesus nicht unangefochten bleiben. Sie rufen ja die Siegesbotschaft in Feindesland hinein. Ich solle mich nur im Glauben auf die Erlösung verlassen, Jesus hat sie für uns vollbracht. Auf das Lösegeld, das er für uns zahlte, auf sein für uns vergossenes Blut dürften wir uns berufen. Ich versuchte das zu praktizieren. Eine knappe Woche fehlte ich im Unterricht, weil ich mich krank fühlte. Dann bekam ich aber neue Kraft und konnte weitermachen. Wie dankbar war ich meinem großen und treuen Herrn!

Weihnachten 1960 durften wir die Ferien über nach Hause. Friedhelm Schrodt holte einen Weihnachtsbaum im Schwarzwald und nahm mich, diesmal mit einem anderen Gefährt, mit. Mutter war immer noch in Kur. Tante Anna, Onkel Eduard und ich besuchten sie. Ich brachte ihr auf einer Postkarte, eingerahmt zum Aufstellen auf den Nachttisch, das Wort mit: »Fürchte dich nicht, glaube nur!« (Mk 5,36 b). Ich berichtete ihr von meinem Ergehen in Bad Liebenzell und versuchte, ihr Mut zu machen. Sie war so anders als sonst: still, nicht hoffnungslos, aber zufrieden und einverstanden.

1961 sollte ein ereignisreiches Jahr für mich werden. Die Routineuntersuchung beim Gesundheitsamt hatte ein gutes

Ergebnis zur Folge – ganz entgegen allen meinen Befürchtungen, die ich im Herbst gehegt hatte. Wie dankbar war ich!

Bei meiner Rückkehr ins Theologische Seminar der Liebenzeller Mission war die »Schneiderstube« auf dem Brüderstock leer geworden. Der Bruder, der sich hier nützlich gemacht und sein »Handwerk« recht gut verstanden hatte, wurde nun irgendwo anders eingesetzt und hatte das Missionshaus verlassen. Ich ließ mir beschreiben, welche Arbeiten in der »Schneiderstube« anfallen können. So seien etwa die Sonntagshosen der Seminaristen zu bügeln, damit sie ihren Predigtdienst in ordentlichen Klamotten ausüben konnten. Seltener würden auch Anzugjacken anfallen. Arbeitsanzüge kämen zum Flicken in die »Schneiderstube«. Wenn die Hosentaschen kleinere Schäden aufwiesen, könnten diese mit aufbügelbaren Flicken behoben werden. Bei größeren Löchern müssten die Taschen erneuert werden.

Entweder war ich sehr naiv oder sehr glaubensstark, denn ich sagte zu und zog also in die »Schneiderstube« um. Der Raum lag auf der Bergseite des Gebäudes, hatte aber ein großes Fenster und keine schrägen Wände. Ein Kleiderschrank befand sich darin mit einem großen Spiegel. Neben einem großen Arbeits- und Bügeltisch standen ein Schreibsekretär, ein Bücherregal und ein Bett. Einen besonderen Luxus stellte das noch nicht zu lange installierte Waschbecken mit fließend kaltem und warmem Wasser dar. Ich hatte also das Vorrecht, in einem Einzelzimmer zu wohnen, das allerdings gleichzeitig meine Werkstatt war.

Was man doch alles lernen kann! Ich wuchs tatsächlich in meinen neuen Aufgabenbereich hinein. Das Bügeln der Sonntagshosen wurde mir zur Routine. Ich öffnete das Fenster mehr oder weniger, damit die Dämpfe nicht zu lange im Zimmer blieben. Zum Glück musste ich während meiner Dienstzeit in der »Schneiderstube« nur ein einziges Mal eine Hosentasche komplett erneuern. Das war schwierig und kostete mich auch ziemlich viel Zeit. Wie gut, dass meine »Kundschaft« nicht allzu anspruchsvoll war.

Mittlerweile gingen wir auf Ostern zu, und meine zweite Probepredigt war fällig. Die Textgrundlage war der biblische

Bericht von den Emmausjüngern (Lk 24,13–35). Nachdem ich die erste Predigt nur auszuarbeiten und schriftlich abzugeben brauchte, konnte ich mir ausrechnen, dass ich die zweite auch würde zu halten haben. Und so kam es auch. Unser Homiletiklehrer saß hinter den Schülern und hörte aufmerksam zu. Ich versuchte mir vorzustellen, dass dies keine gestellte Situation, Schüler und Lehrer sollten also echte Hörer sein, an die die Botschaft gerichtet war, die Gott mir anvertraut hatte. Ich selbst war von ihr so ergriffen, dass mir dieses schwierige Unternehmen recht und schlecht gelang. Mich wollte zuerst irritieren, dass keine handfeste Kritik kam. Die Kultur bei der Besprechung und Kritik der Probepredigten war leider bei weitem nicht immer bestimmt von der paulinischen Empfehlung: »... helft ihm wieder zurecht mit sanftmütigem Geist ...« (Gal 6,1).

War ich ein so hoffnungsloser Fall, dass ich keiner Kritik mehr wert war? Hatten sie alle Mitleid mit mir, dass sich keiner etwas zu sagen traute? Ein behutsames Lächeln des Lehrers gab mir jedoch zu verstehen, dass er zufrieden sei. Man war schon darauf bedacht, dass sich kein Hochmut regt, deshalb wurde mit dem Lob, so schien es mir, sparsam umgegangen. Trotzdem machte mir diese Erfahrung Mut, weiterzuarbeiten und mit Freude an den Aufgaben zu bleiben.

Abschied von Mama

Dann kam der 2. Juni 1961, ein Tag während der unterrichtsfreien Zeit um Pfingsten. Ich wurde vormittags ans Telefon gerufen. Das war noch nie im Missionshaus vorgekommen. Die Cousine meiner Mutter verständigte mich, dass es Mama nicht gut ginge. Sie befände sich in der Thoraxklinik in Heidelberg, und ich solle doch dorthin kommen. Bereits mit dem nächsten Zug war ich nach Heidelberg unterwegs. Die Fahrt gab mir Gelegenheit, meine Gedanken zu ordnen. Morgens hatte ich im Herrnhuter Losungsbuch die beiden Gottesworte für den Tag gelesen. Das neutestamentliche Wort lautete: »Bekennt also einander eure Sünden und betet füreinander, dass ihr gesund werdet« (Jak 5,16). Was hatte das zu bedeuten? Dieser Vers ist eingebettet in einen Abschnitt, über dem geschrieben steht: »Das Gebet für die Kranken«.

Ausgehend von diesem Wort entstand in mir ein Plan, was zu tun war: Ich würde meinen Freund Rolf Müller abholen, und wir würden mit Mama beten. Sie legt dann vielleicht ein Sündenbekenntnis ab, und es wird besser mit ihr. Danach werde ich im Krankenhauspark meine selbstverfassten Traktate mit dem Titel »Willst du gesund werden?« verteilen.

Ich erreichte die Thoraxklinik. Mama lag in einem Einzelzimmer auf Station 15 im Südbau. Zögernd betrat ich das Zimmer. Tante Anna war auch schon bei ihr. Mama schaute mit zufriedenen Augen zu mir. Ich wollte ihr einen Kuss geben, aber sie wehrte ab. Sprechen konnte sie nicht. Rolf Müller kam. Wir beteten. Friedhelm, der junge Prediger von Weinheim, stieß auch noch dazu. Ich höre ihn noch sagen, als wäre es gerade erst gewesen: »Frau Gajan, verlassen Sie sich ganz auf unseren Herrn Jesus Christus!« Dann musste er wieder gehen.

Nun war ich mit Tante Anna allein an Mamas Bett. Mama hatte die Augen geschlossen. Schlief sie? Ihr Atem ging schwer. Sie bekam Sauerstoff. Am Spätnachmittag kam ein Arzt und sagte: »Frau Gajan, machen Sie eine Faust.« Er wollte Mama eine Spritze in die Vene geben. Doch ihre Hand hing schlaff herunter. Er versuchte es noch einmal. Wieder keine Reaktion. Da wandte sich der Arzt zu mir: »Ihre Mutter kann keine Faust mehr machen.« Er verließ das Zimmer. Fassungslos blieb ich zurück und wusste nicht, was das bedeuten sollte. Ich betete, mal laut, mal leise, mal kniend, mal stehend. Es war ganz still im Raum. So vergingen Stunden. Die Uhr hatte für mich jetzt keine Bedeutung. Da hörte ich hinter mir eine Stimme: »Herr Gajan, Sie sollten sich jetzt hinlegen. Ich habe ein Bett für Sie bereitgemacht.« Eine von den katholischen Ordensschwestern unterbreitete mir dieses Angebot. Doch ich lehnte dankend ab. Es war jetzt 21.30 Uhr. Ich sah ihren besorgten Blick und sagte: »Ich möchte bis 22 Uhr bleiben.«

Kurz vor 22 Uhr wendete Mama den Kopf. Die Augen öffneten sich. Ihr Atem stockte. Sie atmete wieder – und dann hörte ich ihren Atem zum letzten Mal. Schwester Theobalda war noch von Station 6 herübergekommen. Sie hatte erfahren, dass meine Mutter auf Station 15 war. Sie kannte Mama gut von ihren jahrelangen Besuchen bei mir. Nun sagte sie: »Unser Herrgott hat Ihre Mutter so schön sterben lassen, sicher auch um Ihretwillen.«

Meine Mutter war der erste Mensch, den ich sterben sah. Der Arzt meinte, nicht der Lungenbefund, sondern ein Herzversagen sei die Todesursache gewesen. Mama wurde vom Sauerstoffanschluss befreit. Ganz entspannt lag sie jetzt da. Sie blieb über Nacht im Zimmer.

Mein Bett stand bereit. Auch Tante Anna bekam eins. Wir sollten schlafen. Ich versuchte es, doch mir ging so vieles durch den Kopf. Das Abschiednehmen von meiner Mutter kam mir zu früh vor. Sie war nur 53 Jahre alt geworden.

Es beschäftigten mich vor allem zwei Fragen. Die eine lautete: Ist Mama gerettet? Sicher, sie war zur Kirche gegangen. Sie hatte mich in die Gemeinschaft nach Weinheim begleitet, hatte die Zeltevangelisation in Weinheim besucht. Aber gehörte ihr Leben Jesus? Damals meinte ich, alle Bekehrungen müssten so ähnlich verlaufen wie meine eigene. Mir fehlte bei Mama das Bekenntnis ihrer Sünden. Dann wurde ich an eine Szene erinnert, deren Zeuge ich in unserem neuen Häuschen war. Ich kam in Mamas Zimmer. Sie stand da und sah mich betrübt an. Ich wusste nicht, was in ihr vorging. Plötzlich begann sie die Strophe eines Liedes von Paul Gerhardt laut zu zitieren:

»Warum sollt ich mich denn grämen?
Hab ich doch Christus noch,
wer will mir den nehmen?
Wer will mir den Himmel rauben,
den mir schon Gottes Sohn
beigelegt im Glauben?«

Wer das aus- und inwendig sagen kann, wie es Mama damals tat, hat ein persönliches Verhältnis zu dem Herrn Jesus. Mir ging auf: Das genügt, um gerettet zu sein! Wer so auf Jesus setzt, ist sein und damit gerettet.

Die andere Frage, die mich umtrieb, betraf den letzten Muttertag, der nur wenige Wochen zurücklag. Ich war Mama einen Blumenstrauß schuldig geblieben. Es war bei uns im Missionshaus so viel los gewesen. Ich hatte auch fest vorgehabt, den Muttertagsblumenstrauß nachzureichen. Jetzt war es zu spät. Nach dem letzten Abschied denkt man meist an seine Versäumnisse. Und da war dieser Blumenstrauß gewiss nur ein kleiner Teil von einem ganzen Mosaik von Schuldiggebliebenem. Wie viel bleibt man einander schuldig und wird dadurch aneinander schuldig. Ich konnte nur um Vergebung bitten – zwar nicht mehr meine Mutter, aber unseren himmlischen Vater.

Nicht nur in dieser Nacht auf Station 15, auch in den folgenden Tagen beschäftigte mich das alles.

Ja, und wie war das mit dem Lehrtext für den 2. Juni 1961, der so in unsere Situation hineinzupassen schien? Später ging mir auf: Wenn Gott das so hätte in Erfüllung gehen lassen, wie ich es mir gedacht hatte, dann wäre ich wohl versucht gewesen, auf den Weg der Schwärmerei zu gelangen. Manche sagen, Gott sei ein Feind der Krankheit und wer richtig glaube, würde gesund oder erst gar nicht krank werden.

Was sonst selten vorkam: Es fand vor der Bestattung ein Trauergottesdienst mit aufgebahrtem Sarg in der Kirche statt. Von dort aus ging es zum Friedhof. Meine Großmutter musste zu Hause bleiben. Ich merkte, wie sie der Tod ihrer Tochter beschäftigte. Eine Mutter kann es nur sehr schwer annehmen, wenn ihr Kind vor ihr stirbt. Gott hat uns in diesen Tagen durchgetragen. Einer Frau, der ich in einem Geschäft begegnete und die an unserer Trauer Anteil nahm, konnte ich bezeugen: »... mein Jesus liebt mich ganz gewiss, das ist mein Paradies.«

Mein erster Dienstbereich

Bald ging es wieder nach Bad Liebenzell. Demnächst war eine »Sendfahrt« für alle Seminaristen geplant, eine Reise in die Schweiz, bei der wir uns aber nicht nur an den Bergen und Seen erfreuen sollten. Wir sollten vielmehr mit Liedern des Brüderchores und Kurzbotschaften Versammlungen gestalten. Ich war innerlich noch nicht in der Lage, mich darauf recht einzustellen, und hatte mich entschlossen, nicht mitzureisen. Das begründete ich damit, dass ich noch Kondolenzbriefe zu beantworten hätte. Der Hausvater meinte in seiner väterlichen Art, es sei für mich besser, wenn ich mitginge. Er sagte das so, dass mir jeglicher Widerspruch fast unmöglich war. Also fuhr ich doch mit.

Und ich habe das auch nicht bereut. Die Erlebnisse unterwegs taten mir wirklich gut: die Schiffsfahrt auf dem Vierwaldstätter See, der Blick vom Gipfel des Rigi auf das herrliche Land, aber auch die originellen Beiträge meiner Brüder. So erklärte zum Beispiel ein Bruder namens Sigismund seinen Vornamen mit dem Wort aus Psalm 118: »Man singt mit Freuden vom Sieg in den Hütten der Gerechten ...«

Im Missionshaus kehrte bald wieder der Alltag ein. Klausurarbeiten waren zu schreiben. Eines Tages musste ich irgendetwas mit dem Hausvater besprechen. Da er krank war, suchte ich ihn in seinem Schlafzimmer auf. So ganz nebenbei eröffnete er mir im Laufe unseres Gesprächs, dass ich in diesem Herbst ja schon in den Probedienst geschickt werden würde. Neben Karl Anderson, dem Zweitältesten unserer Klasse, würde ich die Klasse, die ein Jahr vor uns eingetreten war, ergänzen, weil deren Schülerzahl nicht ausreiche. Und zwar sei ich für Bietigheim vorgesehen. Überrascht und verdutzt stand ich da und brachte nur: »So, so!« heraus. Der Hausvater betete noch, bevor ich das Zimmer verließ. Ich hatte sogar vergessen, ihm eine gute Besserung zu wünschen.

Mit »Probedienst« wurde das einjährige Praktikum bezeichnet, das zwischen das dritte und fünfte theoretische Ausbildungsjahr eingeschoben war. Karl und ich sollten also ein Jahr früher als vorgesehen dieses Jahr absolvieren. Bietigheim, das sei eine Stadt bei Ludwigsburg, ließ ich mir sagen, und die dortige Landeskirchliche Gemeinschaft gehöre zur »Süddeutschen Vereinigung« (abgekürzt »SV«). Damit konnte ich zunächst gar nichts anfangen. Das würde bedeuten, dass ich die Arbeit in Schömberg, die mir sehr ans Herz gewachsen war, aufgeben müsste, ebenso die Mitarbeit bei der Landjugend in Beinberg, zu der Wilfried und ich einmal im Monat samstags eingeladen waren. Ich hätte mir für den Probedienst eine Stelle im Schwarzwald gewünscht.

Die Entscheidung schien seitens der Werks- und der Verbandsleitung gefällt worden zu sein. Was sollte ich tun? Bedenken hatte ich genügend, erst recht, als ich mich mit Johannes Rattel, meinem Vorgänger, über Bietigheim ausgetauscht hatte und über die Größe des Bezirks sowie des Arbeitspensums informiert worden war. Würde meine Kraft dafür ausreichen? Wie soll ich in die einzelnen Orte des Bezirks gelangen? Ich besaß noch längst kein Auto, und Motorroller oder Motorrad durfte ich aus gesundheitlichen Gründen nicht fahren. Eben erst hatte ich mit der Fahrschule begonnen.

Dienst einüben – zum Probedienst in Bietigheim

Zunächst wurden wir in die Ferien entlassen. Zu Hause angekommen, vermisste ich meine Mutter schmerzlich. Aber ich hatte kaum Zeit, grüblerischen Gedanken nachzuhängen. Jetzt galt es, den Wechsel zum Probedienst vorzubereiten. Schriftlich stellte ich mich bei dem Prediger Ernst Graichen, meinem Probedienst-Vater, vor und kündigte meine Ankunft in Bietigheim an. Schließlich war es soweit. Mit dem Zug fuhr ich von Birkenau nach Bietigheim. Vom Bahnhof war es ein beachtliches Stück zur Großsachsenheimer Straße, hinter deren Hausnummer 31 sich der Gemeinschaftssaal und das Predigerwohnhaus verbargen. Als ich dort ankam, war der Prediger gerade nicht anwesend. Also suchte ich mein künftiges Zimmer auf. Es befand sich im Erdgeschoss: ein quadratischer Raum mit zwei Fenstern, schlichten Möbeln und einem Holz- und Kohle-Ofen. Platz hatte ich genug. Zum Fenster sah manchmal eine Kuh herein, die dem Nachbarn gehörte. Das Bad befand sich im Keller.

Ernst Graichen war nur ein Jahr älter als ich. Wir waren schnell per Du. Trotzdem verstand es Ernst auch, die Rolle des Vorgesetzten zu übernehmen. Bemerkenswert war die Regelung, dass Prediger und Praktikant samstags miteinander den Saal zu putzen hatten. Da waren wir auf die gleiche Stufe gestellt. Diese regelmäßige Arbeitsgemeinschaft sollte nicht nur dem *Raum*, sondern insbesondere auch der *Gemeinschaft* zwischen den Mitarbeitern zugute kommen, die Gott dienen wollten. Hierbei erfolgte ein intensiver, ungezwungener Austausch. Wir beide lernten einander gut kennen. Wenn sich im Laufe der Woche manches angesammelt haben sollte, das zu bereinigen war, so war der Samstagvormittag die Gelegenheit dazu. Natürlich hatten wir auch sonst die Möglichkeit, miteinander zu sprechen, etwa wenn ich bei Mahlzeiten am Tisch der Familie saß. Doch da forderten auch die Kinder den Papa.

Außerdem war es aber die Regel, dass der Probedienstbruder bei vier Familien regelmäßig zum Mittagstisch eingeladen wurde. Wie sich das so herumsprach! Man erfuhr es sehr bald, bei welcher Familie es die besten Suppen und bei welcher es die besten Soßen gab.

Begegnung mit einem erfahrenen Pionier

Ernst Graichen war es wichtig, mich so schnell wie möglich dem Senior-Prediger des Bezirks vorzustellen. Wir machten also in den ersten Tagen meines Aufenthalts in Bietigheim einen Besuch bei Jakob Pflaum in der Hornmoldstraße Nummer 6. Unterwegs dorthin wurde ich in Kürze mit Sebastian Hornmold (1500–1581) vertraut gemacht. »Vogt zu Bietigheim« sei er genannt worden. Er war Stadtschreiber, Vertrauensperson der württembergischen Herzöge Ulrich und Christoph, vor allem Förderer der Reformation gewesen. Vor dem Altar der Stadtkirche in Bietigheim ist er beigesetzt worden.

Angekommen vor dem schlanken Haus, umgeben von einem gepflegten Garten, ging Ernst voraus. Ich hielt etwas Abstand. Dann standen wir vor dem Siebzigjährigen im Wohnzimmer der Familie, wo sich auch der Schreibtisch des Vaters befand. Erste

Begegnungen und erste Eindrücke können sehr entscheidend sein. Ich wurde »Bruder Pflaum« (wie er angesprochen wurde) vorgestellt. Er sprach nicht viel, doch seine freundlichen Augen sahen mich aufmerksam an. Er verkündigte damals noch fleißig Gottes Wort – im Bezirk und darüber hinaus. Welch eine reiche Erfahrung im Blick auf Leben und Dienst saß in der Person des alten Bruders vor mir. Wie vielen Probedienstbrüdern ist er auf diese Weise begegnet! Nach der Beendigung des Gesprächs wurde gebetet, und bevor wir gingen, sah er mich noch einmal freundlich an und meinte: »... eines Hauptes länger als alles Volk« (1Sam 10,23 b). Er hatte also meine Körpergröße registriert, mit der ich meinen Probedienstvater und ihn übertraf. Aber ich hörte nicht nur diese Feststellung, sondern ich vernahm auch die Ermahnung, die eine Eigentümlichkeit der *Liebenzeller* gewesen zu sein schien: »Werde in deinen Augen nicht groß!« Wir verabschiedeten uns, auch von Frau Pflaum, die mir ankündigte, dass ich in Zukunft auch Gast an ihrem Mittagstisch sein würde.

Noch kurz einige Worte über den unvergessenen Bruder Jakob Pflaum. Er war am 1. April 1891 in Unteröwisheim bei Bruchsal geboren worden und von Beruf Landwirt und Gipser gewesen. Er selbst charakterisierte sich im Blick auf seine Jugendzeit als »sehr zornig und eigensinnig« und erinnerte sich daran, dass er schon im »Kinderschüle« (also im Kindergarten) ein »gewalttätig Bürschchen« gewesen war. Seine Eltern waren praktizierende Christen und bemühten sich, ihre Kinder, auch ihren Sohn Jakob, »für den Herrn zu erziehen«. 1905 erlebte er anlässlich einer Evangelisation seine Bekehrung und fand Frieden mit Gott. »Wie ganz anders war es nun geworden! Ich glaubte, die Welt wäre neu geworden. Und doch lag es ja nicht an der Welt, sondern an mir«, schreibt er in seinem Lebenslauf.

Sein Nachfolger als Prediger im Bezirk Bietigheim wusste um die Eigenschaften vor seiner Bekehrung nichts und meinte, Sanftmut hätte schon immer zum Naturell Jakob Pflaums gehört. Der so Beurteilte lächelte darüber und bekannte dankbar, das habe ihm sein Erlöser geschenkt. Anlässlich der Einweihung des Missionshauses war Jakob Pflaum einst zum ersten Mal nach Bad Liebenzell gekommen, und in den Jahren danach war in ihm immer mehr die Gewissheit gereift, er solle sich für den vollzeitlichen Dienst der Verkündigung ausbilden lassen und in das Seminar eintreten. Im Frühjahr 1914 bewarb er sich um Aufnahme und erhielt einen positiven Bescheid. Im selben Jahr brach der Erste Weltkrieg aus. Der Eintritt ins Seminar verzögerte sich bis 1919, als er 28 Jahre alt war. Von Oktober 1920 bis Januar 1923 absolvierte er seinen Probedienst in Heilbronn und Umgebung.

1922 fand eine denkwürdige Evangelisation mit Friedrich Fabriz in Schwäbisch Hall statt, durch die Gott dort ein geistliches Erwachen schenkte. Obwohl an allen acht Abenden über ein und denselben Bibeltext (Lk 19,1–10: die Geschichte von dem reichen Oberzöllner Zachäus, der Jesus mit Freuden aufnahm) gepredigt wurde, war der Saal jedes Mal überfüllt, und man musste in einen größeren Saal wechseln. Vor dieser Evangelisation hatte ein kleiner Kreis von Jüngern Jesu Christi etwa zwei Jahre lang um eine Erweckung in der Stadt gebetet.

Der Evangelist konnte der großen Anfrage nach Seelsorge nicht mehr nachkommen. Da wurde Jakob Pflaum von Heilbronn zur Hilfe herangezogen. 1923 ist er dann, nachdem er zum Dienst eingesegnet und abgeordnet worden war, nach Schwäbisch Hall versetzt worden. Er hatte dort insbesondere die Aufgabe, jene Menschen, die 1922 zum lebendigen Glauben an Jesus Christus gefunden hatten, in Gemeinschaften zu sammeln. So entstanden viele Gemeinschaften, aus denen dann wiederum die Bezirke Crailsheim, Künzelsau, Öhringen und Schwäbisch Hall hervorgingen.

Man muss wissen, dass dieses *weite Feld* damals per Fahrrad *beackert* wurde. Jakob Pflaum hatte seine Quartiere, wo er übernachten konnte, um dann von dort aus die umliegenden Orte zu betreuen. Jedes Mal ging er so vor, dass er zuerst Hausbesuche durchführte und dabei zur Bibelstunde am Abend einlud. Es wehte Erweckungsluft. Offenbar kann solche *Luft* auch zu größeren Leistungen befähigen. Jakob Pflaum ist zu den *Liebenzeller* Pionieren in der Heimat zu zählen. Er durfte als Mitarbeiter Gottes ein Stück Reich-Gottes-Geschichte im Hohenloher Land verwirklichen.

Anne Pflaum wurde am 24. November 1896 in Gelbingen

bei Schwäbisch Hall geboren. Ihre Eltern waren Friedrich und Helene Vosseler, geb. Ludwig. Ihr Vater war Krankenpfleger im Diakonissenkrankenhaus Schwäbisch Hall. Deshalb wohnten sie im *Häusle*, einem anmutigen Gebäude auf dem Gelände des Diakonissenmutterhauses. Anne hatte noch einen Bruder Fritz und eine Schwester Helene. Nach der Volksschule besuchte Anne, nachdem sie eine Stelle im Haushalt angenommen hatte, die Fortbildungsschule in Schwäbisch Hall. 1914 nahm sie Stellen in Ludwigsburg und Stuttgart an. 1918 ging sie nach Mannheim, wo sie ihr Leben Jesus Christus anvertraute. 1922 kam sie nach Rotterdam. Hier lernte sie den »Jugendbund für Entschiedenes Christentum« kennen, wo sie auch Mitarbeiterin wurde. 1924 kehrte Anne in die Heimat zurück und schloss sich der Gemeinschaft der Süddeutschen Vereinigung an. Sie schreibt über diese Zeit: »Im September d. J. kam der Ruf des Herrn in seinen besonderen Dienst dadurch, dass er es mir zur Gewissheit machte, dass sein Wille mich für Bruder Pflaum als Lebensgefährtin bestimmte.«

Dem Ehepaar Pflaum wurde 1928 die erste Tochter Elisabeth geschenkt. Als 1931 die zweite Tochter Christa geboren wurde, soll der Vater zu seiner Schwägerin Helene gesagt haben: »Helene, 's isch e Mädle.« Aus dem Tonfall muss eine Enttäuschung herauszuhören gewesen sein. Auf den erwarteten Sohn musste Jakob Pflaum noch neun Jahre warten.

1934 wurde die junge Familie Pflaum von der *Glocke* in Schwäbisch Hall nach Bietigheim versetzt. Die Wohnung für die Predigerfamilie befand sich im Nachbarhaus des Gemeinschaftssaales und war angemietet. Sie bot der Familie zu wenig Platz. So reifte der Entschluss, das neue kleine Einfamilienhaus in der Hornmoldstraße zu erwerben. Ohne Unterstützung der Verwandten wäre das bei den damaligen kleinen Predigerbezügen nicht möglich gewesen. Der Zweite Weltkrieg und der Umstand, dass die Familie in Bietigheim ein Haus besaß, bedingte die lange Dienstzeit dort bis 1954.

Erfahrungen im Probedienst

Zum Bezirk Bietigheim gehörten 1961 vierzehn Predigtstellen (wobei nicht an allen Orten sonntags Veranstaltungen und wochentags Bibelstunden stattfanden). Daneben gab es Jugendbünde und Kinderkreise. Von Dienstag bis Freitag waren an je zwei Orten Bibelstunden zu halten, im Wechsel zwischen Prediger und Praktikanten. Montags wurde die Siedlung Buch besucht, wo eine Hausversammlung bestand. Am Samstag fand die Jugendbundstunde in Bietigheim statt, an der Ernst Graichen und ich möglichst teilnahmen. Alle zwei Wochen konnte montags einer von uns freimachen. Der Samstagnachmittag galt auch als frei.

Bereits in Bad Liebenzell hatte ich mit dem Fahrschulunterricht begonnen. Leider hatte es zur Prüfung zeitlich nicht gereicht, da der vorzeitige Antritt des Probedienstes so überraschend gekommen war. Wie gut, dass es im Jugendbund in Bietigheim einen Fahrlehrer gab! Er nahm mich gleich in seine Fahrschule auf. Es ging mehr um die Fahrpraxis als um das Theoretische. Im Dezember bekam ich meinen Führerschein und einen kleinen BMW 700, ein Kleinauto mit einem Motorradmotor, das 4 300 DM gekostet hat. Das war damals kein geringer Betrag. Mein Taschengeld betrug monatlich 90 DM; 2 900 DM konnte ich aus den Ersparnissen meiner lieben Mutter aufbringen, die ich geerbt hatte. Die Differenz übernahmen großzügigerweise Brüder und Schwestern der Bietigheimer Gemeinschaft.

Mit dem Auto war es für mich wesentlich einfacher, die einzelnen Orte zu erreichen, vor allem diejenigen, die nicht ans Bahnnetz angeschlossen waren. Winterliche Straßenverhältnisse sind zwar nicht das Günstigste für Anfänger. Da lernt man auch Abhängigkeit von Gott und ist dankbar für Bewahrung. Zwischen Weihnachten und Neujahr durfte ich für einige Tage nach Hause fahren. Diese Fahrt wagte ich allerdings noch nicht mit dem neuen Auto.

1962 hatte ich schon etwas Fuß gefasst im Probedienstbezirk. Die Gemeinschaften waren sehr unterschiedlich. Nicht nur was ihre Größe betraf. Nach Besigheim ging ich besonders gern. Das hing wohl auch mit der Mentalität der Menschen dort zusammen. Und gerade dort hatte ich manche harte Probe zu bestehen.

Es war noch in jener Zeit, als ich mit dem Zug fuhr. Das Haus in Bietigheim war leer. Elisabeth Graichen hatte mir zuvor gezeigt, was ich mir zum Abendessen richten könnte. Da seien Pellkartoffeln, die ich als Bratkartoffeln zubereiten könne. Milch sei auch noch vorhanden. Ich machte mir recht fette Bratkartoffeln. Die Milch war leider sauer geworden. Ich dachte: Verwerten sollte man sie dennoch, und trank sie dazu. Danach fuhr ich nach Besigheim, wo Bibelstunde mit anschließender Gebetsstunde war. In der Gebetsstunde saß ich auf der Bank hinter dem Rednerpult. Plötzlich bekam ich starke Bauchschmerzen. Zimperlich wollte ich nicht sein und hoffte, bis zum Ende aushalten zu können. Doch plötzlich wurde es schwarz vor meinen Augen. Ich kam wieder zu mir und merkte, dass ich von der Bank gefallen war. Alle Anwesenden waren sehr erschrocken über das Vorkommnis und mein bleiches Aussehen. Ich verließ schleunigst den Raum und suchte die Toilette auf. Dann fühlte ich mich wieder besser. Leider hatte ich die Gebetsstunde gestört und die lieben Besigheimer erschreckt. Es hatte eben nicht zusammengepasst: fette Bratkartoffeln und Sauermilch.

Ein anderes Mal musste ich nach Besigheim fahren, ohne dass ich mich vorbereitet hatte. Ich hatte nur ein leeres Konzeptblatt. Wir waren dabei, den Philipperbrief fortlaufend zu betrachten, und Philipper 4,10–20 war der Text für jenen Abend. Dieser Abschnitt war mir nicht aufgegangen; vielleicht hatte ich mir auch zu wenig Zeit genommen, um mich vorzubereiten. Dazu standen Hausbesuche an, sodass ich schon nachmittags abgefahren war. Nachdem ich die nötigen Besuche gemacht hatte, versuchte ich, irgendwo in der schönen Frühlingslandschaft, die die Sonne zum Leuchten brachte, über meinen Text nachzudenken. Das war nicht ganz einfach. Die Bauern waren auf den Feldern. Da ich nicht als Faulenzer gelten wollte, der die Sonne genießt, während andere arbeiten, suchte ich einen Platz, der mich ein wenig tarnte. Dort betete ich. Mein Dienstherr Jesus kannte doch meine Lage. Ich schenkte ihm das

Vertrauen, dass er am Abend alles recht machen werde. Es ging schließlich nicht um mich, wenn ich auch manchmal an die Vikarin denken musste, die gelegentlich mit ihrer alten Mutter zur Bibelstunde kam. Auch als Praktikant möchte man sich keine Blöße geben. Vor allem aber ging es um meinen Auftraggeber, unseren Herrn. Wir halten doch nicht nur pro forma in seinem Namen die Zusammenkünfte unter seinem Wort ab. Er sollte zu seinem Recht kommen. Seine Botschaft an die Anwesenden sollte laut werden.

Ich wurde ganz still. Auf einmal wurde mir klar, dass ich durch den fett gedruckten Vers den Zugang zum ganzen Abschnitt bekam: »Ich vermag alles durch den, der mich mächtig macht.« Dann kam mir ein Bild aus dem Theaterleben in den Sinn. Der Apostel Paulus stand vor meinem Geist als Mann auf der *Bühne* seines Lebens, der mit jeder *Kulisse*, mit jeder *Rolle* und mit jeder *Gage* einverstanden war. Das waren – bildlich gesprochen – die drei *Nägel*, an die ich den Inhalt der Verse aufhängen wollte. In der Tat, ich habe das Konzeptblatt noch, auf das ich damals meine Gedanken gekritzelt hatte. Darunter steht: »3. Mai 1962: Danke! – Lieber Heiland, spiele *du deine* Rolle in mir, auch heute Abend.« Beglückt und überaus dankbar fuhr ich nach meinem Dienst nach Bietigheim zurück.

Die dritte Herausforderung, die in meinem Probedienst mit Besigheim zusammenhängt, war die härteste. Jakob Pflaum hatte den Besigheimern eine Evangelisationswoche zugesagt. Da er jedoch erkrankte, war ihm die Durchführung der Abenddienste nicht möglich.

Nun sollte ich einspringen. Noch nie hatte ich eine Woche lang Abend für Abend an einem Ort gesprochen oder gar eine Evangelisation gehalten. Auf nichts konnte ich zurückgreifen. Sollte ich absagen? Konnte ich absagen? Ich sagte schließlich zu. Vielleicht spielte meine Erfahrung vom 3. Mai 1962 eine ermutigende Rolle. Die Themen sollte ich auswählen. Sie zu finden, war aber nicht einfach. Als ich schließlich die Themen beieinander hatte, gab ich sie weiter zum Drucken der Handzettel. Die Bibeltexte standen dann auch fest. Aber die Ausarbeitungen der Vorträge fehlten. In dieser Woche lebte ich buchstäblich »von der Hand in den Mund«. Jeden Tag musste ich mich für den Abend vorbereiten. Was ich zu Papier brachte, hatte keine Zeit zum *Reifen*.

An manchem Abend war ich mit mir total unzufrieden. Ich konnte nur alles unserem großen Gott hinlegen, dessen Kraft in den Schwachen mächtig ist (2Kor 12,9).

Der Probedienst wird verlängert

Die Verantwortlichen der Gemeinschaft in Bietigheim machten sich ernsthafte Gedanken, den Holzbausaal durch einen größeren Massivbau zu ersetzen. Insbesondere die älteren Geschwister sahen die Notwenigkeit dieser Baumaßnahme nicht ein. Doch schließlich setzten sich die Jüngeren durch. Mich interessierte das nicht sonderlich, da ja im September mein Praktikum zu Ende gehen und ich den Bezirk verlassen würde. Bald stellte sich jedoch heraus, dass ich in diese Überlegungen einbezogen war. Es wurde nämlich beim Theologischen Seminar der Liebenzeller Mission der Antrag gestellt, mich noch ein weiteres Jahr im Bezirk zu lassen. Das wurde damit begründet, dass der Prediger während der Bauphase zu stark mit dem Bauen beschäftigt sei und sich nicht im nötigen Umfang der Verkündigung und der Seelsorge widmen könne. Ein neuer Probedienstbruder wäre am Anfang noch keine Entlastung, weil er sich einarbeiten müsste.

Dem Antrag wurde tatsächlich zugestimmt. Die Verlängerung meines Probedienstes wurde bis Mai 1963 genehmigt. Von Juni bis August würde ein Sommersemester eingelegt werden, an dem ich teilnehmen sollte. Wieder kam die Frage auf: Was soll ich tun? Soll ich darauf drängen, im Herbst 1962 wieder in das Seminar zurückkehren zu können? Und wieder stimmte ich zu.

Der untere Bereich des Predigerwohnhauses wurde in den Umbau mit einbezogen bzw. musste auch als Zwischenlösung für die Veranstaltungen zur Verfügung stehen. Das bedeutete, dass ich mein Quartier zu wechseln hatte. Im Taubenweg 8 stand das ziemlich neue Haus von Familie Thomas. Im Dachgeschoss vor der Abschlusstür der zweiten Wohnung, die vermietet war, befand sich das Zimmer, das von November 1962 bis Mai 1963 meine Herberge sein sollte. Es war kaum halb so groß wie mein bisheriges Zimmer, hatte aber die Annehmlichkeit, zentral geheizt zu sein. Auch ein Waschbecken war installiert. Es war alles nah beieinander. In der Woche des Buß- und Bettags, als auch der erste Schnee fiel, fand mein Umzug statt.

Familie Thomas bestand damals aus vier Personen. Zwei Buben machten den Eltern Freude und belebten das Haus. Frau Thomas war die älteste Tochter von Jakob und Anne Pflaum. Ihre drei Jahre jüngere Schwester Christa kannte ich seit Antritt meines Probedienstes auch. Sie war die Organistin der Gemeinschaft in Bietigheim. Wer den Verkündigungsdienst in Bietigheim übernahm, musste ihr rechtzeitig die Nummern der Lieder angeben, damit sie sich darauf vorbereiten konnte. Natürlich erwartete sie dieses Entgegenkommen auch von mir – doch ich ließ sie manchmal vergebens darauf warten. Solch ein Verhalten war aber keine Schlamperei von mir, sondern eine mehr oder weniger bewusste – wenn auch plumpe – Maßnahme, mit der ich mich von jungen, unverheirateten Frauen abzuschirmen suchte.

Ich war zwar fast dreißig Jahre alt, aber meine Zukunft war noch so ungewiss. Wie lange würde meine Ausbildung noch dauern? Während der theoretischen Ausbildung durfte ohnehin keine Verbindung mit einem Mädchen eingegangen werden. Und wie würde es mit meiner Gesundheit weitergehen? Die Kontrolluntersuchungen beim Ludwigsburger Gesundheitsamt hatten recht gute Ergebnisse gezeigt. Jedenfalls wollte ich bei keiner der jungen Frauen falsche Hoffnungen wecken.

Wundersame Liebe

Das wurde im Frühjahr 1963 auf geheimnisvolle Weise bei mir anders. Erklären kann man das einfach nicht. Es gab Leute, die meinten allen Ernstes, ich würde ehelos bleiben. Was sich in mir ereignete, hätte ich ein Jahr zuvor nicht für möglich gehalten: Ich entdeckte Christa Pflaum. Eines Tages musste ich feststellen: Ich habe sie lieb, so lieb, wie man die Frau lieben muss, mit der man eine Ehe- und Dienstgemeinschaft einzugehen beabsichtigt. Ich wusste nicht, was »Fräulein Pflaum« dachte, wie sie empfand. Mit »Fräulein Pflaum« redete ich sie an – aber nur, wenn es unbedingt sein musste. Sonst grüßte ich sie nur und sprach mit ihr so gut wie nichts.

Das Ehepaar Thomas erwartete das dritte Kind. Frau Thomas kam Anfang April zur Entbindung ins Bietigheimer Krankenhaus. In dieser Zeit kümmerte sich ihre Schwester Christa um die beiden Buben. Am 6. April 1963 wurde deren kleine Schwester Susanne geboren. Am 8. April wagte ich es, Christa anzusprechen. Und sie antwortete, wie ich es zwar ersehnt, aber kaum erwartet hatte.

Kurz darauf fragte ich mich, erschrocken vor meiner eigenen Courage: Hatte ich die Erlaubnis dazu? Oh ja, ich hatte schon darüber gebetet. Aber hatte ich mich nicht doch von meinen Gefühlen treiben lassen? Hatte der Herr meines Lebens wirklich die Hand im Spiel? Ohne seine segnende Hand wollte ich ja nichts unternehmen. Das *Unternehmen Ehe* ist groß! Ihr Ja zu mir war die bisher einzige Bestätigung meines Ja zu ihr. Wir waren wahrlich keine Teenager mehr. Christa war 32, ich wurde ein paar Tage später 30 Jahre alt. Ruhiger wurde ich, nachdem bald auch die Bestätigung von Christas Eltern dazugekommen war und die Bestätigung ihrer Geschwister. Meine Großmutter, Tante und Onkel freuten sich sehr und gewannen Christa schnell lieb.

Nun trat aber ein Umstand ein, der mich sehr unsicher machte: Allen Probedienstbrüdern wurde Anfang Mai 1963 eine »Handreichung« zugesandt mit einem Begleitschreiben, das von August Horeld unterzeichnet war. Der letzte Punkt der »Handreichung« trug die Überschrift: »Habe deine Lust am Herrn; der wird dir geben, was dein Herz wünscht« (Ps 37,4). Das schien wie für mich ausgesucht. Der folgende Text aber hatte sehr dämpfende Auswirkungen auf meine damaligen Gefühle: »Ein Bruder im Probedienst geht kein Verhältnis mit einem jungen Mädchen ein und gibt der weiblichen Jugend nicht Anlass zu falschen Hoffnungen. Ist der rechte Zeitpunkt gekommen, um nach einer Lebensgefährtin Ausschau zu halten, so bete mit dem Knecht Abrahams: Herr, begegne mir (1Mose 24,12 ff. Jubiläumsbibel). Deine Lebensgefährtin muss eine durchaus geistlich gesinnte, gesunde und nicht zu junge Person sein, damit der

Dienst am Evangelium nicht gehemmt wird. Ehe ein Verhältnis mit einem Mädchen angeknüpft wird, ist die Erlaubnis der Verbandsleitung und der Leitung der Liebenzeller Mission einzuholen. Mache in allen Lebenslagen deinem Heiland Ehre ...«

Am 6. Mai 1963 schrieb ich an August Horeld einen Brief. Ich gab mein Verhältnis mit Christa Pflaum bekannt und entschuldigte mich, dass ich nicht vorher mit der Verbands- und Missionsleitung gesprochen hatte.

Große Freude löste meine Anfechtung ab, als ich die Reaktionen der Brüder erfuhr, die ich für mich auf dem Durchschlag des obigen Briefes handschriftlich festhielt: »Antwort mündlich: Bruder Walter (5. Juni 1963): ›Christa wird eine rechte Gemeinschaftsmutter.‹ Bruder Horeld (6. Juni 1963): ›Die Missionsleitung hat nichts dagegen. Nicht veröffentlichen.‹ Bruder Georg Müller, Bad Cannstatt, mündlich mitgeteilt am 6. Juni 1963 in Bad Liebenzell. Seine Antwort: ›Ich habe nichts dagegen, du bist alt genug.‹«

Eine große Last fiel von mir ab. Die Freude an meiner geliebten Christa war wieder unangefochten. Wer waren diese drei Herren, deren zustimmende Antwort mir – uns – so wichtig war? Friedrich Walter und August Horeld gehörten damals zur Leitung der Liebenzeller Mission. August Horeld war Inspektor des Liebenzeller Gemeinschaftsverbandes; zu seinem Zuständigkeitsbereich gehörten u. a. die Probedienstbrüder, also auch ich. Friedrich Walter war Missionsinspektor, zuständig für Missionare und Missionsgebiete. Er war einst ein junger Mitarbeiter von Jakob Pflaum gewesen, und Christa hatte als Kind auf seinem Schoß gesessen, wie er zu sagen pflegte. Georg Müller war erst seit kurzem Inspektor der »Süddeutschen Vereinigung für Evangelisation und Gemeinschaftspflege«. Er war während meines Praktikums mein eigentlicher Chef.

Die liebe Mutter von Christa hat im Vertrauen und mit ganzer Überzeugung, dass Christa und ich gut zusammenpassten, ihrem Schwager Wilhelm, dem jüngsten Bruder von Jakob Pflaum, darüber berichtet. Da erhielt sie die ernüchternde Antwort in dem ihm eigenen nordbadischen Dialekt: »Anne, 's wird sich weise.«

Kurz ein Blick auf die Familie Pflaum. Wilhelm Pflaum, ein Bruder von Jakob Pflaum, hatte eine Metzgerei in Unteröwisheim (heute Kraichtal-Unteröwisheim) bei Bruchsal; außerdem war er Landwirt, Weinbauer und ein Laienprediger, der von Jung und Alt gern gehört wurde. Er war sehr belesen und konnte anschaulich und verständlich verkündigen. Eigentlich hätte er Lehrer werden müssen.

Ein weiterer, älterer Bruder von Jakob Pflaum hieß Karl. Er lebte in Mannheim als Postbeamter. Einer seiner beiden Söhne ist Lienhard, der Theologie studierte, im Pfarrdienst war und 1963 von der Leitung der Liebenzeller Mission als theologischer Lehrer des Seminars berufen wurde und schließlich Direktor des Gesamtwerks wurde.

Die drei Brüder hatten noch vier Schwestern: Sophie war die Älteste. Nach Karl folgte Lydia, die Nonnenweier Diakonisse und Erzieherin in verschiedenen Kindergärten war, unter anderem in Pforzheim-Büchenbronn. Auf Jakob folgten die Schwestern Karoline und Marie.

Mitte Mai 1963 endete meine Probedienstzeit im Bezirk Bietigheim, der mir einst so fremd gewesen war und gar nicht anziehend auf mich gewirkt hatte. Inzwischen aber hatte ich liebe Menschen hier kennen gelernt, die mir das Gehen schwer werden ließen. Vor allem hatte ich meinen liebsten Menschen gefunden. Den aber wollte ich ja eines Tages mitnehmen. Wann würde das sein?

Gedanken im Urlaub

Zunächst verbrachte ich meinen Jahresurlaub in Birkenau. Diese Tage waren bestimmt von – ja, was war es eigentlich, Fernweh oder Heimweh? Natürlich beschäftigte Christa meine Gedanken und Gefühle sehr. Sie arbeitete noch bei der Firma Deutsche Linoleum-Werke in Bietigheim als Stenotypistin mit Sekretariatsaufgaben in der Verkaufsabteilung Inland. (Von einem Fenster des Verwaltungsgebäudes in der Bahnhofstraße aus hatte sie mich gelegentlich in der Zeit, als ich noch kein Auto hatte, zum Bahnhof gehen sehen: grauer Lodenmantel, schwarze Baskenmütze und Tasche unter dem Arm. Bei diesem Anblick hätte sie über mich geschmunzelt, gestand sie mir später.) Im Zeugnis der Firma über Christa, das am 30. September 1963 ausgestellt wurde, ist unter anderem zu lesen: »Fräulein Pflaum war eine wertvolle Mitarbeiterin, die sich ihres freundlichen und bescheidenen Wesens wegen allgemeiner Beliebtheit erfreute. Ihre Führung war ohne Tadel. Fräulein Pflaum scheidet auf eigenen Wunsch bei uns aus ...«

In einem Lebenslauf vom 3. Mai 1955 beschreibt Christa kurz ihren Werdegang: »Am 24. Januar 1931 wurde ich als zweites Kind des Gemeinschaftspflegers Jakob Pflaum in Schwäbisch Hall geboren. Ich besuchte vier Jahre die Grundschule in Bietigheim, sechs Jahre die Oberschule in Bietigheim (Mittlere Reife), ein halbes Jahr die Privathandelsschule C. G. Zimmermann in Stuttgart, bei welcher ich die Abschlussprüfung mit gutem Erfolg bestand. Vom 1. Oktober 1950 bis 31. März 1952 arbeitete ich im Städtischen Krankenhaus Bietigheim als Schreibhilfe und erledigte dort den ärztlichen Schriftverkehr. Nach einem halbjährigen Aufenthalt in der Schweiz trat ich am 1. März 1953 bei der Firma Deutsche Linoleum-Werke, Bietigheim, als Stenotypistin ein ...«

Der damalige Chefarzt des Bietigheimer Krankenhauses, schrieb im Zeugnis vom 14. März 1952 unter anderem: »Sie beherrscht einwandfrei Kurzschrift und Maschinenschreiben und hat sich während ihrer hiesigen Tätigkeit mit den medizinischen Fachausdrücken völlig vertraut gemacht. Sie war durch ihr ruhiges und immer freundliches Wesen sehr beliebt und ungewöhnlich fleißig.«

»... ungewöhnlich fleißig«! Das muss auch für ihre Zeit im Gymnasium zugetroffen haben, denn ihren neun Jahre jüngeren Bruder Werner konnte man sagen hören, dass seine Leistungen an denen seiner Schwester gemessen wurden, was ihn angeblich manchmal schlecht abschneiden ließ.

Christas freundliches, ruhiges Wesen machte ihr den Umgang mit anderen Menschen leicht, ließ sie anziehend und liebenswert erscheinen. Ja, es verlieh Christa einen geistlichen Charme, mit dem man sie auch gern von ihrem Glauben an Jesus reden hörte. Es war ihre innere Schönheit, die ihr der Erlöser verlieh und die er immer mehr in ihr ausprägte. Sie passte zu ihrer äußeren Schönheit, die ihr der Schöpfer mitgab:

brauner Teint, pechschwarzes, leicht gewelltes Haar, dunkelbraune Augen, eine schlanke, gut proportionierte Gestalt. Wenn ich Christa gegenüber manchmal meine Verwunderung zum Ausdruck brachte, dass mir nicht jemand zuvorgekommen war, gab sie überzeugend die Antwort: »Ich musste doch auf dich warten, weil du noch nicht soweit warst.«

Im Unterschied zu mir war Christa in einem pietistischen Elternhaus aufgewachsen. Sie liebte es. Zwar konnte sie gelegentlich zum Ausdruck bringen, dass sie sich in einem bestimmten Alter manchmal einen anderen familiären Hintergrund gewünscht hätte, um die Gewissheit zu erhalten, gerettet zu sein. Christa hatte eine weise Erziehung zu Christus hin genossen und war vor den Einflüssen einer gottfeindlichen Welt weitgehend verschont geblieben. Schon früh durfte sie den Eltern in ihrem Dienst mithelfen. Als Kinder hatten die beiden Mädchen – Elisabeth und Christa – die Aufgabe, den Gemeinschaftssaal zu beheizen. Mutter Pflaum wurde von ihren beiden Töchtern begleitet, wenn sie Kranken- oder Altenbesuche machte. Dabei sangen sie zweistimmige Lieder. Christas Mutter hatte eine schöne Altstimme.

Damals hatte ein Gemeinschaftspfleger wie viele andere Leute noch kein Telefon. Fiel eine Veranstaltung aus oder musste jemand für einen anderen im Verkündigungsdienst einspringen, erledigten Elisabeth oder Christa Botengänge per Fahrrad.

Da sie als Predigerstochter im Glauben aufgewachsen war, hätte sich Christa auch gewünscht, sie hätte berichten können, wie das bei ihrer Bekehrung gewesen war. Aber Christas Bekehrung war keine plötzliche, radikale Abkehr von einem verpfuschten und gottlosen Leben, verbunden mit der Hinwendung zu Jesus Christus, gewesen. Bekehrt zu sein bedeutete für sie, dass sie bewusst zu glauben begann und Jesus, ihren Retter, erlebte. Das war in ihrem Leben gewachsen und gereift, aber nicht mit einem Mal eingetreten. Der Denkspruch zu ihrer Konfirmation lautete: »Denn ich schäme mich des Evangeliums von Jesus Christus nicht; denn es ist eine Kraft Gottes, die selig macht alle, die daran glauben« (Röm 1,16). An diesem Bibelwort orientierte sie sich.

Als Christa einmal wegen ihrer mangelnden *Heilsgewissheit*

bei Friedrich Fabriz, einem Freund ihres Vaters, seelsorgerlichen Rat suchte, riet er ihr, im Johannesevangelium, Kapitel 6, Vers 37 zu lesen, wo Jesus sagt: »Alles, was mir mein Vater gibt, das kommt zu mir; und wer zu mir kommt, den werde ich nicht hinausstoßen.« Das half ihr, gewiss zu werden, dass die vollkommene und ewiggültige Erlösung durch Jesus Christus auch ihr gilt.

Welche Vorzüge hatte Christa durch ihre Erziehung! Sie kannte Choräle und so genannte »Reichslieder«, zu denen auch manches angloamerikanische Liedgut gehört. Sie kannte die Bibel zusammenhängend, denn sie las sie ja schon seit ihrer Kindheit. Ihr war auch erbauliches Schrifttum nicht unbekannt. Als sie als Kind einmal in Pfalzgrafenweiler in Ferien war, las sie Bunyans *Pilgerreise*. Ich staunte oft, wie gut sie sich in der christlichen Literatur auskannte. Als Kind durfte sie Klavier spielen lernen. Sie spielte Gitarre und sang im Gitarrenchor mit, wenn dieser unterwegs war, um bei Evangelisationen mitzuhelfen.

Die EC-Jugendarbeit war Christa sehr vertraut. Kurz bevor ich in den Probedienst nach Bietigheim kam, war sie dort noch aktive Mitarbeiterin gewesen. Sie nahm absolut keine Statistenrolle in der Gemeinschaftsarbeit ein: Wo sie war, war sie ganz dabei.

Kaum ein Urlaub kam mir so lange vor wie der in der zweiten Mai- und in der ersten Junihälfte 1963. Wir schrieben einander fleißig. Manchmal trafen wir uns auch. Wenn ich durch Bietigheim fuhr, stellte ich mir vor, ich hätte eine Tarnkappe auf; das verlieh mir eine gewisse Sicherheit, von den Leuten nicht gesehen zu werden.

Dienst im »Hauptquartier«

Am 11. Juni begann in Bad Liebenzell der *Sommerkurs*. Im Missionshaus wohnte ich im Zimmer *Gehorsam* zusammen mit Karl Anderson, der in Lossburg bei Freudenstadt auch so lange im Probedienst war und auch an den Wochenenden und sonntags – wie ich im Bezirk Bad Cannstatt von Freitag bis

Montag – im Verkündigungsdienst stand. Ich pflege heute noch zu sagen, Karl sei mein »Zwillingsbruder«, weil bei uns vieles so parallel verlief.

Im Missionswerk fand ein Wechsel in der Leitung statt. Pfarrer Hans Rommel war ausgeschieden. An jenem sonnigen Tag im September 1961, als wir nach Bad Liebenzell gefahren waren, hatte Friedhelm Schrodt ihn mir so geschildert: Er sei *der* Mann auf der Kanzel, *der* Mann am Katheder und gleichzeitig *der* Mann am Schreibtisch im Verwaltungsbereich. Die ersten beiden Aussagen hatte ich bestätigt gefunden. Nun aber war er nicht mehr im Werk.

Während meines Probedienstes hatte sich eine der mancherlei Krisen, die die Liebenzeller Mission in ihrer Geschichte durchzukämpfen hatte, zu dieser Entscheidung hin entwickelt.

In solchen Krisensituationen kamen dem Werk entweder die bewährten *Brüder* zu Hilfe, die im vollzeitlichen Dienst standen, oder mündige Laien, die das Werk liebten und Verantwortung wahrzunehmen bereit waren. In diesem Falle waren es letztere. Die Leitung hatte jetzt ein »Triumvirat« inne. In alphabetischer Reihenfolge: August Horeld, Friedrich Walter und Max Wilhelm, der als Missionar von China über die USA nach Bad Liebenzell gekommen war und nun auf dem Missionsberg mitarbeitete.

Als neuer Lehrer war Pfarrer Lienhard Pflaum berufen worden. In unserem Sommersemester hatte er schon einen größeren Teil des Unterrichts übernommen. Während einer Sitzung mit der Missionsleitung hatte er erfahren, dass Christa meine noch geheime Braut war.

Freitags nach dem Unterricht verließ ich Bad Liebenzell. In Stuttgart-Bad Cannstatt, Kreuznacher Straße 43, hatte ich im Dachgeschoss ein Zimmer. Samstags galt es manchmal bei praktischen Arbeiten mitzuhelfen. Inspektor Georg Müller hatte nicht selten Umbaumaßnahmen oder Verschönerungsarbeiten in Angriff genommen, vor allem im Hinterhaus, wo bis heute die Geschäftsstelle des »Süddeutschen Gemeinschaftsverbandes« – das ist der derzeitige Name – ihren Platz hat.

Ich befand mich jetzt also im *Hauptquartier* des Verbandes – als was eigentlich? Meinen Probedienst hatte ich beendet. Das

Wort *Volontär* finde ich am treffendsten für meinen damaligen Stand. Dieses Fremdwort erklärt *Das Fremdwörterbuch* von DUDEN so: »Freiwilliger, der sich ohne oder gegen eine nur kleine Vergütung in der Praxis eines Berufs einarbeitet.«

Das Programm dabei war: Samstags: Vorbereitung für die bevorstehenden Verkündigungsdienste, manchmal praktische Arbeit. Sonntags: Dienst in zwei bis drei Gemeinschaftsstunden im Bezirk Bad Cannstatt. Montags: praktische Arbeit am Vormittag; nachmittags erlaubte mir Georg Müller manchmal einen Besuch in Bietigheim. Das war schön! Am Abend hatte ich die Jugendstunde in Rutesheim zu halten. Von dort fuhr ich nach Bad Liebenzell zurück. Dienstag bis Freitag war dort Unterricht. An diesen Tagen gingen wir besonders gern in den *Frühstücksraum* des Missionshauses. Karl Anderson brachte von dem ländlichen Bezirk Lossburg Schwarzwälder Schinken, Bauernbrot, Zwiebeln und andere Naturalien mit. Am Genuss derselben durfte ich mich beteiligen.

Verkürzter Weg

Die Wochen gingen schnell vorbei. Und je mehr wir uns dem September näherten, desto mehr beschäftigte mich die Frage: Was wird aus Karl und mir, wenn das Sommersemester vorbei ist? Bei den Brüdern der Klasse vor uns war das klar. Sie beendeten mit der Abordnung beim Herbstmissionsfest 1963 ihre Ausbildung. Werden wir beide in unsere Klasse wieder zurückkehren? Vor der Einsegnung findet eine *Rüstwoche* statt. Nicht lange vor dieser Woche wurde uns mitgeteilt, dass auch Karl und ich am 8. September 1963 eingesegnet und damit zum Dienst abgeordnet würden.

Das bedeutete einerseits eine angenehme Überraschung, zeugte es doch von Vertrauen der Werksleitung in uns. Mich erstaunte, wie unser Vater im Himmel, der *Regisseur* meines Lebens, es jetzt so *eilig* mit mir hatte. Während ich damals im Krankenhaus lag, ließ er sich so viel Zeit mit mir.

Gesundheitlich ging es mir immer besser. Die Kontrolluntersuchungen beim Gesundheitsamt in Calw hatten gute

Ergebnisse gezeigt. Grenzen körperlicher Kraft hatte ich nach wie vor, aber sie waren weiter geworden. Das Treppensteigen – eine Art »Gesundheitstest« – fiel mir schon nicht mehr so schwer wie in der ersten Zeit im Missionshaus.

Und dann war da ja Christa in Bietigheim. Geduldig hatte sie schon seit längerem auf das Ende meiner Berufsausbildung gewartet, und sie hätte auch noch ein weiteres Jahr gewartet, das wusste ich. Aber sie freute sich mit mir über diese Entscheidung der Werksleitung. Andererseits hätte ich durch den theoretischen Unterricht noch einiges dazulernen können. Darauf zu verzichten war nicht einfach. Aber ich war inzwischen bereits zum Einsatz in Reutlingen vorgesehen.

Nach Reutlingen

Während meines Dienstes im Bezirk Bad Cannstatt war ich an zwei Sonntagen für Reutlingen eingeteilt gewesen. Dorthin fuhr ich von Bad Liebenzell direkt. Im Zusammenhang damit ist vermutlich die Entscheidung für meinen künftigen Dienstort gefallen. Georg Müller hatte mich einmal beiläufig gefragt, ob ich bereit wäre, auch weiterhin in der »Süddeutschen Vereinigung« mitzuarbeiten. Ich hatte damals sehr kurz, aber entschlossen positiv geantwortet. Ich hatte den Verband inzwischen etwas kennen gelernt. Und Christa kam ja aus diesem Verband!

Beim Jahresfest am 1. September 1963 wurde ich in Reutlingen eingeführt. Inspektor Georg Müller und ich hatten den Dienst der Verkündigung. Dann fand die *Rüstwoche* in Bad Liebenzell statt, und am 8. September wurde ich beim Herbstmissionsfest eingesegnet. Christa war mit ihren Eltern dabei, wie auch von meiner Seite Tante Anna und Onkel Eduard. Es war üblich, dass jeder Absolvent im großen Zelt einen kurzen Lebensbericht gab. Was sollte ich aus meinem bisherigen Leben weitergeben? Und wie konnte das kurz und interessant geschehen? Dem Programm hatte ich entnommen, dass ich als Letzter vor der Mittagspause dran sein werde. Zu dieser Zeit lässt die Konzentration der Zuhörer ohnehin nach.

Ich will den Wortlaut an dieser Stelle nicht wiederholen,

denn das wäre eine Zusammenfassung dessen, wovon ich bisher geschrieben habe. Mein Lebensbericht zielte darauf ab, auch andere zum Glauben an Jesus Christus einzuladen.

Dieser 8. September 1963 ist und bleibt für mich ein denkwürdiger Tag. Die Einsegnung mit Handauflegung nahm Pfarrer Heinrich Hertel zum letzten Mal vor. Bald darauf erkrankte er und erholte sich von seinem Krankenlager nicht mehr.

Als Einsegnungswort erhielt ich: »Alle eure Sorge werft auf ihn; denn er sorgt für euch« (1Petr 5,7). Diese Einladung und Verheißung begleitete mich auf meinem Dienstweg, und dieses Wort hängt bis heute an der Wand meines Arbeitszimmers. Missionsinspektor Friedrich Walter stand bei der Einsegnung hinter mir und rief mir das Wort zu: »Die auf ihn sehen, werden strahlen vor Freude, und ihr Angesicht soll nicht schamrot werden« (Ps 34,6). Nach diesem Festtag wurde gepackt und umgezogen.

Erste Erfahrungen als Prediger

In Reutlingen hatte es bis dahin Liebenzeller Schwestern gegeben, die den Dienst in der Gemeinschaft versahen, aber noch nie einen angestellten Prediger. Die Gemeinschaftsarbeit in der Stadt wie auch in den umliegenden Orten wurde von Laien getragen. Aber was heißt schon »Laie«? Es waren kernige Männer, die sich in ihrem Beruf zu bewähren hatten und nebenberuflich Predigt- und Seelsorgedienste übernahmen. Die Leitung hatte der Unternehmer Wilhelm Bröckel innegehabt, ein sehr engagierter Christ. Er gehörte der Synode der Württembergischen Landeskirche an, war im Brüderrat der Süddeutschen Vereinigung und Mitglied des Komitees der Liebenzeller Mission. Außerdem war er ein schwäbisches Original. Leid hatte ihn auch geformt: Zwei seiner vier Söhne hatte er früh hergeben müssen. Dieser dynamische, originelle Mann war 1962 – also noch bevor ich nach Reutlingen kam – an einem Herzinfarkt gestorben.

Ich durfte ein Zimmer in der Wohnung von Bröckels beziehen. Frau Anna Bröckel war eine liebe, gereifte Mutter in

Christus, mit ungewöhnlicher Herzensbildung und Intelligenz. Sie wusch meine Wäsche, versorgte mich mit Essen und half mir beim Einleben im Bezirk.

Die Leitung des Bezirks hatte ein Gremium aus vier Brüdern übernommen, dem auch Hans, der ältere der beiden Söhne der Eltern Bröckel, angehörte. Man wusste von meiner Herzensbindung. Christa war den Bröckels nicht unbekannt. Deshalb begrüßte man es auch, dass unsere Verlobung für den 21. September vorgesehen war. Das war für mich der dritte Höhepunkt im September 1963.

Wir hatten uns besonders breite Ringe gekauft. Ich meinte, es müsse weithin sichtbar sein, dass ich »vergeben« war. Unsere Verlobung wurde mit einem kleinen Fest an jenem Samstag in Bietigheim gefeiert; auch Tante Anna und Onkel Eduard von Birkenau konnten daran teilnehmen. Alles spielte sich in Christas Elternhaus ab. Von jetzt an durfte ich ihre Eltern mit »Vater« und »Mutter« ansprechen. Das war deshalb schön für mich, weil ich niemanden sonst mehr so anreden konnte.

Vater mochte ich besonders. Bei ihm konnte ich manchen Rat einholen. Welch eine Erfahrung sprach aus ihm! Vater liebte Äpfel sehr. In früheren Jahren pflanzte er mit Vorliebe gelegentlich ein Apfelbäumchen im Garten, nicht immer zur Freude von Mutter. Sie brauchte Platz für Bohnen, Tomaten, Salat und anderes Gemüse. Mutter war eine feine und liebe Frau mit Herzensbildung.

Auch vonseiten unseres Werkes wurde gegen den Verlobungstermin nichts eingewandt. Es kam ja oft vor, dass sich Absolventen ein bis zwei Wochen nach der Abordnung verlobten. Ich war sehr verliebt – das war die emotionale Begründung für unseren baldigen Termin. Aber ich dachte auch an unser Alter – das war die rationale Begründung. Welche von beiden überwog, sei dahingestellt. An meine Klassenbrüder, die mit mir 1959 die Ausbildung begonnen hatten und denen noch ein Jahr Ausbildung bevorstand, habe ich dabei nicht gedacht. Vielleicht hatte der eine oder andere von ihnen auch schon sein Auge auf eine der Töchter des Landes fallen lassen und für sich erkoren. Sie mussten warten. So schnell vergisst man im eigenen Glück den anderen. Verzeiht mir, liebe Brüder!

Anfang Oktober begann die *Bräuteklasse* für Christa in Bad Liebenzell. Jeden Tag erhielt sie ein Brieflein von mir. Christa wollte mir auch keine Antwort schuldig bleiben. So ergab sich ein reger Postverkehr, der bei allen Aufgaben, die wir beide hatten, auch anstrengend werden konnte, besonders für Christa. Am Erntedankfest durfte ich Christa nach Reutlingen abholen. Sie sollte sehen, wo ich zu Hause bin. Vor allem sollte sie auch die Gemeinschaft wenigstens einmal sehen und gleichzeitig erfahren, wo wir unsere Wohnung haben werden. Das hatte sich inzwischen entschieden: Wir sollten im Gemeinschaftshaus wohnen. Wenn man verlobt ist, darf man ja auch schon an die Hochzeit denken. Das taten wir mit Wonne. Wir hatten den 2. Mai 1964 dafür vorgesehen. Wer seine Hochzeit nicht planen kann, wird anderes auch schlecht planen können! Doch bis dahin floss noch einiges Wasser die Echaz in Reutlingen hinunter.

Der Auftrag, in Reutlingen und Umgebung zu arbeiten, bedeutete für mich eine große Herausforderung. Mir war klar: Ohne intensive Vorbereitung schaffe ich das nicht. Die Besucher der Gemeinschafts- und Bibelstunden waren gute »Kost« – hervorragende Verkündigung! – gewöhnt. Bekannte Gastredner waren schon hinter dem Rednerpult in der Wielandstraße Nummer 8 gestanden. Ein Teil von ihnen wurde auch jetzt noch sporadisch eingeladen. Zum Beispiel gehörte Ernst Krupka, der damals in der Gellertstraße in Reutlingen wohnte, zu ihnen. Außerdem hatte ich meistens drei Veranstaltungen pro Woche vorzubereiten, die in Reutlingen stattfanden und bei denen zum Teil dieselben Zuhörer vor mir saßen: Die Gemeinschaftsstunde sonntags, die Bibelstunde donnerstags, die Männerstunde samstags. Am Sonntag kamen zwischen 150 und 200 Personen. An der Bibelstunde nahmen am Anfang meiner Tätigkeit etwa 70 Personen teil. Zur Männerstunde gehörten 20 bis 30 Besucher. Diese wurde einmal im Monat auch zur Dienstplanbesprechung.

Zum anderen wusste ich, dass der Besuchsdienst sorgfältig wahrzunehmen war. Ich fand Listen mit den Namen der Mitglieder, der Abendmahlsbesucher und der Besucher der Veranstaltungen vor. Es war eine meiner ersten Beschäftigungen, mir eine Liste anzufertigen von unseren Veranstaltungsbesuchern, sortiert nach Wohnbezirken und Straßen. Ich wollte die Hausbesuche systematisch machen, damit nicht so viel Zeit auf der Strecke bleibt. Natürlich wurde dieses Vorhaben immer wieder durch akute Anlässe unterbrochen.

Auch Frau Bröckel gab mir Tipps, wo ein Besuch angebracht wäre. Gleich am Anfang machte sie mich zum Beispiel darauf aufmerksam, dass ich mich bei dem Pfarrer vorstellen solle, der für unseren Wohnbezirk zuständig war. Es war der Pfarrer der Christuskirche. Ich meldete mich beim dortigen Pfarramt an, und eines Tages saß ich einem Herrn gegenüber, der zu den gediegenen württembergischen Pfarrern zählte. Er interessierte sich für meine Vorbereitungshilfsmittel für Predigt und Schriftauslegung. Ich sagte ihm, dass ich die Kommentare von Adolf Schlatter gerne lese. Er meinte, da müsse man sich gründlich einlesen. Er hatte Recht damit.

Wir kamen auch auf den Pietismus zu sprechen. »Der Pietismus wäre schon recht«, bemerkte er, »wenn es da nicht diese englischen Einflüsse gäbe.« Ich spitzte die Ohren, verstand trotzdem damals nicht, woran er dabei dachte. Ich dachte an das Werk, dem ich angehörte. Ohne englische Beeinflussung wäre dereinst der deutsche Zweig der China-Inland-Mission nicht entstanden. Heute weiß ich, dass sich Impulse der Oxford-Bewegung in der zweiten Hälfte des 19. Jahrhunderts im deutschen Pietismus auch negativ auswirkten, ja, sogar der Pfingstbewegung am Anfang des 20. Jahrhunderts die Tür öffneten. Doch dann ist auch wieder zu bedenken, dass wir Deutschen immer wieder Anregungen aus dem angelsächsischen Raum benötigten, was die Evangelisation betrifft.

Es ist nicht alles schlecht, was von England oder Amerika kommt. Manches muss in unsere Verhältnisse übertragen werden. Doch so konnte ich damals noch nicht argumentieren. Ich hörte eben zu.

Neben Ernst Krupka wohnte in Reutlingen damals noch eine andere namhafte Persönlichkeit: Paul Wisswede, der Inspektor der Mission für Südosteuropa, der damals schon im Ruhestand war. Auch bei ihm stellte ich mich auf Anregung von Frau Bröckel vor. Er war ein alter, im Dienst gereifter Herr, der mir, als ich ihm gegenübersaß, eine Frage stellte, die mich sprachlos machte: »Haben Sie Gottes Wort lieb?« Ich bejahte, wie ein Konfirmand, der nicht begriff, dass so eine Frage bei einem hauptberuflichen Verkündiger des göttlichen Wortes nötig sei.

Merkwürdig, dass mich diese Frage nie losließ! Später verstand ich auch, wie wichtig sie ist, gerade für jemanden, der täglich auch von Berufs wegen mit der Bibel umgeht, der sie meistens mit den Augen sieht, die nach Stoff spähen, den man anderen vermitteln kann. Wie schnell kann die Bibellektüre zur Routine werden, die Bibel zum Handwerkszeug verkommen! »Haben Sie Gottes Wort lieb?« Dies ist keine Randfrage. Gerade hauptberufliche Verkündiger sollten sich ihr immer wieder stellen. Noch viele andere Besuche galt es zu machen. Aus manchem Haus, aus mancher Krankenstube habe ich mehr mitgenommen, als ich zu bringen hatte.

Wie oft fuhr ich ins Krankenhaus! Die Zeit zwischen 13 und 14 Uhr stellte sich als günstig heraus, denn da begegnete man kaum einem Arzt oder einer Krankenschwester. Damals begann auch die übliche Besuchszeit erst um 14 Uhr. Ich hatte es mir zur Aufgabe gemacht, in jedem Krankenzimmer ein Wort der Bibel zu lesen und mit den Patienten zu beten. Nicht selten wurde mir berichtet, dass auch die anderen Patienten im Zimmer dafür dankbar waren. Der gemischte Chor der Gemeinschaft trat an einem Sonntag im Monat regelmäßig zum Singen im Krankenhaus an. Da ging es von Station zu Station. Der Chor sang pro Station zwei oder drei Lieder. Ein Chormitglied ging mit mir in jedes Zimmer, um das gedruckte Wort weiterzugeben. Ich kann mich erinnern, dass nur ein einziges Mal ein Patient ein Traktat ablehnte.

Außer dem gemischten Chor gab es damals in der Reutlinger Gemeinschaft auch noch einen Gitarrenchor, den die Liebenzeller Schwester Lore Breuninger leitete. Sie war für die Kinder- und die weibliche Jugendarbeit zuständig sowie für die Frauenstunden. In Reutlingen kamen dienstagnachmittags etwa 100 Frauen zusammen. Die Jugendarbeit war in Reutlingen damals noch nach den Geschlechtern getrennt.

Der Posaunenchor darf nicht vergessen werden. Der Zahnarzt Jakob Reichle dirigierte ihn. Am Ostersonntag vor sieben

Uhr spielte er auf dem flachen Dach des Saales Osterlieder. Um sieben Uhr fand die Auferstehungsfeier im Saal statt. Höhepunkt seiner Auftritte war an Weihnachten und Silvester, wenn die Bläser bei dunklem Saal, mit Kerzen auf den Notenständern »Stille Nacht« nach einem besonders zu Gemüte gehenden Arrangement in drei Sätzen anstimmten. Am zweiten Adventssonntag nachmittags war es wohl, dass der gemischte Chor mit Instrumentalisten ein weihnachtliches Konzert veranstaltete, mit Schriftlesung und Kurzpredigt. Unser Saal war mit einem übergroßen Adventskranz geschmückt, der alljährlich von der Gärtnerei der Gustav-Werner-Stiftung speziell für uns gefertigt wurde. Diesen an der Decke richtig zu befestigen, war ein nicht ganz unkompliziertes Unternehmen.

Bei der Jahresschlussfeier am Silvesterabend war der Saal immer brechend voll. Alle Chöre waren im Einsatz. Nach der Verkündigung wurden die Neujahrslose gezogen. An Silvester 1963 erhielt Frau Bröckel ein Wort aus dem Prophetenbuch des Hosea, Kapitel 2, Vers 16: »Ich will sie locken und will sie in die Wüste führen und freundlich mit ihr reden.« Als wir miteinander am 1. Januar 1964 nach Dettingen an der Erms zum Jahresfest der Gemeinschaft fuhren, merkte ich, wie sehr das die liebe Mutter in Christus beschäftigte. Sie sagte mir, sie könne ihr Neujahrslos besser verstehen, nachdem sie es im Zusammenhang gelesen hätte.

Unsere Ehe beginnt

Anfang 1964 begannen die Umbauarbeiten an unserer künftigen Wohnung. Nachdem wir wussten, wie die Zimmer eingeteilt sein würden, begannen Christa und ich nach Möbeln Ausschau zu halten. Die Schlafzimmermöbel und meinen Schreibtisch entdeckten wir in Bietigheim; Wohnzimmer-, Esszimmer- und Küchenmöbel bestellten wir in Reutlingen. Es war schön, das erste »Nest« zu bauen.

Frau Bröckel bemerkte, dass ich an der termingerechten Fertigstellung unserer Wohnung zweifelte. Der Gipser war etwas im Verzug, und dann mussten die Wände erst trocknen.

Da machte sie mich darauf aufmerksam, dass der Märzwind am besten trockne. So war es dann auch. Rechtzeitig in der zweiten Aprilhälfte konnte Christa die fertige Wohnung reinigen.

Die Möbel trafen nach und nach ein. Mit unserem vollgepackten BMW 700 folgten wir dem Lkw, der unsere Schlafzimmereinrichtung von Bietigheim nach Reutlingen transportierte. Wir wollten vor ihm in der Wielandstraße sein, um beim Aufstellen Anweisungen geben zu können. Aber der Kleinwagen blieb unterwegs stehen und musste abgeschleppt werden, nachdem wir umgeladen hatten. Mit einem anderen Wagen wurden wir nach Reutlingen gebracht. Als wir in unserer künftigen Wohnung eintrafen, war das Schlafzimmer schon eingerichtet. Frau Bröckel hatte die Möbelspediteure angewiesen, wie die Möbel zu stellen waren. Sie kannte ja unsere Pläne.

Endlich war es soweit. Am 30. April war die standesamtliche Trauung. Am 2. Mai 1964 gaben wir uns das Jawort für den gemeinsamen Lebens- und Dienstweg vor Gottes Angesicht und vor der versammelten Gemeinde in der Friedenskirche in Bietigheim. Lienhard Pflaum, Christas Vetter, hielt die Trauung. Unser Trautext, Psalm 100,4–5, lautete:

»Gehet zu seinen Toren ein mit Danken,
zu seinen Vorhöfen mit Loben;
danket ihm, lobet seinen Namen!
Denn der Herr ist freundlich,
und seine Gnade währet ewig
und seine Wahrheit für und für.«

Die Hochzeitsfeier fand mit rund 30 Gästen im Schiller-Hospiz in Ludwigsburg statt. Die Bietigheimer Verwandten waren natürlich dabei, Tante Anna und Onkel Eduard, die einzigen Angehörigen meinerseits. Die Unteröwisheimer Verwandtschaft war würdig vertreten durch den Vetter Friedrich und seine Frau Helene. Der Vetter Lienhard mit zwei Kindern blieb auch am Nachmittag bei uns. Seiner Frau Renate war es nicht möglich zu kommen, denn kurz zuvor war ihr jüngster Sohn Johannes geboren worden. Der Bietigheimer Bezirksleiter Rummler mit seiner Frau vertraten den Gemeinschaftsbezirk Bietigheim.

Mutter Bröckel war die einzige Vertreterin des Bezirks Reutlingen. Georg Müller mit seiner Frau repräsentierten den Gemeinschaftsverband. Mein Freund und Seelsorger Rolf Müller mit Frau aus Heidelberg halfen bei der Gestaltung des Festes, wie auch einige Freundinnen von Christa aus dem Bietigheimer Jugendbund. Unser Spaziergang führte durch den Ludwigsburger *Blühenden Barock*, wo auch manch schöne Hochzeitsfotos entstanden.

Welches Paar meint nicht, seine Hochzeit sei die schönste gewesen? Auch wir dachten das. Und wir taten recht damit, so zu denken. Ein *Traumpaar* seien wir gewesen, sagte mir erst vor kurzem jemand. Er meinte es ernst. Ich war ihm dankbar dafür.

Am 4. Mai zogen wir als Ehepaar in unsere schöne Wohnung ein. Wir sortierten noch ein wenig die Geschenke, tranken mit Frau Bröckel in unserem gemütlichen Esszimmer Kaffee, um dann für zwei Wochen an den Bodensee in Urlaub zu fahren. Ganz unbeschwert waren wir. Für uns alleine, in aller Ruhe konnten wir den Ereignissen der vergangenen Monate *nach*denken. Wir versuchten auch *voraus*zudenken. Die Wiesen, die Obstbäume standen in vollster Blüte. Ausgerechnet unsere Seerundfahrt war verregnet. Aber das beeinträchtigte unser Glück nicht. Doch halt, so schlimm kann es mit dem Regen auch wieder nicht gewesen sein, denn ich ließ genau an diesem Tag meinen Regenschirm in einem Bäckerladen liegen. Und das soll ja nur vorkommen, wenn es nicht oder nicht mehr regnet.

Zu zweit unterwegs

Allzu schnell waren die Bodenseetage vorbei, und der Dienst zu zweit begann. Was sage ich? Wir waren doch eins geworden: »... und die zwei werden ein Fleisch sein«, sagt Jesus, indem er den Schöpfungsbericht zitiert (Mt 19,5; 1Mose 2,24). Aber das andere galt für uns auch: »Einer mag überwältigt werden, aber zwei können widerstehen, und eine dreifache Schnur reißt nicht leicht entzwei« (Pr 4,12). Durch Jesus wurden wir dreifach. Allerdings will er nicht der Dritte, sondern der Erste im Bunde sein. Doch das zu beachten ist gerade am Anfang einer Ehe nicht einfach. Es galt für mich jedenfalls sehr aufzupassen, dass sich die Rang- und Reihenfolge nicht verschiebt. Christa war Gottes Gabe an mich.

Wie klug kümmerte sich Frau Bröckel auch darum, dass Christa in die Reutlinger Gemeinschaft und im Bezirk Eingang fand! Nie war sie aufdringlich. Sie mischte sich bei uns nicht ein, aber sie war da, wenn wir sie und ihren Rat brauchten. Wir fühlten uns wie zwei weitere Glieder in ihrer Familie. Schade, dass wir uns so bald von ihr verabschieden mussten. Wir waren gerade ein paar Monate in Reutlingen, als Frau Bröckel erkrankte. Als Christa und ich sie im Reutlinger Krankenhaus besuchten, sagte sie so lieb: »Ihr seid wie meine Kinder.« Wie sehr hätten wir ihren weisen Rat noch benötigt! Wie hätte uns ihre Güte und Liebe gut getan! Ihr Krankenlager dauerte nicht lange. Gott rief sie »freundlich« aus der »Wüste« zu sich in die Herrlichkeit.

Unsere Arbeit ging weiter. In Kleinengstingen war in der ersten Adventswoche eine Evangelisation geplant. Die Chöre unterstützten mich in der Verkündigung. Schneefall hatte eingesetzt und die Schwäbische Alb in eine Winterlandschaft verwandelt, doch die Kirche war Abend für Abend voll besetzt.

Nach dem Abschluss der Evangelisation verdreifachte sich der Besuch der Gemeinschaftsstunden dort. Das Geheimnis davon lag bei Ernst Pfeifle, einem der nebenberuflichen Mitarbeiter, der schon seit Jahren jede Woche mit dem Zug hinaufgefahren war, um die Leute in Kleinengstingen zu besuchen. In jedem Haus war er bekannt. Durch seine Besuche hatte er unserer Evangelisation den Weg gebahnt; die Häuser standen für die Einladung zu den Abenden offen. Vier Jahre später wagten wir im Sommer, dort sogar eine Zeltevangelisation durchzuführen. Aus dieser Arbeit entstand eine Bubenjungschar.

So versuchten wir durch Verkündigungswochen und Evangelisationen in allen sieben Orten, die zum Bezirk gehörten, die Gemeinschaften zu stärken und die Menschen zum Glauben an Jesus Christus einzuladen.

Daneben nahmen aber auch die Einladungen zu auswärtigen Diensten innerhalb der Süddeutschen Vereinigung und darüber hinaus zu.

Abschied von lieben Menschen

Im Februar 1965 wurde ich zu einer Evangelisation nach Oberensingen bei Nürtingen eingeladen. Mein Schwiegervater war bereits erkrankt. 1963 hatte er sich schon einer Prostataoperation in Ulm unterziehen müssen; eine Lungenembolie hatte sich zudem noch eingestellt. Doch davon war er wieder genesen. Jetzt war eine Infektion aufgetreten. Vater hatte große Schmerzen. Der Hausarzt behandelte ihn zu Hause. Während des Dienstes in Oberensingen fuhr ich von Reutlingen täglich hin und her. Am Freitag, dem 12. Februar, wurden wir in das Bietigheimer Krankenhaus gerufen, wohin Vater inzwischen verlegt worden war. Es ging ihm schlecht. In großer Schwachheit, aber mit großer Liebe legte er uns seinen Werner ans Herz: »Kümmert euch um Werner!« Zum Abschied sprach er uns seinen Segenswunsch zu, den ich nicht vergaß und der in manch schweren Situationen vor uns aufleuchtete: »Geht getrost euren Weg. Nehmt einen Tag um den anderen. Der Herr wird mit euch sein!« Am Sonntag, dem 14. Februar, dem letzten Tag der Evangelisation in Oberensingen, ist das Leben unseres Vaters auf dieser Erde zu Ende gegangen. Friedrich Walter hat den Brief der Liebenzeller Mission unterzeichnet, der üblicherweise nach dem Heimgang eines ihrer Glieder an die Werksfamilie im In- und Ausland versandt wird. Darin stand unter anderem: »Nun ist er daheim beim Herrn, dem er in ganzer Treue und Hingabe gedient hat. ... Als ihn seine Gattin in den letzten schweren Leidenstagen fragte: ›Vater, hast du Frieden?‹, da antwortete er: ›Frieden wie einen Wasserstrom!‹ Die Liebenzeller Mission hat in Bruder Jakob Pflaum einen treuen Sohn verloren. Wir danken dem Herrn für dieses gesegnete Leben, das nun hier unten seinen Abschluss gefunden hat. Das Gedächtnis des Gerechten bleibt im Segen.«

Am Mittwoch, dem 17. Februar, war in Bietigheim das Begräbnis meines Schwiegervaters. Wieder hatte sich ein Mund für uns geschlossen, aus dem wir gute Ratschläge für unseren Dienst empfangen hatten. Vater war 74 Jahre alt geworden. Hätten wir seinen frühen Abschied geahnt, dann wären wir gewiss am ersten Weihnachtsfest unserer Ehe in Bietigheim gewesen. So hatten wir die Angehörigen in Birkenau nicht alleine lassen wollen.

Im Oktober 1966 starb Tante Anna, erst 57 Jahre alt. Seit Wochen litt sie unter Venenentzündung. Dazu stellte sich eine Lungenembolie ein. Christa war in Birkenau, um zu helfen, da Großmutter das nicht mehr bewältigen konnte. Meine Schwiegermutter war von Bietigheim nach Reutlingen gekommen, um den Haushalt zu versorgen. Wenn es möglich war, besuchte ich meine Christa und die Birkenauer. Es war dann doch überraschend, als die Nachricht kam, Tante Anna habe einen Herzinfarkt erlitten, der ihr irdisches Leben beendete. Christa berichtete mir, wie alles gegangen war, wie sie mit unserer lieben Tante betete:

»Breit aus die Flügel beide,
o Jesu, meine Freude,
und nimm dein Küchlein ein!
Will Satan mich verschlingen,
so lass die Engel singen:
Dies Kind soll unverletzet sein!«

Ich habe Tante Anna viel, viel zu danken.

Großmutter litt sehr unter dem Verlust ihrer zweiten Tochter. Nun war sie allein mit Onkel Eduard, den sie zu versorgen versuchte, so gut es eben ging. Er war noch berufstätig. Christa war erst kurze Zeit wieder bei mir in Reutlingen gewesen, als wir erfuhren, dass unsere Großmutter eine Darmblutung hatte und bettlägrig sei. Wir fuhren nach Birkenau und stellten fest, dass es nicht anders ginge, als dass Christa dort bleiben müsse. Großmutter konnte nichts mehr zu sich nehmen außer Milch. Dazu meinte sie, ihre Tochter Anna sei noch bei ihr. Sie konnte nicht mehr aufstehen und musste rundum gepflegt werden. Langsam begriff sie, dass Tante Anna gestorben war, und erlebte alles noch einmal nach. Der Arzt vermutete, sie leide unter einem Krebsgeschwür, wollte ihr aber bei ihrem Alter und ihrem schwachen Zustand einen Krankenhausaufenthalt ersparen. Deshalb unternahm er weiter nichts. Er meinte, Großmutter würde bald sterben. Seine Erwartung erfüllte sich aber nicht.

Das Weihnachtsfest kam, das wir zu viert in Birkenau feierten. Es war eine schwere Zeit für uns. Christa klagte nicht. Sie pflegte Oma vorbildlich und versorgte auch Onkel Eduard. Uns allen vieren aber war klar, dass eine Veränderung unumgänglich war. Wir planten, Großmutter zu uns nach Reutlingen zu nehmen, wussten freilich auch, dass das für den Onkel sehr schwer werden würde. Was würde Großmutter davon halten? Sie stimmte dem Vorhaben zu, obwohl sie sich nicht vorstellen konnte, wohin sie kommen würde. Nachdem wir ihr Ja hatten und auch der Arzt einverstanden war, wurde der Sanitätswagen bestellt. Ich fuhr nach Reutlingen, verwandelte unser Esszimmer in ein provisorisches Krankenzimmer, und am 5. Januar 1967 zog Großmutter in der Wielandstraße 8 ein. Onkel Eduard begleitete sie. Wir nahmen gemeinsam das Mittagessen ein, das Mutter uns gekocht hatte. Dann reiste der Onkel wieder ab. Es fiel uns nicht leicht, ihn ziehen zu lassen.

Gemeinsam in der Ehe und im Dienst

Ein Kind hatte sich bei uns noch nicht angemeldet, obwohl wir uns Kinder sehr wünschten. Jetzt hatten wir eine Großmutter, die gewickelt werden musste wie ein Kind. Unser Eheglück beeinträchtigte das nicht. Wir liebten uns, standen zusammen und nahmen diese Pflege als unsere Aufgabe an.

Was meinen Gesundheitszustand betraf, so war ich mittlerweile vom Gesundheitsamt Calw zum Gesundheitsamt Reutlingen überwiesen worden. Auf Anraten des zuständigen Arztes wechselte ich zu einem tüchtigen Lungenfacharzt. Er gab die Zeitabstände für die Untersuchungen an, die ihm richtig erschienen. Und ich konnte die mehr und mehr zunehmende Arbeit bewältigen.

Zum einen nimmt die Arbeit zu, je länger man irgendwo im Dienst steht. Man sieht, was Not tut, und entdeckt Möglichkeiten, offene Türen. Zum anderen trafen auch immer mehr Einladungen von auswärts ein. Konnte ich die für das Winterhalbjahr zugesagten Außendienste streichen? Wir sahen keine Möglichkeit. Also fuhr ich für die Zeit vom 16. bis 22. Januar nach Untermünkheim bei Schwäbisch Hall und vom 31. Januar bis 4. Februar nach Unteröwisheim zur Evangelisation. Vom 13. bis 19. Februar war ich schon wieder zu einer Verkündigungswoche in Gaildorf.

Wie schön war es, nach solchen Auswärtsdiensten nach Hause zu kommen! Jedes Mal fragte mich Christa: »Was hast du zu essen bekommen?« Gern trug ich ihr die Speisekarte der zurückliegenden Woche vor. Manchmal schmunzelte sie, wenn ich das bekommen hatte, was sie in ihrem Angebot ausklammerte, weil sie wusste, dass ich es nicht besonders mochte. Jetzt hatte das Essen wieder das heimatliche »Gschmäckle«. Was Christa kochte, war einfach gut. Außerdem hatte sie sich einige Rezepte aus der österreichisch-ungarischen Küche von Tante Anna und von Großmutter angeeignet.

Natürlich hatte sich auch Arbeit angestaut, wenn ich eine Woche auswärts gewesen war. Auf dem Schreibtisch lag Post, die zu erledigen war. Da waren akute Erkrankungen, die Patienten sollten besucht werden. Und wenn man eine Woche irgendwo im Verkündigungsdienst stand, mit täglich zwei Veranstaltungen – nachmittags fanden immer Bibelstunden statt –, bringt man auch eine Portion Müdigkeit mit.

Christa begleitete mich immer fürbittend. Wenn ich wieder bei ihr war, wollte sie mit Recht wissen, wie es mir ergangen war. Wie freute sie sich, wenn auch etwas vom Wirken unseres Herrn sichtbar geworden war.

Großmutter lächelte mir aus ihrem Bett zu, wenn sie mich wieder sah.

Am 4. und 5. März besuchte uns Onkel Eduard. Am Samstag machten wir einen kleinen Ausflug auf die Achalm, den »Hausberg« der Reutlinger. Am Sonntag besuchten wir gemeinsam den Gottesdienst in der Marienkirche. Dreimal hatte ich an diesem Tag zu predigen. Zwischen dem zweiten und dritten Dienst fuhr ich Onkel Eduard zum Bahnhof. Wir fühlten uns ihm gegenüber verpflichtet und wollten ihm familiäre Nähe bieten, so gut es nur ging.

Freie Tage wurden auf freie Stunden reduziert. Ich fand in solchen Stunden jedoch oft mehr Erholung als an einem ganzen Tag.

Nach der Bibelstunde am Donnerstagabend genehmigten wir uns oft einen Schaufensterbummel durch die Wilhelmstraße. Das brachte uns Entspannung.

Unser Urlaub führte uns während unserer Zeit in Reutlingen meistens nach Partenen, dem letzten Ort vor dem Aufstieg zum Silvretta-Pass. Wir hatten dort ein Privatquartier bei Familie Brandner. Die Urlaubstage waren für uns immer Festtage. Wir hatten Zeit füreinander. Wie kostbar war der Austausch über unsere Lektüre, über unseren Dienst! Oder wir gingen Hand in Hand still nebeneinander durch Wälder und an Wiesen entlang. Wir gehörten einander. Wir hatten einander. Wir waren beieinander.

Im Jahr 1967 konnten wir keine Urlaubsreise miteinander machen. Im September hatte ich für einige Tage die Andachten in dem kleinen Erholungsheim in Hammelbach übernommen, das von Liebenzeller Schwestern geleitet wurde.

Der Urlaub damals schon, aber auch später wurde von mir vielfach genützt, um Arbeiten zu verrichten, zu denen ich zu Hause einfach nicht kam.

Oft waren es Verkündigungsreihen für den Evangeliums-Rundfunk. Christa stillte in der Zeit ihren Lesehunger, möglichst im Freien. Doch nicht nur der Evangeliums-Rundfunk verstand es immer wieder, mich hinter die Schreibmaschine zu setzen.

In Bad Liebenzell war es Gustav Mohn, der mich um Artikel für das Blatt *Friedenslicht* bat. Im November 1967 schrieb er mir einen längeren Brief. Sein Wunsch war, dass ich einen Text für ein Traktat in zeitgemäßer Sprache verfasse. Die Adressaten würden kranke Menschen sein: »Es sollen zunächst mal 20 000 davon gedruckt werden. Bitte mache es wie Abraham und gehe gleich an die Arbeit, damit wir hier bald weiterkommen ... Wir danken Dir herzlich für Deine Mitarbeit ... Den anderen Auftrag fürs *Friedenslicht* erledige dann bei Gelegenheit auch gleich, damit ich ihn für 1968 einreihen kann.«

Damals entstand »*Station 6 – Zimmer 1*«. Mit Begleitschreiben vom 9. November schickte ich Gustav Mohn das Manuskript. »Möchte der Herr diese Traktate gebrauchen zur Rettung gottferner Menschenseelen«, bemerkte ich in meinem

Brief. Über 30 Jahre wird dieses Traktat nun schon verteilt, immer wieder neu aufgelegt.

Auch die Geschäftsstelle in Bad Cannstatt ließ die Prediger schreiben: Leitartikel für die *Nachrichten* und Ausarbeitungen der Predigthilfen für ehrenamtliche Mitarbeiter und für Prediger, die *Handreichungen*.

1968 war ein besonders ereignisreiches Jahr. Am 16. März heirateten Christas Bruder Werner und Christl Pflaum. Christl war Erzieherin in einem Kindergarten in Bietigheim. In den Monaten Januar bis März hatte ich drei auswärtige Verkündigungswochen, in Schwäbisch Hall-Hessental, Michelfeld bei Bruchsal und in Ulm.

Im Mai trat ich zum ersten Mal einen evangelistischen Dienst im Zelt des Deutschen EC-Verbandes an. Am Eisplatz in Ebingen stand das Zelt. Die zweite Woche, 15.–22. Mai, war mir zugefallen. Auf der Schwäbischen Alb kann es im Mai noch recht kalt sein. So wurde an den Abenden im Zelt kräftig geheizt. Der Eisplatz war mit Kalkstein-Schotter versehen. Die Heizung wirbelte den Kalkstaub auf. Der Berliner würde sagen: »Dat janze Zelt war eene Wolke.« Die durchschnittlich 400 Zeltbesucher waren für mich nur silhouettenhaft zu sehen. Ich hatte noch keine Zelterfahrung. Deshalb bewegte mich die Frage besonders: Wie soll der Abschluss sein? Ist es angebracht, zur Entscheidung für Jesus nach vorne zu rufen? Da kam mir der Einfall, diejenigen, die ihr Leben dem Herrn Jesus Christus anvertrauen wollten, aufstehen zu lassen. Ich konnte zwar erkennen, dass welche aufstanden, aber ich konnte nicht erkennen, wer das war. Zu Seelsorge und Nachversammlung lud ich außerdem ein.

Christa gab mich gern für alle Arten von Diensten und Aufgaben frei. Aber das bedeutete, dass sie allein die Pflege von Großmutter versah. Sie musste sie im Bett drehen, weil sich aufgelegene Stellen zeigten, die sehr schmerzhaft waren. Das fiel Christa mit der Zeit immer schwerer, wenn Großmutter auch nur noch aus Haut und Knochen bestand. Wir sprachen mit unserem Hausarzt darüber. Er meinte, Christa würde etwas Abstand gut tun.

Wie kam mir da die Einladung von Schwester Lydia Ewald, unserer Musiklehrerin am Missionsseminar, entgegen, sie mit einer Freizeitgruppe an die Costa Brava nach Spanien zu begleiten! Mir war klar, dass ich Christa mit dabei haben wollte. Aber was machen wir in dieser Zeit mit unserer Oma? Zuerst sprachen wir mit ihr, erzählten ihr alles und fragten behutsam, ob sie bereit wäre, für vier Wochen in ein Pflegeheim der Gustav-Werner-Stiftung zu gehen. Großmutter war sehr klar im Kopf, dachte nüchtern nach und gab uns, so lieb, wie sie immer war, ihre Zustimmung. Wir wollten sie eine Woche vor unserer Abreise dorthin bringen, um zu sehen, wie sie sich eingewöhnt. Nach unserer Rückkehr sollte sie noch eine Woche dort bleiben, damit wir Zeit hätten, unsere Koffer auszupacken und die Wohnung auch für sie wieder vorzubereiten. Wir machten nun alles davon abhängig, ob wir dort im Pflegeheim zum vorgesehenen Termin ein Bett für Oma bekommen. Es war nicht zu erwarten, doch es stand dann tatsächlich ein Bett in einem netten Zimmer zur Verfügung. Wir konnten Oma also wie geplant dorthin bringen. Sie nickte uns freundlich zu. Wir nahmen Abschied.

Am 14. Juni flogen wir mit der Gruppe vom Stuttgarter Flughafen nach Barcelona. Um 18 Uhr waren wir im Hotel in Lloret de Mar. Ich hielt die Bibelarbeiten über Psalm 119. Je acht Verse dieses Psalms bilden eine Strophe. Die 176 Verse sind 22 Strophen, die je mit einem anderen Buchstaben in der Reihenfolge des hebräischen Alphabets beginnen.

Die Bibelarbeit am 22. Juni hielt ich über die siebte Strophe, das sind die Verse 49–56. Der zweite Vers dieser Strophe lautet: »Das ist mein Trost in meinem Elend, dass dein Wort mich erquickt.« Um 21 Uhr erhielten wir ein Telegramm von unserem Schwager Heinrich Thomas mit den wenigen Worten: »Oma in Reutlingen gestorben.«

Diese Nachricht traf uns wie ein Hammer. Gedanken schossen wirr durch unseren Kopf. Wir brauchten Trost. Vorwürfe flogen uns an wie giftige Pfeile. Besonders meine Christa war sehr traurig. Sie hätte Oma so gerne bis zuletzt gepflegt. Aber wir waren nicht alleine. Unser Vater im Himmel hatte uns liebe, teilnahmsvolle Menschen in der Freizeitgruppe an die Seite gestellt. Sie überlegten mit uns und für uns. Fest stand, dass wir so schnell wie möglich nach Hause fliegen mussten. Wir hatten ja alle Papiere von Großmutter, und nichts konnte in Reutlingen oder in Birkenau ohne uns in die Wege geleitet werden.

Die Nächte in jenem Hotel – und insbesondere die Nacht von Samstag auf Sonntag – waren laut, sodass der Schlaf des öfteren gestört wurde. In dieser Nacht konnten wir nur wenig schlafen. Für Sonntag war ein Ausflug nach Montserrat geplant. Dies wurde mit der Fahrt zum Flughafen nach Barcelona verbunden. Wir hatten den baldmöglichsten Flug nach Stuttgart mit Zwischenlandungen in Genf und Zürich gebucht. Um 23 Uhr kamen wir in Zürich an. Um 8.20 Uhr flog die erste Maschine nach Stuttgart. Wieder eine fast durchwachte Nacht, obwohl wir uns in Zürich ein Hotelzimmer nahmen. Am Montag, dem 24. Juni, um zehn Uhr trafen wir in Reutlingen ein.

Jetzt begannen die Erledigungen. Die Leibeshülle unserer Oma lag in einer Zelle des Friedhofs »Römerschanz« in Reutlingen. Es war ein schwerer Abschied, obwohl wir ihr die *Ruhe* gönnten. Eine Frau aus der Reutlinger Gemeinschaft hatte sie als Letzte besucht, als es ihr nicht mehr gut ging. Die Frau berichtete uns, wie sie Oma angetroffen hatte. Sie hatte Fieber bekommen, nachdem wir einige Tage fort waren. Sie hätte ihr das Lied von Julius Anton von Poseck vorgelesen:

»Auf dem Lamm ruht meine Seele,
betet voll Bewunderung an.
Alle, alle meine Sünden
hat sein Blut hinweggetan.«

Großmutter hatte mir ja damals, als ich in Sündennot war, geschrieben:

»Jesus nimmt die Sünder an;
mich hat er auch angenommen
und den Himmel aufgetan,
dass ich selig zu ihm kommen
und auf den Trost sterben kann:
Jesus nimmt die Sünder an.«

Die Strophen fünf und sechs lauten:

»Dort wird ihn mein Auge sehen,
dessen Lieb mich hier erquickt,
dessen Treue mich geleitet,
dessen Gnad mich reich beglückt.

Dort besingt des Lammes Liebe
seine teu'r erkaufte Schar,
bringt in Zions selger Ruhe
ihm ein ewges Loblied dar.«

Das Begräbnis fand am Mittwoch, dem 26. Juni, in Birkenau statt. Spät kamen wir wieder nach Reutlingen zurück. Wir hatten mit Onkel Eduard noch manches zu besprechen. Am nächsten Tag hatten wir noch Urlaub. Das tat uns gut. Es galt auch, in unserer Wohnung wieder manches zu verändern.

Und weiter ging es im Dienst. Christa konnte mich jetzt wieder innerhalb des Bezirks begleiten. Das war für uns beide gut. Die Trauer um Großmutter verfolgte uns geraume Zeit wie ein Schatten.

Vom 28. Juli bis 8. August war ein Zeltmissionseinsatz in Kleinengstingen geplant. Da galt es, beim Zeltaufbau und -abbau mitzuhelfen, zuvor beim Plakatieren und danach beim Einsammeln der Plakatständer. Ich fühlte mich müde, ja fast krank. Und doch ging es kurz danach mit dem Dettinger Jugendbund schon am 10. August zu einer Selbstversorger-Freizeit an den Vierwaldstätter See. Es war eine recht anspruchslose Hütte mit *fließendem Wasser* in den Zimmern – wenn es regnete! Christa half in der bescheidenen Küche mit. Ich hatte für die »geistliche Speise«, aber auch für Spiele zu sorgen. Am 19. August kehrten wir trotz allem erquickt zurück. Die ganz andere Kulisse hat uns gut getan.

Eine Siedlung namens Orschel Hagen mit damals 20 000 Einwohnern lag uns schon geraume Zeit am Herzen. Wir verhandelten mit der Stadtverwaltung wegen eines Raumes, um dort mit einer Kinder- und Bibelstunde beginnen zu können. Endlich war es soweit. Am Freitag, dem 13. September, fuhr ich zum ersten Mal zum Dienst nach Orschel Hagen. Unterwegs im Auto ging es mir durch Kopf und Herz: Nichts Besseres kannst du den Menschen bringen als Jesus. Diesen Herrn mache ihnen groß! Zehn Besucher waren gekommen. Das waren 0,05 Prozent der dort lebenden Bevölkerung. Wir machten weiter. Es wurden 20 bis 30 Besucher daraus.

Vom 4.–18. Mai 1969 hatten wir ein großes Unternehmen

vor. In der Listhalle, der besten und größten *Stube* der Stadt Reutlingen, sollte von uns eine Evangelisation veranstaltet werden. Pfarrer Heinrich Kemner war für die erste Woche als Evangelist vorgesehen; Pfarrer Eberhard Kölling sollte in der zweiten Hälfte mehr die Jugend ansprechen. Dafür wollten wir auch ein entsprechendes Rahmenprogramm bieten.

Ein Experte in der christlichen Musik riet uns sehr, das Fietz-Team einzuladen, das damals mehr im norddeutschen Raum bekannt zu werden begann. »Kundschafter« wurden auf die Reise geschickt. Wir hatten erfahren, dass Eberhard Kölling und das Fietz-Team in der Holstenhalle in Neumünster eine Veranstaltung hatten. Am 9. November starteten wir. Zwei Brüder begleiteten mich. Am Sonntag, dem 10. November, erlebten wir den Abend in der Holstenhalle mit. Wir hatten ein Tonbandgerät mitgebracht, um alles aufzunehmen. Denn insbesondere die Musik sollte von den »Musikern« in unserer Gemeinschaft begutachtet werden. Auch konnten wir in Neumünster die nötigen vorbereitenden Gespräche führen.

Dann fuhren wir auf dem Weg nach Süden noch nach Ahlden, um mit Heinrich Kemner zu sprechen. Dort übernachteten wir im Jugendheim. Am nächsten Tag ging es zurück nach Reutlingen. Die Begutachtung der *konservierten Musik* vom Fietz-Team erfolgte. Der Einladung wurde zugestimmt.

Bevor ich zu meinem nächsten evangelistischen Außendienst nach Pfuhl bei Neu-Ulm abreiste, erhielten wir noch Besuch vom Inspektor des Hessen-Nassauischen Gemeinschaftsverbandes, Paul Link. Er stammte von der Schwäbischen Alb und verband mit einer Reise von Melsungen in seine Heimat diesen Besuch. Er suchte dringend für die Stadtmission in Wiesbaden einen geeigneten Prediger.

Uns gefiel es in Reutlingen. Mir fiel es schwer, daran zu denken, einmal aus der Wielandstraße ausziehen zu müssen. Ich war ja auch erst fünf Jahre hier, mit Christa sogar erst etwas über vier Jahre.

Nebenbei bemerkt, das war nicht die erste Anfrage. Knapp zwei Wochen nach unserer Hochzeit hatte mich ein Brief von Pfarrer Dr. Joachim Müller, dem damaligen Vorsitzenden des Missionsbundes »Licht im Osten «, erreicht. Diesen umfangreicheren Brief vom 15. Mai 1964 hatte ich nicht gleich beantwortet. Deshalb erreichte mich ein weiteres Schreiben desselben Absenders vom 4. Juni 1964.

MISSIONSBUND ZUR AUSBREITUNG DES EVANGELIUMS e.V.

POSTSCHECKKONTO: STUTTGART NR. 542 21 · GIROKONTO: STADT. GIROKASSE STUTTGART NR. 640 15 · BANKKONTO: KREISSPARKASSE KORNTAL NR. 170
Bestimmungsbahnhof für Bahnsendungen: (14a) Korntal/Württ.

7015 KORNTAL/WÜRTT., den 4. Juni 1964
SAALSTRASSE 4, FERNRUF 88 26 06

Herrn
Prediger Alfred Gajan
Süddeutsche Vereinigung
741 Reutlingen
Wielandstraße 8

Sehr geehrter, lieber Herr Gajan!

Unterm 15. Mai d.J. richtete ich an Sie eine Anfrage, die sich auf die Möglichkeit etwaiger Mitarbeit Ihrerseits in unserm Missionsbund "Licht im Osten" bezog. Diese Sie wahrscheinlich überraschende Anfrage war ausgelöst durch einen Hinweis eines uns befreundeten Pfarrhauses, das von unserm ernsten Suchen nach einem etwaigen Nachfolger unseres Bruders, Missionsinspektor Brandenburg, im evangelistischen Einsatz weiß. In meinem Schreiben legte ich Ihnen den Charakter des erwarteten Dienstes etwas näher dar und lud Sie zugleich ein, als Gast unseres Missionsbundes mich bald einmal zwecks persönlicher Aussprache in Korntal zu besuchen.

Da ich es nicht für unmöglich halte, daß mein Brief Sie nicht erreicht hat, zumal ich damals Ihre genaue Anschrift nicht kannte, lasse ich jetzt diese Zeilen eingeschrieben nachfolgen. Ich möchte Sie in keiner Weise bedrängen, wäre jedoch für eine kurze Benachrichtigung Ihrerseits aufrichtig dankbar. Rückporto erlaube ich mir beizulegen.

Im Herrn brüderlich verbunden

verbleibe ich Ihr

[Unterschrift: Joachim Müller]
Vorsitzender

Am 13. Juni antwortete ich dann.

Alfred G a j a n, 741/R e u t l i n g e n, Wielandstr.8

An den
Missionsbund zur Ausbreitung
des Evangeliums
z.H.v.Herrn Dr.Joachim Müller

Korntal/Württ.
Saalstr.4

Reutlingen,13.6.1964

Sehr geehrter Herr Dr.Müller!

Ich bestätige den Empfang Ihrer beiden Briefe vom 15.Mai und 4.Juni d.J.
Der Inhalt derselben ist zu schwerwiegend,als daß ich von heute auf morgen
dazu hätte Stellung nehmen können.Das soll gleichzeitig meine Entschuldigung dafür sein,daß Sie mein Antwortschreiben erst heute erhalten.

Darf ich Sie zunächst kurz über meine bisherige Laufbahn unterrichten,
damit Sie meine Stellungnahme zu Ihrer Anfrage besser verstehen.

Nach zweijähriger Ausbildung im Seminar der Liebenzeller Mission wurde
ich in die Gemeinschaftsarbeit der Südd.Vereinigung für Evangelisation
und Gemeinschaftspflege entsandt,um dort mein Praktikum zu absolvieren.
Fast zwei Jahre arbeitete ich als Praktikant im Bietigheimer Bezirk.
Nach meiner Abordnung,im September vorigen Jahres,wurde ich von der
Südd.Vereinigung als Prediger in Reutlingen angestellt.
Als mich der Geschäftsführer der S.V.vor meiner Einstellung fragte,ob ich
weiter in diesem Werk dienen wolle,bejahte ich die Frage.
In der Zwischenzeit sind in dieser Gemeinschaftsarbeit mehrere Lücken
entstanden,die zum Teil noch nicht besetzt werden konnten.Ich sehe mich
deshalb schon aus rein vernünftigen Erwägungen heraus veranlaßt,als
Prediger innerhalb der Südd.Vereinigung weiterzuarbeiten.

Der entscheidendste Grund meiner Absage ist aber,daß ich innerlich,vor
dem HERRN,nicht die Freiheit habe,meinen Platz zu verlassen.

Ich will gerne mit Ihnen beten,daß Sie den rechten Mann für Ihr Werk
bekommen.

Bitte entschuldigen Sie das lange Ausbleiben meiner Antwort.
Mit freundlichen Grüßen bleibe ich

Ihr

Anlage:Unbenütztes Rückporto

Gemessen an der Besucherzahl war die Evangelisation in Pfuhl vom 25. November bis 1. Dezember 1968 nicht groß: 150 Besucher waren das Maximum. Doch am letzten Abend – ich packte schon meinen Koffer, um noch nach Reutlingen zu fahren – klopfte es an meine Zimmertür. Draußen standen zwei junge Männer, die mich sprechen wollten. Sie waren leibliche Brüder, und sie wurden an diesem Abend auch zu geistlichen Brüdern. Beide wollten sie ihr Leben Jesus übergeben. Glücklich über diese Verspätung fuhr ich ab. Meine Christa freute sich mit mir, auch wenn ich erst 1.30 Uhr in tiefster, nebliger Nacht ankam. »Soli Deo gloria!« steht in meinen Kalenderaufzeichnungen.

Auch im Sturm gehen wir weiter

Wenn das Folgende an dieser Stelle erwähnt wird, so geschieht das nicht, um an alte Wunden zu rühren, nicht, um andere anzuklagen und um mich bzw. uns zu rechtfertigen. Es kommt dabei auch keine Bitterkeit in meinem Herzen gegen irgendjemanden auf. Aus zeitlichem Abstand erkenne ich es noch besser: Es war der Gegenspieler Gottes, der Brüder und Schwestern durcheinander und auseinander brachte. Leider konnte er dabei Menschen benutzen, die sich zu Gott hielten. Ich kann aber dieses Erleben nicht verschweigen, weil es zu den gravierenden Erfahrungen unseres Dienstes gehört. Was geschah, soll aber auch nicht positiv retuschiert werden.

Genau das, was ich in der Vorbereitung des großen Wagnisses im Mai 1969 unbedingt vermeiden wollte, trat ein: Der Feind sollte keine uns bekannten Stützpunkte in den Reihen der Veranstalter der Evangelisation haben. Jetzt aber konnte er seine Stützpunkte doch ausbauen. Noch mehr: Er wollte und konnte uns kampfunfähig machen. Evangelisationen sind Angriffe auf Satans Reich. Es sollten doch aus der damals knapp 100 000 Einwohner zählenden Stadt Menschen für Jesus gewonnen werden. Anstatt vereint an die *Front* zu gehen, gerieten Brüder und Schwestern auseinander und gegeneinander. Dass ich das alles überlebte, verdanke ich vor allem der Gnade meines Auftraggebers, daneben verdanke ich es meiner lieben Christa, die zu mir hielt, und den ausgedehnten Spaziergängen, die ich mir in der Krisenzeit im Wasenwald erlaubte. Ganz gewiss sollten alle Betroffenen – auch ich – aus diesen Schwierigkeiten lernen. Manchmal bewegt mich die Frage: Wo standen Wahrheit und Liebe im falschen Verhältnis zueinander? Litt die Liebe unter der Betonung der Wahrheit? Wurde die Wahrheit verändert unter Berufung auf die Liebe? Möge das große Vergeben unseres großen Herrn sich über alle Schuld breiten und uns und alle Beteiligten in den Frieden Gottes hüllen!

Die Anfrage, zur Stadtmission Wiesbaden zu wechseln, erhielt durch diese Vorkommnisse größeres Gewicht. Wir wollten nicht fliehen. Wir wollten aber die Sache unseres Herrn weder in Reutlingen noch in Wiesbaden aufhalten. Da ich von der Liebenzeller Mission in die Süddeutsche Vereinigung entsandt worden war, sollte auch die Missionsleitung die letzte Entscheidung treffen. Meine Christa und ich waren für beides offen. Die Entscheidung fiel: Wir sollten bleiben. Das war für uns zwar der schwerere Weg, aber wohl auch der lehrreichere. Jedenfalls war es der Weg unseres Herrn mit uns.

Die Evangelisation im Mai 1969 fand statt. Die nötigen Vorarbeiten wurden bewältigt. Mit einer aktuell für Reutlingen gestalteten Zeitung wurde eingeladen. Die Exemplare dieser Zeitung mussten in die Häuser gelangen, die Plakatierung musste vorgenommen werden. Schließlich füllte sich die Listhalle mit ihren 2 000 Sitzplätzen.

Es waren gute Tage. Was daraus geworden ist, weiß unser Herr. Wir erhielten neuen Auftrieb. Als am Sonntag, dem 18. Mai, die Veranstaltung in der Listhalle zu Ende ging, waren wir natürlich noch lange nicht fertig. Gottes Zusage gilt auch für diese Evangelisation: »... so soll das Wort, das aus meinem Munde geht, auch sein: Es wird nicht wieder leer zu mir zurückkommen, sondern wird tun, was mir gefällt, und ihm wird gelingen, wozu ich es sende« (Jes 55,11).

1970, wieder im Mai, hatten wir in der Listhalle eine weitere Evangelisation, jetzt mit Pfarrer Johannes Hansen. Diesmal war der Veranstalter die Evangelische Allianz, zu der die Gemeinschaft der Süddeutschen Vereinigung auch gehört. Ich war Mitglied des Allianz-Ausschusses. Wir waren aktiv daran beteiligt. Diesmal waren es nur acht Tage.

In den Wochen vor unserer Großveranstaltung 1969 hatte es immer wieder Gespräche und Krisensitzungen gegeben. Vom 15.–21. Februar hatte ich Bibelarbeiten zu halten, und zwar beim *Brüderkurs,* der einmal pro Jahr im »Haus Saron« in Wildberg stattfand und für Männer gedacht war, die Verantwortung in der Gemeinschaftsarbeit innehaben und nebenberuflich Gottes Wort verkündigen. Ich betrachtete diesen Dienst als Vorrecht und ehrenvolle Aufgabe. Das einzig Störende waren solche Gespräche und Sitzungen. Heute noch staune ich, wie ich das ertragen und meinen Dienst dennoch mit Freuden verrichten konnte.

Der Dienst für unseren Retter und Herrn Jesus Christus ging nach der Evangelisation im Mai 1969 weiter: Ein Zelteinsatz in Sickenhausen – eine der Gemeinschaften des Bezirks befand sich dort – fand vom 24. Juni bis 7. Juli 1969 statt. Vom 25. Juli bis 2. August sprach ich im EC-Zelt in Baumbach. Der Ort gehört zum Arbeitsbezirk Heinebach des Chrischona-Verbandes. Am zweiten Abend schon saß unter den Zuhörern Inspektor Paul Link, der wegen Wiesbaden bei uns vorgesprochen hatte. Ob er mich beim evangelistischen Dienst kennenlernen wollte? Es kamen bis zu 500 Besucher ins Zelt. Einen ehemaligen Gastschüler, meinen Mitbewohner von Zimmer »Hoffnung« im Missionshaus, traf ich dort. Bruder Kempf und seine Frau luden mich auch zum Essen ein. Am 2. August hatte ich abends den letzten Vortrag zu halten. Anschließend seelsorgerliche Gespräche. Um fünf Uhr morgens trat ich die Rückreise an, denn um 13.30 Uhr hatte ich den nächsten Dienst im Bezirk Reutlingen.

An jenem Sonntagvormittag bekam ich die erste Kolik, nachdem ich zu Hause angekommen war. Was sich dahinter verbarg, erfuhren wir erst später. Vom 2.–6. September hatte ich den ersten Einsatz im Zelt der Liebenzeller Mission in Illingen. Unterwegs nach dort besuchte ich Gottlieb Weiland, den Leiter der Liebenzeller Zeltmission, im Brettener Krankenhaus, wo er mit blutenden Varizen lag. Das war die für mich zweite entscheidende Begegnung mit diesem *Liebenzeller »Urgestein«.*

Die Wochenend- oder Sonntagsaußendienste können nicht alle aufgezählt werden, obwohl sie für mich gerade 1969 eine große Bedeutung hatten. Sie waren Bestätigung, Horizonterweiterung, Erquickung.

Vom 16.–22. November durfte ich in der Kirche in Pfäfflingen, evangelisieren. In dieser Gemeinde war Heinrich Hertel Pfarrer, bevor er in das Werk der Liebenzeller Mission berufen worden war. An einem der Abende kam ein älterer Herr auf mich zu. Er erzählte mir, dass Jesus schon zur Zeit von Pfarrer Hertel bei ihm »angeklopft« hätte. Er wollte sich ihm damals nicht öffnen. Ob es jetzt zu spät sei, fragte er mich. »Nein, heute noch nicht«, erwiderte ich, »aber es gibt ein Zuspät.«

Auch 1970 hatte ich wieder drei auswärtige Verkündigungswochen. Dazu kam noch ein Dienst im EC-Zelt in Salzgitter-Lebenstedt. Ich hatte mich entschlossen, dorthin mit dem Zug zu fahren. Am 4. Juni startete ich um sieben Uhr ab Bahnhof Reutlingen. Ankunft in Salzgitter ca. 16 Uhr. Ich wünschte mir so sehr ein Abteil für mich. Um 20 Uhr am selben Tag sollte ich ja meinen ersten Vortrag im Zelt halten. Wieder hatte ich die zweite Hälfte der Verkündigung zu übernehmen.

Vor mir predigte Erich Heider. Er war zwar auch ein *Liebenzeller,* aber was für einer! Erich Heider war wohl einer der Begabtesten der Liebenzeller Mission, obwohl er nicht zur Leitung des Werkes gehörte. Er war von 1935–1952 Prediger in der Süddeutschen Vereinigung gewesen und dann Bundeswart im Deutschen EC-Verband. Heute noch hängt ein großes Ölgemälde, eine typische Schwarzwaldlandschaft, im Speisesaal des Gästehauses *»Pilgerruhe«,* das er gemalt hatte. Er war auch musisch begabt und spielte zum Beispiel hervorragend Gitarre. Erich war der geeignete Evangelist für Gebildete, denn er konnte intellektuelle Skrupel abbauen. Es lag ein evangelischer Charme in seiner Rede und seinem Predigtstil.

Und ausgerechnet nach ihm sollte ich Anfänger weitermachen! Deshalb wollte ich mich noch einmal in mein Thema vertiefen. Im D-Zug-Abteil wurde mein Wunsch, alleine zu sein, von Stuttgart bis Heilbronn erfüllt. Dann ging die Tür auf. Die Gepäckstücke vor sich herschiebend kamen zwei ältere Damen herein. Schnell stand ich auf den Beinen, um ihnen behilflich zu sein. Dann saßen wir uns gegenüber, und bald erfuhr ich, dass sie dasselbe Ziel hatten. Jetzt begann mir erst richtig bewusst zu werden, was das bedeutete. Sechs Stunden würde ich mit zwei Menschen zusammen sein, die ich noch nie gesehen hatte und sehr wahrscheinlich auch nie mehr wiedersehen würde. Eine einmalige Begegnung also. Und sie kam nicht von ungefähr. Ich hatte ja darum gebetet: Wenn ich schon mit jemandem das Abteil teilen müsse, so sollte es doch mit Menschen sein, die Gott mir zuführt. Wie lange dauert es oft, bis wir entdecken, dass unsere Begegnungen Gottes Gelegenheiten sind! Ich reise als Evangelist zu Veranstaltungen in einem Zelt. Und was bin ich im Abteil eines Bundesbahnzuges?

Ich vertiefte mich in mein Manuskript, in meine Bibel. Die beiden Damen unterhielten sich sehr angeregt. Vielleicht war es eine Geste des Dankes, weil ich ihnen geholfen hatte, ihr Gepäck unterzubringen – jedenfalls wollten sie mir eine Gelegenheit geben, mich an ihrem Gespräch zu beteiligen. Leider verpasste ich diese wegen – ja, wegen einer Bildungslücke. Ich wusste einfach nicht, wie die Hunde heißen, die blaue Zungen haben. Dann gab die Fragestellerin selbst die Antwort: »Ach ja, das sind die Chow-Chows.« Ich wollte mich über mich selbst ärgern. Doch was nützt das? Man muss auch schweigen lernen, wenn man zur rechten Zeit das rechte Wort sagen will. Und das wollte ich jetzt. Es war mir klar geworden, dass ich nicht stumm und anonym bleiben könne.

Ich wollte meinen Reisegefährtinnen als Christ begegnen, in meinem Verhalten, aber auch mit dem Wort. Wie im Zelt später, so wollte ich auch hier das Angebot des Evangeliums weitergeben. Deshalb sprach ich mit dem Vierten im Abteil, der uns, wenn auch unsichtbar, begleitete. Ich bat um Hilfe, kein gepresstes, kein gemachtes, aber ein echtes und helfendes Zeugnis sagen zu können. Den Damen schien der Gesprächsstoff ausgegangen zu sein. Sie begannen nämlich über das Wetter zu sprechen. Die Landschaft, durch die wir fuhren, wurde vom Sonnenlicht freundlich beleuchtet. Plötzlich sagte die eine: »Wenn Gotteskinder reisen, lacht der Himmel.« Ich spitzte die Ohren. Das hatte ich noch nie gehört. In Süddeutschland heißt das: »Wenn Engel reisen ...« Noch mehr erstaunte ich, als die andere Dame zögernd fragte: »Ob wir welche sind?« Dabei sah sie mich an, als hätte sie in mir einen Sachverständigen erkannt, der für die Frage zuständig sei.

Das war für mich der Einstieg, meinen Mitreisenden unaufdringlich zu antworten. Ich war ja gefragt. Ich erklärte ihnen, wie man Gotteskind wird, und dass man es wissen kann, wenn man es ist. Dabei hielt ich mich an das Wort: »Wie viele ihn (Jesus) aber aufnahmen, denen gab er Macht, Gottes Kinder zu werden, denen, die an seinen Namen glauben« (Joh 1,12).

Sie schienen verstanden zu haben. Wie dieses Wort bei ihnen ankam? Ich weiß es nicht. Ich habe es ihnen gesagt, wie ich es auch in den darauffolgenden Tagen den Zuhörern im Zelt in Salzgitter-Lebenstedt predigen würde. Ich verabschiedete mich höflich und überließ die von Gott so sehr geliebten Menschen und den ausgestreuten Samen des ewigen Lebens meinem Dienstherrn.

Am 10. Juni kam ich per Zug zurück nach Reutlingen, ca. 18 Uhr Ankunft am Bahnhof. Meine liebe Christa holte mich mit dem Auto am Bahnhof ab. Um 20 Uhr hatte ich noch die Bibelstunde in Sickenhausen zu halten. In meinen Aufzeichnungen steht: »Dem treuen Heiland sei Dank!«

Christa hatte eine Frau aus der Nachbarschaft gefunden, die sich bereit erklärte, mit ihr zusammen eine Aktion in Orschel Hagen durchzuführen, bei der Zeitschriften verteilt wurden. Zunächst wurde den Briefkästen das *Friedenslicht* anvertraut. Man hatte sich für das Verteilblatt des Liebenzeller Gemeinschaftsverbandes entschieden, weil es illustriert war und deshalb eine bessere Aufnahme fand, obwohl *Der Weg zum Ziel*, das Verteilblatt der Süddeutschen Vereinigung, in Reutlingen gedruckt wurde und von nicht wenigen Reutlingern gelesen wurde. Drei oder vier Wochen nachdem das Blatt in die Briefkästen verteilt worden war, begann die weit schwierigere Aufgabe. Wir wollten an jedem Haus läuten und Gespräche führen. Jedenfalls wurde gefragt, ob die Empfänger das Heft erhalten und eventuell auch gelesen hätten. Zu unserem großen Erstaunen interessierten sich nicht wenige für das Blatt. Manche abonnierten es. Andere wollten es kostenlos weiter bekommen. Es waren ja meist Frauen, die an die Türen kamen. Zum

Abonnieren mussten ihre Männer ihr Einverständnis erklären. So wurde Straße um Straße »durchgekämmt«. Das war harte Arbeit. Die tapferen Frauen taten sie gern. Meine Christa war ganz dabei. Auch das *Friedenslicht* wurde von manchen abonniert.

Immer offen für Gäste!

Was Christa anpackte, machte sie immer ganz: die Saaldekoration, das Vorbereiten des Gemeinschaftssaales, wenn Bewirtungen stattfanden usw. Auch beim jährlichen Saalgroßputz war sie ganz dabei. Da hatte ich das Vorrecht, auf der großen Spalierleiter die Lampen zu putzen.

Nicht zu vergessen sind die Einladungen. Wir hatten viele Gäste. Die tüchtigen Schwestern Lore und Elisabeth, die während unserer Zeit in Reutlingen stationiert waren, aßen wöchentlich einmal mit uns. Es handelte sich jedes Mal auch um ein kleines *Arbeitsessen*. Dienstabsprachen wurden dabei getroffen. Armin, ein junger Lehrer, war auch einer unserer Gäste. Ebenso Eiji Kuri, ein junger Japaner, der in Tübingen Theologie studierte, unweit von uns wohnte und eine Frucht der Liebenzeller Missionsarbeit in Japan war. Auch andere Einheimische von unseren Missionsgebieten, wie Benjamin Bogauin aus Lugos von der Insel Manus. Friedrich Walter hatte ihn begleitet. Er schrieb in unser Gästebuch: »Mhne bangondrngondr Mukmuk ge.« Die Übersetzung schrieb er darüber: »Tue nicht murren, sei fröhlich und glücklich nur!« Oder Kaleb von der mikronesischen Insel Palau. Siales Amnel und Kumo Ebenezer von der Insel Truk (heute Chuuk genannt) waren mit Wilhelm Kärcher bei uns. Natürlich hatten wir auch die Pfarrer Heinrich Kemner und Eberhard Kölling als Tischgäste bei uns. Professor Dr. Walter Künneth mit seiner lieben Frau und Pfarrer Max Fischer, der damalige Leiter der Evangelischen Missionsschule Unterweissach, saßen bei uns am Tisch. Professor Künneth hielt am selben Abend einen Vortrag in der Listhalle.

In den sechziger Jahren forderte die theologische Grundsatzkrise zu Reaktionen heraus. Professor Künneth, der einen Lehrstuhl in Erlangen innehatte, war damals ein begehrter Apologet des Evangeliums. Er sollte in der Nähe der Universitätsstadt Tübingen zu Wort kommen.

In Tübingen lehrte damals Professor Ernst Käsemann, um den es eine große Auseinandersetzung gab. Einer unserer Theologiestudenten aus dem Jugendbund lud mich ein, an einer von Käsemanns Vorlesungen teilzunehmen. So hatte ich Gelegenheit, diesen Mann und seine kritische Schriftauslegung selbst kennen zu lernen. Das Auditorium maximum war voll mit jungen Menschen. Käsemann las über das Markusevangelium. Die in Markus Kapitel 2 vorkommenden Pharisäer entsprachen für ihn den gegenwärtigen Pietisten.

Es war Kampfstimmung in jener Zeit. Die bibelgläubigen Christen schrien auf, wenn die Bibel angetastet wurde. Heute ist das etwas anders. Hat ein Gewöhnungsprozess stattgefunden? Ist Resignation in die gläubige Gemeinde eingekehrt? Ist der Trend zur Toleranz um jeden Preis so prägend geworden?

So sprach Professor Künneth in Reutlingen vor einem heiklen Publikum, und die Listhalle war voll von Freunden und Gegnern. Nach dem Vortrag diskutierte ein Assistent Käsemanns heftig mit dem Referenten. Dieser Theologe wurde später ein Dekan, der dem Pietismus nahe stand.

Doch diese theologische Grundsatzkrise suchte nicht nur die Landeskirchen heim. Sie machte auch vor den Toren der Freikirchen nicht Halt. Wir hatten einmal eine Zusammenkunft des erweiterten Allianzausschusses der Stadt Reutlingen. Der Dekan von Reutlingen war anwesend wie auch Vertreter der Pfarrerschaft, Pastoren der Freikirchen, Prediger der Gemeinschaften und unter anderem auch ein Dozent einer freikirchlichen Ausbildungsstätte. Dieser warf in das Gespräch die Bemerkung hinein: Es sei doch nicht wichtig, ob Jesus von einer Jungfrau geboren worden sei oder nicht. »Hauptsache geboren«, war seine Meinung.

Alles schwieg. Mein Herz klopfte. Mir war klar: Jetzt muss doch etwas gesagt werden! Aber niemand äußerte sich dazu. Sollte ich, der ich wohl der Jüngste war, gefragt sein? Anscheinend ja. Also fasste ich mir ein Herz und sagte, dass es sehr wohl wichtig ist, die Großtaten Gottes stehen zu lassen, auch wenn sie unser kleines Hirn nicht fassen kann. Deshalb sei es entscheidend zu glauben, dass Jesus, der Sohn Gottes, von einer Jungfrau in unsere Welt hineingeboren wurde. Ob es qualifiziert genug war, was ich sagte, weiß ich nicht – freundlich genug wird es wohl leider nicht gewesen sein. Aber es war gesagt. Hätte ich geschwiegen, wäre ich mir wie ein Verleugner vorgekommen. Es wurde damals versucht, plausibel zu machen, dass es ausreiche, an den gekreuzigten Jesus zu glauben. Das leere Grab oder die Jungfrauengeburt seien nicht entscheidend.

In der Buchhandlung Fuhr sahen Christa und ich einen Druck des Isenheimer Altars mit den Flügelteilen, links die Ankündigung der Geburt Jesu durch den Engel Gabriel und rechts die Auferstehung des Herrn. Freilich sieht man dem an, dass auch ein Künstler wie Matthias Grünewald an seine Grenzen kam. Gewaltig aber ist seine Darstellung der Kreuzigungsszene, mit dem dunklen Hintergrund und der Gestalt Johannes des Täufers mit dem überlangen Zeigefinger. Darüber schrieb der Künstler: *Illum oportet crescere, me autem minui* (»Er muss wachsen, ich aber muss abnehmen«). Wir entschlossen uns, diese Abbildung zu kaufen. Sie zierte dann die Wand meines Arbeitszimmers. Wenn junge Leute, vielleicht angefochtene Studenten in meinem Arbeitszimmer saßen, zeigte ich ihnen dieses Gemälde. Die Flügelteile sind mit Scharnieren an dem Hauptteil befestigt. Ich klappte zuerst den linken Flügel zu und sagte: »Streichen wir die Jungfrauengeburt!« Und indem ich den rechten Flügel zuklappte, fügte ich hinzu: »Streichen wir die Auferstehung unseres Herrn – was bleibt dann von dem Gekreuzigten übrig?« Er war nicht mehr zu sehen.

Die oben namentlich Aufgezählten waren nur eine kleine Auswahl unserer Gäste, die Christa bewirtete. Viele weitere kommen mir noch in den Sinn. Ich kann sie hier unmöglich alle aufführen, doch die folgenden darf ich nicht unterschlagen. Es war ziemlich am Anfang unseres Dienstes in Reutlingen, als eines Nachmittags zwei Herren vor unserer Tür standen. Sie kämen vom Evangeliums-Rundfunk in Wetzlar, der damals noch ein kleines Pflänzlein war. Einen Vorstellungsabend hätten sie in Reutlingen geplant, den der Baptistenpastor hätte organisieren sollen. Doch der befand sich wohl dienstlich gerade in Spanien. Da muss eine falsche Terminplanung vorgelegen haben. Wie dem auch sei – ob ich ihnen helfen könne? Wer die beiden Herren waren? Wilfried Mann und Horst Marquardt. Natürlich wollte ich mein Möglichstes tun. Für diesen Zweck bekamen wir das Matthäus-Alber-Haus. Es wurden die nötigen Vorbereitungen getroffen, die Leute eingeladen, und die Veranstaltung fand statt. Und die beiden Brüder waren unsere Gäste.

Bald darauf wurde ich gefragt, ob ich auch als Verkündiger im Evangeliums-Rundfunk mitarbeiten wolle. Ich sagte vielleicht zu schnell zu. Ich ahnte ja nicht, welche Mühe mir die erste Ansprache bereiten würde.

Hatte ich zu wenig Zeit oder war es einfach Unwissenheit? Ich nahm einen Artikel, von dem ich meinte, er sei recht gut, und reichte diesen als Manuskript ein. Ich wollte also aus einer *Schreibe* eine *Rede* machen. Das ging nicht. Im funkhomiletischen Seminar wurde daran herumkritisiert. Ich versuchte zu überarbeiten und nochmals zu überarbeiten. Was hat mich das an Zeit gekostet, und wie hat es mich gedemütigt! Hätte ich doch gleich etwas ganz Neues gemacht, eben eine Rundfunkansprache. Den Text meines x-mal überarbeiteten Manuskripts durfte ich schließlich doch sprechen, und es wurde gesendet. Manche Sendung folgte. Keine hat mir so viel Mühe gemacht wie die erste.

Seither bin ich mit dem ERF verbunden geblieben. Eines Tages wurde ich auch in die Mitgliederversammlung des ERF International gewählt. Weil die Frauen zu diesen jährlichen Sitzungen mit eingeladen werden, nahm ich Christa manchmal mit. Gelegentlich brachten wir Horst Marquardt Blutwurst mit. Ja, er isst sie eben so gern. Und das stellte sich damals heraus, als er mit Wilfried Mann zum ersten Mal bei uns zu Gast war. Es war ja kein angemeldeter Besuch. Wir wurden von den beiden überrascht. Wir hatten auch keine Zeit mehr zum Einkaufen. Aber Blutwurst hatten wir zu Hause. Christa genierte sich, diese den Gästen anzubieten. Aber als Horst »Blutwurst« hörte, war er begeistert. So war sein Gaumen befriedigt und meine Christa entlastet.

Noch einen Gast will ich nennen: Adolf Heller, der Pädagoge war, aber kein Theologe. Er zählte, längst bevor ich nach Reutlingen gekommen war, zu den Gastrednern der dortigen Gemeinschaft. Er war ein guter Rhetoriker. Meistens kam er für zwei oder drei Tage. Bei einer Mahlzeit war er dann bei uns Tischgast. Das »Du« hatte er mir schnell angeboten. Bei der Begrüßung ging es nicht ohne Bruderkuss ab. Und dann gab es interessante Tischgespräche. Einmal fasste ich Mut und sprach ihn auf den Abend zuvor an. Er hatte bei vollem Haus sehr ansprechend evangelisiert. Zu meinem Erstaunen fügte er gewissermaßen als Fußnote die Allversöhnungslehre an. Ich fragte bei Tisch: »Adolf, warum hast du das eigentlich getan? Du hast so evangelistisch verkündigt, dass ich den Schluss deplatziert fand.« Er sah mich bedeutungsvoll an. Sein Blick sagte alles. Er war ein Schauspielertyp, was Gesichtsausdruck und Körpersprache betraf. Dann kam seine kurze Antwort: »Die Leute erwarten das von mir.« Nach einer Pause erzählte er uns von seiner Begegnung mit Pfarrer Wilhelm Busch in Worms, wo Adolf Heller zu Hause gewesen war. Wilhelm Busch war dort Redner bei einer Evangelisation gewesen, und eines Tages wurde Adolf Heller ihm vorgestellt. »Ah, Sie sind der berühmte Heller«, habe Wilhelm Busch ausgerufen. »Ich wollte, es wäre so, wie Sie sagen«, fuhr Busch fort, nämlich so, wie Adolf Heller es mit der Allversöhnung meinte, »aber in meiner Bibel lese ich etwas anderes.« Ich wunderte mich, dass Adolf Heller so offen war, uns diese Episode gerade in diesem Zusammenhang zu erzählen.

Natürlich kamen auch Verwandte zu Besuch. Unsere liebe Mutter verbrachte mit Christas Bruder Werner, der noch ledig war, 1965 das erste Weihnachtsfest nach dem Heimgang von Vater bei uns. Tante Helene, die ledige Schwester unserer Mutter, von uns die »Reisetante« genannt, besuchte uns. Sie machte sich durch Nähen und Flicken nützlich. Onkel Wilhelm und Tante Frieda holten wir in Bad Liebenzell ab, wo sie beim Pfingstmissionsfest und Gemeinschaftstag gewesen waren. Wir fuhren mit ihnen über die Schwäbische Alb. Wie freuten sie sich über die Wachholderhainen! Und dann kamen immer wieder Neffen und Nichten zu uns: Ulrich, Günter, Susanne. Günter

Thomas erzählte einmal unserer Nachbarin über den Zaun, dass sie wieder ein »neues« Kind erwarten dürfen.

Bei uns hatte sich leider immer noch kein Kind angemeldet. Wir beteten darum und gingen auch zum Arzt. Das Ergebnis der Untersuchungen war, dass bei uns beiden der Erfüllung unseres Kinderwunsches nichts im Wege stehe.

Nach dem so reich ausgefüllten Jahr 1970 eröffneten Evangelisationen in Asperg, Esslingen und Biersdorf-Daaden das Jahr 1971.

Eine berufliche Weichenstellung

Bei der »Geschwisterwoche« für die im Verband angestellten Prediger und Schwestern im »Haus Saron« in Wildberg, die in der Woche nach Ostern stattfand, sprach Inspektor Georg Müller mit mir über eine geplante Versetzung. Ich dürfe wählen zwischen den Bezirken Böblingen, Schwäbisch Hall und Ulm. Das kam mir doch sehr großzügig und ungewöhnlich vor. Trotzdem dachte ich darüber mit Christa nach. Alle drei Bezirke kannte ich recht gut. Böblingen hätte mir zugesagt mit der größten Gemeinschaft in Schönaich, wo ich schon manche Dienste gehabt hatte. Die letzte Evangelisation im alten Saal durfte ich dort halten. Ich stand damals am Podium, und hinter mir saß Willhelm Wagner, der originelle und weise Gemeinschaftsleiter; immer wenn meine linke Hand in der Hosentasche Zuflucht gesucht hatte, zog er sie mir heraus. Das wiederholte sich einige Male. Dann hatte ich es endlich kapiert. So etwas vergisst man nicht.

Auch in Ulm »und um Ulm herum« war ich schon zu manchen Verkündigungswochen gewesen. Wenn ich wirklich zu wählen gehabt hätte, wäre dieser Bezirk an zweiter Stelle infrage gekommen.

Aber Schwäbisch Hall – das hätte ich wohl nicht gewählt. Auch dort war ich nicht unbekannt. Eine Jugendfreizeit hatte ich einmal in Schwäbisch Hall gehalten und Verkündigungswochen im Bezirk. Aber die Wohnung war alt; freilich in der schönen, denkmalgeschützten »Glocke«. Der Bezirk war groß, 32 Gemeinschaften gehörten dazu. Es war zwar noch ein Zweitprediger in Michelfeld stationiert, und eine Schwester wurde vor allem für die Kinder- und Jugendarbeit eingesetzt. Die Gegend war ländlich. Schwäbisch Hall war einst auch freie Reichsstadt gewesen, wie Reutlingen. Trotzdem kam mir alles provinzieller vor.

Es fiel Christa und mir nicht leicht, Reutlingen und damit unsere erste gemeinsame Wohnung zu verlassen. Für diese Wohnung hatten wir unsere Möbel gekauft. Dorthin haben sie gepasst, stilmäßig, größenmäßig, mengenmäßig. Inspektor Müller hatte, als er uns das erste Mal besuchte, gleich nach unserem Wohnzimmerschrank geschaut. Ob der auch in andere Dienstwohnungen des Verbandes passte? Er war damals mit dem Maß zufrieden. Die Stadt war uns lieb geworden. Es war keine Großstadt, aber eine großzügige Stadt. Die Landschaft, in die sie eingebettet ist, kann als reizvoll bezeichnet werden.

Außerdem ist es ja meist so: Wenn es gilt, die Koffer zu packen, werden einem merkwürdigerweise alle Vorzüge der bisherigen Wohnstätte bewusst. Jeder Vergleich mit etwas anderem fällt zuungunsten des Neuen aus.

Am Samstag, dem 17. Juli 1971, sollte die entscheidende Besprechung in Stuttgart-Bad Cannstatt stattfinden. Am Vortag fuhr ich zur Bibelstunde nach Unterensingen. Es war ein schöner Sommertag. Zwischen Metzingen und Nürtingen machte ich Halt. Ich wollte mich noch einmal auf meine Predigt konzentrieren. Über den Patriarchen Abraham dachten wir in der Hausversammlung bei Otto Balz nach, und 1. Mose 13 war der aktuelle Text. Ja, aktuell – gerade in meiner Lage. Ich hatte nachgedacht, was ich am nächsten Tag wählen sollte. Der Bibeltext bereitete mich darauf vor, dass ich zu nehmen hatte, was *übrig* bleiben würde. »Da hob Lot seine Augen auf und besah die ganze Gegend am Jordan. ... sie war wasserreich ... wie der Garten des Herrn, gleichwie Ägyptenland. ... Da erwählte sich Lot die ganze Gegend am Jordan. ...« So lesen wir im biblischen Bericht. Und Abram? Gott hatte für ihn gewählt. »Darum mach dich auf und durchzieh das Land ..., denn dir will ich's geben« (1Mose 13,10.11.17).

Abraham war Nomade. Auf dieser Erde strebte er nur Etappenziele an. »Denn er wartete auf die Stadt, die einen festen Grund hat, deren Baumeister und Schöpfer Gott ist« (Hebr 10,11).

Ich hatte ja schon manche *Versetzungen* hinter mir. Dies war die erste mit Christa. Jetzt lernten wir gemeinsam, dass wir unterwegs sind, aber eben nicht nur unterwegs, sondern auf dem Heimweg. Für mich sollten diese dienstlichen Versetzungserfahrungen eine Vorbereitung sein. Sie sollten mich sensibel machen, mit Betroffenen zu empfinden, ja mitzuleiden. Bei meinem Waldspaziergang wurde ich ganz gelassen: Gott hatte zu mir gesprochen.

Am Samstagmorgen fuhr ich nach Bad Cannstatt. Das Ergebnis einer etwa dreistündigen Besprechung: Adolf Maurer hatte sich für Ulm entschieden. Er kam neu in den Verband. Wenn Immanuel Kenntner, der in Schwäbisch Hall war, versetzt werden sollte, musste er nach Böblingen. Und ich nahm Schwäbisch Hall an. Ja, ich wollte es nicht nur nehmen, sondern annehmen. Reinhold Messal, der auch neu in den Verband kam, fuhr gleich mit seiner Frau nach Reutlingen mit, um unsere Wohnung zu besehen. Wir fuhren am 19. Juli nach Schwäbisch Hall, um zu sehen, wie wir uns dort unser zweites *Nest* bauen könnten, in der alten »Glocke«, in der 40 Jahre zuvor meine Christa geboren worden war. Ihr Geburtszimmer wurde mein Arbeitszimmer. Unser Wohnzimmer nannten wir *Rittersaal*; es war neun Meter lang und vier Meter breit und hatte einen gewölbten Parkettboden. Doch halt! Noch waren wir in Reutlingen. Und noch stand uns die Wohnungsrenovierung bevor – und der Abschied.

Aufbruch nach Schwäbisch Hall

Am 26. August 1971 sollte unser Umzug nach Schwäbisch Hall sein. Je näher wir diesem Termin kamen, desto öfter fuhr ich tageweise dorthin, um bei der Renovierung mitzuarbeiten.

Christa war in diesen Tagen mit Packen beschäftigt. Unsere Mutter war auch in Reutlingen, um sich nützlich zu machen. Vielleicht freute sie sich am meisten über unsere Versetzung nach Schwäbisch Hall.

Das Abschiednehmen war in vollem Gang: Abschied von Gemeinschaften, von Jugendkreisen, von Einzelnen. Bei manchen wollte ich das nicht nur zwischen Tür und Angel tun, etwa nach einer Veranstaltung. So besuchte ich sie. Eines Tages sagte ich abschiedsmüde zu Christa: »Jetzt genügt das Abschiednehmen. Ich möchte so gern wieder begrüßen.«

Und dann brachte uns der Spediteur Hüfner von Schwäbisch Hall mit unseren Möbeln, Kartons und Kisten an unsere neue Wirkungsstätte. Am nächsten Tag, einem Freitag, ging schon das Begrüßen los. Die Hausgenossen – Schwester Irma Erhardt, das Ehepaar Wollmershäuser und Frau Schmidt – grüßten uns schon am Tag der Ankunft. Das war übrigens auch etwas Neues für uns: In Reutlingen wohnten wir alleine im Gemeinschaftshaus – in Schwäbisch Hall hatten wir Hausgenossen.

Der Erste, der uns am Freitag besuchte, war Pfarrer Wanner von der Katharinenkirche. Und dann kam gleich das Ehepaar Saur, die Predigersleute des Altpietistischen Gemeinschaftsverbandes im Bezirk Schwäbisch Hall. In unserem Wohnzimmer stand noch Gepäck herum. Wir setzten uns dazwischen und machten uns bekannt.

In meinem Kalender stehen unter der Rubrik 27. August drei Stichworte: »Ausräumen, Wegräumen, Einräumen.« Am 28. steht nur noch »Einräumen«. Der Sonntag, 29. August, war schon der Tag unserer Einführung, die Inspektor Georg Müller vornahm.

In den folgenden Tagen kamen Gemeinschaftsleute aus den umliegenden Orten, um uns zu begrüßen. So kam beispielsweise ein Ehepaar, das eine Geflügelfarm besaß, und brachte uns etwas von den eigenen Produkten zum Versuchen mit. Der Besuch eines älteren Bruders war besonders originell: Er übergab als Begrüßungsgeschenk einen geschlachteten »Hose«. Da wurde mir bewusst, dass ich mich im Hohenloher Land sprachlich etwas umstellen muss. Hasen heißen dort »Hose« und die Hosen »Hause«. Und da gibt es die »Kerlich« und die »Madlich«, also die »Jungen« und »Mädchen«. Dieser Bruder mit dem geschlachteten »Hose« war der Gemeinschaftsleiter in einem der Außenorte. Er wusste von früher zu erzählen, wie das war, wenn man auf den Markt nach Hall kam. Da kehrte man selbstverständlich in der »Glocke« ein, die damals kein Gasthaus mehr war, aber ein für Gäste offenes Gemeinschaftshaus. Da machten die Leute beim Prediger einen Hausbesuch. Schwäbisch Hall war das Herzstück des Bezirks.

Christa und ich verstanden: Wir wollten gern ein offenes Haus für die lieben Hohenloher haben. Viele sprachen noch von *Bruder Pflaum*. Sie hatten ihn in ihrer Jugend erlebt; er war ihnen in guter Erinnerung. Und dass jetzt eine seiner Töchter hier ist, die sogar in der »Glocke« das Gehen und das Sprechen gelernt hatte, schien sie zu freuen. Notwendigerweise hat sie ihren Mann mitgebracht, der der neue Prediger im Bezirk sein soll! Ja, wir hatten schon einen kleinen Vertrauensbonus durch den Dienst von Christas Eltern als erste Predigersleute in diesem Bezirk. Wir nahmen diesen Vorteil mit gutem Gewissen an, hatten wir uns doch den Bezirk Schwäbisch Hall nicht ausgesucht.

Der Dienst im »Haller Bezirk«, wie man mein Arbeitsgebiet schlicht nannte, unterschied sich nicht unwesentlich von meiner vorhergehenden Arbeit. Er war von Anfang an von hauptberuflichen Mitarbeitern geprägt worden. Nebenberufliche Verkündiger standen zwar zur Verfügung, aber die Gemeinschaftsleute sahen auf den Prediger, man war stark auf ihn ausgerichtet. *Er* war der Schrittmacher.

Für mich bedeutete das eine Umstellung. Die Jugendarbeit in Reutlingen war sehr selbstständig. In Schwäbisch Hall hingegen konnte der Prediger der Jugend Impulse geben. Ich war fast zehn Jahre älter als zu Anfang meines Dienstes in Reutlingen, und trotzdem war ich jetzt der Jugend näher. Ich stand vor einer großen Herausforderung. Eine weit größere, ja die größte Herausforderung aber war – zuweilen fühlte ich mich davon gar total überfordert –, dass ich den gemischten Chor zu leiten hatte. Mein Vorgänger war Chorleiter gewesen, und so sollte ich es auch sein. Ich hatte mich ja seinerzeit im Seminar bemüht, aufmerksamer Schüler unserer Musiklehrerin, Schwester Lydia, zu sein – aber das war schon lange, lange her. Und dazwischen hatte ich es nicht nötig gehabt, das damals Erlernte anzuwenden.

Die Übungsstunde des gemischten Chores war montags. Die Vorbereitung dieser Chorstunde erforderte zuweilen mehr

Zeitaufwand als die Vorbereitung einer Predigt. Wie gut, dass Christa am Instrument die einzelnen Stimmen vorspielen konnte! Abgesehen von meinen mangelnden Fähigkeiten für diese Aufgabe hing der Einsatz des Chores immer von meiner Anwesenheit ab. Und ich musste eben auch am Sonntagabend manchmal woanders als in Schwäbisch Hall sein. Auch wenn der Chor bei Evangelisationen mitwirken sollte, war er von mir abhängig.

Erst am 5. September 1971 wurden wir anlässlich des Jahresfestes offiziell in Reutlingen verabschiedet. In Anbetracht meiner ehrenvollen Aufgabe, Chorleiter in Schwäbisch Hall zu sein, überreichte mir der gemischte Chor in Reutlingen eine übergroße, aus Karton gebastelte Stimmgabel, in deren Griff sich eine Stimmpfeife befand. Dass ich ja den richtigen Ton fände! Übrigens stellte ich fest, dass und wie sehr schon einige Tage geographischen Abstands und der Einarbeitung auf einem neuen Arbeitsfeld eine innere Distanz schafften. Die Abreise nach dem Jahresfest in Reutlingen fiel uns gar nicht mehr so schwer.

Zurück zu meiner Chorleitertätigkeit. Ich hatte einen unbegründeten Ehrgeiz, auf die Stimmpfeife zu verzichten. Ich kaufte mir eine Stimmgabel. Damit war manches Unglück vorprogrammiert. Es waren geübte Sänger im Chor, besonders eine Lehrerin im Sopran. Sie versuchten, mir den Ton vorzusummen. Für einen Chorleiter kann es nichts Schlimmeres geben. Schwester Lydia hatte uns immer gesagt, es sei gar nicht so schlimm, wenn man einen falschen Ton angibt. Man müsse dann nur den Mut haben, gleich abzubrechen und mit dem richtigen Ton neu zu beginnen. Das käme bei dem besten Dirigenten vor. Aber das einst Erlernte muss ja alles erst in der Anwendung durchlitten sein. Wie sehr habe ich dem Chor einen qualifizierten Leiter gewünscht, erst recht, als es uns gelungen war, junge Sängerinnen und Sänger zu gewinnen. Wir hatten nämlich eine etwas einseitige Liedauswahl mit neuerem Liedgut gemischt. Doch das Wort »Chorprobe« zieht sich wie ein roter Faden durch mein Tagebuch, solange wir in Schwäbisch Hall waren.

Das Arbeitsfeld wird größer

Ein großes Arbeitsfeld lag vor mir. Wieder stand mir ein Dienstwagen zur Verfügung, mit dem ich die zum Teil größeren Entfernungen zu den Außenorten zurücklegte. Was mir Not bereitete, war, dass ich weniger Hausbesuche machen konnte. Die Verwaltung in diesem Bezirk mit den größeren Entfernungen nahm wesentlich mehr Zeit in Anspruch. Es glich einem Puzzle, den Dienstplan für die 32 Orte aufzustellen! Da der Bezirk so groß war, kam ich seltener in die einzelnen Orte und lernte deshalb die Menschen langsamer kennen.

Gleich nach unserem Wechsel musste ich auch noch etwas Zeit beim Arzt zubringen. Nach dem Umzug setzten bei mir wieder kolikartige Schmerzen ein. Wir riefen die Ärztin, die uns empfohlen worden war. Sie überwies mich zur Röntgenuntersuchung – und es wurden Gallensteine festgestellt. Zu einer Operation meinte ich absolut keine Zeit zu haben. Die Ärztin riet auch nicht sofort zu einem solchen Eingriff. Die meisten Menschen hätten solche Steine, sie wüssten es nur nicht. Auch ihre Mutter sei »steinreich«. Das beruhigte mich. Ich arbeitete unbekümmert weiter. Zur Kontrolluntersuchung meiner Lunge ging ich nach wie vor in den gewünschten Zeitabständen.

Zum besseren Kennenlernen der Besucher unserer Gemeinschaft in Schwäbisch Hall fand eine Bibelwoche im Oktober statt, bei der ich nachmittags Bibelstunden und abends Vorträge hielt. Der Chor gestaltete manche Abende mit, und ich durfte selbstverständlich auch noch dirigieren. Einen längst zugesagten Evangelisationsdienst in Plochingen im November habe ich trotz der vermehrten Arbeit im Bezirk durchgeführt. Und vom 28.–31. Dezember vormittags hatte ich Bibelarbeiten und Vorträge bei der Jahresschlussfreizeit für junge Leute in Linkenheim zu halten.

Die Festtage waren im Haller Bezirk nicht so veranstaltungsreich. Am zweiten Weihnachtsfeiertag, der in jenem Jahr ohnehin auf einen Sonntag fiel, hatten wir Gemeinschaftsstunden. Der Versuch, am Silvesterabend zu einer Andacht mit der Feier des Heiligen Abendmahls einzuladen, fand keinen starken Zuspruch. Ein Jahr später fand diese Veranstaltung nicht mehr statt. Man kann eben gute Gewohnheiten eines Gemeinschaftsbezirks nicht auf einen anderen übertragen. In Reutlingen war um die Weihnachtszeit und zum Jahreswechsel mehr geboten. In Schwäbisch Hall galt es, mehr Rücksicht auf kirchliche Veranstaltungen zu nehmen.

Auch die Evangelische Allianz hatte in Reutlingen mehr Profil. Bei der zu Anfang jedes Jahres stattfindenden Gebetswoche war rege Beteiligung angesagt. Die Allianzgebetswoche wurde zwar auch in Schwäbisch Hall durchgeführt, war aber dort nicht so abwechslungsreich, da das freikirchliche Element weniger ausgeprägt war.

Das Jahr 1972 war für uns sehr interessant und voller Spannung. Es stand im Zeichen des 50-jährigen Bestehens der Gemeinschaft in Schwäbisch Hall und vieler anderer Gemeinschaften im Hohenloher Raum. Es war klar: Dieses Jubiläum muss begangen werden. Da einst die entscheidende Evangelisation mit Friedrich Fabriz im November 1922 durchgeführt worden war, sollte auch das Jubiläumsfest im November stattfinden, nämlich am 18. und 19. November 1972. Keine Festschrift, aber ein Faltblatt sollte herausgegeben werden, das eine Karte enthielt, auf der alle Gemeinschaften und Bezirke der Süddeutschen Vereinigung im Hohenloherland sichtbar wurden. Gleich anschließend war vom 20. bis zum 26. November eine Evangelisation mit Dr. Gerhard Bergmann im Neubausaal geplant. Wilfried Reuter, der den Evangelisten damals begleitete, sollte auch dabei sein.

Vom 27. Juli bis zum 7. August planten wir zuvor eine Zeltevangelisation in Sulzdorf. Die Liebenzeller Zeltmission war eingeladen. Bernd Wetzel sollte die Dienste der zweiten Hälfte dieser Evangelisation übernehmen, ich die der ersten. Da gab es etwas Gegenwind. Das muss aber nicht unbedingt ein schlechtes Vorzeichen sein. Außerdem fanden wir nicht gleich den rechten Zeltplatz. Klärende Gespräche mussten stattfinden und zeitraubende Verhandlungen geführt werden.

Wir beginnen eine Teestuben-Arbeit

Für mich war das Goethe-Institut mit den jungen Menschen aus vieler Herren Länder, die sich hier der deutschen Sprache kundig machen oder ihre Deutschkenntnisse verbessern wollten, eine große Herausforderung. Wie kommen wir in Kontakt mit ihnen? In jener Zeit begann die Teestuben-Arbeit in Deutschland bekannt zu werden. Ich dachte bei dem Stichwort »Teestube« an die romantischen Räume in der alten »Glocke«. Unter anderem gab es da einen Ladenraum. Georg Müller, einer meiner Vorgänger als Prediger im Haller Bezirk, hatte ihn einst ausgebaut, um Mieteinnahmen erzielen zu können. Wegen der geänderten Verkehrssituation war aber dieses Ladengeschäft inzwischen nicht mehr attraktiv und konnte nicht mehr vermietet werden. Jetzt stand dieser Raum leer. Meine Idee war es, zunächst diesen Laden umzurüsten. Ich hatte detaillierte Pläne: Eine Tür musste durchgebrochen werden, damit man durch einen Direktzugang ins Haus die sanitären Anlagen erreichen konnte. Eine schmucke, kleine Wendeltreppe sollte den Zugang zur Tür herstellen. Sie könnte gleichzeitig eine kleine Zierde für den Gästeraum im früheren Laden werden. Der kleine Nebenraum sollte eine Kleinkücheneinrichtung mit einer einladenden Theke erhalten. In einer zweiten Ausbauphase sollte der sich daran anschließende gewölbte, finstere Keller, in den sich kaum jemand hineinzugehen traute, wohnlicher gestaltet werden. Dazu ließ ich mich von einem Vetter meiner Christa, dem Architekten Günter Vosseler aus Öhringen, beraten. Günter war der Sohn von Fritz Vosseler, des einzigen Bruders meiner Schwiegermutter, und dessen Frau Else. Onkel Fritz war schon 1968 verstorben. Günter freute sich, dass hier etwas in Eigenleistung unternommen werden sollte. Ich danke ihm sehr für seine guten Vorschläge.

»Kontakte« sollte die Teestube heißen. Und nette, einladende Möbel sollten ihr ein wohnliches Ambiente verleihen. Alles stand mir schon ganz lebendig vor Augen, und manchmal wollten mich diese Pläne nicht so recht einschlafen lassen. Natürlich steht und fällt so eine Arbeit mit den Mitarbeitern. Das war mir klar. Doch da waren tüchtige und willige junge

Leute im EC, die gewiss mitmachen würden. Und das liebe Geld spielte ohnehin keine kleine Rolle bei unserem Bezirksrechner Frohnmaier. Mir war klar: Wenn unser reicher Herr es will, dass so ein Angebot, nicht zuletzt für die jungen Ausländer, entstehen soll, dann wird er dafür sorgen.

Dann waren aber auch noch die auswärtigen Dienste: Eine Evangelisation in Schmieheim bei Lahr, Vorträge im EC-Zelt in Darmstadt-Arheilgen, eine Bibelwoche in Knittlingen. Außerdem hatte ich noch an Einzeltagen auswärtige Dienste. Dazu kam eine Evangelisation in Bibersfeld, einem Ort im Haller Bezirk, und der Zeltdienst in Sulzdorf. Und – die besondere Rosine: Meine Frau und ich waren eingeladen, als Mitarbeiter eine Reise nach Israel per Schiff vom 7. bis zum 28. Oktober mitzumachen.

In vielfältigem Einsatz

In diese Planungen und in mein Tagesgeschäft hinein erreichten mich immer wieder Briefe der Missionsleitung. Der erste traf schon am 18. Februar 1972 ein. Mir wurde mitgeteilt, dass der Vorstand der Liebenzeller Mission ernsthaft erwäge, mich als Lehrer an das Theologische Seminar zu berufen. Unter anderem stand in dem Brief zu lesen: »Die Brüder sind der Auffassung, dass Du eine Lehrgabe hast und auch die nötige Energie und Zielstrebigkeit zum Einarbeiten aufbringen wirst.« Eben war ich ein halbes Jahr in dem großen Bezirk Schwäbisch Hall. Normal sieht man in dieser Anfangsphase noch gar nicht so viel Arbeit. Doch ich sah sie bereits. Natürlich hat im Ernstfall das Werk, dem ich angehöre, in der Personalbeanspruchung *Vorfahrt*. Aber überschätzten mich die Brüder nicht? Ich mit meiner fragmentarischen Ausbildung überhaupt und mit meiner »Schnellwäsche« im Seminar sollte dozieren?

Des weiteren stand in dem Brief: »Als ersten Schritt in dieser Frage bittet Dich der Vorstand, zwischen Ostern und Pfingsten bei uns im Missionshaussaal einen Verkündigungsdienst zu halten, damit Dich die Missionsberggemeinde besser kennen lernt, und an unserem Seminar eine, zwei oder drei Unterrichtsstunden zu übernehmen. Du könntest irgendein Thema wählen, das Dir liegt.« Es wurde also konkret. Letzteres konnte ich ja schließlich nicht ausschlagen. Vielleicht falle ich bei dieser Test-Veranstaltung durch. Dann war die Sache erledigt. Vielleicht scheiterte auch dieser Gastdienst am Termin. Zwei Termine wurden mir vorgeschlagen: 27. April und 4. Mai. In Klammern stand noch dahinter »Evtl. auch noch 20. April.« Und gerade dies war für mich der einzig mögliche Termin. Das teilte ich der Missionsleitung mit Schreiben vom 22. Februar mit. Am 1. März wurde mir der 20. April bestätigt. Noch ein Entgegenkommen: »Der Text der Bibelstunde ist Dir freigestellt.« Am 8. April wurde mir geschrieben, dass die zwei letzten Unterrichtsstunden für mich vorgesehen seien, von 10.55 Uhr bis 12.30 Uhr. Da sind die Schüler müde und manchmal die Lehrer auch.

Der Termin ließ diesen Probedienst in Bad Liebenzell also nicht scheitern. Daher musste ich mir ernsthaft Gedanken machen, worüber ich predigen würde und vor allem, welchen Stoff ich unterrichten solle. Ein richtiger Seminarunterricht schien mir unmöglich, denn ich sollte ja nicht nur eine, sondern alle Klassen vor mir haben. Also musste es ein Unterrichten im Vorlesungsstil sein. Aber über welches Thema? Was die Bibelstunde im Missionshaus betraf, war mir klar: Auch wenn der Text nicht leicht war, ich predige über die vorgegebene Tageslese, wie es auch sonst bei den Bibelstunden üblich war. Zwar stand dieser Text nicht in dem mir zugesandten Dienstplan. Das fand ich sehr rücksichtsvoll. Aber ich wollte es mir nicht leicht machen und eine »Konserve« öffnen, die mir besonders gut schmeckte. Also keine frühere Ausarbeitung aus der Akte hervorziehen! Der Text war Offenbarung 17,7–14!

Das Thema, das ich mir für den Unterricht stellte, lautete: »Die Fortschrittsidee. Ihre Wurzeln und Zweige in der christlichen Theologie.« Warum gerade solch eine Materie? Ich hatte mich noch in Reutlingen mit der damals neu erschienenen Veröffentlichung von Professor H. Gollwitzer »Krummes Holz, aufrechter Gang« etwas auseinander gesetzt. Zum anderen meinte ich – vielleicht zu Unrecht –, die Apologetik sei in unserem Seminarunterricht zu kurz gekommen. (»Apologetik« ist die Rechtfertigung der christlichen Lehre gegenüber geistesgeschichtlichen, philosophischen oder auch theologischen Strömungen.) Mein Manuskript umfasste knappe acht DIN-A4-Seiten, einzeilig beschrieben. Das musste natürlich alles vorbereitet sein. So steht zum Beispiel in meinen Kalenderaufzeichnungen vom 13. April zwar »Bibelstunde in Schwäbisch Hall«, aber nicht »Vorbereitung für die Bibelstunde«, sondern »Vorbereitung f. 20. April Liebenzell«. Dasselbe finde ich auch am 14. und am 17. April verzeichnet.

Am Donnerstag, dem 20. April, fuhren Christa und ich um acht Uhr mit dem Dienst-VW in Schwäbisch Hall ab. Um 10.30 Uhr kamen wir in Bad Liebenzell an, und um 10.55 Uhr begann der Unterricht im Missionshaussaal. Mich begleiteten starke Kopfschmerzen. Damit hatte ich sonst eigentlich nicht zu tun; meine Christa neigte eher dazu. Mir wäre es ganz gleich gewesen, wenn ich auch diese *Probe* nicht bestanden hätte. Die Arbeit in Schwäbisch Hall füllte mich aus.

Mit Datum vom 13. Mai erhielt ich einen Zwischenbescheid. Die erste Vorstandssitzung nach meinem Dienst im Missionshaus hatte stattgefunden. Es wurde mir mitgeteilt: »Leider haben wir noch keinen Bruder gefunden, den Bruder Georg Müller als Deinen Nachfolger annimmt. So müssen wir weiter suchen, beten und warten.«

Vom 29. Mai bis zum 9. Juni hatten wir uns einige Urlaubstage in Tunau bei Kressbronn am Bodensee genehmigt. Am 26. Juni wurde wieder ein Brief an mich abgeschickt. Darin stand unter anderem: »... in unserer letzten Vorstandssitzung haben wir nochmals über die Frage Deiner Versetzung nach Bad Liebenzell gesprochen. Leider hat sich bis jetzt keine Möglichkeit gezeigt, dem Brüderrat der Süddeutschen Vereinigung einen Bruder anzubieten, den sie akzeptieren. Meines Erachtens bedeutet dies, dass Du mit Christa, jedenfalls bis Weihnachten, weiter in Schwäbisch Hall weilen wirst. Soviel für heute ...«

Als dieser Brief ankam, war ich im Zelt in Darmstadt. Die Vorbereitung der Zeltevangelisation in Sulzdorf war in die letzte Phase gekommen. Am 24. Juli wurde das Zelt aufgebaut. Wir hatten dafür rechtzeitig einen schönen Platz erhalten. Der Aufbau war eine echte Nachtschicht: Von 24 Uhr bis fünf Uhr. Am Abend, um 20.15 Uhr, war ich mit dem ersten Vortrag über das Thema: »Ist dieses Leben schön genug?« an der Reihe. Nachmittags fanden im Zelt Bibelstunden statt.

Mit Bernd, dem zweiten Redner in Sulzdorf, beschloss ich, Herrn Scheib zu besuchen, der uns den Zeltplatz zur Verfügung gestellt hatte. Wir wollten uns bei ihm bedanken. Ein oder zwei Taschenbücher hatten wir als äußeres Zeichen unserer Dankbarkeit mitgenommen. Die Hausnummer, die man uns angegeben hatte, zierte ein schönes, großzügig angelegtes Haus. Wir klingelten. Frau Scheib öffnete und bat uns herein. Wir mögen uns ein wenig gedulden, sagte sie, ihr Mann sei krank. Es dauerte jedoch nicht lange, dann kam Herr Scheib im Bademantel. Er war der Chef einer Hoch- und Tiefbaufirma und in der Region recht bekannt. Er machte einen Vertrauen weckenden Eindruck. Wir bedankten uns herzlich und erkundigten uns nach seinem Ergehen. Er würde in wenigen Tagen eine Kur antreten wegen seines Herzens. Unser Besuch sollte ihn nicht anstrengen. Deshalb beteten wir kurz, auch für ihn, und gingen wieder. Das war am 2. August. Am Sonntag, dem 4. August, stand ich abends nach der Gebetsgemeinschaft im kleinen Zelt noch ein wenig draußen und sah Herrn Scheib mit einem Stuhlkissen unter dem Arm näherkommen. Das war eine Freude!

Bernd und mich bewegte die Frage: Wie soll das »Netz eingezogen« werden? Es war immerhin die vorletzte Veranstaltung.

Bernd predigte. Ich saß hinter dem Rednerpult und betete. Der Kirchenchor sang. Hatten wir uns verplant? Hätte nicht der Zollern-Alb-Chor heute besser gepasst? Dieser Chor, der aus vielen Jugendlichen bestand, sang frische, evangelisationsgemäße Lieder. Sie trugen zu einer bestimmten Atmosphäre im Zelt bei. Bernd lud ein, nach vorne zu kommen, wer mit Jesus leben wolle und bereit sei, sich ihm anzuvertrauen. Es lag eine eigenartige Spannung über der Versammlung im Zelt. Ich kannte meine lieben Hohenloher schon ein wenig. Ich wusste um ihre höfliche Zurückhaltung. Doch dann stand Herr Scheib auf und ging langsam nach vorn. Und nun kam Bewegung ins Zelt. Auch die Frau des Bürgermeisters trat nach vorn.

Das ist keine Preisgabe seelsorgerlicher Geheimnisse, denn

das fand in einer öffentlichen Versammlung statt. Die Personen waren für jedermann sichtbar. Einige Sängerinnen und Sänger vom Kirchenchor und andere kamen auch nach vorn. Unser Herz jubelte. Wir dankten und lobten unseren treuen Herrn. Aller Einsatz hatte sich gelohnt! Alle Querelen im Vorfeld waren mir sehr verständlich geworden. Sie wurden mir noch verständlicher, als uns rund vier Wochen später die Nachricht erreichte, dass Herr Scheib während seiner Kur aus diesem irdischen Leben abgerufen worden war. Ich staunte wieder einmal darüber, welch einen großen Dienstherrn ich habe. Ihm zur Verfügung stehen zu dürfen ist ein Vorrecht. Am 7. August: Zeltabbau nach der Schlussversammlung, bis ungefähr 24 Uhr. Wie schön war es doch im Hohenloher Land! Das Theologische Seminar war so gut wie vergessen. Wir hatten ja hier noch so viel zu tun.

Karl Heinz von Schemm, der für die Deutsche Zeltmission die Einsätze von Dr. Gerhard Bergmann organisierte, besuchte uns in gewissen Zeitabständen.

Die Arbeiten an den Räumen für die Teestube »Kontakte« waren im Gang. Eine Jugendbündlerin hatte uns einen Betrag von 10 000 DM anvertraut, der ausschließlich dafür bestimmt war. Manche sagen, die Jugend müsse das Opfern erst noch lernen. Das mag schon so sein. Aber vielleicht sind wir alle an dieser Stelle sehr lernbedürftig. Hier wurde ich eines anderen belehrt.

Und zugleich liefen die Vorbereitungen für die Israelreise. *Eisen im Feuer* hatten wir wahrlich genug.

Am 6. Oktober war die kleine Treppe für »Kontakte« eingebaut worden. Für den Abend hatte ich Martin Fischle, den Prediger des Nachbarbezirks, gebeten, die Holzdecke anzubringen. Er ist Schreiner von Beruf, erfahren und geschickt. Als ich vom Dienst in Oberfischach zurückkam, assistierte ich ihm, bis die Decke oben war. Und dann war es Nacht – oder schon Morgen?

Übrigens muss an dieser Stelle des lieben Maurermeisters Schmid in großer Dankbarkeit gedacht werden. Er hatte in beiden Knien Arthrose. Kaum konnte er noch gehen. Ich durfte ihn zu Hause mit dem Auto abholen und nach beendeter Arbeit wieder zurückbringen. Er beriet uns und half tatkräftig mit. Er nahm einst auch Prüfungen bei der Industrie- und Handelskammer ab. Von ihm lernte ich: »Wenn man baut, muss man so bauen, als hätte man genügend Geld.«

Am Morgen des 7. Oktober erklärte sich ein junger Mann aus dem Jugendbund bereit, den Teppichboden für den zweiten, kleineren Raum zu spenden.

Unsere Israel-Reise

Dann wurde noch geputzt und für die Israelreise gepackt. Was wäre das für ein Packen gewesen, hätte meine liebe Christa nicht schon alles sorgfältig vorbereitet! Um 17.40 Uhr fuhren wir mit dem Zug von Bahnhof Hessental ab. In Stuttgart stießen wir schon auf manche Mitreisende. Um 20.15 Uhr ging die Reise per Schlafwagen nach Genua. Es war ein ungewohntes Schlafen: Das oberste der drei Stockbetten gehörte mir. Ich teilte das Abteil mit zwei älteren Herren. Unsere Frauen befanden sich in einem anderen Abteil. In Genua-Maritima durften wir dann nach der üblichen Zoll- und Passkontrolle an Bord der »Nili«.

Die »Nili« war ein israelisches Schiff mit koscherer Küche und Rabbiner an Bord. Die 500 Reiseteilnehmer wurden in 12 Gruppen aufgeteilt, die nach den 12 Stämmen Israels benannt wurden. Jede der 12 Gruppen hatte einen geistlichen Leiter. Ich war der vom Stamme Gad. Die »Stammesgröße« lag bei 40 Personen. Diese Gruppen besetzten auch jeweils einen Bus. Die 12 Busse fuhren später in vier verschiedenen Touren durch das Land Israel. Doch noch waren wir auf dem Schiff und fuhren über das Mittelmeer drei Tage und vier Nächte lang Richtung Haifa.

Diese Reise tat uns so gut. Sie war sehr erholsam, obwohl wir jeden Tag eine Bibelarbeit zu halten und dazwischen auch Besprechungen mit den Gruppenleitern und der Gesamtleitung hatten. Sonst konnten wir uns aber auf Deck von der Mittelmeersonne bescheinen lassen. Christa und ich haben in den Folgejahren noch manche Flugreise für Gruppen nach Israel organisiert und geleitet. Natürlich geht es mit dem Flugzeug schneller, und man spart eine Woche Reisezeit. Dafür fehlt aber die schöne, erholsame Akklimatisierung. Ist die See unruhig, so ist die Schiffsreise allerdings nicht für jeden erholsam. Ein wenig davon erfuhren wir auf der Rückreise: Unter dem 24. Oktober steht in meinem Tagebuch: »Hoher Seegang. – 19.30 Uhr Abendessen. – In der Nacht steigern sich noch die Schwankungen (Kreta). – Windstärke 4–5. – Vor Seekrankheit durch des Herrn Gnade bewahrt! – Danke!«

An den Abenden wurden Plenumsveranstaltungen anberaumt. Am 25. Oktober fand um 20.30 Uhr der Abend der Liebenzeller Mission statt. Kurzfristig wurde ich um einen Bericht über die Gemeinschaftsarbeit gebeten. Wie sollte ich das angehen? Ich war Prediger in der Süddeutschen Vereinigung. Es ging um einen Abend der Liebenzeller Mission. Nicht selten bereitet Gott seine Boten für Aufträge vor, ohne dass diese eine Ahnung davon haben. So war es diesmal auch. In Schwäbisch Hall hatte der Ausschuss der Evangelischen Allianz einen Abend in der »Glocke« für den 30. November geplant, an dem sich die Gemeinschaft der Süddeutschen Vereinigung vorstellen sollte unter dem Thema »Geschichte und Ziele der Landeskirchlichen Gemeinschaft der Süddeutschen Vereinigung«. Dafür hatte ich schon eine Stoffsammlung vorgenommen. Was die Geschichte betraf, konnte ich an der Liebenzeller Mission nicht vorbei, denn die Geschichte der Süddeutschen Vereinigung ist mit der der Liebenzeller Mission eng verknüpft. Damals war ganz allgemein in den Gemeinschaften der Süddeutschen Vereinigung festzustellen, dass man die Unterschiede zwischen dem Missionswerk und dem Gemeinschaftsverband – selbst in organisatorischer Hinsicht – gar nicht deutlich erkannte. So war es mir also möglich, an Bord der *»Nili«* als *Süddeutscher Prediger* über die Liebenzeller Gemeinschaftsarbeit zu berichten.

Eine neue berufliche Entscheidung

Bei der Rückreise kamen wir am 28. Oktober um 13.30 Uhr mit dem Zug in Schwäbisch Hall an. Um 14 Uhr begann der Missionsverkauf in der »Glocke«, den Schwester Irma und andere

Mitarbeiter vorzüglich vorbereitet hatten. Es störte den Ablauf gar nicht, dass Christa und ich erst ab 15.30 Uhr daran teilnahmen. Anschließend halfen wir beim Umrüsten des Saales, denn um 20 Uhr fand ein Lichtbildervortrag des Missionars Peter Jost aus Papua-Neuguinea statt.

Mit Riesenschritten ging es dem Jubiläum und der Evangelisation entgegen. Einerseits war es die praktische Arbeit an »Kontakte«, die mich ausfüllte, andererseits die organisatorischen und die geistlichen Vorbereitungen für die Evangelisation, wie zum Beispiel die Vorbereitung der Seelsorger. Am 20. November reisten unsere Gäste an: Dr. Gerhard Bergmann und Wilfried Reuter. Gerhard Bergmann wohnte bei uns im Haus. Im Zwischengeschoss befand sich ein Gästezimmer. Hier saß er tagsüber. Manchmal wickelte er seine Beine in eine Decke und schrieb und schrieb. Gerhard – so durfte ich zu ihm sagen – war immer am Vorbereiten. Von Tag zu Tag überarbeitete er seine Konzepte – handschriftlich!

Etwa 800 Besucher waren es am ersten Abend. Das war ermutigend. Für Dienstag hatten wir zum Mittagstisch in unserem »Rittersaal« außer unseren Gästen auch Dekan Friz, Pfarrer Köstlin und den damaligen Vorsitzenden der Evangelischen Allianz, Pfarrer Jehle, eingeladen. Das sollte eine Gelegenheit sein, den für Donnerstag in unserem »Glockensaal« anberaumten Pfarrkonvent ein wenig vorzubereiten. Wie mundete unseren Gästen, aber auch mir das von meiner Christa vorzüglich zubereitete Menü! Unsere Mutter, die in diesen ereignisreichen Tagen bei uns war, hat ihr dabei assistiert. Am Abend schätzten wir die Besucherzahl auf 1 000 Personen im Neubausaal. Der Mittwoch war Buß- und Bettag, damals noch gesetzlicher Feiertag. Gerhard Bergmann hielt den Gottesdienst in der Jugendvollzugsanstalt.

Der Pfarrkonvent am Donnerstag war vor allem eingeplant, um den Pfarrern das Gespräch mit Dr. Bergmann zu ermöglichen. Es gab in der Pfarrerschaft gegenüber der Evangelisation im Allgemeinen, aber auch da und dort gegenüber dem Evangelisten Bergmann Vorbehalte. Er hatte mutig, ohne um die offenen Türen für seine evangelistische Tätigkeit zu bangen, mit seinem Buch »Alarm um die Bibel« gegen die moderne

Bibelkritik Stellung bezogen. Das Buch trug den Untertitel: »Warum die Bibelkritik der modernen Theologie falsch ist.« Die Veranstaltung war etwas enttäuschend. Es kamen nicht viele Pfarrer. Wir begannen um 16 Uhr, und um 17.45 Uhr war schon wieder alles vorbei. Am Samstagnachmittag hatten wir unsere Mitarbeiter eingeladen zu einem Treffen mit den Evangelisten. Am Sonntag hielt Gerhard Bergmann den Gottesdienst in St. Michael. Nachmittags hielt er eine Gemeinschaftsstunde in der »Glocke«. Am Abend war der Abschluss im Neubausaal.

Die Evangelisation rief keine Erweckung hervor wie vor 50 Jahren. Doch das Angebot der Seelsorge wurde rege in Anspruch genommen. Eine Ermutigung für die veranstaltende Gemeinschaft und die gläubige Gemeinde war sie dazu – und ein »Paukenschlag« mit Öffentlichkeitswirkung.

Natürlich hatte ich unseren beiden Gästen von unserem Vorhaben mit »Kontakte« berichtet. Sie rieten mir sehr, unsere Teestube gleich im Anschluss an die Evangelisation zu eröffnen. Das war ja auch mein geheimer Plan, doch es waren noch manche Handgriffe zu tun. Und vor allem fehlten noch die Möbel. Am 24. November war zwar ein Teil der Möbel eingetroffen, die aber (wie auch die restlichen) noch zusammengebaut und aufgestellt werden mussten. Wir arbeiteten so viel wir nur konnten. Am 29. November konnten wir die Teestube »Kontakte« eröffnen. Fast 50 Besucher waren anwesend, von denen uns zehn zuvor unbekannt gewesen waren.

Am nächsten Tag war der schon erwähnte Allianzabend in unserer »Glocke«, an dem ich über das Thema »Geschichte und Ziele der Gemeinschaft der Süddeutschen Vereinigung« zu sprechen hatte. Danach fuhr ich zu einer Verkündigungswoche nach Knittlingen. Von dort zurückgekehrt, brach ein Sturm von Telefonaten über mich herein. Das mag übertrieben klingen. Gemeint ist nicht die Anzahl der Anrufe – obwohl diese auch ungewöhnlich war. Die Gewichtigkeit derselben und die Folgen, die sich daraus ergaben, machten den Sturm aus.

Zuerst erreichte mich ein neuer Brief der Leitung der Liebenzeller Mission. Er enthielt die Anfrage, ob ich bereit sei, Nachfolger des in den Ruhestand gehenden Inspektors August Horeld zu werden. Dann rief am 14. Dezember Inspektor Georg

Müller an und lud mich zu einem Gespräch mit dem Brüderrat des Verbandes schon am nächsten Tag nach Bad Cannstatt ein. Dabei ging es um die Frage, ob ich bereit sei, Inspektor in der Süddeutschen Vereinigung zu werden. Am 16. Dezember kam ein Anruf von Bad Liebenzell, ein zweiter von Bad Cannstatt. Ein Brüderratsmitglied der Süddeutschen Vereinigung besuchte mich am Nachmittag. Am selben Tag kam ein weiterer Anruf von Bad Liebenzell.

Ich erbat mir Bedenkzeit. Für die Beantwortung so schwerwiegender Anfragen war ein klarer Kopf nötig. Vor allem wollte ich wirklich still werden vor meinem guten Dienstherrn.

Im Bezirk Schwäbisch Hall hatte ich so manches angestoßen. Die Teestube erfreute sich eines guten Zuspruchs. Es kamen auch Ausländer vom Goethe-Institut, wenn auch noch nicht in großer Zahl. Die aber kamen, fanden auch bei uns privat warme Aufnahme. Wir ließen spezielle Einladungen im Visitenkartenformat drucken, um diese vor dem Goethe-Institut zu verteilen.

Auch mussten die Mitarbeiter begleitet werden. Wie ermutigend war es, als sie mir den Wunsch mitteilten, regelmäßig zum Gebet zusammenzukommen. Wir suchten nach einem Termin. Alle Tage der Woche waren belegt. Einen zusätzlichen gab es eben nicht. Plötzlich kamen die jungen Freunde selbst auf die Lösung. Wir haben ja schon im Programm der Gemeinschaft donnerstags eine Bibel- und Gebetsstunde. Sie zogen die Konsequenz: Also nehmen auch wir daran teil. Zwei berechtigte Bedingungen knüpften sie daran: Ihre Gebetsanliegen sollten auch berücksichtigt werden. Und die drei Brüder, die immer vom Rednerpult aus gesehen links in der ersten Reihe saßen und die Gebetsgemeinschaft in bestimmter Reihenfolge begannen, sollten doch nicht so lange beten. Diese besagten drei Brüder gehörten zum »Urgestein« der Gemeinschaft. Zwei von ihnen waren einst Vollzugsbeamte der Jugendstrafanstalt gewesen und hatten sich damals Jesus anvertraut. Der Dritte war ein pensionierter Eisenbahnbeamter. Alle drei verkündigten jahrzehntelang nebenberuflich Gottes Wort. Sie fehlten bei keiner Veranstaltung, wenn sie nicht krank waren. Treu wie Gold waren diese rüstigen Achtziger. Würden sie es verstehen, dass die Jungen es doch gut meinten? Sie verstanden es. Wie schön waren diese Bibel- und Gebetsstunden, wo »Junge mit den Alten« Gebetsanliegen austauschten und diese miteinander unserem Vater im Himmel vortrugen!

Das alles sollte ich im Stich lassen? Und wenn ja, wofür sollte ich mich entscheiden?

An einer Wegscheide angekommen

Zum Inspektor berufen

Mich als Lehrer an das Theologische Seminar auf den Missionsberg zu berufen, war offenbar in den Hintergrund gerückt. Es hatte sich eine neue, noch dringendere Personallücke aufgetan. Mit dem Inspektorat war ohnehin ein begrenzter Lehrauftrag verbunden. Doch Inspektor eines Gemeinschaftsverbandes zu werden bedeutete eben wesentlich mehr als Lehrer am Seminar zu sein.

Die Süddeutsche Vereinigung kannte ich inzwischen recht gut, auch die vollzeitlichen Mitarbeiter, was vor allem meinen vielen Diensten als Gastredner zu verdanken war.

Zum Liebenzeller Gemeinschaftsverband (LGV), dessen Inspektor August Horeld ich ablösen sollte, hatte ich inzwischen Abstand bekommen. Zu etlichen Verkündigungswochen und Jugendfreizeiten war ich zwar auch dort eingeladen worden. Doch die weitaus größere Zahl von Predigern und Schwestern war mir weniger bekannt.

Ich brauchte Zeit, mir dies alles reiflich zu überlegen. Dem Leitungspersonal der Liebenzeller Mission und der Süddeutschen Vereinigung eilte es aber offensichtlich.

Mit Traugott Jehle – dem Mitglied des Brüderrats der Süddeutschen Vereinigung, von dem ich Besuch erhalten hatte – war vereinbart worden, dass wir uns am 1. Januar in Altenhausen bei seinen Schwiegereltern treffen, wo ich die Gemeinschaftsstunde zu halten hatte. Jetzt sollte es erst einmal Weihnachten werden. Weihnachtsfeiern standen auf dem Dienstplan. Hausbesuche waren dran. Und unsere Weihnachtsstube wollte ich mit meiner lieben Christa auch noch schmücken.

Am 21. Dezember rief jedoch Georg Müller von Bad Cannstatt an. Wieder ging es um das erwähnte Thema. Da steht in meinem Tagebuch: »Telefonate.«

Allmählich wurde mir klar, dass der Bezirk Schwäbisch Hall in dem ganzen Entscheidungsprozess nicht die Priorität haben konnte. Es schien um eine Weichenstellung für meine, für unsere Lebensaufgabe zu gehen. Um so schwerwiegender war alles.

Ich ließ mich in meiner Arbeit davon nicht lähmen. Am 22. Dezember steht in meinem Tagebuch: »Vormittag: Stille Zeit und Korrespondenz. 9.30 Uhr Arbeitsbesprechung. Nachmittag: Acht Hausbesuche. Abends: 20 Uhr Bibelstunde. Am 23. Dezember geht es weiter: Stille Zeit, Zwei Hausbesuche, Arbeit in ›Kontakte‹, Besuch von Familie Thomas aus Bietigheim (das war ein privates Vergnügen), 20 Uhr Jugendbund in Schwäbisch Hall.«

Der Heilige Abend fiel auf den vierten Adventssonntag. Da hatte ich um 13.45 Uhr Gemeinschaftsstunde in Eschental zu halten. Dann wurde unser privater Christbaum geschmückt. Am Abend feierten Christa und ich mit Schwestern vom Diakonissenkrankenhaus die Geburt Jesu Christi. Um 23 Uhr haben wir unsere Gäste nach Hause gefahren. Am ersten Weihnachtstag hatte ich frei; am zweiten Feiertag normalen Dienst. Am 28. Dezember fuhr ich zur Jugend-Jahresschluss-Freizeit nach Linkenheim, wo Bibelarbeiten zu halten und Evangelisations-Abende zu gestalten waren. Am 31. Dezember um 16 Uhr kam ich wieder in Schwäbisch Hall an. Um 20 Uhr begann in »Kontakte« eine Veranstaltung, die bis ein Uhr ging.

So war der für den 1. Januar verabredete Termin mit Traugott schneller da als gewünscht. Christa und ich fuhren nach dem Mittagessen nach Altenhausen. Wir sprachen über unsere anstehende Entscheidung. Um 14 Uhr fand die Gemeinschaftsstunde statt. Danach gingen Traugott, dessen Schwiegereltern einen großen Bauernhof hatten, und ich im Freien entlang der Ställe. Ich teilte ihm meine Entscheidung mit, die ich chronologisch und werksbezogen begründete: Unser Eindruck ist, dass unser Platz in Bad Liebenzell sei. Die Anfrage von der Leitung der Liebenzeller Mission hatte uns zuerst erreicht. Das Werk, dem ich angehöre, hat Vorfahrt, wenn es in Personalnot ist. Das ließ ich dann auch Inspektor Georg Müller und die Leitung der Liebenzeller Mission wissen.

Die Mitgliederversammlung der Liebenzeller Mission war das für die Berufung eines Inspektors zuständige Entscheidungsgremium. Sie tagte zwischen dem 19. und 25. März 1973, als ich zu einer Evangelisation in Stutensee-Blankenloch war. Am 20. März fiel die Entscheidung. Pfarrer Lienhard Pflaum – inzwischen Direktor der Liebenzeller Mission – teilte uns mit

Schreiben vom 30. März 1973 mit, dass ich zum Inspektor des Liebenzeller Gemeinschaftsverbandes berufen worden sei. Am 2. April folgte noch ein Ergänzungsschreiben.
Darauf antwortete ich am 11. April 1973:

Alfred Gajan   717 Schwäbisch Hall,   Mauerstrasse 9

Herrn Pfarrer
Lienhard P f l a u m
Missionsdirektor
7267 Bad Liebenzell
Postfach 21

Schwäbisch Hall, 11.4.1973

Lieber Lienhard,

ich bestätige hiermit den Empfang Deiner Briefe vom 30.März und 2.April d.J. und danke für die schriftliche Nachricht von meiner Berufung zum Inspektor des Liebenzeller Gemeinschaftsverbandes.

Zunächst ist es mir ein Anliegen, dem Vorstand der Liebenzeller Mission zu danken, für das durch diese Entscheidung mir entgegengebrachte Vertrauen.

Christa und ich sind uns darüber im klaren, daß die Berufung in die Leitung des Liebenzeller Gemeinschaftsverbandes schwierigere Aufgaben und größere Verantwortung mit sich bringt, zumal wir vermutlich nicht besseren Zeiten entgegengehen.

Dennoch will ich dem Vorstand mit diesem Schreiben die Annahme der Berufung mitteilen, in der Erinnerung an den Wochenspruch der Woche, in der die Entscheidung fiel:

"Der HERR hat mir das Ohr geöffnet, daß ich höre, wie Jünger hören. Und ich bin nicht ungehorsam und weiche nicht zurück."
Jes. 50,4+5.

Ich vertraue dem Herrn der Gemeinde, daß er seinen Dienern für jede Aufgabe die entsprechende Gabe bereithält.

Mit herzlichen Grüßen bin ich   Dein

Mutter mit dem kleinen Alfred

Mein Schulhaus in Matzdorf

Vom Panorama der Hohen Tatra die Gerlsdorfer Spitze, ihre höchste Erhebung (2663 m); rechts davon die Schlangendorfer Spitze

Matzdorf, Wintergasse 181. Hier war ich zu Hause.

Stehend von links nach rechts: Tante Anna, Opa, Mutter. Sitzend: Oma und Onkel Ferdinand

1961. Die Seminaristen des Theologischen Seminars der Liebenzeller Mission mit ihrem Hausvater Oskar Fuhrmann in der Mitte stehend. Das Missionshaus im Hintergrund

1960. Bei einem Einsatz in Hofheim bei Worms. Karl Weber rechts neben mir. Wir bewohnten dasselbe Zimmer im »Pfarrstock«.

1963, 8. September. Mit allen Absolventen. Vorn in der Mitte: Pfarrer Heinrich Hertel und Missionsinspektor Friedrich Walter

1963, 8. September. Die »Zwillingsbrüder« Karl Anderson und Alfred Gajan am Tag ihrer Abordnung zum Dienst.

Anne Pflaum mit Christa auf dem Schoß und Jakob Pflaum mit Elisabeth

Die Grosseltern Pflaum in Unteröwisheim mit ihren vier Töchtern und drei Söhnen. Hinter der Mutter steht der Sohn Karl, hinter dem Vater steht Jakob, neben ihm sein Bruder Wilhelm

Christa, Werner und Elisabeth Pflaum

Die Verlobten: Christa und Alfred

Gemeinschaftshaus in Reutlingen, Wielandstrasse 8

2. Mai 1964, Hochzeit in Bietigheim

*Die »Glocke« in Schwäbisch Hall.
Im 1. Stockwerk des Gemeinschafthauses befand sich unsere Wohnung.*

Januar 1979. Brüderfreizeit im Missionshaussaal

1986. Mit Bernd Wetzel links und Gerhard Horeld rechts

Pfingstmontag 1983. 50. Jubiläum des Liebenzeller Gemeinschaftsverbandes während der Veranstaltung im Zelt

1986. In einer Pause mit Pfarrer Kurt Heimbucher, dem damaligen »Gnadauer Präses«

1981. Der Vorsitzende und Direktor der Liebenzeller Mission Lienhard Pflaum mit seinen beiden Stellvertretern Ernst Vatter und Alfred Gajan

Das »Lehrerwohnhaus« auf dem Missionsberg in Bad Liebenzell. Unsere Wohnung im vorderen Teil mit dem überdachten Balkon

Christa mit dem Neffen Matthias

Christa mit unseren Neffen Matthias und Michael

Unsere »Kurgäste« 1985

Im Urlaub in Saas Fee

Im Urlaub im Allgäu

*1991, Krelingen.
Der erste Vorstand des Evangelischen Gnadauer Gemeinschaftsverbandes.
Lothar Albrecht, Alfred Gajan, Dr. Joachim Drechsel, Hans-Joachim Martens,
Georg Krause, Dr. Christoph Morgner (Präses), Karl-Heinrich Bender, Theo Schneider
(Generalsekretär), Karl-Heinz Schabel, Nikolaus Jessen-Tiesen, Theo Wendel*

Christa und Alfred Gajan mit einer Freizeitgruppe in der Hohen Tatra.

Der offizielle Dienstantritt würde zusammenfallen mit dem Tag meines Umzugs nach Bad Liebenzell. Meine Nachfolgerfrage im Bezirk Schwäbisch Hall wie auch die Frage unserer Wohnung in Bad Liebenzell müssten noch geklärt werden, wurde uns schriftlich mitgeteilt. Auch wurde mir geraten, keine Auswärtsdienste mehr anzunehmen, schon angenommene abzusagen oder auf einen späteren Zeitpunkt zu verschieben. In der Zwischenzeit sollte ich mich neben meinen regulären Aufgaben auf die künftige Arbeit vorbereiten: »Dieses Einarbeiten sollte sich in folgender Weise vollziehen:

a) Nach Möglichkeit ab sofort Teilnahme an den LGV-Brüderrats-Sitzungen. Bruder Horeld wird Dich dazu regelmäßig einladen.

b) Teilnahme an den Vorstandssitzungen der Liebenzeller Mission als Gast. Bei Dienstantritt als ordentliches Mitglied, so weit es Dir möglich ist.

c) Sofern es zeitlich möglich und von der Sache her dringend geboten ist, Teilnahme an Gesprächen, Beratungen und Besuchen.

d) Mitarbeit an »durchblick und dienst«[6], indem Du jetzt schon an den Überlegungen der Manuskriptgestaltung unseres Blattes teilnimmst.

e) Außerdem sollte bei Gelegenheit ein grundsätzliches Gespräch über die Aufgaben der Leitung des Liebenzeller Gemeinschaftsverbandes stattfinden ...«

So saß ich also zwischen zwei oder mehreren Stühlen. Der Bezirk Schwäbisch Hall musste natürlich von meiner Berufung in die Leitung des Liebenzeller Werkes wissen. Die Reaktionen waren echt hohenlohisch: vornehm, klug, höflich. Nur wenige der engeren Mitarbeiter zeigten ihr Unverständnis. Wie kann man nur jemanden so schnell aus einer so großen Arbeit holen?!

Am 1. April begann schon mein erster Auswärtsdienst, den ich nicht mehr absagen konnte, in Esslingen. Es handelte sich um eine Verkündigungswoche. Samstags fuhr mich freund-

---

[6] Monatlich erscheinendes Blatt des Liebenzeller Gemeinschaftsverbandes.

licherweise mein Gastgeber nach Bad Liebenzell zur ersten Brüderratssitzung des Liebenzeller Gemeinschaftsverbandes. Ich konnte nur halbtags teilnehmen, da ich um 14.30 Uhr in Esslingen Bibelstunde und am Abend den letzten Vortrag zu halten hatte. Meine Arbeit im Schwäbisch Haller Bezirk ging in gewohnter Weise weiter. Immer wieder lese ich in meinen Aufzeichnungen: »Vorbereitung zur Chorprobe.« Denn nach wie vor war ich Dirigent des gemischten Chores.

Im Mai hatten meine Christa und ich zwei schöne Ereignisse vor uns: Vom 15.–18. Mai hatte der Evangeliums-Rundfunk (ERF) zu einer Verkündiger-Konferenz nach Zürich eingeladen. Die Ehefrauen durften auch dabei sein. Das war ein schönes Erlebnis für uns beide. Wir waren in Privatquartieren untergebracht. Christa und ich hatten die Freude, bei einem feinen älteren Herrn, einem Unternehmer, zu wohnen. Vornehm versorgte er uns mit allem, was zu einer Übernachtung gehört: Handtücher, Waschlappen, Betthupferl – nichts wurde übersehen oder vergessen. Die Konferenz fand im Kongresszentrum am Zürichsee statt. Unser Quartier lag Richtung Kloten. Wir fuhren hin und her. Wie schön war es, andere bekannte Verkündiger des ERF zu treffen!

Ein herausragendes Erlebnis war eine Dampferfahrt auf dem Züricher See, bei der wir auch das Mittagessen einnahmen.

Der bekannte Autor Fritz Hubmer saß an unserem Tisch. Manches Mal schon war er bei uns Gastredner gewesen. Christa und mich verband besonders mit ihm und seiner lieben Frau, dass auch sie, kinderlos, mit vereinten Kräften unserem Herrn dienten. Natürlich hatten wir auch mit ihnen über das Thema des Kinderwunsches gesprochen. Einmal sagten sie uns: »Wir hätten uns gewiss nicht so für Jesus einbringen können, wenn er uns Kinder anvertraut hätte.«

Der andere Höhepunkt war unser Urlaub am Bodensee. Er war zwar auch wieder zum Teil mit dem Ausarbeiten von Rundfunkansprachen besetzt. Aber wir hatten doch so schöne gemeinsame Tage, an denen wir auch ein wenig vorausdenken konnten. Die besondere Aufgabe, die vor uns stand, machte uns neugierig. Wie hatte uns unser treuer Herr bisher so wunderbar geführt, getragen, gebraucht, gesegnet! Er würde es auch weiterhin tun. Das glaubten wir gewiss.

Am Samstag vor dem Pfingstmissionsfest sollte ich den Jugendabend im Zelt halten, am Pfingstsonntag die Jugendstunde im Zelt, und am Pfingstmontag, dem Gemeinschaftstag, stand ich am Nachmittag nach Pfarrer Fritz Grünzweig auf dem Programm.

Wir waren schon am Samstagnachmittag nach Bad Liebenzell gefahren. Dort durften wir Quartier im Gästehaus »Pilgerruhe« beziehen, um bis Freitag nach Pfingsten dort zu bleiben, weil sich an Pfingsten die »Geschwisterwoche« anschloss. Am Pfingstsonntag mussten wir zwischendurch noch einmal nach Schwäbisch Hall zurückfahren, da ich dort am Abend die Gemeinschaftsstunde zu halten hatte. Am Pfingstmontag in der Frühe fuhren wir wieder nach Bad Liebenzell.

Während dieser Tage auf dem Missionsberg fanden auch klärende Gespräche statt. Es begann sich abzuzeichnen, wie das mit unserer Wohnung werden könnte. Das Wohnhaus für Lehrer war noch im Bau. Da war für uns eine Wohnung vorgesehen. Zwischenzeitlich sollten wir im Haus *Salem*, am Fuße des Missionsberges, einziehen. Unser Umzug wurde für den 30. Juli festgelegt. Auch hatte der Brüderrat der Süddeutschen Vereinigung inzwischen einen Nachfolger für den Bezirk Schwäbisch Hall gefunden.

Am 14. Juli fuhren Dieter und Leonhard, zwei meiner treuen Mitarbeiter aus der »Kontakte«-Arbeit, mit mir nach Ilsfeld, um schöne rustikale Möbel auszusuchen für die hinteren Räume, die für die Teestubenarbeit mehr Platz bieten sollten und deren Ausbau fast fertig war. Im Hohenlohischen finden in den Sommermonaten viele Garten- und Waldfeste statt. Das sind jeweils Sammelveranstaltungen. Dies bot uns Gelegenheit, uns wenigstens von denen, die anwesend waren, mit Handschlag zu verabschieden. Von den meisten mussten wir das per Rundbrief tun.

Abschied

Wiederholt steht in dieser Zeit das Stichwort »Abschied« in meinen Aufzeichnungen. Am 29. Juli um 20 Uhr war dann auch die Abschiedsversammlung in Schwäbisch Hall. Es war ein schöner sonniger Sonntag. Nachdem ich von der Gemeinschaftsstunde in Sulzdorf zurückgekehrt war, schlich ich mich verstohlen mit dem Fotoapparat davon. Schnell wollte ich noch durch die malerischen Gässchen gehen, um einige Partien einzufangen und diese wenigstens per Foto mitzunehmen. Meine Frau schaute mich erstaunt, aber verständnisvoll an, als ich von dieser »Abschiedstournee« wieder in unserer alten, ehrwürdigen »Glocke« angekommen war.

Natürlich haben bei solchen Umzügen die lieben Frauen das meiste zu tun. Wie gut, dass unsere rüstige Mutter uns noch behilflich sein konnte! Am 30. Juli lud der Spediteur alle unsere Habe ein. Christa und ich fuhren mit unserem neu erworbenen Opel Ascona, zu dem wir nur per Darlehen kamen – wir hatten ja vorher einen Dienstwagen –, nach Bietigheim, wo wir bei Familie Thomas übernachteten. Schon um drei Uhr standen wir wieder auf. Mit dem Spediteur kamen wir fast gleichzeitig in Bad Liebenzell an. Um 6.30 Uhr wurde dort schon ausgeladen, und um 10.30 Uhr war die Wohnung mit den Möbeln eingerichtet. Nachmittags begann das Einräumen.

Die lieben Schwestern sangen uns ein Lied zur Begrüßung. Die meisten »Bergbewohner« befanden sich im Urlaub. So konnten wir es ruhig angehen lassen. Mein Schreibtisch war noch leer. Sehr unbefangen und voller – ja, fast optimistischem – Tatendrang sah ich den Aufgaben entgegen.

Vor uns eine große Wegstrecke

Ein neues, großes Kapitel begann, besser: Eine neue Wegstrecke lag vor uns. Wie lang würde sie werden? Würde sie sehr beschwerlich sein? Wir werden es nicht schaffen ohne IHN, der uns berufen und begabt hat! Der, der uns sendet, wird uns auch führen, bewahren und bevollmächtigen, stärken und segnen.

Wo war eigentlich meine Heimat? Manchmal wurde ich danach gefragt – von lieben Menschen, die meinen und unseren Weg verfolgt hatten. Es fiel mir wirklich schwer, hierauf eine Antwort zu geben, die auf einen bestimmten Ort bezogen ist.

Deshalb antwortete ich *personen*bezogen. Das fiel mir ganz leicht. Die Antwort lautete: Meine Heimat ist, wo meine Frau ist. Meine geliebte Christa bot mir, so, wie ich es mir besser gar nicht hätte vorstellen können, Geborgenheit, Wärme, Heimat.

Freilich wusste ich um die *Heimat*, von der uns Gottes Wort sagt, von der so viele Lieder singen. »Unser Bürgerrecht aber ist im Himmel; woher wir auch erwarten den Heiland, den Herrn Jesus Christus, der unsern nichtigen Leib verwandeln wird, dass er gleich werde seinem verherrlichten Leibe nach der Kraft, mit der er sich alle Dinge untertan machen kann« (Phil 3,20.21). »Freund, wir ziehn ins Heimatland, willst du mit?«, so sangen wir während meiner Seminarzeit gern. Merkwürdig, dass diese ewige Heimat damals – ich war 40 Jahre alt, als ich mit meiner Lebensaufgabe begann – noch mehr im Hintergrund stand.

In unserer provisorischen Wohnung räumten wir nur das Nötigste ein. Wir hatten nur einen Ölofen, der durch eine zentrale Zuleitung gespeist wurde. Das störte wenig, noch war es ja Sommer. Zwar feierten wir auch noch Weihnachten in »Salem«. Da bedienten wir uns gern dieser einzigen Heizmöglichkeit. Und siehe da, es wurde warm.

Einzug in die neue Wohnung

Am 10. Januar 1974 zogen wir in unsere funkelnagelneue Wohnung im Lehrerwohnhaus um. Wer gedacht hatte – und wir gehörten auch zu denen –, das wäre ja gar kein richtiger Umzug, diese *Verlagerung* von rund 250 Metern Luftlinie, der täuschte sich. Auch dazu rückte der Spediteur an. Die Möbel wurden ein- und wieder ausgeladen. Und jetzt wurde endlich richtig ausgepackt. Doch, es machte auch Freude, diese schöne Wohnung einzurichten. Natürlich versuchten wir, so gut es nur ging, zu sparen. Wenn man innerhalb von ca. zweieinhalb Jahren dreimal umzieht, geht das an den Geldbeutel. Übrigens: »Dreimal umgezogen ist einmal abgebrannt«, sagt man. Die Vorhänge, die wir in Schwäbisch Hall gekauft hatten, wurden für unsere neuen Räume – Schlafzimmer, Arbeitszimmer und

Gastzimmer – umgearbeitet. Wie gut, dass sich zu dieser Zeit ein Raumausstatter im Seminar zur Ausbildung befand! Die Küche erhielt sogar Vorhänge, die noch von unserem ersten »Nestchen« in Reutlingen stammten.

Wir waren immer der Meinung, wir hätten die schönste Wohnung im ganzen großen Haus. Sie liegt im ersten Stock und hat in Richtung Südwesten einen überdachten Balkon, der vom Wohn- und Schlafzimmer Zugang hat, mit einem großen Blumentrog. Wir waren rundum zufrieden.

Unser neues Betätigungsfeld

Mein Büro hatte ich damals über der Buchhandlung, im Haus »Lobetal«. Dort befand sich die Geschäftsstelle des Liebenzeller Gemeinschaftsverbandes. Sie bestand aus zwei Räumen, einem größeren und einem kleineren. Im ersteren arbeiteten Fräulein Witte und Gustav Mohn. Fräulein Witte war als Tochter von Chinamissionaren in China geboren worden. Sie nahm einen zweifachen Arbeitsauftrag wahr: als Englischlehrerin am Seminar und als Mitarbeiterin in der LGV-Redaktion. Ihre Wohnung war ein Stockwerk höher. Gustav Mohn konzipierte das wöchentliche Verteilblatt »*Friedenslicht*« und manche Traktate. Außerdem war er zu Verkündigungsdiensten in den um Bad Liebenzell gelegenen Bezirken unterwegs und begleitete Seminaristen bei deren Verkündigungsdiensten. Er hatte eigentlich nur einen Schreibmaschinentisch zur Verfügung.

Ein Schreibtisch war noch frei, und der sollte mir gehören. In dem kleineren Raum wohnte, schlief und arbeitete Schwester Hanna Müller, die Sekretärin aller meiner vier Vorgänger. Und jetzt war sie auch meine Sekretärin. Sie hatte sich auf verschiedene Arbeitsweisen umstellen müssen. Sie war noch gewohnt, Diktate zu stenographieren. Eines Tages kam ich aber mit einem Platten-Diktiergerät daher! Es ist verständlich, wenn sie verglich. Es standen dann alle fünf Chefs – manchmal sprach sie von »ihren Chefs« – im Geist vor ihr. Einmal sagte sie: »Bruder Gajan, wo Sie überall dabei sind! Bruder Horeld war nicht bei der Ludwig-Hofacker-Vereinigung, nicht bei der Deutschen Zeltmission oder bei Gnadau-Süd ...«

Erst 1979 erhielt die LGV-Geschäftsstelle fünf große Räume im Hochparterre der Villa Lioba.

Wie sah meine Arbeit aus? In der Liebenzeller Mission gab es damals noch keine schriftlichen Arbeitsbeschreibungen. Das kam erst später. Ich versuche meinen Aufgabenbereich im Nachhinein so zu beschreiben: Der Liebenzeller Gemeinschaftsverband bestand damals aus rund 380 örtlichen Gemeinschaften, die in 38 Bezirken zusammengefasst waren. Regelmäßige Besucher der Veranstaltungen wurden rund 8.000 gezählt. Geographisch erstreckt sich der Bereich von Südbaden bis Bad Kreuznach und von Mannheim bis nach Nürnberg. Die Gemeinschaftsarbeit vollzieht sich innerhalb fünf verschiedener Evangelischer Landeskirchen – in Baden, Bayern, Hessen-Nassau, Rheinland und Württemberg. In diesem Verband sind zwischen 100 und 110 vollzeitliche Mitarbeiterinnen und Mitarbeiter tätig. Die Betreuung dieses hauptberuflichen Personals und die Beratung der Bezirksleitungen ist Aufgabe des Inspektors gewesen. Er hatte die Geschäftsstelle zu leiten und den Vorsitz des Verbandsbrüderrates inne. Die dort gefassten Beschlüsse hatte er auszuführen. Dazu gehörten zum Beispiel die Versetzungen der angestellten Mitarbeiter, gegebenenfalls mit ihren Familien. Wie schicksalsschwer kann so eine Versetzung für die Betroffenen sein, gerade für die Kinder! Das weist auf die Last der zu verantwortenden Entscheidungen hin. Bevor es in der Liebenzeller Mission die Abteilung »Heimatmission« gab und solange ich in Personalunion dann auch Leiter dieser Abteilung war, hatte ich die Veränderungen mit unseren Brüdern und Schwestern in anderen Verbänden und Werken (außer der Süddeutschen Vereinigung) zu koordinieren, jeweils mit dem dortigen Leitungspersonal zu verhandeln, die Einführungen vorzunehmen und den Kontakt zu halten.

Während meiner Tätigkeit in dieser verantwortungsvollen Position wurde in den Bezirken viel gebaut. Da galt es auch, mit den Bezirksleitungen über die Gestaltung der Gemeinschaftshäuser und deren Finanzierung nachzudenken. Die Schriftleitung des Verteilblattes »Friedenslicht« und die Mitarbeit in der Schriftleitung – später die gesamte Schriftleitung – des Monatsblattes »durchblick und dienst« gehörte zum Aufgabengebiet des Inspektors.

Der Liebenzeller Gemeinschaftsverband war integraler Bestandteil der Liebenzeller Mission, also eine Abteilung innerhalb des Gesamtwerks. Neben der Äußeren Mission war er die zweitgrößte Abteilung. Der Inspektor des Gemeinschaftsverbandes gehörte automatisch zur Leitung der Liebenzeller Mission. Er war der zweite Stellvertreter des Direktors und gehörte allen Leitungsgremien des Werkes an. Das Gesamtwerk hat bis heute zwei Rechtsformen: die des *eingetragenen Vereins* (e. V.) und die der *gemeinnützigen Gesellschaft mit beschränkter Haftung* (gGmbH). Letztere ist gewissermaßen die Vermögensverwalterin des Vereins.

Da die Leiter der großen Abteilungen auch Notartermine wahrzunehmen und Geschäfte abzuwickeln hatten, besonders in ihrem Zuständigkeitsbereich, wurden sie auch Geschäftsführer der gGmbH.

Weil zum Lehrerkollegium gehörend, war der Inspektor des LGV auch Mitglied der Lehrerkonferenz, die jeden Mittwochnachmittag tagte. Alle Bewerbungsunterlagen für das Seminar und die Bibelschule hatte auch er zu lesen und zu begutachten. Wöchentlich, immer dienstags – es war meistens ein langer Vormittag! –, war die Inspektorenkonferenz (IK), später die Abteilungsleiterkonferenz (AK) angesetzt. Jede Woche hatte mindestens einen ganzen Sitzungstag. Einmal im Monat kam ein weiterer Sitzungstag dazu: die Komitee-Sitzung. Einmal jährlich wurde dieser Sitzungszyklus noch ergänzt durch eine dreitägige Mitgliederversammlung des Vereins. Dazwischen gab es natürlich Sondersitzungen und Besprechungen verschiedenster Art. So fand etwa vier- bis sechswöchentlich die LGV-Brüderratssitzung statt. Dabei ging es speziell um die Belange des Verbandes, also meines eigentlichen Zuständigkeitsbereichs.

Daran wird in etwa deutlich, in welch einem Verhältnis der Zeitaufwand des LGV-Inspektors für das Gesamtwerk zu dem für den Liebenzeller Gemeinschaftsverband stand. Und bis jetzt ging es nur um das interne Sitzungspensum!

Mein Unterricht am Seminar umfasste eine bis sieben Stunden pro Woche mit den Fächern Gemeinschaftsarbeit (Geschichte des Pietismus) und Evangelistik (Theologie, Methodik und Homiletik der Evangelisation).

Automatisch gehörte der Inspektor des LGV der Mitgliederversammlung des Gnadauer Verbandes an, also dem Sammelverband von Gemeinschaftsverbänden, Werken und Ausbildungsstätten, bis 1991 im westdeutschen Bereich, dann für Gesamtdeutschland. Damit verknüpft ist eine jährliche Sitzung von drei Tagen. Die jährliche Inspektorenkonferenz kam dazu sowie Sitzungen in speziellen Arbeitskreisen – bei mir war es der für Evangelisation.

Auch dem Leitungskreis der Ludwig-Hofacker-Vereinigung (Evangelische Arbeitsgemeinschaft für Bibel und Bekenntnis in Württemberg) gehörte der Inspektor des LGV an. Bald wurde ihm die Leitung einer der regionalen Konferenzen – sie finden immer am Fronleichnamstag statt – übertragen. Daraus ergab sich, dass er auch Mitglied des »Birkenwegkreises« (des Kreises der Vertrauensleute der Ludwig-Hofacker-Vereinigung aus sieben Dekanaten: Böblingen, Calw, Freudenstadt, Herrenberg, Nagold, Neuenbürg, Sulz) wurde, der sich auch viermal im Jahr traf, wie auch der Leitungskreis in Korntal.

Als ehrenamtliche Aufgaben kamen für den Inspektor noch dazu: Mitglied im Verein des Missionsbundes Licht im Osten, des Vereins der Deutschen Zeltmission und des Vereins Evangeliums-Rundfunk International.

Und die Arbeitsbeschreibung meiner Frau? Christa stand in keinem Arbeitsverhältnis. Natürlich bezog sie auch kein Gehalt. Doch sie arbeitete fleißig mit. Christa versorgte mich in jeder Beziehung großartig! Sie hielt mir den Rücken frei. Gelegentlich sagte sie schmunzelnd: »Du bist der Außenminister, ich der Innenminister.« In dem großen Lehrerwohnhaus war sie eine Art Hausmutter. Zwei Wohnungen wurden vielseitig verwendet. Mal wohnten Bibelschülerinnen, mal Bräute vom Verlobtenkolleg darin. Bei besonderen Veranstaltungen wie beim Bibelkurs im Januar oder bei den Pfingstfesten erhielt sie eine Belegungsliste und erwartete die Gäste, um ihnen die Schlüssel auszuhändigen und ihnen zu helfen, wenn sie irgendwelche Bedürfnisse hatten.

Wir hatten außer unseren privaten auch manche anderen Gäste, was mit meiner Tätigkeit zusammenhing. Christa bewirtete sie gern. Auch Seminar- und Bibelschulklassen wurden zu uns eingeladen. Dann war unser Wohnzimmer voll besetzt. Meine Christa versorgte uns gut und gerne.

Korrekturen für beide Blätter, deren Schriftleiter ich war, las Christa. Gelegentlich bearbeitete sie auch Manuskripte. Somit war sie Kollegin meiner Mitarbeiterinnen in der Redaktion. Dann und wann brachte sie ihnen etwas zum Kaffee. Und wenn es Dampfnudeln bei uns gab, ließ es sich Christa nicht nehmen, gleich nach dem Essen ins Feierabendhaus der Schwestern zu gehen, um bei denen ein »Versucherle« abzugeben, von denen sie wusste, dass sie sie gern aßen.

Sie half mit bei der Gestaltung der *Bräutestunden* und der *Bräutewochenenden*. Meistens trug sie, neben der Andacht, Lebensbilder vor. Vor allem Dora Rappard, »Mutter von St. Chrischona« genannt, war Christa in vielem ein Vorbild. Über ihr Leben, ihre Familie, ihren Dienst arbeitete sie gerne Vorträge aus. Bei Frauenfreizeiten arbeitete sie ebenso gern mit, wie auch bei Wochenenden für Frauen oder bei Frauenstunden. In diese Aufgabe ist sie hineingewachsen. Noch vor unserer Ehe sagte Christa mir: »Gelt, predigen muss ich aber nicht!« Zwar hat sie nie gepredigt, aber Vorträge hielt sie. Ihre Manuskripte können sich sehen lassen.

Am Anfang unseres Dienstes in Bad Liebenzell vermisste Christa die Gemeinschaftsarbeit in den Bezirken sehr. Das Teilnehmen an Freud und Leid vieler Menschen fehlte ihr. Doch das änderte sich bald. Ich nahm meine Frau zu meinen auswärtigen Sonntagsdiensten mit. Hatten wir weite Strecken zurückzulegen, fuhr manchmal auch sie den Wagen. Ich konnte mich indessen noch etwas vorbereiten oder zwischen zwei Diensten erholen. Dabei lernte Christa auch viele Menschen kennen.

Die Gebetsanliegen häuften sich. Das war übrigens auch bei mir der Fall. Gebetsanliegen von Reutlingen hatte ich nach Schwäbisch Hall, von Reutlingen und Schwäbisch Hall nach Bad Liebenzell mitgenommen.

In Bad Liebenzell kannte sich Christa bald sehr gut aus. Sie machte Besuche und verteilte Blätter. Die kleine Bibelstunde freitags in »Salem« betrachtete sie als ihre besondere Aufgabe. Dahin lud sie Liebenzeller Einwohner ein, mit Charme und Ausdauer. Sie hatte Erfolg. Dort sorgte sie auch für die musikalische Begleitung der Lieder.

Vergessen werden darf nicht, dass meine »Dienstgehilfin« zu Hause auch meine Sekretärin war. Sehr oft, aber nicht nur, wenn mein Büro nicht mehr besetzt war, kamen Anrufe in unsere Wohnung. Diese nahm Christa entgegen, denn oft war ich unterwegs. Die empfangene Nachricht leitete sie an mich oder auch an meine Sekretärin weiter. So war sie sehr an meinem Dienst beteiligt.

Ich hatte während meiner Tätigkeit im Inspektorat nacheinander drei Sekretärinnen: Schwester Hanna Müller zog 1977 altershalber von ihrem kleinen Stübchen ins Feierabendhaus um. 1978 hat unser Herr sie schon im Alter von 66 Jahren heimgeholt. Sie war vielen eine Seelsorgerin gewesen, nicht zuletzt durch ihre Bibel- und Gemeinschaftsstunden, die sie im Bereich des Nordschwarzwaldes und darüber hinaus hielt. Schwester Erika Leimenstoll war 15 Jahre lang ihre Nachfolgerin. 1992 löste sie Schwester Annemarie Bertschinger ab, da Schwester Erika ein Ruf in die äußere Mission nach Frankreich erreicht hatte. Alle drei hatten während ihrer Tätigkeit aus meinem Munde ungezählte Male zu hören bekommen: »Nach eins kommt zwei!« Sie alle waren mit mir sehr geduldig – und keine von ihnen hätte ich missen mögen.

Im Folgenden berichte ich nicht chronologisch meinen Aufzeichnungen entlang über die 23 Jahre meiner überregionalen Tätigkeit, sondern ich will aus verschiedenen Bereichen erwähnen, was interessant und bemerkenswert war und was mir als wesentlich erscheint.

Gemeinde Jesu Christi wird nicht vom Schreibtisch oder vom Sitzungssaal aus geleitet. Im Wesentlichen wird sie von der Kanzel oder vom Katheder aus geleitet. Deshalb beginne ich mit Erfahrungen aus der

Verkündigung

Auf dem Missionsberg hatte ich viel Gelegenheit dazu, meinen Verkündigungsauftrag wahrzunehmen. Und hierbei war ich besonders gründlich in der Vorbereitung. Dazu nahm ich mir auch Zeit. Einmal jedoch hatte ich beim besten Willen die nötige Zeit dazu nicht. Das war durch den Umzug von »Salem« in das Lehrerwohnhaus bedingt. Wie ich schon schrieb, fand dieser am 10. Januar 1974 statt. Am selben Tag war ich bei einer Bezirksleitungs-Sitzung in Ludwigsburg-Ossweil, von der ich um ein Uhr nachts zurückkehrte. Für Sonntag, den 11. Januar, hatte ich mich für den Gottesdienst im Missionshaus um neun Uhr eingetragen. Das war sicher schon im Herbst irgendwann geschehen, wo der Umzugstermin noch nicht abzusehen war. Und diese Sitzung war eben auch noch dazugekommen. Hätte ich nach einem Vertreter suchen sollen, der den Gottesdienst übernahm? Vielleicht wäre es besser gewesen. Ich hatte dies nicht getan. Also trat ich an. Und dann saß auch noch ein prominenter Gast unter den Gottesdienstteilnehmern, was übrigens nicht selten vorkam. Der Predigttext war: Römerbrief, Kapitel 12,1–6. Ich hätte ja auch einen anderen Text wählen können. Doch das war nicht üblich. Mir hätte es auch widerstanden, den Eindruck zu geben: Aha, er hat es sich bequem gemacht. Die Verkündigung auf dem Missionsberg geschah vor den Ohren der Schülerinnen und Schüler. Und diese konnten auch recht kritisch hören. Sie sollten ja auch davon lernen: von der Textwahl über die Gliederung bis zum Inhalt mit Illustrationen. Ich hatte an jenem 11. Januar jedenfalls den Eindruck, passagenweise zu schwimmen. Ob die anderen es auch so empfanden, weiß ich nicht. Und müde war ich außerdem.

Als ich mich seinerzeit für meine erste Predigt im Missionshaus vorbereitete, kam mir der Gedanke, ich sollte mit einer Einleitung vor dem Verlesen des Predigttextes zum Bibeltext hinführen. Ich meinte, die Zuhörer sollten nicht unvermittelt mit dem biblischen Text konfrontiert werden. Dieser »Vorspann« sollte in den Text einführen, die Ohren öffnen helfen für Gottes gutes Wort, eine Beziehung dazu schaffen. Merkwürdig, diesen

Stil der Verkündigung habe ich in den Gottesdiensten auf dem Missionsberg durchgehalten. Ich staune, dass mir immer etwas einfiel. Zugegeben, es gelang mir nicht immer gleich gut.

Einmal sagte mir ein Homiletik-Lehrer unter vier Augen, er kenne diesen Stil der Kunstpredigt. Er sage ihm aber nicht zu. Auch würde er das in seinem Unterricht den Schülern so weitergeben. Er hat es mir offen gesagt und nicht hinter meinem Rücken nur den Schülern. Ich erklärte ihm, dass es mir nicht um die »*Kunstpredigt*« gehe, sondern dass ich um Aufmerksamkeit für das kostbare Bibelwort werben wollte. Da und dort habe ich festgestellt, dass manche der ehemaligen Schüler dies übernommen haben.

Die Bibelstunden donnerstags gestaltete ich natürlich anders. Einmal im Monat waren die Hauptverantwortlichen des Werkes in der Regel zu je einer Bibelstunde und einem Gottesdienst eingeteilt.

Auch in den Bezirken des Verbandes hatte ich zu verkündigen, meistens leider bei Konferenzen, Jubiläen sowie bei Einführungen von Predigern, Schwestern, Gemeinschaftshelferinnen, Praktikanten. Selten kam es vor, dass ich in ganz gewöhnlichen Gemeinschaftsstunden Gottes Wort auslegte. Leider hörte ich auch zu selten unsere vollzeitlichen Mitarbeiter verkündigen.

Im Zusammenhang mit solchen Diensten in den Bezirken hatte ich auch je und dann in kirchlichen Gottesdiensten zu predigen oder Gottesdienste zu halten. Dabei galt es besonders beweglich zu sein. Es ist eben ein Unterschied zwischen einem Gottesdienst in der Bayrischen Landeskirche und einem Gottesdienst in Hessen. Sogar zwischen der Badischen und der Württembergischen Landeskirche sind die Liturgien verschieden.

Nach wie vor wurde ich zu Evangelisationen und Verkündigungstagen eingeladen im Zelt, in Kirchen und Sälen. Ich musste, was die Länge betrifft, etwas zurückstecken. Es waren dann eben meistens nicht mehr ganze Wochen, sondern Tage oder Wochenenden. Manchmal begleitete mich dabei auch ein Teil der Absolventenklasse.

Einladungen erhielt ich auch von außerhalb des Liebenzeller Gemeinschaftsverbandes. In Österreich durfte ich sieben Evangelisationen in fast aufeinander folgenden Jahren halten. Auch dorthin konnte ich teils Seminaristen der Absolventenklasse mitnehmen. In Völkermarkt in Kärnten fand die Veranstaltung im Zelt statt, in Steyr (Oberösterreich) in der Kirche. Hier hatte ich einmal ein Einsatzteam aus unserem Verband dabei.

Dreimal wurde ich in das östlichste Bundesland Österreichs, in das schöne Burgenland, zur Winterbibelfreizeit mit evangelistischen Abend-Vorträgen, immer vom 2. bis 6. Januar, eingeladen. Jahrzehnte schon findet diese Veranstaltung zu Jahresbeginn in Markt Allhau statt. Georg Kragler vom bayrischen CVJM hatte damit begonnen. Die älter gewordenen CVJMer setzten die gute Gewohnheit fort. Pfarrer Kurt Heimbucher gehörte auch zu den Rednern. Die »deitschen Freinde« (wie die CVJMer genannt werden) brachten Blasinstrumente mit und gestalteten die Versammlungen mit Liedern und Instrumentalbeiträgen. Vormittags wurde eine kernige Bibelarbeit erwartet. Daran nahmen überwiegend Männer teil, weil die Frauen ja kochen mussten. Nachmittags waren Lebensbilder gefragt, oder es wurde ein Film gezeigt. Abends war dann die Evangelisation in der schönen Kirche. Man muss wissen, dass das Burgenland den größten Bevölkerungsanteil an Evangelischen in Österreich hat, nämlich bis über 30 %. Das frühere Westungarn, das durch einen Volksentscheid nach dem Ersten Weltkrieg zu Österreich kam, war von der Gegenreformation nicht so stark erreicht worden.

Wer die ersten Seiten dieses Buches gelesen hat, weiß, warum ich diese Einladungen nach Österreich gern annahm. Das Burgenland aber war für mich ganz unbekannt und etwas Besonderes gewesen. Kurt Heimbucher war einige Male dort, auch 1980. Als ich ihm sagte, dass ich für 1981 eingeladen sei, sprach er mir Mut zu und versuchte, mir Österreich lieb zu machen. Doch das war eigentlich gar nicht nötig.

Am 2. Januar 1981 fuhr ich also zum ersten Mal ins Burgenland. 6.10 Uhr: Abfahrt in Pforzheim mit dem Orientexpress. Ankunft in Wien-Westbahnhof zwischen 15 und 16 Uhr. Dort holte mich einer der Freunde aus Bayern ab. Sie waren meistens mit dem Auto über Passau nach Wien gefahren. Dann ging es damals noch ein kleines Stückchen auf der Südautobahn Richtung Graz weiter. Die Autobahn war noch nicht fertig. Deshalb mussten wir über den »Wechsel« fahren, was im Winter risikoreich ist.

Unterwegs wurde ich mit Informationen über Land und Leute versehen, auch über die Geschichte des Kragler-Unternehmens in Österreich. Gleich bei der ersten Reise dorthin wurde mir auch schon die Notwendigkeit mitgeteilt, einen Prediger dort zu stationieren, um die durch die Evangelisationen vergangener Jahre Erweckten und Bekehrten zu sammeln. Ob die Liebenzeller Mission dafür nicht jemanden hätte? Ich hörte geduldig zu. Zuerst wollte ich das alles miterleben und kennen lernen.

Endlich waren wir gegen 17 Uhr dort. Ich wohnte im Pfarrhaus. Natürlich erlebte ich alles mit weit offenen Ohren und Augen.

Wolfgang Johannsen war damals schon eine geraume Zeit Pfarrer in Markt Allhau. Unter seinem Vorgänger, Manfred Dopplinger, hatte alles begonnen. Dessen Vater hatte dafür gesorgt, dass er die »*Deitschen* vom CVJM« aufnahm. Manfred Dopplinger, dann Pfarrer in Steyr, kam auch zur Winter-Bibelfreizeit und brachte zwei bis drei Männer mit. An einem Nachmittag lud er mich zu einer Spazierfahrt ein, um mir die Umgebung ein wenig zu zeigen und um mich darauf aufmerksam zu machen, wie nah die ungarische Grenze ist. Unter anderem sprachen wir auch über die merkwürdigen Namen mancher Burgenländer.

Ich hatte wohl am Tag zuvor folgendes Erlebnis: Ein sehr sympathischer älterer Herr mit Schaftstiefeln kam auf mich zu und übergab mir einen kleinen Zettel, auf den er seinen Namen geschrieben hatte. Er ahnte wohl, dass ich ihm bei einer nur mündlichen Vorstellung nicht geglaubt hätte, dass er so hieß. Auf dem Zettel stand: Samuel Sauhammel. Ich traute meinen Augen nicht. Er berichtete, dass er beim Militär manchen Spott zu ertragen hatte wegen seines Namens. Ich überlegte, wie ich bei einer namentlichen Anrede diesem Namen die Härte nehmen könnte. Ich kam auf die Idee, Vor- und Zunamen zu hebräisieren. Dann hieße das etwa: Shmuel Sauameel. Doch ich nahm davon Abstand, das hätte ihn zu sehr verwirrt. Lieber mied ich den Namen.

Pfarrer Dopplinger erzählte auf unserer Spazierfahrt, es gäbe noch andere interessante Namen. Im Religionsunterricht hätte ein Pfarrer eine Schülerin mit dem Namen Honigschnabel gehabt. Eines Tages hätte er zu dem Kind gesagt: »No, wie geht ders denn, mei zuckrigs Goscherl?« Da hätte sie zu weinen begonnen. Worauf der Pfarrer fragte: »Warum plärrst denn?« Antwort: »Weils mein schenen Noamen so verunstoalten tuen.«

Außergewöhnliche Namen! Aber auch außergewöhnlich liebe und gastfreundliche Menschen! Zwei weitere Male war ich in Markt Allhau zu diesen Diensten. Und viele Male reiste ich aus anderen Anlässen dorthin, weil wir von 1984 bis 1987 einen Prediger als Mitarbeiter von Pfarrer Johannsen in Markt Allhau stationiert hatten.

Zur Einführung von Thomas Maurer am 16. September 1984 musste ich sogar fliegen. Samstag, 15. September, Hinflug Stuttgart-Wien. Vom Flughafen Schwechat wurde ich mit dem PKW abgeholt. Sonntag, 9 Uhr, Gottesdienst und Einführung; Besuch im Krankenhaus in Oberwart. Der Schwiegervater von Wolfgang Johannsen lag dort, ein ehemaliger Polizist aus Wien. Es hatte sich nämlich ein geistliches und familiäres Verhältnis zu Johannsens ergeben. Um 16 Uhr Abfahrt nach Wien. 19.40 Uhr Abflug in Schwechat. 20.45 Uhr Ankunft in Stuttgart. Und am Montag, dem 17. September, fuhren meine Christa und ich wieder nach Stuttgart-Echterdingen, um mit einer Gruppe von dort nach Tel Aviv zu fliegen. 14 Tage lang führten wir die Teilnehmer einer Studienreise durch Israel.

Ein herausragendes Verkündigungserlebnis war bald nach der Grenzöffnung Ungarns eine Evangelisation in Debrecen in Ostungarn. Asztalos Zoltán war ein Pfarrer der reformierten Kirche in Ungarn. Seit seiner Pensionierung wohnt er in Hajdúszoboszló. Er war damals schon einer der führenden Männer des »Bibelbundes«.[7] Er wurde Sekretär der Liebenzeller Mission in Ungarn. Dazu gehörte die Koordination des Reisedienstes Liebenzeller Missionare in Ungarn. Zoltán lud mich zu dieser Evangelisation ein.

---

[7] Zusammenschluss der gläubigen und bibeltreuen Christen in der 2. Hälfte der 80er Jahre.

Die Stadt Debrecen wird auch »das ungarische Genf« genannt. Hier befindet sich Ungarns zweitgrößte Universität mit einer evangelisch-reformierten Fakultät. Die meisten ungarischen reformierten Pfarrer absolvierten dort ihr Studium. Manche von ihnen sind auch heute noch in Rumänien tätig. Auch ein reformiertes Gymnasium befindet sich in Debrecen.

In der großen, sehenswerten Bischofskirche war die Evangelisation vom 6.–9. Dezember 1990 anberaumt. Am 5. Dezember sollte ich in der Bibelschule in Pécel bei Budapest noch einen Vortrag halten über »Deutsche Gemeinschaftsarbeit in Geschichte und Gegenwart«. Weil ich wieder, wie viele Jahre, an dem Wochenende zum ersten Advent in Müllheim in Südbaden war, deshalb zeitlich wenig Spielraum hatte und ein eventueller Wintereinbruch mich von einer Autofahrt abhielt, hatte ich den Flug Stuttgart-Budapest und zurück gebucht. Zoltán holte mich am Flughafen Ferihegy am Montag, dem 3. Dezember, ab. In Pécel übernachtete ich. Dann verbrachte ich einen Tag in Budapest und konnte mich in Ungarn etwas akklimatisieren. Am 5. Dezember hatte ich den Dienst in Pécel, und dann fuhren wir mit einem nicht mehr ganz neuen Lada Zoltáns nach Hajdúszoboszló.

Zoltán und Ildikó hatten nicht lange zuvor ihr neues Ruhestandshaus bezogen. Manches war noch provisorisch. Ich durfte im Wohnzimmer auf einer guten Matratze schlafen. Selbstredend hatte ich dafür zu sorgen, dass das Wohnzimmer tagsüber für andere Anlässe zur Verfügung stand. Wir nahmen darin auch unsere Mahlzeiten ein. Am 6. Dezember starteten wir um sieben Uhr nach Debrecen. Um 7.30 Uhr war dort eine Andacht für Studenten und Schüler in der großen Kirche. Etwa 100 junge Menschen waren anwesend. Das wiederholte sich bis Samstag. Von 9–10.15 Uhr war ein Bibelstudium im Gemeindesaal im Bischofsgebäude anberaumt.

Mein Übersetzer bei allen Veranstaltungen war Pásztor Gyula, ein junger Pfarrer. Nach der Bibelstunde wollte er mir gleich das Kolleg und die Universität zeigen. Es war ein sonniger Tag. Ein entspannender Spaziergang durch Debrecen war angenehm. Welch ein Schmuckstück ist die Universität! Dieser schöne Innenhof mit Arkaden! Ich kam ganz begeistert heraus. Da begegnen wir einem jungen Ehepaar mit einem Zwillingskinderwagen. Zwei süße Kinder befinden sich darin. Unkontrolliert fährt es aus mir heraus: »Nagyon szép!« (»Ist das schön!«) Die Eltern lächeln freundlich und sagen: »Köszönöm!« (»Danke!«) Gyula schaut mich verwundert an und sagt: »Die denken bestimmt, du bist Ungar.«

Ich habe nie die ungarische Sprache erlernt. Meine Oma und meine Mutter sprachen – als wir noch in Matzdorf waren – manchmal ungarisch, meist aber dann, wenn ich etwas nicht verstehen sollte, zum Beispiel vor Weihnachten. Trotzdem blieben einzelne ungarische Redensarten und Worte bei mir hängen. Wenn ich eine Weile in Ungarn bin und die Leute reden höre, wird dies und jenes wieder aus meinem Unterbewusten an die Oberfläche befördert.

Am Abend um 17.30 Uhr fand eine Gebetsgemeinschaft statt, um 18 Uhr die Evangelisation. Meine letzte Predigt hatte ich im Gottesdienst am Sonntag um zehn Uhr zu halten. Bischof Kocsis, der »Hauptnotar«[8] und Pfarrer Vad hielten die Liturgie. Viele Taufen fanden im Gottesdienst statt. Nach der Wende haben nicht wenige Eltern, die unter dem sozialistischen Regime den Mut dazu nicht gehabt hatten, ihre Kinder zur Taufe gebracht. Am Nachmittag war die Einführung des neuen Pfarrers Vad mit anschließendem Stehempfang, zu dem auch ich eingeladen war. Das dauerte bis etwa 20 Uhr. Dankbar fuhren wir mit dem Lada nach Hajdúszoboszló zurück. Unterwegs fiel mir noch ein altes Liedlein ein, das mir meine Großmutter manchmal vorgesungen hatte, wenn ich nicht hatte einschlafen können oder wollen. Meine Gastgeber kannten es gut: »Az a szép ...« (»Es ist schön!«) Wir sangen es miteinander.

Am nächsten Morgen fuhr mein Zug um 7.11 Uhr nach Budapest ab. In dem Zugabteil war ich dem Volk so nahe. Ein älteres Ehepaar saß mir gegenüber. Es müssen wohl Bauern gewesen sein. Ich schloss nicht von ihrer Kleidung darauf, sondern von ihrem zweiten Frühstück. Die Frau begann, Weißbrot und einen panierten Hühnerschenkel aus der Tasche

---

[8] Stellvertreter und auch der Sekretär des Bischofs.

zu holen und auszupacken. Sie bot ihrem Mann auch etwas an. Doch er ließ sich noch Zeit. Dann aber begann er mit seinem Taschenmesser Speck zu schneiden und diesen mit Brot in den Mund zu schieben.

Ich schaute zu und bekam Appetit. Natürlich trauten sie sich nicht, mir etwas anzubieten! Sie sahen oder ahnten zumindest, dass ich Ausländer bin. Zu meinem Erstaunen fuhr der Mann mit Hausschuhen in die Hauptstadt des Landes. Vielleicht war er fußkrank.

Wir trafen am Ostbahnhof in Budapest ein. Mit der Metro ging es weiter zum Deak ter. Von dort fahren die Busse zum Flughafen. Es regnete sehr. 14.50 Uhr startete die Maschine in Ferihegy. Als wir um 16 Uhr vor dem Stuttgarter Flughafen zur Landung ansetzten, waren die Krautfelder auf den Fildern mit Schnee bedeckt. Heinz Georgi, der damals noch Chauffeur des Werkes war, holte mich per Dienstwagen mit meiner lieben Christa ab. Wir mieden die Autobahn. Die Straßen hatten zum Teil Schneebelag. Es ging langsamer als sonst. Das merkten wir gar nicht recht. Wir hatten uns so viel zu erzählen. Um 20.30 Uhr waren wir zu Hause.

Wenn ich gefragt wurde: »Ist in Debrecen etwas geschehen?«, so konnte ich nur sagen: Ja, das Evangelium ist verkündet worden, das ist ein großes Ereignis. Ob in den Herzen der Hörer etwas vorging und was, konnte ich nicht feststellen. Wieder einmal ging es um Saat auf Hoffnung!

Hier wie auch anderswo merkte ich, dass der Verkündigung mit einem Übersetzer etwas von der Unmittelbarkeit verloren geht. Wohl hatte ich meine Manuskripte mit dem genauen Wortlaut meinem Übersetzer vorher ausgehändigt, damit er sich inhaltlich wie auch vom Wortschatz her darauf einstellen konnte.

»Evangelisation darf nicht von den Ergebnissen her definiert werden, denn so wird das Wort im Neuen Testament nicht gebraucht«, urteilt John R. W. Stott in seinem Buch »Gesandt wie Christus. Grundfragen christlicher Mission und Evangelisation« (S. 36.). Von Paulus und seinem Team wird berichtet, als sie in die Städte Lykaoniens gekommen waren: »... und predigten dort das Evangelium« (Apg 14,7) – das heißt: Dort evangelisierten sie.

Es ist merkwürdig, aber auch verständlich, dass ich immer wieder die Gelegenheit bekam, kranken Menschen Gottes Wort zu sagen. In der Zeit, in der noch Schwestern aus unserer Schwesternschaft in der Krankenpflege im Kreiskrankenhaus in Tuttlingen eingesetzt waren, kam an den Donnerstagen zur Bibelstunde jemand aus der Leitung unseres Werkes dorthin. Da fuhr man meistens nach einem arbeitsreichen Tag nach Tuttlingen (damals freilich noch nicht auf der Autobahn!). Natürlich nahm ich meine Christa mit, wenn irgend möglich. Es vermittelte einfach ein Gefühl der Sicherheit, wenn man wusste: Sollte es nötig sein, kann Christa ans Lenkrad. Oft war derjenige, der Dienst in Tuttlingen hatte, auch gleichzeitig Überbringer von Post oder Schwesterntrachten oder Chauffeur von Schwestern, die entweder nach Tuttlingen oder nach Bad Liebenzell wollten.

Im November 1974 und 1975 war ich jeweils drei bis vier Tage zu einer Evangelisation im Krankenhaus. Die Veranstaltung fand in dem Saal statt, in dem immer die Bibelstunden waren, mit Übertragung in die Krankenzimmer. Die Krankenhausverwaltung hatte die Veranstaltung genehmigt, und die Schwestern haben die Gelegenheit genutzt.

Am besten konnte ich meine Predigten und Vorträge mit meiner Frau durchsprechen. Lieb, aber deutlich teilte sie mir mit, was sie als Mangel empfand. »Alttestamentliche Texte legst du zu selten aus«, stellte sie fest. Manchmal sagte Christa mir auch: »Du musst mehr Ewigkeit verkündigen.« Damit meinte sie: Von ihrem Ziel her bekommen Christen die Kraft, die Gegenwart zu bewältigen. Deshalb sei Horizonterweiterung nötig. Das ausschließliche Kreisen um die Probleme der Erziehung, der Familie, der Krankheit, des Berufs oder der Arbeitslosigkeit bringt nicht die entscheidende Hilfe. Auch beanstandete sie, dass ich zu viele Fremdwörter verwendete. Sie konnte aber auch meine Hand ergreifen und sagen: »'s war recht.«

Gremienarbeit

Dazu zuerst einige allgemeine Feststellungen. Gerade im Blick auf Sitzungen von Gremien hatte ich sehr viel zu lernen: sowohl, wie man es macht, aber auch, wie man es nicht macht. Es ist nicht immer leicht zu akzeptieren, dass es auch andere gibt, die eine abweichende Meinung haben und dass diese sogar besser sein kann als die eigene. Ich musste mich vor allem im Hören üben. Wer schon eine Antwort bereit hat, will reden. Hören ist eine Arbeit der Geduld. Oft gilt es auch, *zwischen den Zeilen* zu hören. Es kann eine Untugend sein, nichts zu sagen. Es ist eine viel größere, viel zu reden und dabei doch nichts zu sagen.

Auch Wiedervorlagen in der Tagesordnung können nervös machen. Man hat den Eindruck, es wird auf der Stelle getreten oder nur »wiedergekaut«. Es kann schon sein, dass Wiedervorlagen etwas mit Entscheidungsschwäche zu tun haben. Doch Antworten auf manche Fragen, besonders im Personalbereich, brauchen auch Zeit zum Ausreifen.

Als Mitglied in den Leitungsgremien der Liebenzeller Mission galt es, auch Repräsentationsaufgaben wahrzunehmen. Nur eine davon will ich erwähnen. Für den 26. Februar 1976 hatte sich der damalige Bundestagsabgeordnete und spätere Bundespräsident Richard von Weizsäcker zum Besuch angemeldet. Politiker des Landes und der Kommune begleiteten ihn. Lienhard Pflaum und Ernst Vatter waren auf Reisen. Das bedeutete, dass ich den Besuch vorzubereiten und die Repräsentation vorzunehmen hatte. Es war ein Donnerstag, damit ein ganz normaler Arbeitstag. Trotzdem war der Missionsberg blank gefegt. Dem Protokoll gemäß um 16 Uhr trafen die Gäste ein. Zu den damals neuesten Gebäuden auf dem Gelände gehörte das »Feierabendhaus«. In dessen Speisesaal sollten die Gäste empfangen werden.

Als wir uns auf das Gebäude zubewegten, kamen wir an der alten Schreinerei und Schlosserei vorbei. Ich entschuldigte mich fast, dass das schöne neue »Feierabendhaus« noch so ein Gegenüber hat (übrigens heute noch). Herr von Weizsäcker sagte darauf: »Altes und Neues gehört zusammen.« Ich hatte auch die Aufgabe, das Werk vorzustellen. Die äußere Mission war damals auf Asien beschränkt: Japan, Mikronesien, Papua-Neuguinea, Taiwan; seit kurzem war Bangladesch noch dazugekommen. Diese Beschränkung auf Asien hing damit zusammen, dass die Mission als deutscher Zweig der China-Inland-Mission begonnen hatte. In den 80er und 90er Jahren erst kamen Südamerika (Ecuador), Afrika (Burundi, Malawi, Sambia) und Europa (Frankreich und Spanien) dazu. Um 17 Uhr gingen die Gäste wieder. Es gelang mir noch gut, nach Tuttlingen zu fahren, wo ich um 20 Uhr die Bibelstunde im Krankenhaus zu halten hatte.

Den Blick auf die werksinternen Gremien möchte ich nun nicht aus einem glorifizierenden, aber aus einem objektivierenden Abstand berichten. Es ist einem Werk, das Gott gehört, angemessen, dass die Sitzungen mit einer Erinnerung an Gottes Wort oder mit einer Andacht und einer Gebetsgemeinschaft beginnen. In der Mitgliederversammlung, dem Komitee und dem Verbandsbrüderrat schloss sich eine Gebetsgemeinschaft auf Knien an.

Es gab Tagesordnungspunkte, die in verschiedenen Gremien behandelt werden mussten. Ein Beispiel: Wenn eine Schwester, die im Ausland tätig war, aus gesundheitlichen oder anderen Gründen in die Heimat zurückkehren musste, wurde dieser Vorfall im Missionsrat, im Schwesternrat und im Komitee besprochen; wenn diese Person im Liebenzeller Gemeinschaftsverband eingesetzt werden sollte, auch in dessen Brüderrat. Das ist zwar korrekt. Doch konnte dabei auch der Eindruck entstehen, es rühren zu viele Köche im Brei (salopp gesagt). Auf den Betroffenen konnte so ein Vorgehen jedenfalls langwierig und schwerfällig wirken. Mir ging diese Art der Entscheidungsfindung eigentlich gegen den Strich. Wahrscheinlich bin ich zu sehr Einzelkämpfer. Charles H. Spurgeon, der englische Baptistenprediger und bekannte Schriftsteller (1834–1892), soll gesagt haben, das wirkungsvollste Komitee bestehe aus drei Personen, von denen zwei krank sind. Diese spaßhafte Aussage gefiel mir. Umso nötiger hatte ich es, zu lernen, dass eine mit anderen beschlossene Entscheidung tragfähiger ist. Und bei unpopulären Entscheidungen ist die

Verantwortungslast, auf mehrere Schultern verteilt, für jeden leichter.

In unseren Sitzungssälen kamen geistliche Persönlichkeiten zusammen. Es gab »geborene« und »gekorene« Mitglieder, also solche, die kraft Amtes in den Gremien waren, und dazugewählte oder externe Mitglieder. Selbstredend waren alle biologisch geboren und auch geistlich wieder geboren. Zu den internen Mitgliedern in einem Gremium gehörten die Abteilungsleiter. Sie hatten für ihren Zuständigkeitsbereich zu sprechen und dessen Interessen zu vertreten. Das war ihre Pflicht. Sie hatten das Beste für ihre Abteilung zu suchen. Gleichzeitig hatten sie für das Ganze Sorge zu tragen. Dass es dabei auseinander strebende Interessen geben konnte, liegt auf der Hand. Da musste ein Weg gefunden werden. Mal musste dieser, mal jener *Federn lassen*.

Meinem Naturell entspricht das typisch deutsch Direkte. Ich war gegen Diplomatie. Das machte es mir manchmal schwer. Bis heute bin ich noch am Lernen, den Rat unseres Herrn an seine Jünger umzusetzen: »… seid klug wie die Schlangen und ohne Falsch wie die Tauben« (Mt 10,16 b). Ich meine, dieses Wort sei nicht nur bezogen auf die »Wölfe« draußen anwendbar, sondern auch auf die drinnen.

Und wie ist das, wenn man überzeugt ist, die besseren Argumente zu haben und diese zunächst von einer Mehrheit abgelehnt werden? In diesem Falle ist Geduld und Standhaftigkeit nötig. Ein Beispiel dafür betrifft das ganze Werk und den Gemeinschaftsverband: Eine Strukturreform der Liebenzeller Mission stand an. Aus dem Gesamtkonzern musste mindestens eine Abteilung ausgegliedert werden, um die Gemeinnützigkeit nicht zu gefährden. Ein Ausschuss wurde beauftragt, sich damit zu befassen und gleichzeitig zu prüfen, ob es nicht ratsam ist, eine wietere Entflechtung vorzunehmen, die auch den noch vollintegrierten Gemeinschaftsverband betrifft. Die Begründung dafür war: Eine deutliche Überschaubarkeit nach außen (bessere Transparenz), die Zuständigkeitsklärung nach innen (klare Kompetenz).

Ich gehörte zu den zunächst Wenigen, die eine solche Ausgliederung des Gemeinschaftsverbandes vertraten. Weil das gerade mein Zuständigkeitsbereich war, hatte ich dafür zu sorgen, dass dieses Thema »auf der Kochplatte« blieb. Da konnte man schon in den Verdacht geraten, sein eigenes Königreich aufbauen zu wollen oder einem Profilierungsdrang zu frönen. Doch ich hatte die besseren Argumente. Das brachte ich in einer Sitzung ruhig, aber deutlich zur Sprache. Ich kann mich nicht erinnern, dass mir jemand widersprochen hätte. Und ich hatte die Geschichte auf meiner Seite. Bei der Verbandsgründung 1933 hatten nämlich die damaligen Verantwortlichen mit Lehrer Wilhelm Heinsen, dem ersten Inspektor des Verbandes an der Spitze, die Eintragung in das Vereinsregister angestrebt. Dieses Vorhaben scheiterte wegen des Aufkommens des Dritten Reiches an den Behörden. Damit war klar, dass wir, die wir zwischen 1985 und 1991 für die Entflechtung eintraten, in der Linie der Väter dachten und planten.

Die Mitgliederversammlung der Liebenzeller Mission – das dafür zuständige Gremium – beschloss in einer außerordentlichen Sitzung am 18. Oktober 1991 mit überwältigender Mehrheit die Entflechtung. Der Liebenzeller Gemeinschaftsverband wurde in die selbstständige Rechtsfähigkeit entlassen. Natürlich wurde in die Präambel der Satzung des LGV e. V. – gewissermaßen ins »Stammbuch« des Verbandes – deutlich geschrieben, dass er zur sendenden und unterstützenden Gemeinde der Liebenzeller Mission gehört. Damit war für mich eine Periode von Sitzungen in den verschiedenen Gremien des Liebenzeller Werkes, die ein halbes Jahrzehnt angedauert hatte und recht spannungsvoll war, vorüber. Vorher hatte ich lernen müssen, Ja zu sagen, selbst wenn Gott es trotz der besseren Argumente anders gewollt hätte.

Angehörige anderer Gemeinschaftsverbände, deren es in Baden-Württemberg eine beachtliche Anzahl gibt, ließen uns schon bald wissen, dass diese durch die Entflechtung geschaffene Transparenz von ihnen als angenehm und hilfreich empfunden wird. Jetzt wüssten sie, woran sie bei der Liebenzeller Mission und beim Liebenzeller Gemeinschaftsverband seien. Vorher hatte man nie gewusst, wenn die Mission auf sie zugekommen ist, wie weit der Gemeinschaftsverband eingeschlossen war, und wenn man es mit dem Gemeinschaftsverband zu tun gehabt hatte, ob dieser nicht auch die Mission mitbrächte. Die Verbände begegnen sich seither unbefangener. Das bereitet mir große Freude. Einer, der von Anfang an mein Verhalten in den Sitzungssälen unseres Werkes beobachten konnte, sagte bei meiner Verabschiedung aus dem Komitee, man hätte es gemerkt, wenn Alfred anwesend war. Damit hat er mir gegenüber bestätigt, dass ich mich in den Gremien nicht als Statist verhielt.

Es gab aber auch Mitarbeit in Gremien außerhalb der Liebenzeller Mission und ihres Gemeinschaftsverbandes. In diesen externen Sitzungen konnte ich auch sehr schweigsam sein. Bei Gnadau wurde es aber so spannend, dass ich mich gelegentlich kräftig zu Wort meldete. Was im Gnadauer Gemeinschaftswerk in der damaligen DDR im Sommer 1980 zu einem gewissen Abschluss gekommen war, griff der Gnadauer Verband in der Bundesrepublik Anfang 1980 auf. Präses Kurt Heimbucher berief den geschäftsführenden Vorstand, den theologischen Beirat und eine Auswahl von Brüdern der Mitgliederversammlung zu einer ersten Klausur vom 6.–9. Januar 1980 in die Zentrale nach Dillenburg ein. Während dieser Sitzung wurde wohl den meisten Teilnehmern klar, dass eine zweite Klausur stattfinden müsse. Es ging nämlich um die »Kirchenfrage«, also um das Verhältnis der Gemeinschaftsverbände zu den Landeskirchen. Das ist ein Thema, das die deutsche Gemeinschaftsbewegung unablässig begleitet, seit sie existiert. Die Brisanz, die dieses Thema enthält, hängt einerseits mit der Vielschichtigkeit oder Bandbreite Gnadaus zusammen, andererseits aber auch mit dem Zustand der jeweiligen Kirche. Deshalb war es eine immer neue Herausforderung, die Formel: »*In* der Kirche, wenn möglich *mit* der Kirche, aber nicht *unter* der Kirche« zu deuten, die Theodor Christlieb (1833–1889), Professor für Praktische Theologie in Bonn, zugeschrieben wird.

Die Grundsatz-Referate mit anschließender Aussprache führten zur folgenden vierfachen Übereinstimmung:
- Die Platzanweisung in der Kirche wird bejaht.
- Wir sehen den Auftrag, Gemeinde Jesu Christi zu bauen.
- Dazu benötigen wir Freiraum in der Kirche – nicht gegen sie, sondern um ihretwillen.
- Wir empfinden Verantwortung für unsere Prediger und für die Pfarrerschaft.

Was uns weiter beschäftigen muss – das war der Doppelpunkt der Klausur:
- Wir bleiben an der Frage nach der göttlichen Platzanweisung und Führung.
- Wir bleiben am Nachdenken über unseren Auftrag als Gemeinschaftsbewegung (Bewegung der Bibel, des Gebets, der Heiligung, der Mission, der Evangelisation, der Diakonie, des allgemeinen Priestertums).

Vom 11.–14. Januar 1981 fand die zweite Klausur in Dillenburg statt. Da ging es mehr um praktische Themen sowie um die Aufarbeitung einiger Thesen, die der theologische Beirat vor dem Hintergrund der ersten Klausur erarbeitet hatte. Referat und Koreferat setzten sich mit dem Thema auseinander »Welchen Freiraum wünschen wir uns in der Kirche, und wie können wir uns verantwortlich darin bewegen?«

Freiraum wurde gewünscht:
- Für Evangelisation, für Gemeinschaftspflege (Sonntagsveranstaltungen, wo nötig auch am Sonntagvormittag, was in Städten schon praktiziert wurde),
- für das Mahl des Herrn,
- für Verwaltung von Kasualien, wo nötig.

Der Inhalt des Ergebnisses der zweiten Klausur lautete etwa so: »Wir sind eine freie Bewegung im Raum der Kirche – nicht Freikirche. Doch beschäftigt uns auch die Frage, ob nicht im Blick auf Menschen, die in der Landeskirche keine geistliche Heimat haben oder nicht zur Kirche gehören, besonders in Großstädten, Gemeinschaften zu Personalgemeinden werden müssen.«

Für 1982 war eine Zusammenkunft mit Vertretern der EKD in Marburg vorgesehen, einschließlich der zuständigen Dezernenten der Landeskirchen. Es bestand damals die Meinung, die als notwendig erkannte Vereinbarung müsse zentral, also zwischen der EKD und dem Gnadauer Verband geschlossen werden. 1984 fand eine zweite Zusammenkunft mit den Dezernenten in Hattingen statt.

Am 11. Dezember 1986 fand eine weitere Sitzung mit Mitgliedern des Rats der EKD, Dezernenten, dem Gnadauer Vorstand und einer Auswahl aus der Gnadauer Mitgliederversammlung in Hannover statt. Gerade dabei zeigte es sich, dass bei der Verschiedenheit der Gliedkirchen der EKD und der Gemeinschaftsverbände Gnadaus nur regionale Vereinbarungen zustande kommen können.

Daraufhin begannen die uns betreffenden Sitzungen, zuerst in Karlsruhe beim Oberkirchenrat der Badischen Landeskirche. Wir – die Vertreter der Gemeinschaftsverbände – waren keine Verhandlungspartner, die einfach handzuhaben waren. Das Ergebnis war erstaunlich: Wir stießen auf Verständnis. Eigentlich waren unsere Erwartungen befriedigt. Das Chrischona Gemeinschaftswerk / Deutscher Zweig der Pilgermission St. Chrischona; der Evangelische Verein für innere Mission Augsburgischen Bekenntnisses e. V. und der Südwestdeutsche Gemeinschaftsverband e. V., Neustadt-Lachen, unterzeichneten. Trotz des guten Ergebnisses hat der Liebenzeller Gemeinschaftsverband erst zwei Jahre nach den anderen drei Gemeinschaftsverbänden unterschrieben.

Es war nämlich die grundsätzliche Frage in unserem Werk aufgekommen, ob es richtig sei, Vereinbarungen mit Landeskirchen zu schließen. Die Mitgliederversammlung der Liebenzeller Mission, die damals auch noch für den Gemeinschaftsverband zuständig war, traf keine diesbezügliche Entscheidung mehr, sondern wartete, bis der Verband eine Rechtsperson war und seine Gremien darüber befinden und entscheiden konnten. So war dies eine der ersten Entscheidungen, die die Mitgliederversammlung des Liebenzeller Gemeinschaftsverbandes e. V. traf. Am 31. Oktober 1993 unterzeichnete auch der Liebenzeller Gemeinschaftsverband die Vereinbarung mit der Badischen Landeskiche.

Es hatte keine Entscheidung gegen eine Vereinbarungsratifizierung geben können. Die Freiräume wurden von unseren Bezirken benötigt und gewünscht. Außerdem waren wir doch an den Verhandlungen beteiligt gewesen. Auf unsere Wünsche war Rücksicht genommen worden.

Was mich erstaunte und von Herzen dankbar machte, war das Grußwort des federführenden Verhandlungspartners Oberkirchenrat Klaus Baschang – inzwischen im Ruhestand – bei meiner Verabschiedung als Inspektor am 16. September

1996. Er sagte, dass unsere Aufrichtigkeit und unser Vertrauen während der Vereinbarungssitzungen ihn zum Freund der Gemeinschaftsbewegung gemacht hätten.

In Württemberg sah es zuerst so aus, als vertrete die Kirchenleitung die Meinung, dort sei eine Vereinbarung nicht nötig. Doch dann näherte sich das 250. Jubiläum des »Pietistenreskripts«. Am 10. Oktober 1743 hat Herzog Karl Friedrich mit diesem Erlass das Verhältnis zwischen der evangelischen Landeskirche und den pietistischen Gruppen geregelt. Dies war mit ein Anlass – wenn auch nicht der einzige –, der im Oberkirchenrat in Stuttgart die Bereitschaft zu Vereinbarungsverhandlungen reifen ließ. 1992 wurde an einem Entwurf gearbeitet. Es war etwas mühsam und zäh. Doch dann machte der damalige Landesbischof Theo Sorg die »Fortschreibung des Pietistenreskripts von 1743« (wie die Vereinbarung genannt wurde) zur Chefsache. Sie wurde pünktlich zum 10. Oktober 1993 fertig, wo auf den Tag genau in Schorndorf das Jubiläum begangen wurde.

Nach den drei Gottesdiensten fand unter anderem ein Forum statt über »Das Verhältnis der Landeskirchlichen Gemeinschaften zur Landeskirche« mit Oberkirchenrat Dr. Hartmut Jetter, dem Vorsitzenden des Altpietistischen Gemeinschaftsverbandes Otto Schaude, dem Generalsekretär des Gnadauer Gemeinschaftsverbandes Theo Schneider und mir im vollbesetzten Saal des Martin-Luther-Gemeindehauses. Mir ging es darum, deutlich zu machen, dass es für uns kein Unglück bedeutet hätte, wenn die Fortschreibung des Pietistenreskripts 1993 nicht auf den Tag genau am 10. Oktober unterschrieben worden wäre. Wichtiger als solche Pünktlichkeit sei uns die inhaltliche Qualität dieser Vereinbarung. Der Pietismus brauche heute und morgen keine *lähmende Umarmung*, sondern den *Freiraum*, der es ihm gestattet, den gegenwärtigen und künftigen Herausforderungen gerecht zu werden: nicht – wie in der Vergangenheit – überwiegend einen ergänzenden, sondern, wo nötig, einen stellvertretenden Dienst zu verrichten. Außerdem war mir wichtig, zu betonen, dass die Leitungen der Gemeinschaftsverbände nachdrücklich wünschten, dass ihre hauptberuflichen Mitarbeiter nicht unnötig von ihrer eigentlichen

Aufgabe abgehalten werden, nämlich von der Verkündigung des Wortes Gottes, der Seelsorge (Hausbesuche) sowie der Gewinnung, Zurüstung und Begleitung von Mitarbeitern. Wo aus seelsorgerlichen Gründen Kasualien-Verwaltung und Sakraments-Spendung gewünscht und nötig ist, sollten ihre Prediger dazu ermächtigt sein.

Was die richtige Zeit für unsere Gemeinschaftsveranstaltungen heute ist, darüber kann man – wenn man will – streiten. Ob das unbedingt der Sonntagvormittag sein muss, wage ich zu bezweifeln. Die gegenwärtig ortsübliche Gottesdienstzeit kann ein »alter Zopf« genannt werden. Es war einst die Zeit zwischen zwei Fütterungen in der Landwirtschaft. Das ist doch in unseren Tagen wahrlich kein Grund mehr, am sonntäglichen Vormittag Veranstaltungen anzuberaumen. Ich bin davon überzeugt, dass es an manchen Orten viel günstiger ist, um 18 Uhr oder um 18.30 Uhr die Zusammenkunft zu haben. Doch diese Festlegung soll den Ältesten vor Ort überlassen sein. Sollte es in einer Stadt wirklich geboten sein, in der Zeit zwischen 9.30 und 11 Uhr eine Veranstaltung durchzuführen, wäre das aufgrund des Vereinbarungstextes möglich.

In Hessen nahm ich an den Verhandlungen nicht teil. Klaus Haag, der Inspektor des Chrischona-Werks in Deutschland, war dort stark engagiert. Ihm konnte ich vertrauen. Unsere Arbeit ist in Hessen recht klein.

Mit der Evangelischen Kirche im Rheinland war schon 1986 durch das »Predigthelfergesetz« eine Lösung gefunden worden. Auch dort ist unsere Arbeit nur auf den Bezirk Bad Kreuznach mit dem Hunsrück beschränkt.

Mit der Evangelisch-lutherischen Kirche in Bayern gibt es bis jetzt nur eine Regelung über das 1992 geänderte »Prädikantengesetz«. Über eine weitergehende Vereinbarung wurden zu meiner Zeit noch Verhandlungen eingeleitet.

Die intensive Arbeit über der Kirchenfrage innerhalb des Gnadauer Verbandes und die ebenso gründlichen, allerdings auch zeit- und kraftaufwendigen Sitzungen mit den regionalen Kirchenleitungen in den 80er und am Anfang der 90er Jahre haben wichtige Vorarbeit geleistet. Allerdings war all das nur unter der Voraussetzung möglich, dass die Gemeinschaftsverbände den Standort (um es mit Theodor Christlieb zu sagen) »in der Kirche« beibehalten. Kurt Heimbucher, der originelle und volkstümliche Präses, hat die Ergebnisse nicht mehr erlebt. 1988, im Jubiläumsjahr der ersten Gnadauer Pfingstkonferenz, hat Gott ihn noch vor seinem 60. Geburtstag abgerufen.

Meine Gremientätigkeit im Gnadauer Verband sollte noch vermehrt werden, womit ich nun wirklich nicht gerechnet hatte. An dieser Stelle soll aber deutlich gemacht werden, dass es für die Liebenzeller wichtig war, zu Gnadau zu gehören. Der Liebenzeller Gemeinschaftsverband gehört seit seiner Gründung 1933 dem Gnadauer Verband an. Der erste Inspektor, Lehrer Wilhelm Heinsen, soll hier zu Wort kommen: »Nach unserer letzten Zusammenkunft ... fuhr ich abends noch gleich nach Berlin ab, um an der Sitzung des Gnadauer Verbandes teilzunehmen. Gleich am ersten Tag wurde unsererseits die Bitte um Aufnahme unseres neuen Verbandes vorgebracht. Obwohl das Programm der zwei Tage sehr umfangreich und die Besprechungen außerordentlich lebhaft waren, nahm der liebe Vorsitzende, Herr Pastor Michaelis, sich Zeit, mit den Anwesenden über unseren Antrag zu verhandeln. Niemand hatte etwas gegen unsere Aufnahme einzuwenden. Darum wurde ich als Vertreter des Verbandes herzlich willkommen geheißen. Es ist uns eine große Freude, die kirchliche Anerkennung und die Zugehörigkeit zum Gnadauer Verband zu haben.« Missionsdirektor Pfarrer Lienhard Pflaum war viele Jahre bis 1991 stellvertretender Präses.

Vom 11.–15. Februar 1991 fand die erste gemeinsame Mitgliederversammlung der Vertreter aus den alten und den neuen Bundesländern statt. Das war ein historisches Ereignis. Die Witterungsverhältnisse waren so, dass sich für uns aus dem Schwarzwald eine Reise nach Krelingen mit dem Zug empfahl. Wir lösten drei Karten für Schwester Ilse Szaukellis, die schon viele Jahre zusammen mit Frau Schumacher von St. Chrischona bei diesen Sitzungen als Protokollantin tätig war, Karl Anderson und mich. Lienhard Pflaum sollte am Mittwoch zu uns stoßen, da er noch dienstliche Verpflichtungen hatte. Montag früh um 6.30 Uhr ließen wir uns zum Bahnhof nach Pforzheim fahren, und dann ging es per Bundesbahn weiter. Um

14.30 Uhr erreichten wir Krelingen, wo wir mit der Nachricht empfangen wurden: Karl Anderson soll wegen eines Todesfalls sofort die Rückreise antreten. Wir beteten miteinander, und anderthalb Stunden später fuhr er wieder nach Hause.

Ein ungewöhnliches Arbeitspensum lag vor uns. Zunächst galt es, den Entwurf einer neuen Satzung durchzusprechen und zu verabschieden. Damit wurde der *Evangelische Gnadauer Gemeinschaftsverband* gegründet.

In zwei getrennten Versammlungen der Vertreter aus den alten und den neuen Bundesländern wurden das *Evangelischkirchliche Gnadauer Gemeinschaftswerk in der DDR e. V.* und der *Gnadauer Verband für Gemeinschaftspflege und Evangelisation e. V.* aufgelöst. Dann stand die Wahl des neuen Vorstandes einschließlich der Berufung eines Generalsekretärs an. Danach erst folgten noch die üblichen Tagesordnungspunkte der Geschäftssitzung.

Trotz all des Organisatorischen, das selbstredend auch eine geistliche Komponente hat, gab es die Möglichkeit, geistlich »aufzutanken«. Professor Dr. Ruhbach von Bethel gab in drei Referaten wichtige Anstöße für das geistliche Leben von Mitarbeitern und Verantwortungsträgern.

Wahlen zum Vorstand sind immer spannend. 1991 allerdings wurde die Spannung noch gesteigert. Durch einen Nominierungsausschuss wurden sie vorbereitet und durch einen Wahlausschuss durchgeführt. Am Abend des Anreisetages erfuhr ich vom Vorsitzenden des Wahlausschusses, dass auch ich als Kandidat für die Vorstandswahl vorgeschlagen worden war. Bis zum Mittwochnachmittag sollte ich mich entschieden haben, ob ich kandidiere. Wäre ich doch in Süddeutschland!, dachte ich. Ich würde nach Hause fahren und mich mit meiner Frau und mit Brüdern besprechen. Dort in der Lüneburger Heide fühlte ich mich etwas allein gelassen. Ich bat den Vorsitzenden des Wahlausschusses um Geduld. Ich sei in eine Dienstgemeinschaft eingebunden und müsse mit meinen Brüdern Rücksprache nehmen. Das wollte ich von Krelingen aus versuchen, so gut dies bei der Entfernung und Zeitkürze ginge.

Schon bei der Ankunft hatte man mir gesagt, dass ich noch einen Gast in das Appartement bekäme. Der Name wurde mir nicht genannt. Noch war niemand anwesend. Nach der Abendveranstaltung befand sich ein weiterer Koffer in meinem Zimmer. Nach einiger Zeit trat sein Besitzer ein: Inspektor Klaus Haag von St. Chrischona. Es war so beruhigend und stärkend, mit ihm über meine Herausforderung sprechen und das Anliegen miteinander vor unseren Herrn bringen zu können. Unsere Freundschaft wurde dadurch noch vertieft. Einmal im Jahr trafen wir uns ohnehin zu Konsultations-Gesprächen.

Andere Brüder aus verschiedenen Verbänden und Bundesländern kamen auf mich zu und ermutigten mich. Ein Vertreter des Neupietismus müsse im Gnadauer Vorstand sein, wurde mir gesagt. Am Dienstagabend konnte ich mit dem Direktor unseres Werkes telefonieren. Er konnte wegen eines Todesfalles doch nicht wie vorgesehen am Mittwoch nach Krelingen reisen. Wir sprachen Verschiedenes durch. Er riet mir weder ab noch zu.

Am Mittwochvormittag war mir klar: Wenn ich die Kandidatur ablehne und Gott hätte durch meine Nominierung seinen Willen kundgetan, würde ich gegen seinen Willen handeln. Kandidiere ich aber und die Brüder hätten sich getäuscht, ist es unserem großen Vater im Himmel eine Kleinigkeit, dies durch das Wahlergebnis zu korrigieren.

Ich hatte schon etliche Vorstandswahlen in Gnadau miterlebt. Verheißungsvolle Kandidaten bekamen zu wenig Stimmen und wurden keine Vorstandsmitglieder. Vor Ablauf der Frist am Mittwoch nach dem Mittagessen sagte ich dem Vorsitzenden des Wahlausschusses, dass ich bereit sei, die Kandidatur anzunehmen. Am Mittwochabend wurden die Kandidaten der Mitgliederversammlung vorgestellt; am Donnerstagvormittag war die Wahl. Das Ergebnis bestätigte den Nominierungsausschuss, ohne Lobby aus unserem Werk. Ich war ja ausnahmsweise der Einzige, der an dieser Mitgliederversammlung teilnahm. Viele Brüder haben mir die Fürbitte für diese Aufgabe zugesagt. Was mich überraschte, aber auch erfreute, war der mutmachende Zuspruch schon vor der Wahl des sich bereits im Ruhestand befindenden Direktors des Johanneums, Pfarrer Johannes Berewinkel. Er schied 1991 aus dem Vorstand aus, nachdem er über zwei Jahrzehnte neben Lienhard Pflaum

Kandidat bei der Wahl des stellvertretenden Präses war, die jedes Mal Letzterer gewann.

Zum neuen Präses wurde der Nachfolger von Kurt Heimbucher, Pfarrer Christoph Morgner, gewählt, zu seinem Stellvertreter der Vorsitzende von Gnadau-Ost, Hans-Joachim Martens.

Mit solchen Erlebnissen und Ergebnissen hatte ich nicht gerechnet, als ich die Reise nach Krelingen antrat. Die Rückreise war wegen starker Schneefälle recht beschwerlich und mit beträchtlichen Verspätungen der Züge verbunden. Müde, aber dankbar erreichten Schwester Ilse und ich statt am 15. Februar, 21 Uhr, erst am 16. Februar um drei Uhr wieder den Missionsberg in Bad Liebenzell.

Wie gut, dass ich für Sonntag, den 17. Februar, keinen Dienst angenommen hatte! Es war ein sonniger Wintertag mit einer tief verschneiten Landschaft. Meine liebe Christa und ich fuhren nach Dobel im Nordschwarzwald. Dort tummelten sich Kinder und Erwachsene auf den Schneepisten. Wir beide machten einen ausgedehnten Spaziergang. Wie gut tat es, meiner Frau alles zu erzählen und mit ihr durchzusprechen. Sie merkte, wie mich das erfüllte, und sie teilte alles mit mir. Nebenbei bemerkt: Solche freien Sonntage plante ich in gewissen Zeitabständen ein, um mit Christa etwas unternehmen zu können. Ein inneres und äußeres *Auslüften* wie damals in Dobel war einfach nötig und erholsam.

Da im Blick auf die Kontinuität der Vorstandsarbeit je die Hälfte des neuen Gnadauer Vorstandes für sechs bzw. für drei Jahre gewählt worden war, musste 1994 in St. Chrischona die Hälfte neu gewählt werden. Ich gehörte zu denen, die sich neu zur Wahl stellen mussten. Wieder kandidierte ich und wurde für sechs weitere Jahre gewählt. Deshalb hatte ich über meine Ruhestandsgrenze hinaus bis zum Jahr 2000 ein Mandat.

Was ist zu dieser zusätzlichen Gremiumarbeit in Gnadau zu sagen? Ich will mich beschränken und nur die Feststellung Kurt Heimbuchers bestätigen: »Gnadau leitet man nur mit sanfter Gewalt.« Diese Weisheit hatte ihm schon sein Vorgänger Hermann Haarbeck ins Stammbuch geschrieben.

Lehrtätigkeit

»... und lehret sie halten alles, was ich euch befohlen habe« (Mt 28,20). So lautet der Auftrag des Lehrers Jesus an seine Jünger (Schüler). Lehre muss Inhalt der Verkündigung seiner Boten sein. Es ist gewiss kein Fehler, wenn auch ein bedachter Aufbau die christliche Unterweisung bestimmt. Das Strapazieren von Lieblingsthemen wird durch solches verhindert.

Auch in der evangelistischen Verkündigung, gerade heute, muss Lehre vorkommen. Die Zuhörer bringen doch wesentlich weniger Voraussetzungen mit, an die angeknüpft werden kann. Das war gewiss vor 50 Jahren anders. Einmal hörte ich Pfarrer Dr. Gerhard Bergmann seinen Kollegen von der Deutschen Zeltmission in Siegen-Geisweid leidenschaftlich zurufen: »Brüder, vergesst die *doctrina* (Unterweisung) nicht!« Das heißt: Lehrtätigkeit ist Verkündigung und umgekehrt.

In meiner Lehrtätigkeit am Theologischen Seminar der Liebenzeller Mission lebte ich in allen von mir zu unterrichtenden Fächern »von der Hand in den Mund«. Alles musste ich mir erarbeiten. Natürlich fehlte mir manchmal die Zeit, das gründlich zu tun. Deshalb war der Unterricht nicht selten unbefriedigend für mich, gewiss auch für die Schüler. Professor Dr. G. Peters, der einige Zeit mit seiner lieben Frau in der Wohnung über uns wohnte, pflegte zu sagen: »Die Hauptaufgabe eines Lehrers ist, vor seinen Schülern zu verbergen, was er nicht weiß.« Dazu gehört auch eine Portion Intelligenz. Die besaß ich meinem Empfinden nach nicht immer.

Das erste Fach, das ich zu unterrichten hatte hieß »Gemeinschaftsarbeit«. Hier sollte in die Praxis eingeführt werden. Ich vermutete schon 1973 – und das bestätigte sich –, dass wir zunehmend Schüler hatten, die die Gemeinschaftsbewegung gar nicht kannten. Deshalb schien es mir notwendig zu sein, in die Geschichte des Pietismus und der Gemeinschaftsbewegung einzuführen. Dies musste jedoch didaktisch so geschehen, dass ich auch die Schüler, die nicht allzu viel Geschichtsinteresse mitbrachten, mit meinem Stoff erreichte. Diesen Unterricht hatte ich in der dritten Klasse des Seminars und der Bibelschule übernommen; dies ist die Klasse unmittelbar vor dem Praktikum.

Unter dem Stichwort »Evangelistik« hatte ich später in drei Fächern zu unterichten: »Theologie«, »Methodik« und »Homiletik« der Evangelisation. Was deutsche Literatur dazu betraf, wäre ich sehr arm dran gewesen, wenn 1974 nicht der große Lausanner Kongress für Evangelisation stattgefunden hätte. Danach erschienen nicht nur die beiden Dokumentationsbände, aus denen manches für solchen Unterricht verwertbar war. Andere Bücher wurden ins Deutsche übersetzt, zum Beispiel das bereits zitierte Buch »Gesandt wie Christus« von John R. W. Stott. 1978 erschien das hilfreiche Buch »Die biblische Lehre von der Bekehrung« von Helmut Burkhardt. Im Blick auf die »Theologie der Evangelisation« erschien mir gerade diese Literatur unverzichtbar zu sein.

In »Methodik« konnte ich auf die Lausanner Beiträge von George Peters und Michael Green zurückgreifen.

Was die »Homiletik« – also die Predigtkunde – in der Evangelisation betrifft, bezog ich mich einleitend auf Professor Leonhard Fends »Homiletik – Theologie und Technik der Predigt« und auszugsweise auf Dr. Otto Rieckers »Das evangelistische Wort«.

In diesen drei Fächern unterrichtete ich die Absolventenklasse des Seminars. In diesem Unterricht wurden natürlich auch praktische Übungen angesetzt. Da wurde mir sehr schnell klar, dass jemand als Evangelist »eingesetzt« (Eph 4,11) werden muss, wie Paulus sagt. Die evangelistische Rede ist ein Charisma. Natürlich kann und muss so eine Gabe weiterentwickelt werden.

Das Unterrichten war mir zuweilen schon eine Last, und doch hatte ich auch Freude dabei und einen großen Vorteil: Ich lernte die Seminaristen kennen. Nicht alle Absolventen, die ich gern in unserem Verband gewollt hätte, kamen zu uns. Aber auch das war von höherer Warte aus betrachtet gut so.

Nun besteht unsere seminaristische Ausbildung nicht nur aus Wissensvermittlung, so wichtig diese je länger je mehr wurde, weil die Anforderungen eben entsprechend sind. Sie ist auch Lebensschule. Deshalb ließ ich die Andachten, damals mittwochs nach dem Abendessen, nur im äußersten Notfall ausfallen.

Christa und ich luden – wie schon erwähnt – die Schülerinnen und Schüler als Klassengemeinschaft gern zu uns ein. Es wurde uns sehr bald bewusst, dass wir Vorbild sein sollten. Vielleicht half mir auch eine Begebenheit zu solcher Erkenntnis: Ich hatte bei der *Brüderfreizeit* im Bezirk Mühlhausen die Vorträge zu halten. Es war eine Freude! Viele jüngere und ältere Männer waren anwesend. Manche brachten ihre Kinder mit. So auch Karl Schrodt. Neben ihm und mir saß beim Mittagessen Christoph. Wie alt er war, weiß ich nicht mehr. Er war Schüler, ein aufgeweckter, kluger Kerl. Immer wieder sah er mich an. Dann sagte er zu mir: »Früher warst du mein Freund.« Ich fragte erstaunt zurück, Schlimmes befürchtend: »Und jetzt?« Antwort mit einem ganz ernsten Gesicht: »Jetzt bist du mein Vorbild!« Damit hatte ich wirklich nicht gerechnet. Aber Christoph schien es so zu meinen, wie er es sagte. Vorbild! Nicht gekünstelt und nicht selbstgemacht. Vorbilder kann nur Jesus, unser Retter und Herr, aus uns machen. Und das geht erfahrungsgemäß wachstümlich, nicht kerzengerade steil nach oben. Es kann auch Wachstumsstörungen geben.

Da kann ich nur alle meine früheren Schüler, die ich enttäuscht habe, sehr um Entschuldigung bitten, wo ich ihnen die Transparenz für Jesus schuldig blieb.

Ich habe mich nie als qualifizierten Lehrer betrachtet. Meine Schüler wohl auch nicht. Umso mehr staune ich darüber, dass ich heute noch zu den Lehrbeauftragten am Theologischen Seminar der Liebenzeller Mission zählen darf, obwohl wir keinen Lehrermangel haben. Ich kann es nur so deuten, dass ich eben noch lernen soll. Denn: Von Schülern können Lehrer viel lernen!

In der Kurzbibelschule, die immer im Januar im Monbachtal stattfindet, hatte ich meine feste Unterrichtseinheit. Das ist überwiegend ein Angebot für solche, die sich für den nebenberuflichen Dienst zurüsten lassen möchten. Seit es das Bibelkolleg auf dem Missionsberg gibt, stehe ich auch hier mit vier bis sechs Stunden auf dem Programm.

1983, es war nicht lange nach meinem 50. Geburtstag, erhielt ich eine Einladung nach USA. Ich sollte in dem amerikanischen Zweig der Liebenzeller Mission in Schooleys

Montain an einer »*Orientation*« – damit ist ein Zurüstungskurs für zukünftige Missionare gemeint – etwas über die deutsche Gemeinschaftsbewegung vermitteln. Es sollte den Teilnehmern gezeigt werden, wer der Hintergrund oder das »*Standbein*« von LM-Germany ist. Den Amerikanern deutsche Kirchengeschichte und Kirchenstrukturen zu vermitteln, ist nicht ganz einfach. Vom 4. bis zum 10. Juni sollte das Unternehmen dauern. Am Samstag, dem 4. Juni, starteten wir um neun Uhr, Heinz Georgi, unser Chauffeur, meine Christa, die mich bis zum Stuttgarter Flughafen begleitete, und ich. In Unterhaugstett, einem Stadtteil von Bad Liebenzell, rief meine liebe Christa: »Ich hab den Rasierapparat einzupacken vergessen!« An was sie alles beim Kofferpacken denken musste! Welch eine Treue: Sie dachte noch an meinen Rasierapparat, während ich mit meinen Gedanken schon ganz woanders war. Heinz Georgi drehte und fuhr wieder den Berg hinunter. Der Rasierapparat wurde geholt und eingepackt. Wir starteten zum zweiten Mal. Abschied in Stuttgart. Ich flog allein nach USA. 15.55 Uhr Ortszeit kam ich am Kennedy-Flughafen in New York an. Norman Dietsch, der damalige Direktor des amerikanischen Zweiges, holte mich ab. Schooleys Mountain liegt zwar im Staate New Jersey, trotzdem aber unweit von New York.

Am Sonntag hatte ich (mit Übersetzer) in der Grace Bible Church um 11 Uhr zu predigen. Anschließend war eine Abendmahlsfeier, zuvor die Sonntagsschule. Letzteres ist nicht eine Veranstaltung für Kinder, sondern Bibelstudium für die Gemeinde. Das Gemeinde-Mittagessen war für mich damals noch etwas Neues. Inzwischen wird das bei uns auch schon regelmäßig oder gelegentlich praktiziert. Das Büfett bestand aus von Gemeindegliedern mitgebrachten Salaten und anderem. Und dann ging es gerade weiter mit Gemeindeprogramm. Man konnte den ganzen Sonntag miteinander verbringen.

Ich war allerdings dankbar, dass ich mich nach dem Essen in mein Quartier nach Schooleys zurückziehen konnte. Durch die Zeitverschiebung hatte ich ein Schlafdefizit aufzuholen. Zum Abendessen lud mich Familie Jäger in das Steakhouse *Bonanza* in Hakkestown ein.

Am Abend begann dann mit einer Begrüßung der Kurs für

die Kandidaten. Von Montag bis Donnerstag hatte ich meine Unterrichtseinheiten gemäß Stundenplan. Ich merkte gleich, dass ich visuelle Hilfsmittel brauchte. Im Büro fertigte ich schnell Folien für den Tageslicht-Projektor an, mit knappen englischen Worten beschriftet. Die Missionskandidaten merkten, dass ich das Material in den Pausen herstellte, und meinten anerkennend, ich sei ein fleißiger Lehrer. Diese Anerkennung tat mir sogar gut.

Die Teilnahme an einer Vorstandssitzung und die Bibel- und Gebetsstunde in Schooleys Mountain zu halten, gehörten zusätzlich zu meinem Pensum. Zwischendurch konnte ich einen Spaziergang über das große Areal machen.

Schnell war der Freitag da. Für 18.30 Uhr war mein Rückflug ab Kennedy-Flughafen gebucht. Morgens schon fuhren wir ab. Siegfried Jäger, der seinerzeit das Jugendcamp leitete, nahm uns in seinem PKW mit. Schwester Helene Held, eine Neuguinea-Missionarin der Deutschen Missionsgemeinschaft, die sich gerade in den USA aufhielt, war auch dabei. Siegfried wollte uns etwas von New York zeigen. Zuerst machten wir eine Schiffsrundfahrt, dann einen Stadtbummel durch die 5th Avenue und 34th Avenue. Die Zeit verging wie im Flug. Den Flug hatte ich natürlich immer im Hinterkopf. Siegfried meinte, es sei noch Zeit. Er hatte aber, wie er es später gestand, übersehen, dass Freitag war. Das bedeutete eine größere Verkehrsdichte. Wir waren zwar im Auto und auf der Straße, aber noch lange nicht am Flughafen. Mal standen wir, mal fuhren wir langsam, dann etwas schneller. Schon wieder standen wir. 18.30 Uhr kamen wir endlich am Kennedy-Airport an. Das war aufregend! Es muss noch reichen!, dachte ich. In der Halle blinkte auf dem Terminal bei Flight Nr. 401 »boarding – boarding – boarding« auf. Das war mein Flug. Ich wollte unbedingt noch hinein – doch ich durfte nicht mehr. Noch stand die Maschine da. Doch ich war zu spät gekommen, um noch mitfliegen zu können. Da jagte ein Gedanke den anderen. Meine nächsten Termine standen vor mir: Sonntag, 9.30 Uhr Festgottesdienst zum 25. Jubiläum des Bezirks Schwenningen in Oberbaldingen auf der Baar, 14 Uhr Festversammlung in Schwenningen. Mir fiel ein Stein vom

Herzen, als mir nach einer Weile mitgeteilt wurde, ich könne mit der Flugnummer 403 um 21.20 Uhr fliegen.

Vor ein paar Jahren traf ich Schwester Helene Held – längst im verdienten Ruhestand – bei einer unserer Freizeiten. Sie konnte sich noch lebhaft an dieses Erlebnis in New York erinnern. Hinten im Auto sitzend hat sie uns beobachtet. Lobend hat sie sich über meine angebliche Gelassenheit geäußert. Sie sah ja auch nur, was vor Augen war.

Am Samstag, dem 11. Juni, kam ich um 12.30 Uhr wieder zu Hause in Bad Liebenzell an. Wie dankbar waren meine Christa und ich! Gemeinsam fuhren wir dann am Sonntag um 7.45 Uhr in den Bezirk Schwenningen.

Am 17. Juni, damals noch gesetzlicher Feiertag, machten wir einen Tagesausflug in die Schweiz. Da konnten wir wieder ungestört und ohne Hektik miteinander sprechen. Das bedeutete immer Erholung, Kräfte sammeln für neue Aufgaben.

Vorbereitung und Durchführung von Veranstaltungen

Auf Verbandsebene hatte ich zentral pro Jahr drei Veranstaltungen vorzubereiten: die *Brüderfreizeit*, die *LGV-Gebets- und Arbeitstagung* und den *Gemeinschaftstag* (Letzterer ist immer am Pfingstmontag). Sie fanden anfangs teils noch im Herbst statt, später alle in der ersten Jahreshälfte. Die *Brüderfreizeit* ist hauptsächlich für nebenberufliche Mitarbeiter gedacht. Ich habe sie als Wochenendtagung kennen gelernt; wir haben sie dann auf eine Woche ausgedehnt. Die meisten Teilnehmer kamen zum Wochenende. Da genügten die Raumangebote auf dem Missionsberg nicht. Wir mussten in der Stadt Quartiere anmieten. In der Nähe stationierte Prediger wurden zu den Bibelarbeiten am Vormittag eingeladen. Für die Nachmittags- und Abendveranstaltungen wurden Referenten aus dem Werksbereich oder von auswärts gewonnen.

Zu den Höhepunkten gehörte der *Zeugnisabend*, an dem drei oder vier Teilnehmer zu Wort kamen. Er wurde auf den Donnerstag an die Stelle unserer Bibelstunde gelegt, nachdem nachmittags ein Ausflug in einen unserer Gemeinschaftsbezirke im Umkreis unternommen worden war. Dieser Ausflug war verbunden mit einer Verteilaktion unserer evangelistischen Blätter. Daran schloss sich ein Kaffeetrinken im örtlichen Gemeinschaftshaus an; dabei wurde uns der jeweilige Bezirk vom Bezirksleiter oder dem Prediger vorgestellt. Auch ein Erfahrungsaustausch über die Verteilaktion war damit verbunden.

Einmal berichteten zwei Brüder, die miteinander unterwegs gewesen waren, ihr originellstes Erlebnis: Sie stehen vor einem Haus und klingeln. Nach einer Weile geht das Fenster oben auf. Sie grüßen freundlich und fügen hinzu: »Wir kommen nicht von den Zeugen Jehovas.« Darauf entgegnet die Dame oben: »Aber ich!« – und das Fenster geht wieder zu.

Manchmal fiel das jährliche Gespräch zwischen der Kirchenleitung und Vertretern des Pietismus beim Oberkirchenrat in Stuttgart in diese Zeit, so dass ich mich für ein paar Stunden von der Brüderfreizeit beurlauben lassen musste. Auch der Geburtstag meiner Frau fiel nicht selten in diese Freizeitwoche. Doch das garantierte, dass ich dann wenigstens auf dem Missionsberg war.

Seit einigen Jahren haben wir diese Freizeit auch für Frauen geöffnet. Deshalb bekam sie den zusätzlichen Namen *Mitarbeiterfreizeit*. Wenn Christas Geburtstag in diese Zeit fiel, lud sie die Frauen zum Kaffee ein.

Die *Gebetstage* des Verbandes, die im Herbst angesiedelt waren, schienen – wie ich meinte – verlegt und vom Ablauf her geändert werden zu müssen. Da kam uns die Übereignung des Monbachtales an die Liebenzeller Mission im Jahre 1975 entgegen. Wir beschlossen: Die Tagung für die vollzeitlichen Mitarbeiter des Verbandes soll in der Woche nach Ostern stattfinden. Während der Osterferien war es auch für die Frauen der Prediger möglich, daran teilzunehmen. Auch die Kinder wurden eingeladen. Sie ließen sich den Aufenthalt im Monbachtal mit dem besonderen Programm nicht entgehen.

Die *Gebets- und Arbeitstagung* für die Erwachsenen und eine Art *Ferienlager* für die Kinder standen also ab 1976 auf dem Verbandsprogramm, immer in der Osterwoche von Dienstag bis Freitag. Auch diese Veranstaltung hatte ich vorzubereiten und durchzuführen. Sie entwickelte sich zu einer großen Tagung, denn nach alter Gepflogenheit nahmen auch die hauptberuflichen Mitarbeiter des Starkenburger Verbandes daran teil sowie die *Liebenzeller*, die in anderen Verbänden arbeiteten, außer in der Süddeutschen Vereinigung. Manche, die nicht im Liebenzeller Gemeinschaftsverband zum Einsatz kamen, trugen uns gleich die Bitte vor, sie möchten zur Tagung im Monbachtal eingeladen werden. Für solche war die Teilnahme nicht Pflicht. Für die vollzeitlichen Mitarbeiter im Liebenzeller Gemeinschaftsverband jedoch war die Teilnahme obligatorisch.

Zu dieser Tagung wurde in der Regel nur ein Referent eingeladen. Er hatte vormittags eine Bibelarbeit zu halten und eventuell an einem der Tage über ein bestimmtes Thema zu referieren. Nach der Bibelarbeit waren vormittags noch Gebetseinheiten in drei verschiedenen Räumen. Es wurde wohl nicht weniger gebetet als bei den früheren *Gebetstagungen*. Ein Abend wurde mit einem Familienprogramm gestaltet, und eine Programmeinheit war für Berichte aus verschiedenen Bezirken vorgesehen. Freitags nach der Bibelarbeit schloss sich die Feier des Heiligen Abendmahls an. Und dann boten uns die verschiedenen Gruppen der Kinder und Teenager etwas dar.

Diese Veranstaltung berücksichtigte das Anliegen des Gebets, bot etwas Weiterbildung und wirkte gemeinschaftsbildend. Wie gut tut es den Predigerskindern, zu erleben: Es gibt noch mehr »von unserer Sorte«! Freundschaften wurden geschlossen. Die Kinder freuten sich aufeinander von einem Jahr zum anderen. Auch ich durfte Freundschaft mit den Kindern schließen und wurde dadurch im Lauf der Jahre zum »Vater« der Tagung. Meine Christa hatte, so meine ich, schon früher durch mancherlei Gespräche mit den Predigersfrauen, Schwestern und Gemeinschaftsdiakoninnen die Anerkennung einer »Mutter«. Man sagte mir nach, ich hätte die Namen aller Predigerskinder gekannt. Das ist wohl etwas übertrieben. Ich gebe zu, dass ich vor mancher Tagung einige Namen gelernt habe, damit ich die Kinder mit Vornamen ansprechen konnte. Schwieriger wurde es für mich, als dann immer mehr Doppelnamen vorkamen: Elena-Carmen oder Manuel-Ruben und andere.

Viele dieser Kinder sind inzwischen Ehemänner und Ehefrauen, Väter und Mütter geworden. Neulich schrieb mir Daniel, ein Arzt in den neuen Bundesländern, ich hätte ja wohl ein Anrecht als »LGV-Vater«, es zu erfahren, wenn die Predigerskinder von einst Familienzuwachs bekommen hätten. Deshalb wolle er mir die Ankunft seines zweiten Kindes kundtun. So etwas freut mich unbändig, vor allem aber macht es mich dankbar, zu sehen, was aus diesen Jungen und Mädels alles wird und dass sie trotzdem bei Jesus, ihrem Retter und Herrn, sind und bleiben.

Natürlich gab es auch Unangenehmeres zu erledigen. Man meinte beobachtet zu haben, wenn ich mit jemandem in einer Pause links des Monbaches spazieren ging, hätte es sich um einen Versetzungskandidaten bzw. -kandidatin gehandelt. Doch auch sonst gab es im Monbachtal Gelegenheit, Freud und Leid miteinander zu teilen. Diese Tage im Monbachtal waren recht anstrengend, aber sehr, sehr schön. Ich möchte sie in meinem Leben nicht missen.

Der *Gemeinschaftstag* am Pfingstmontag fand im Zelt statt, in dem zuvor das Pfingstmissionsfest, eine geraume Zeit lang auch das Teenager-Missionstreffen (das TMT) und zwei Kindermissionsfeste viele Menschen angezogen hatten. Immer wieder stellten wir uns die bange Frage: Wie viele würden denn an diesem letzten Tag des Festezyklus kommen? Die Besucherzahl lag meistens bei 4 000. Zwei herausragende Ausnahmen sind mir bewusst: Das 50. Jubiläum des Liebenzeller Gemeinschaftsverbandes 1983 und der *Gemeinschaftstag* 1996, der letzte, den ich vorbereitete. Peter Hahne, Theologe und Fernsehjournalist, war einer der Referenten. Diese *Gemeinschaftstage* erlebten 5–6 000 Teilnehmer.

Zwei Pfingstmontage sind sehr lebhaft in meinem Gedächtnis haften geblieben: 1976 war Pfarrer Kurt Heimbucher, der damalige Präses des Gnadauer Verbandes, das erste Mal, während ich die Verbandskonferenz zu verantworten hatte, als Referent dabei. Um die Pfingstzeit ist ja gerade in Württemberg, aber auch darüber hinaus, recht viel für das Volk Gottes geboten. Ich beschränke mich bei der Aufzählung auf unsere unmittelbare Nachbarschaft: Neben unseren Veranstaltungen in Bad Liebenzell ist in Aidlingen bei Böblingen das Pfingsttreffen für junge Menschen und das Angebot des Württembergischen Brüderbundes für junge Leute in Esslingen. Dort sprach am Pfingstmontag 1976 unter anderem der amerikanische Evangelist Dr. Billy Graham. Zwischen 11 und 12 Uhr klingelte das Telefon im Zelt. Schwester Ilse nahm solche Gespräche hinter den Kulissen ab und ließ dann wichtige Nachrichten dem Versammlungsleiter auf Zetteln zukommen. So erreichte mich am Pfingstmontag, dem 7. Juni 1976, vor der Mittagspause ein Zettel mit der mich sehr überraschenden Nachricht: Billy Graham kommt von Esslingen am Nachmittag nach Bad Liebenzell. Von uns eingeladen war er nicht. Aber es konnte ja sein, dass er auf die parallelen Großveranstaltungen in Württemberg aufmerksam gemacht worden war und sich entschloss, uns zu besuchen und zu grüßen.

Nun galt es schnell zu entscheiden, ob ich diese Überraschung in meine Bekanntmachungen vor dem Mittagessen aufnahm oder nicht. Es kämpfte in mir. Der Redner war fertig. Ein Lied wurde gesungen. Ich war dran – und gab den angekündigten Besuch Billy Grahams durch. Das hatte Wirkungen. Manche, die in der näheren Umgebung zu Hause waren, machten sich auf den Weg, um Bekannte oder Verwandte abzuholen. Je mehr sich die Mittagspause dem Ende näherte, umso mehr legte sich eine fiebrige Erwartung auf die Besucher. Aber nicht nur auf sie, wahrscheinlich noch viel mehr auf die Veranstalter. Ich war sonst meist eine Viertelstunde vor Beginn im Zelt. Diesmal stand ich vor der Buchhandlung, um die Straße zu überblicken. Andere gesellten sich zu mir. Wie sich das Programm gestalten könnte, hatten wir natürlich beim Mittagessen überdacht. Für die Übersetzung war gesorgt. Kurt Heimbucher hatte mich wissen lassen: »Nach Billy Graham spreche ich nicht.« Er war ins Zelt gegangen. Natürlich waren noch mehr Leute gekommen und warteten gespannt auf den Beginn der Nachmittags-Veranstaltung. Ich hörte draußen über die Lautsprecher Kurt Heimbucher ein Lied anstimmen. Er war ans Podium gegangen, um mit den erwartungsvollen Besuchern einen Chorus zu singen – und noch einen – und noch einen? Von einem Auto mit Billy Graham war keine Spur. Ich entschloss mich, ins Zelt zu gehen. Einige blieben noch draußen stehen. Sie und wir warteten umsonst. Der angemeldete Besuch kam nicht.

Was war geschehen? War das alles ein Missverständnis? Schwester Ilse, die Sekretärin des Direktors, war zuverlässig. Sie hatte den Anruf empfangen, das Gespräch mit dem unbekannten Anrufer geführt, den Zettel geschrieben. Hatte sich jemand einen üblen Scherz erlaubt? Eines stand fest: Billy Graham hatte keinen Unfall. Die Rückfrage bei den Veranstaltern in Esslingen ergab: Billy Graham war in Esslingen, und sie wussten nichts von einem beabsichtigten Besuch in Bad Liebenzell. Die Angelegenheit blieb unaufgeklärt, wie vieles auf dieser Erde! Etwas enttäuscht, aber dennoch gesegnet verließen die Besucher in der zweiten Nachmittagshälfte nach der Veranstaltung das Zelt. Auch wir waren enttäuscht. Und ich ärgerte mich über mich, dass ich diese Telefonmitteilung im Zelt bekannt gemacht hatte.

Im Jahr 1983 feierten wir am Pfingstmontag das 50. Jubiläum des Verbandes. Ein Jubiläumsmagazin war rechtzeitig fertig geworden. Das boten wir den Besuchern als Neuerscheinung zum Kauf an. Es wurde reichlich zugegriffen. Viele waren gekommen, obwohl es fast ununterbrochen regnete. Wir hatten von Jahresbeginn an in unserem Monatsblatt »durchblick und dienst« auf dieses Ereignis hingewiesen und dazu Kostproben aus dem Jubiläumsmagazin abgedruckt. Das Zelt war denn auch voll – und blieb auch voll den ganzen Tag über. Die Leute konnten in der Mittagspause kaum ins Freie, denn der Regen hielt an.

Pfarrer Kurt Heimbucher sollte wieder der Festredner sein. Er musste leider recht kurzfristig absagen, weil er sich einer Herzoperation unterziehen musste. Der Ersatzredner für ihn war der Direktor der Liebenzeller Mission, Pfarrer Lienhard Pflaum. Er war ja auch der Stellvertreter des Gnadauer Präses. Er litt jedoch an einer akuten Ischiaserkrankung. Es war fraglich, ob er stehend werde reden können. Wir bangten, ob er überhaupt einsatzfähig sein würde. Es ging dann aber gut.

Uns bekannte Ärzte, die als Teilnehmer anwesend waren, hatten auch immer eine Art Bereitschaftsdienst, wenn es jemandem schlecht wurde oder wenn sich ein Unfall ereignete.

In der Mittagspause kam Prof. Dr. Karl-Ludwig Scholler auf mich zu und berichtete mir behutsam, dass eine ältere Frau vor ein paar Minuten außerhalb des Zeltes auf einem der Wege umgefallen sei. Er hätte nur noch den Tod feststellen können.

So eine Nachricht trifft einen tief. Das kann man nicht einfach abschütteln. Ich musste in Kürze im Zelt sein. Ich hatte nicht nur die Leitung für das Nachmittagsprogramm, sondern, weil es eine Jubiläumsveranstaltung war, auch noch eine Verkündigungseinheit übernommen. Das Regenwetter lag mir ohnehin schon auf dem Gemüt – und jetzt auch noch diese Nachricht! Das war das einzige Mal, dass bei unseren Großveranstaltungen jemand starb, solange ich in der Mitverantwortung des Werkes stand.

Ob das jemand mitbekommen hatte? Und wenn ja, inwieweit war es bekannt geworden? Ich jedenfalls empfand die Atmosphäre im Zelt als gar nicht festlich. Ich rang um einen Einstieg, der auflockerte und damit hörfähig machte in diesem vollen, etwas tristen Zelt.

Schließlich war ich mit meiner Ansprache über das Thema »Grund zum Vertrauen« an der Reihe. Der Regen trommelte auf das Zeltdach. Ich begann mit möglichen Erklärungen des Kürzels für Liebenzeller Gemeinschaftsverband, LGV: Liebe Gottes Volk! – Lern Gottes Verheißungen! – Lobe Gott vertrauend! Man kann diese drei Buchstaben auch persönlich deuten, dann könnten sie heißen: »Lienhard – Gajan – Vatter.« Da setzte ein lautes fröhliches Lachen ein. Sie hatten verstanden. »Lienhard« war der Vorname des Werksleiters. »Vatter«, mit Vornamen Ernst, war der Leiter der Abteilung Äußere Mission. Wir machten zusammen mit Schwester Hanna Bär, der Oberin der Schwesternschaft, den damaligen Vorstand der Liebenzeller Mission aus. Diese Deutung der Abkürzung »LGV« hatten die Zeltbesucher offenbar noch nicht gehört. Als sie das Lachen beendet hatten, konnte ich beginnen. Auch meine beiden Gliederungssätze lehnten sich an das Kürzel LGV an:

1. Lerne: Gott vertraut uns!
2. Lebe Gott vertrauend!

Meine Ansprache half mir, meine trübe Stimmung zu überwinden, hoffentlich auch die von vielen Zuhörern im Zelt.

Am Donnerstag, dem 26. Mai, nahm ich an dem Begräbnis von Frau Neuwirth in Heilbronn-Böckingen teil, jener Frau, die Gott an unserem Jubiläums-Gemeinschaftstag aus dieser Zeit in die Ewigkeit gerufen hatte. Am Abend dieses Tages hielt ich dann die Bibelstunde im Missionshaussaal über Jakobus 1,19–27.

Ich füge die *Ludwig-Hofacker-Regionalkonferenzen*, die später »Christustage« genannt wurden, an dieser Stelle ein, weil sie auch im Zelt auf dem Missionsberg an dem katholischen Feiertag Fronleichnam stattfinden. Sporadisch sind diese Veranstaltungen der Ludwig-Hofacker-Vereinigung zentral in Stuttgart, meistens auf dem Killesberg oder im Neckarstadion, ausgeweitet als »Gemeindetage unter dem Wort«, durchgeführt worden.

Von 1976 bis 1997 hatte ich eine dieser meistens zehn regionalen Konferenzen vorzubereiten und zu leiten – ich schreibe bewusst nicht »moderieren«. Seit ich die Beschreibung eines »Moderators« aus dem Munde eines solchen in den Medien hörte, meide ich diese auch bei Christen so beliebt gewordene Bezeichnung. »Ein Moderator ist ein Dahinredner, der Pausen mit einem Maximum an Minimum füllt«, meinte jener Moderator. Die Veranstaltung in Bad Liebenzell gehörte zu den bestbesuchten, und wir konnten meistens auch das größte Opfer in Korntal bei der Geschäftsstelle abliefern. Dafür können wir *Liebenzeller* nichts, das hängt mit dem guten Umfeld des Nordschwarzwalds zusammen.

Das Publikum bestand aus einer ganz anderen Zusammensetzung als bei unseren Missionsfesten. Die Redner wurden so ausgewählt, dass sie nicht dieselben waren wie bei unseren Veranstaltungen. Das Programm war anders. Am Nachmittag, unmittelbar nach der kürzeren Mittagspause, wo sich leicht Müdigkeit bei den Zuhörern bemerkbar macht, wurde eine Podiumsdiskussion mit kompetenten Teilnehmern oder eine Sprecherfolge (ein »Anspiel«) dargeboten. Prälat i. R. Rolf Scheffbuch, der langjährige Vorsitzende der Ludwig-Hofacker-Vereinigung, stellte solche originellen Sprecherfolgen zusammen, die unsere Seminaristen und Bibelschülerinnen vortrugen. Ich staunte, dass ich immer Sprecher dafür gewinnen konnte, obwohl die Veranstaltungen zuvor auch sie sehr in Anspruch genommen hatten. Sie waren gefordert, da sie beim Zeltaufbau, beim Ordnerdienst, bei der Kinderbetreuung und anderswo mitwirkten. Gewiss hat auch der reizvolle Inhalt und die Originalität der Texte sie herausgefordert, die Texte sogar auswendig zu lernen und diese Sprecherfolgen beeindruckend vorzutragen.

Gern denke ich an den letzten von mir geleiteten regionalen »Christustag« zurück. Landeskirchenrat Klaus Teschner, Düsseldorf, hatte Premiere als Redner bei Ludwig-Hofacker-Konferenzen. Daher sollte er auch originell eingeführt werden, dachte ich. Es war mir bekannt, dass er Akkordeon spielt. Nun konnte ich nicht verlangen, dass er sich mit seinem Instrument auf der Zugreise abschleppte. Unsere Missionarin Schwester Ingelore Lengning, die viele Jahre auf der Insel Yap im Pazifischen Ozean in einem Kindergarten tätig war, besaß ein solches Instrument. Das lieh ich aus. Mit einem Interview stellte ich Klaus Teschner vor. Dann bat ich ihn, uns mit dem Akkordeon zu erfreuen. Er war vorbereitet. Umständlich zog er seine Jacke aus, schnallte das Instrument um und lud uns ein mitzusingen, während er spielte. Dann zog er seine Jacke wieder an und ging zum Rednerpult. Nun waren – bildlich gesprochen – die Jalousien offen: Man hörte ihm gern zu und ließ sich von ihm etwas sagen. Gottes Wort hatte eine freie Bahn.

»Feuilleton-Evangelisation«

Viele Jahre hatte ich den Vorsitz der örtlichen Evangelischen Allianz in Bad Liebenzell inne. Außer den jährlichen Gebetswochen im Januar hatten wir auch evangelistische Veranstaltungen auf dem Programm. Wir meinten, wenn die Liebenzeller Mission so ein Angebot macht, stoße dies bei nicht wenigen Leuten der Stadt auf Vorbehalte. Ebenso empfanden wir für andere die Schwelle zur Kirche als hoch. Also gingen wir mit freundlicher Genehmigung des Kurdirektors und Unterstützung des damaligen Bürgermeisters in den Spiegel- und Wappensaal des Kurhauses.

Einmal hatten wir auch einige evangelistische Vorträge mit Pfarrer Dr. Heiko Krimmer im Kurhaus. Sonst waren es Einzelveranstaltungen mit Verkauf von Eintrittskarten an der Abendkasse. Der Sänger Wilfried Mann gestaltete zweimal Liederabende. Er leitete sie selbst und machte durch Wort und Lied die Einladung Gottes hörbar.

Peter Hahne plauderte dort einmal aus dem *Nähkästchen* eines Fernsehjournalisten.

Der Studiochor des Evangeliums-Rundfunks unter der Leitung von Gerhard Schnitter schenkte uns einen schönen Abend im Spiegelsaal.

Am 21. Mai 1984 hatte Pfarrer Paul Deitenbeck aus Lüdenscheid einen Abend zu halten. Er sprach im Plauderton über das Thema »Wunder der Begegnung«. Seine liebe Frau Hilde hatte er auch mitgebracht. Wir saßen miteinander beim Abendbrot in unserer Wohnung. Bevor wir uns auf den Weg in das Kurhaus machten, blieb er im Wohnzimmer vor mir stehen und sagte: »Ich habe ›Mikos‹. Weißt du, was ›Mikos‹ sind?« Er erklärte mir, es handle sich um »Minderwertigkeitskomplexe«. Solch ein beliebter, erfahrener, volkstümlicher Redner hatte »Mikos«! Das tröstete mich, weil sich ja vor solchen Herausforderungen so allerlei Empfindungen ausbreiten wollen. Welch eine Ehrlichkeit! Hätte ich das so offen ausgesprochen?

Am nächsten Tag waren wir noch eine Weile beieinander. In unser Gästebuch schrieb er: »Ihr seid ein Wohlgeruch Jesu Christi! In Eurem Heim und der Gemeinschaft mit Euch war der Duft des Evangeliums merkbar! In dankbarer Liebe! Eure Hilde und Paul Deitenbeck. 22. Mai 1984.« Welch ein Mutmacher! So habe ich ihn öfter erlebt. Er gab übrigens diesen Abenden im Kurhaus den Namen »Feuilleton-Evangelisation«. Diese Veranstaltungen hatte ich also vorzubereiten und durchzuführen. Sie waren »Heimspiele« für mich.

Die Ebene des Gnadauer Verbandes möchte ich auch nicht unerwähnt lassen. Da wären die Kongresse zu nennen, von »Schritte zur Mitte« in Gunzenhausen 1980 bis zum Frauenkongress in Marburg »Schritte wagen« 1996. Ich beschränke mich auf den Gottesdienst zum Jubiläum »100 Jahre Gnadau«. Im Jahre 1888 hatte die erste Gnadauer Pfingstkonferenz stattgefunden. 1988 musste man ja noch – vor der Wiedervereinigung – in Ost und West getrennt feiern. Bei uns im Westen wurde das Jubiläum im Rahmen der Gnadauer Pfingstkonferenz (26. Mai bis 29. Mai 1988) in Siegen begangen. Höhepunkt war der Sonntag. Die Veranstaltungen am Vormittag fanden in der Siegerlandhalle statt, am Nachmittag im Stadion. Leider regnete es.

Ich durfte mit meiner Frau, wie die anderen Mitwirkenden auch, im neuen Erholungsheim »Patmos« in Siegen-Geisweid wohnen. Kurt Heimbucher hatte mich »erkoren«, im Gottesdienst in der Siegerlandhalle die Liturgie zu übernehmen. Er hielt die Predigt. Der Gottesdienst wurde vom Deutschlandfunk live übertragen. Um acht Uhr fand eine Vorbesprechung mit den Mitwirkenden und den Technikern der Funkanstalt statt und um neun Uhr ein Probelauf. Dabei wird einem deutlich, wie abhängig wir sind. Man durfte ja während der Aufnahme weder niesen noch husten und sich auf keinen Fall versprechen. Die Herzoperation hatte Kurt Heimbucher seit fünf Jahren hinter sich; er war ein angeschlagener Mann. Sein Spray hatte er dabei. Prof. Dr. Karl-Ludwig Scholler, der Mediziner, saß in einer der ersten Reihen. Das beruhigte Kurt Heimbucher auch. Aber vor allem war Jesus Christus nach seiner Verheißung bei uns. Um 10.05 Uhr begann die Übertragung – um 11.05 Uhr atmeten wir auf und dankten unserem Herrn. Es war alles gut gegangen. Kurt Heimbucher war meine Opferansage zu trocken gewesen. Jetzt ergänzte er sie noch vehement, ohne Deutschlandfunk.

Wir wussten es nicht, dass dies unsere letzte Dienstgemeinschaft war. Es war wohl auch unsere letzte Begegnung auf dieser Erde. Am Ende unseres Urlaubs in Tiefenbach bei Oberstdorf erreichte uns die Nachricht, dass Kurt Heimbucher von unserem Herrn heimgerufen worden sei. Am 29. Juli 1988 fand das Begräbnis statt. Deshalb reisten meine Christa und ich schon am 28. nach Hause, um in Nürnberg dabei sein zu können.

Kurt Heimbucher war von 1971 bis zu seinem Heimgang Präses des Gnadauer Verbandes. Obwohl er, wäre es nach ihm gegangen, lieber Gemeindepfarrer in Nürnberg geblieben wäre, war er der rechte Mann an der Spitze Gnadaus.

Wenn eine Veranstaltung, die viel Vorbereitung erfordert hatte oder irgendein anderer schwerwiegender Termin hinter mir lag, konnte ich erleichtert meiner Frau Christa sagen: »Bin ich dankbar, auch das ist wieder vorbei!« Worauf sie oft nachdenklich antwortete: »So geht auch unser Leben vorbei!«

Schriftleitung

Als ich noch in Schwäbisch Hall Prediger war, hatten wir einmal Fritz Hubmer als Redner eingeladen, den Inspektor des Württembergischen Brüderbundes. Er berichtete auch über seine lange Tätigkeit als Schriftleiter eines Monatsblattes. Damals dachte ich: So eine Aufgabe wollte ich nicht übernehmen!

Schreiben machte mir meist Freude. Aber die Verantwortung einer Schriftleitung tragen? Das bedeutete doch, auf alle Termine zu achten, die Monat für Monat für die Herstellung eines Blattes gegeben sind. Das bedeutete weiter: den nötigen Stoff zusammenstellen, Artikel von geeigneten Autoren erbitten, »eintreiben« und – wenn nötig – diese Beiträge be- oder gar umarbeiten. Schließlich bedeutete das auch, Kritik von Autoren und Lesern einzustecken, »Wogen zu glätten« und vieles mehr.

Dass ich dennoch 23 Jahre lang als Schriftleiter von zwei Blättern durchgehalten habe, verdanke ich guten Mitarbeiterinnen im Redaktionsbüro. Ich verdanke es aber auch meiner lieben Frau, die umsichtig meine diesbezüglichen Aufgaben begleitete, Korrektur las, Lesestoff sammelte und manchmal die Manuskripte durcharbeitete, bevor sie in die Druckerei geschickt wurden. Vor allem verdanke ich es unserem barmherzigen Herrn, der nicht nur Aufgaben stellt, sondern auch Gaben gibt, diese zu erledigen.

Am Anfang meiner Tätigkeit waren die Termine bei unserem Monatsblatt »durchblick und dienst« etwas durcheinander. Das Blatt kam anstatt am Monatsanfang erst in der Mitte oder gar in der zweiten Hälfte des Monats in die Leserhände. Das war für die Leser ärgerlich und für uns unangenehm. Wir bekamen einfach die Manuskripte nicht rechtzeitig zum Druck.

Um nur ein Beispiel zu nennen: Es war am 24. Dezember

1977, als ich um die Mittagszeit im Büro saß und den Umbruch klebte. Das war damals im Bleisatzverfahren noch üblich. Die Korrekturfahnen wurden in Puzzles zerschnitten und dann passend auf die einzelnen Seiten montiert, und zwar genau so, wie das fertige Seitenbild aussehen sollte. Jetzt ging es dabei um die Januarnummer 1978! Das bedeutete: Wir waren rund drei Wochen im Verzug. Um 16 Uhr hatte ich dazu noch die Predigt in der Christvesper im Missionshaus zu halten.

Das klang bis jetzt alles ein wenig negativ. Ich darf aber nicht verschweigen, dass ich auch viel Freude erlebte mit den fertigen Produkten, mich auch über manch positives Echo freuen durfte.

Nachdem die Geschäftsstelle unseres Gemeinschaftsverbandes vom Haus »Lobetal« in die »Villa Lioba« verlegt worden war, hatten wir einen schönen Raum für die Redaktion. Frau Witte hatte auch jüngeren Mitarbeiterinnen geholfen, sich einzuarbeiten. Zunächst gab es einen schnelleren Personalwechsel, aber dann zog Stabilität ein.

Unsere Blätter werden über unsere Verbandsgrenzen hinaus abonniert und gelesen. Sogar ins Ausland gelangen sie. Es war in der Zeit der Debatte über Frieden, Nato-Abrüstung, Mittelstreckenraketen und anderem, als uns der Brief einer Klasse der Oberstufe aus einem Würzburger Gymnasium erreichte. Sie wünschten sich soundso viele Exemplare unseres Blattes »Friedenslicht«, wie unser evangelistisches Verteilblatt damals noch hieß. Diese Schüler sammelten alles, was zum Thema »Frieden« etwas auszusagen versprach. Natürlich haben wir diesen Wunsch gern erfüllt. Möge es ihnen geholfen haben!

Ein anderes Mal bekamen wir den Brief eines Herrn aus Salzburg. Er hätte ein Päckchen von irgendeiner Buchhandlung erhalten. Als er das Papier entsorgen wollte, mit dem die Hohlräume ausgestopft waren, entfaltete er ein Stück davon und begann zu lesen. Der Inhalt hätte ihm so gut gefallen, dass er das Blatt »Friedenslicht« bestellen wolle. Es handelte sich um ein in der Druckerei beschädigtes Blatt, das man »Makulatur« nennt.

Schön war auch immer das Gespräch mit den Verteilern der Blätter. Zuerst ließen wir uns in die Bezirke einladen. Später luden wir die Verteiler an einem Samstag nach Bad Liebenzell ein, mit der Möglichkeit für solche, die einen weiten Weg hatten, zum Sonntag zu übernachten. Da gab es einen regen Austausch über Erfahrungen beim Verteilen. Wir ließen uns gern auch sagen, was wir besser machen könnten. Dieser Kontakt zu dem »Verbraucher« war uns wichtig.

Eine besondere Freude war für mich, dass »Der Weg zum Ziel« (das Verteilblatt der Süddeutschen Vereinigung) mit dem »Friedenslicht« zusammengehen wollte. Ernst Graichen, mein einstiger »Probedienstvater« in Bietigheim, war dessen Schriftleiter. Wir konnten uns gut einigen, nachdem die Leitungen der Verbände mit einer Zusammenlegung einverstanden waren. Das gemeinsame Produkt erhielt den Namen »Augenblick mal«. Die Auflage wurde höher, die Herstellung günstiger, die Gestaltung ansprechender. So war damit allen gedient.

Als ich die Schriftleitung von »durchblick und dienst« ganz übertragen bekam, versuchte ich einen Redaktionskreis zu bilden, der sich regelmäßig zu Besprechungen traf. Dann wurde auch die Verantwortung für einzelne Sparten im Blatt an Personen dieses Arbeitskreises übertragen. Zwei Sparten wurden gemäß einer Leserumfrage zum »Renner«, also zu den am liebsten gelesenen Teilen des Blattes. »Zum Kennen-lernen«, so hieß die eine Kolumne. Dafür war Prediger Helmut Geggus zuständig. Er interviewte interessante Persönlichkeiten im Lande. Die andere war »unterwegs notiert«. Dafür war ich zuständig. Ich versuchte, im Erzählstil von meinen Reisen und Begegnungen zu berichten, möglichst mit Bildern. Diese Sparten erschienen zweimonatlich im Wechsel.

Vom Jubiläumsmagazin von 1983 berichtete ich schon. Das wurde die »Standardchronik« des Liebenzeller Gemeinschaftsverbandes. Wir erbaten dazu von den Verantwortlichen in den Bezirken Entstehungsberichte der Gemeinschaften und schöne Bilder. Dieses Material galt es dann zu sichten. Anfang Januar 1983 begann ich erst ernsthaft daran zu arbeiten. Am 21. Mai, dem Samstag vor Pfingsten, mussten die fertigen Produkte spätestens bei uns auf dem Missionsberg sein. In den viereinhalb Monaten bis dahin war ein großer Berg Arbeit abzutragen. Am 27. April fuhren eine Mitarbeiterin, meine Frau und ich nach Dettingen an der Erms zum Grafiker, um dort

Korrektur- und Umbrucharbeiten zu verrichten. Das füllte den ganzen Tag aus. Es handelte sich immerhin um ein Werk von 112 Seiten im DIN-A4-Format. Pünktlich lieferte die Druckerei aus. Am Pfingstmontag waren die Exemplare verfügbar und konnten verkauft werden. Heute noch bin ich all denjenigen von Herzen dankbar, die sich dafür eingesetzt und auch für Verspätungen, die wir verursacht hatten, Verständnis aufgebracht haben.

1993 erschien ein Ergänzungsband im gleichen Format zum 60. Jubiläum des Verbandes. Er umfasste nur 48 Seiten. Trotzdem brachte auch er beträchtliche Arbeit mit sich. Darin sollte vor allem Neues berichtet werden, zum Beispiel über den Beginn der missionarischen Arbeit im Südschwarzwald mit dem Erwerb des Hauses in St. Blasien oder über den Anfang der Stadtmission Rottweil mit einem vollzeitlichen Mitarbeiter usw. Vor allem wurde die strukturelle Veränderung des Verbandes ausführlich beschrieben. Die juristische Selbstständigkeit des Liebenzeller Gemeinschaftsverbandes ist ja unmittelbar vor seinem 60. Jubiläum vollzogen worden, einschließlich die Umschreibung der Liegenschaften und Gebäude.

Wieder fuhren eine andere Mitarbeiterin als zehn Jahre zuvor, meine Frau und ich zu demselben Grafiker. Diesmal fand diese Fahrt schon am 16. März statt, obwohl Pfingsten in diesem Jahr eine Woche später lag als 1983. Wir hatten uns also gebessert! Die Arbeiten an diesen Magazinen geschahen wirklich so nebenher. Wie treu ist unser Auftraggeber! Er schenkt zusätzliche Gaben und Kräfte für zusätzliche Aufgaben!

Familiäres – Privates

Jetzt will ich den roten Faden unserer Familiengeschichte wieder aufgreifen. Dabei versuche ich thematisch und chronologisch vorzugehen.

Unser Kinderwunsch

Obwohl wir schon über 40 Jahre alt waren, beteten wir immer noch um wenigstens ein Kind. Wir dachten auch an Adoption. Eine bemerkenswerte Begegnung aktualisierte einmal unseren Kinderwunsch: 1977 war ich zu einem Posaunentag nach Sobernheim bei Bad Kreuznach eingeladen worden. Da ich am 1. Mai schon um 9.15 Uhr meinen ersten Dienst hatte (um zehn Uhr folgte dann der Gottesdienst, in dem ich zu predigen hatte), war ich schon am 30. April angereist und übernachtete im Haus des Dirigenten. Dieses Haus war eine Zwischenstation für Kinder unterschiedlichen Alters, für die Adoptiveltern gesucht wurden. Die Mutter des Hauses versorgte die Kinder vorbildlich.

Ein kleines Mädchen von vier Jahren, »Mauseli« genannt, fiel mir auf. Es war ein interessantes Kind, wegen seiner braunen Hautfarbe, des schwarzen Haares sowie wegen seines Charmes und Temperaments. Schnell hatte ich es in mein Herz geschlossen. Nach der Posaunenfeierstunde sprach ich mit der Pflegemutter über die Kleine. Sie riet uns, zuerst mit den Jugendämtern in Bad Kreuznach und Calw Kontakt aufzunehmen.

Zu Hause angekommen, berichtete ich meiner Christl gleich vom »Mauseli«. Wir sprachen mit unserem himmlischen Vater darüber. Dann entschlossen wir uns, am 9. Mai einen Besuch in Sobernheim zu machen. Christa wollte natürlich auch das »Mauseli« sehen. Das Mädchen gefiel ihr. Mit diesem Besuch verknüpften wir eine Vorsprache auf dem Jugendamt in Bad Kreuznach. Die nächste Station war das Jugendamt in Calw. Daraufhin wurden unsere Wohnungsverhältnisse begutachtet und als in Ordnung befunden. Aber wir erschienen als zu alt. Jedenfalls riet man uns von einer Adoption ab.

Das war abermals eine Enttäuschung, aber wir lernten, Enttäuschungen positiv zu sehen. Sie sind ja – wörtlich verstanden – Befreiung von Täuschungen. So konnten wir auch das aus unseres Vaters Hand nehmen. Wir wussten unser Leben und unsere Ehe unter seiner Herrschaft. Wie oft hatten wir ihn schon als den großartigen Regisseur unseres Lebens, auch unserer Ehe, erfahren! Wir wollten es nicht besser wissen. Er weiß es doch am besten. Und – er macht es bestens mit uns. Daran hielten wir fest.

Gallensteine wurden gefährlich

Jeder Tag unseres Lebens ist ein Geschenk. Jesus Christus zur Verfügung zu stehen ist kein Hobby für besondere Leute, sondern ist schlicht die Zweckbestimmung eines erlösten Menschen und zugleich ein Vorrecht.

Seit knapp vier Jahren stand ich schon im überregionalen Dienst. Ich saß also »im Sattel« und war im Begriff – um beim Bild zu bleiben –, »dem Gaul die Sporen zu geben«.

»Steinreich« – das heißt: reich an Gallensteinen – war ich im In- und Ausland unterwegs gewesen. Ich hatte sie, die Gallensteine, auf meiner großen Ostasienreise, in Israel, in Norwegen dabei. Manchmal wurde ich an sie erinnert. Dann lebte ich wieder so, als hätte ich sie nicht. Nicht auf meinen Reisen, aber zu Hause meldeten sie sich gelegentlich durch Koliken. Diese sind unangenehm, aber sie gehen vorüber. Und wenn sie vorbei waren, ging das Leben wieder im normalen Rhythmus weiter.

Das Pfingstfest 1977 mit seinen Großveranstaltungen auf dem Missionsberg war vorbei. Ein paar Tage vor der Ludwig-Hofacker-Konferenz (an Fronleichnam) machte mir meine Gallenblase zu schaffen, und zwar durch einen Schmerz, den ich bis dahin nicht gekannt hatte. Ich suchte meinen Hausarzt auf, der, nachdem er meinen rechten Oberbauch abgetastet hatte, unverblümt sagte: »Sie müssen ins Krankenhaus.« Das passte so gar nicht in meinen Terminkalender.

Aus dem Verhalten des Arztes war zu schließen, dass die

Operation unbedingt erforderlich war. So entschloss ich mich, in das Kreiskrankenhaus Neuenbürg zu gehen. Dort war eine Verbandsschwester der Liebenzeller Schwesternschaft Oberschwester. Einige Liebenzeller Schwestern waren auch im Pflegedienst. Deshalb war ich schon gelegentlich zu Bibelstunden dorthin gekommen. Wir wählten dieses Krankenhaus vor allem deshalb aus, weil es sich in unserer Nähe befand.

Doch vorher galt es noch, manches auf die Reihe zu bringen. Das minutengenaue Programm für die Ludwig-Hofacker-Konferenz, die ich hätte leiten sollen, musste noch geschrieben und verschickt werden. Auch ein Redaktionstermin für unsere Blätter stand ins Haus. Manuskripte mussten noch gelesen werden. Doch diese nahm ich ins Krankenhaus mit. Ich bekam ja ein Einzelzimmer.

Die Untersuchungen im Hospital bestätigten die Diagnose meines Hausarztes. Die vereiterte Gallenblase musste so schnell wie möglich entfernt werden. Die Arbeit, die ich mitgenommen hatte, konnte ich gerade noch zu Ende führen. Dann kam der Operationstag. Es war der 8. Juni 1977. Auf der Intensivstation erwachte ich aus der Narkose. Ein verunglückter Motorradfahrer gesellte sich dazu, auch eine Dame, die vom Pferd gefallen war. War ich dankbar, als ich noch am selben Tag die Intensivstation wieder verlassen und in mein Einzelzimmer auf die normale Station der Chirurgie verlegt werden konnte! Doch meine Freude war von kurzer Dauer.

Einen Tag später, am 9. Juni, als die Ludwig-Hofacker-Konferenz stattfand, stieg die Temperatur wieder an, und ich wurde auf die Intensivstation zurückverlegt. Es ging mir nicht gut. Mein Herz wurde per Monitor überwacht. Der schnelle Pulsschlag beunruhigte mich, erst recht, als ich anlässlich der Arztvisite einen der Ärzte sagen hörte: »Das hält das Herz nicht durch.« Christl besuchte mich regelmäßig. Von der Konferenz in Bad Liebenzell zurückgekehrt, wo von meiner Erkrankung berichtet worden war, besuchte mich Dekan Zeeb von Neuenbürg. Jeder Besuch freute mich, strengte aber auch an.

In diesen bangen Stunden wurde ich an einige Worte eines Bibelverses erinnert: »… und sollst mein Prediger bleiben.« Mir fiel nicht sofort die genaue Stelle ein, an der sie sich befinden.

Doch ich wusste: Diese Worte gelten mir! Sie wirkten wie ein Telegramm aus der Ewigkeit.

Ich hatte weder Zeit noch Kraft, theologisch zu untersuchen, ob ich berechtigt sei, dies als Zusage für mich in meiner besonderen Lage in Anspruch zu nehmen. Doch ich nahm diese Aussage in Anspruch. Und niemand hat es mir verboten. Diese Worte trugen. Mein Gott trug mich, der zu mir gesprochen hatte.

Drei Tage später, am 12. Juni, wurde ich wieder, noch recht schwach, in das für mich reservierte Zimmer verlegt. Am 14. Juni stieß ich bei der Bibellese – Jeremia 15,15–21 – auf den Zusammenhang des unvollständigen Satzes, der mir Halt und Kraft gegeben hatte.

Meine Frau erzählte mir später, sie habe nach meiner Rückverlegung auf die Intensivstation mit dem Arzt gesprochen, der mich operiert hatte. Er hätte ihr die Komplikation erklärt mit dem Zusatz: »Bei einer normalen Gallenoperation stirbt einer von hundert. Bei so einer sterben drei von hundert.«

Als wir später wieder einmal nach Neuenbürg fuhren, um den Schwestern im Krankenhaus eine Andacht zu halten, zeigte mir meine Christl die Stelle, wo sie damals mit dem Auto anhielt und mit unserem Herrn über mich sprach. Sie habe schweren Herzens in den Weg eingewilligt, den auch immer er mit mir gehen würde.

Übrigens war diese Ludwig-Hofacker-Konferenz die einzige, für die ich verantwortlich war, ohne sie leiten zu können. In über zwei Jahrzehnten musste ich weder an einem Gemeinschaftstag noch bei unseren Verbandstagungen aus gesundheitlichen Gründen fehlen. Dafür danke ich meinem Dienstherrn, erst recht im Rückblick, von ganzem Herzen.

Man sagte mir nach der Operation, ich würde mit mir Geduld haben müssen. Eine Operation – ganz gleich, welche – sei eben doch ein Eingriff. Erst in einem Jahr würde ich wieder wie früher sein.

Am 23. Juni wurde ich nach Hause entlassen. Ein Darminfekt stellte sich anschließend auch noch ein. Vom 9. Juli an machten wir zweieinhalb Wochen Urlaub in Königsfeld. Von dort aus fuhren wir am 24. Juli zum Waldmissionsfest nach

Aichelberg bei Bad Wildbad, wo ich einen Dienst zugesagt hatte. Anschließend konnte ich meine Termine wieder wahrnehmen. Sogar die zugesagten Vorträge vom 11.–16. August bei einer Zeltevangelisation in Grunbach konnte ich halten. Mein Unterricht ging weiter, Sitzungen wurden gehalten, Krisensituationen bewältigt. Im Oktober war ich zu einer Evangelisation in Berlin-Spandau. Dies war für mich ein Test, inwieweit ich auswärtige Dienste mit größerer Entfernung wieder wahrnehmen konnte. Eine Evangelisation in Oberlenningen folgte. Bald darauf schloss sich eine Mannschaftsevangelisation in Gutach an mit Seminaristen der Absolventenklasse. Dazwischen flog ich noch nach Berlin und Hannover zu Sitzungen.

Aus dem Abstand von über 20 Jahren kann ich nur staunen. Wo kam die Kraft her? Nur von meinem Schöpfer und Erlöser. Er hatte in seiner Vor- und Fürsorge mir doch eine so gute Gehilfin an die Seite gestellt, die mich pflegte und so gut für mich kochte!

Zwei Buben werden uns anvertraut

Unsere Schwägerin Christel, die Frau des Bruders meiner Christa, wurde krank. Nachdem der Arzt eine längere klinische Behandlung für unvermeidbar hielt, fragte uns mein Schwager Werner, ob wir ihre beiden kleinen Söhne aufnehmen würden. Mit Freuden sagten wir zu. Der schon schulpflichtige Andreas blieb in Bietigheim und wurde von unserer Mutter versorgt, solange sein Papa arbeitete. Der fünfjährige Matthias und sein kleiner Bruder Michael, neun Monate alt, kamen zu uns. Unser Gastzimmer wurde schnell als Kinderzimmer eingerichtet. Ein Kinderbett konnten wir leihen.

Ohne die übliche Vorbereitung von neun Monaten waren wir mit einem Mal eine Familie. Wenn nicht der Anlass dazu ein sehr ernster gewesen wäre, hätten wir eitel Freude gehabt. Michi aß und schlief gern und viel. Und wenn er einmal nachts weinte, konnte auch ich aufstehen und ihn im Flur spazieren tragen. Doch das nützte wenig, weil er meistens Hunger hatte.

Dann musste doch Tante Christa aufstehen, ihm ein Fläschchen geben und ihn gleichzeitig frisch machen.

Ich sagte gelegentlich meiner Christa: »Du bist eine großartige Mutter!« Welche Fähigkeiten entwickelte sie! Alles wurde ganz sorgfältig gehandhabt. Beide Jungen hatten großes Vertrauen zu uns. Sie hatten auch Kontakt zu anderen Kindern. Im Haus hatten Gerd und Angela Großhans, die direkt unter uns wohnen, einen Sohn, der etwa das gleiche Alter hatte wie Matthias. Schräg über uns wohnten Wilfried und Viktoria Dehn, inzwischen von Japan zurückgekehrt, mit zwei Söhnen. Auf dem gleichen Flur neben uns wohnte die Familie Pflaum mit dem jüngsten Sohn Johannes, der seine Späße mit »unseren« Buben trieb.

Im Frühjahr kam Matthias in den Bad Liebenzeller Kindergarten. Michael lernte bei uns das Laufen und die ersten Worte sprechen. Er feierte schließlich auch seinen ersten Geburtstag bei uns. Wie schön war es, mit ihnen beiden spazieren zu gehen!

Bei einer unserer Verbandstagungen im Monbachtal – in der Woche nach Ostern 1978 – waren sie zeitweise dabei. Sie hatten am Leben auf dem Missionsberg regen Anteil: bei Veranstaltungen im Missionshaus, bei Begrüßungen und Verabschiedungen von Missionaren ... Einmal ging Christa mit den Buben den »Gänse-« oder »Philosophenweg« (so wird ein schmaler Abkürzungsweg genannt) entlang. Da sagte ihr Matthias: »Weischt, i will doch schließlich koin gottloser Mensch werde.« In der Gärtnerei arbeitete der altgediente Peter Purfürst. Er war schon auf dem Missionsberg gewesen, als ich noch Seminarist war. Meist trug er grüne Arbeitskleidung. Sonntags oder bei Festen hatte er die Uniform der Heilsarmee an. Unser Michi sah ihn eben meistens werktags. Als er zu sprechen begann, rief er, wenn er Peter Purfürst sah: »Jager!« Vermutlich kannte er von einem Bilderbuch her den Jäger in grüner Kleidung.

Etwa ein halbes Jahr lang blieben die Buben bei uns. Im Frühling wurde Christel Pflaum aus der Klinik entlassen. Wir waren sehr dankbar dafür, obwohl wir wussten, dass wir die Kinder wieder hergeben mussten, die uns so sehr ans Herz gewachsen waren. Zuerst sollte Matthias nach Bietigheim zurückkehren. Er hatte ja auch die meisten Erinnerungen an

Andreas, seinen Bruder, und an seine Mama. Im Juni galt es Abschied zu nehmen von unserem »Michele«. Ich sehe heute noch meine Christa in der Küche sitzen und weinen. Verständlich, dass ihr der Abschied besonders schwer fiel.

Wie lieb war es von den Eltern, dass sie ihre beiden Kleinen in den folgenden Jahren gelegentlich nach Bad Liebenzell brachten oder wir sie holen durften. Zumeist waren sie in der Zeit nach Weihnachten bis Anfang Januar bei uns. Das waren schöne Tage. Sie waren bei den Bewohnern des Missionsberges gut bekannt, sogar auch bei den Gästen der »Pilgerruhe«. Der Altjahrsabend wurde im Speisesaal des Gästehauses begangen. Daran durften unsere Neffen teilnehmen. Wie freuten sie sich auf das Früchtebrot mit Butter und den heißen Saftpunsch! Anschließend gab es dann bei uns zu Hause noch Datteln mit Walnüssen, die Tante Christa besonders lecker servierte. Dafür wurden die großen kalifornischen Datteln verwendet, die es nicht in jedem Laden gibt.

Einmal waren sie wieder bei uns angekommen. Wir nannten sie meistens »unsere *Kurgäste*«. Beide hatten schon ihre Bibel dabei. Wir wollten den Tag geistlich, aber kinderfreundlich beschließen. Ich bat sie, Psalm 133 aufzuschlagen. Sie suchten und fanden diesen Bibeltext. Dann ließ ich sie lesen. Als sie den ersten Vers gelesen hatten, sahen sie sich an, dann sahen sie Tante und Onkel an und lächelten verständnisvoll. Sie hatten begriffen: »Siehe, wie fein und lieblich ist's, wenn Brüder einträchtig beieinander wohnen!« Das hatten sie gelesen. Wenn es nötig war, konnte ich sie daran erinnern.

Wir liebten und lieben alle unsere Neffen, Nichten und Patenkinder. Doch zu Matthias und Michi ist ein besonderes Verhältnis entstanden. Das ist wohl verständlich.

Ferien

Ja, wir haben gern Urlaub gemacht. Ohne Bedauern habe ich auch auf Urlaubstage verzichtet. Es war einfach nicht immer möglich, den ganzen Urlaubsanspruch auszuschöpfen. Doch ich möchte auch keinen einzigen der mit meiner Christl erlebten Urlaubstage missen.

Von unseren Ferien, die wir während meiner Zeit als Prediger in Reutlingen und Schwäbisch Hall erlebten, habe ich schon ein wenig berichtet. Damals zog uns das schöne Montafon, später der weite Bodensee an.

Übrigens, das Wort »*Ferien*« ist die treffende Bezeichnung für unseren Urlaub. Dieses Wort ist aus der lateinischen Sprache entliehen, und *feriae* heißt zu Deutsch »Feiertage«. Seit mir das bewusst wurde, bringe ich mit Ferien immer das dritte Gebot in Verbindung: »Du sollst den Feiertag heiligen.« Das bedeutet doch: Auch diese freie Zeit gehört Gott. Wer sie ihm stiehlt, wird notgedrungen enttäuscht. Wer Gott aber das Recht einräumt, sich in diesen »Feiertagen« mit ihm zu beschäftigen, wird die Urlaubstage als gefüllte und erfüllte Tage erleben. Man kann nirgendwo besser »auftanken« als im Kraftfeld unseres Schöpfers und Erlösers. Und das ist es doch, was wir so nötig brauchen. Mögen sich Leute darüber streiten, ob und wie lange Urlaub nötig ist. Solches »Auftanken« ist unerlässlich! Ich habe mir sehr zu Herzen genommen, was der Industriemanager Eduard Ostermann uns einmal sagte: »Wer seinen Urlaub nicht zu planen versteht, taugt auch sonst nichts im Planen.«

Während unserer Stationierung auf dem Missionsberg machten wir mit wenig Ausnahmen in der Schweiz oder im Allgäu Urlaub. In der Schweiz waren wir überwiegend in Saas Fee, dem Sonnenbalkon im Wallis, umgeben von den Riesen der Viertausender.

Bekannte aus Reutlingen haben uns dort ihre Ferienwohnung vermietet, eine schöne Wohnung, in der man sich richtig wohl fühlen konnte. Sie befand sich in einem Appartementhaus im Ortsteil Wildi. Sah man zu einem Fenster hinaus, hatte man den Blick auf Saas Grund hinunter. Das war bei Dunkelheit besonders schön, wenn der Ort beleuchtet war. Befand man sich auf dem Balkon oder blickte man von der Sitzecke zur Balkontür hinaus, präsentierte sich der Allalin mit seinem Gletscher; neben ihm erhob sich majestätisch der Dom. In den folgenden Jahren wurden zu unserem Leidwesen noch zwei Häuser daneben gesetzt, die diese prächtige Aussicht etwas beeinträchtigten.

Für 2.–17. Juli 1976 hatten wir unseren ersten Urlaub in

Saas Fee geplant. Unsere Vorfreude darauf wurde etwas beeinträchtigt durch einen unvorhergesehenen Auftrag. Am Sonntag, dem 27. Juni, wollte der Evangeliums-Rundfunk den Gottesdienst im Missionshaus aufnehmen und am 11. Juli senden. Der Direktor der Liebenzeller Mission, Pfarrer Lienhard Pflaum, sollte diesen Gottesdienst halten. Er bekam aber Nierenkoliken und musste operiert werden. Nun sollte ich den ERF-Gottesdienst halten. Doch das bedeutete zu allem anderen eine gründliche Vorbereitung, wobei auch Liedblätter und Programmblätter anzufertigen waren. Und ein bisschen Aufregung kam auch dazu. Studioaufnahmen waren mir ja längst vertraut, aber solch eine Aufnahme vor der versammelten Gemeinde ist etwas anderes. Man muss sich auf die sichtbar gegenwärtige Gemeinde *und* auf die unsichtbaren Zuhörer konzentrieren. Außerdem hatte ich für den letzten Sonntag vor unserem Urlaub um 15 Uhr schon einen Dienst in Bamberg zugesagt. Dort sollte ich übernachten, weil noch wichtige Gespräche anstanden. Das waren also die »Berge« vor den Walliser Bergen! Nicht nur diesmal wurde es eine Erfahrung, die mich sehr bereichert hat, dass solche »Berge« zu besonderen Erlebnissen mit unserem Herrn werden, der uns den Glauben schenkt, Berge zu versetzen (Mt 17,20).

Am Freitag, dem 2. Juli, fuhren wir mit dem Auto in unser damals noch unbekanntes Urlaubsquartier. Dazwischen nahmen wir natürlich auch die Bahn in Anspruch, die uns, samt dem Auto, durch den 14,6 km langen Lötschbergtunnel beförderte.

Saas Fee ist ein autofreies Dorf. Das bedeutet, dass man sein Gepäck vom Autoabstellplatz mit einem »Wägeli« an Ort und Stelle transportieren muss. Freilich kann man auch eine Elektrowagen-Taxe in Anspruch nehmen. Letzteres verweigerten wir uns aus Kostengründen. Der Ortsteil Wildi liegt von den Autostellplätzen am weitesten entfernt. Dort wohnte bei unseren ersten Aufenthalten in Saas Fee noch der Dramatiker Carl Zuckmayer. Unsere Abendspaziergänge führten uns manchmal an seinem Haus vorbei.

Unser Urlaub 1980 in Saas Fee ist mit einer zwar unliebsamen, doch zugleich liebenswerten Erinnerung verknüpft. Es war am 5. August, einem wunderschönen Tag. Sehr spät, nämlich erst um 10.45 Uhr, entschlossen wir uns, den Höhenweg Saas Fee–Grächen unter die Füße zu nehmen. Unsere Ausstattung war nicht gerade alpin, doch wir dachten, diese Tour würden wir schon bewältigen. Wir hatten es auch nicht gerade eilig. Um die Mittagszeit widmeten wir uns dem mitgenommenen Proviant. Dann ging es weiter. Wir mussten schwierigere Stellen passieren. Das machte uns noch nicht sehr zu schaffen. In der ersten Nachmittagshälfte begegneten uns viele Wanderer in entgegengesetzter Richtung. Manche sahen uns verwundert an. Noch ahnten wir nicht, was das zu bedeuten hatte. Niemand überholte uns mehr. Es verging noch eine Stunde, und jetzt kam uns auch niemand mehr entgegen. Allmählich wurde der Weg endlos und dazu recht beschwerlich. Mein Herz raste. Christl bot mir an, vorauszugehen. Das wollte ich nicht. Ich stapfte weiter. Der Gedanke kam: Ob du wohl das Ziel erreichen wirst? Ich kämpfte gegen die aufkommende Entmutigung an. Bei Steigungen wurde mein Atem kurz. Ich schwitzte. Ich betete und kämpfte.

Endlich sahen wir eine Schafherde. Eine Menschensiedlung dürfte nicht mehr allzu weit entfernt sein. Um 20 Uhr kamen wir an der Bergbahnstation an. Sie hatte ihren Betrieb aber schon eingestellt. Wir mussten zu Fuß bis nach Grächen hinunter. Diese letzte Etappe tat unseren Füßen weh. Trotzdem beschleunigte sie unsere Schritte. Um 20.45 Uhr waren wir in Grächen. Klar war, dass wir an diesem Tag nicht mehr nach Saas Fee zurückkehren konnten. Wir schauten uns also nach einem Haus um, in dem man essen und womöglich auch übernachten konnte. Wir aßen und tranken. Ein Zimmer bekamen wir auch. Man sah es uns an, dass wir bedürftig waren. Schlafanzug und Zahnbürste oder gar Rasierapparat hatten wir nicht dabei. Aber das alles war uns nicht wichtig. Wie waren wir bewahrt worden! »Danke, danke, Herr!«, so steht es in meinen Aufzeichnungen.

Die Nacht war für mich recht unruhig. Ich musste trinken. Mein Herz klopfte immer noch beschleunigt. Trotzdem konnten wir morgens einigermaßen erholt aufstehen. Nach dem Frühstück beglichen wir rasch unsere Rechnung, damit man uns nicht so genau ansehen konnte. Dann suchten wir die Bushaltestelle auf, und der Bus brachte uns wieder nach Saas Fee zurück. Wir benötigten diesen ganzen Tag, um wieder ins Lot zu kommen. Das war uns eine Lehre. So leichtsinnig wollte ich nie wieder sein.

Bezeichnend für unsere Ferien war, dass wir uns selbst versorgten. Überwiegend kochte Christa, so gut wie immer. Wir kauften miteinander ein. Sie spülte, und ich trocknete das Geschirr ab. Das machte ich sehr gern, weil es eine gute Möglichkeit des Austausches ist. So verarbeiteten wir manches, das wir – nicht im Koffer – aber im Herzen mitgeschleppt hatten. Wir frischten schöne Erinnerungen auf und schmiedeten neue Pläne.

Als kleinen sichtbaren Dank für die Haushaltsarbeiten im Urlaub schenkte ich Christl immer etwas Schönes. Das gehörte einfach zu unserem Urlaub, dass ich mir Gedanken machte, womit ich sie überraschen könne. Meine Fantasie wurde durch interessante Angebote angeregt, die ich bei unserem Schaufensterbummel entdeckt hatte.

Wenn wir in unseren Urlaub starteten oder auch sonst in einen sonnigen Tag hineinfuhren, stimmte ich manchmal die Strophe an: »Ach, denk ich, bist du hier so schön und lässt du's uns so lieblich gehn auf dieser armen Erden ...«, aus dem Lied »Geh' aus, mein Herz« von Paul Gerhardt. Da konnte meine Nebensitzerin meine rechte Hand ergreifen, mit der ich nicht immer das Lenkrad hielt, und sagen: »Gelt, wir wollen es aber auch annehmen, wenn es einmal anders kommt!« Ich nickte, weil ich verstanden hatte. Und das Entscheidende in dieser Strophe folgt ja erst noch: »...was will doch wohl nach dieser Welt dort in dem reichen Himmelszelt und güldnen Schlosse werden!«

Im Allgäu hatten wir das Vorrecht, die Wohnung unserer Freunde Hanna und Alfred Ranz im »Falkenhorst« zu Tiefenbach in Anspruch nehmen zu dürfen. Dort kam das Wild am Abend den Hang herunter – »... das leichte Reh ist froh und kommt aus seiner Höh ins tiefe Gras gesprungen« (Strophe 4 von »Geh' aus, mein Herz«).

Meine schönsten Erinnerungen sind unsere Wanderungen im Rohrmoos und an den Ufern der drei Oberstdorf umfließenden

Gewässer: Breitach, Stillach und Trettach, die schließlich im Illerursprung zusammenfließen. Am Stillachufer stehen Bänke. Da nahmen wir zwischendurch gern Platz, um dem Gebirgswasser zuzuschauen und auf das Gezwitscher der Vögel zu lauschen. Auch die Menschen beobachteten wir. Nicht wenige hatten ihren Hund oder ihre Hunde dabei.

In den Jahren 1986 und 1988 nutzte ich diese Stille – im Einverständnis mit Christl –, um meine Predigten für das Herbstmissionsfest vorzubereiten. Diese Aufträge verlangten mir besondere Sorgfalt ab. Vor 6 000 Menschen zu sprechen ist eine große Verantwortung. Diese Vorbereitungen geschahen auch meistens im Freien. Auf einer der Bänke, die bergaufwärts vom »Falkenhorst« standen, konnte ich ungestört arbeiten. Auch am Stillachufer hatte ich eine ruhige Stelle gefunden, an der ich meine Gedanken in mein Diktiergerät sprach. Da nahmen wir beide zwei Bänke in Anspruch, die den nötigen Abstand voneinander hatten, sodass man sich nicht aus den Augen verlor. Christl saß auf der einen, ich auf der anderen Bank. Sie las, ich diktierte meine Predigt. Manchmal winkten wir uns zu.

Die Heimreise von Tiefenbach führte uns über den Bregenzer Wald an das Schweizer Ufer des Bodensees. Dort nahmen wir unser Mittagessen in einem Lokal ein, das uns den Blick zum See freigab. In Arbon leisteten wir uns eine bestimmte Spezialität aus der Konfiserie. Nachdem wir im Supermarkt Migros eingekauft und unseren Spaziergang an der Seepromenade gemacht hatten, fuhren wir nach Hause.

Der Anfang und das Ende eines jeden Jahres gab uns immer auch ein wenig Zeit zum *Atemholen*. Die Weihnachtszeit war jedes Jahr ein Höhepunkt für uns. Davor war es zwar, wie überall, hektisch. Doch dann hatten wir Muße zu lesen, das Weihnachtsoratorium zu hören und liebe Gäste zu empfangen. Unsere Verwandten kamen zu Besuch. Manchmal besuchten wir auch sie, um dann Matthias und Michi mitzubringen. Aber auch andere Gäste luden wir ein. Herr Dr. Karl-Heinz Mall und seine Frau aus Bonn waren seit 1973 jedes Jahr Gäste in der »Pilgerruhe«. Sie waren dann auch an einem der Tage unsere Gäste. Sie hatten 1973 ihr neunjähriges Töchterlein aufgrund eines tragischen Verkehrsunfalls hergeben müssen.

Einige Jahre quartierten wir uns Anfang Januar für ein paar Tage in die schöne Dachwohnung von Familie Alfred Schwab in Schopfloch ein. In späteren Jahren – bis 1995 – fuhren wir nach St. Blasien in das Haus »Hüttlebuck«, in dem es einige Zimmer für Gäste gab. Wir mieteten für einige Tage in dem verbandseigenen Haus ein Appartement und erlebten dort schöne Stunden.

Und wieder Abschied nehmen

Unsere Tante Helene erkrankte. Sie hatte die letzten Jahre schon im Altenheim der Evang.-methodistischen Kirche in Wüstenrot zugebracht. Zuvor hatte sie in Öhringen gewohnt. Wir nannten Tante Helene nicht nur »Reisetante« – sie machte sich in den Familien ihrer Neffen und Nichten oft nützlich –, sondern sie trug auch den Beinamen »Allianzchristin«, denn sie unterhielt zahlreiche Beziehungen zu verschiedenen Denominationen. Sie war bei Altpietisten wie bei »Süddeutschen« bekannt. Sie gehörte der evangelischen Landeskirche an – und war schließlich im Altenheim bei den Methodisten.

Tante Helene wurde im Bietigheimer Krankenhaus am Magen operiert und überlebte diesen Eingriff nicht. Sie wurde in Bietigheim aus dieser vergänglichen Welt in die ewige, obere Heimat abgerufen. Ihre Beerdigung am 21. April 1975 durfte ich halten. Der dafür ausgewählte Bibeltext lautete: »Ich aber will schauen dein Antlitz in Gerechtigkeit, ich will satt werden, wenn ich erwache, an deinem Bilde« (Ps 17,15).

Ihr abgelegtes Pilgerkleid wurde auf dem Bietigheimer Friedhof beigesetzt. Zehn Jahre zuvor war dieses Grab zum ersten Mal für unseren Vater geöffnet worden.

Am 6. Dezember 1978 ist Onkel Eduard verstorben. Er war an einem Lungenkarzinom erkrankt. Merkwürdig: Auch er war zuerst in der Thoraxklinik in Heidelberg behandelt worden, in der damals schon überwiegend Tumorpatienten lagen. Dann wurde er nach Hause entlassen. Wir hatten ihn sowohl in der Klinik als auch in Birkenau besucht. Er hatte inzwischen zum zweiten Mal geheiratet. Am 11. Dezember durfte ich auch seine

Beerdigung auf dem alten Friedhof in Birkenau halten. Ich sprach über den Bibeltext: »HERR, du bist unsre Zuflucht für und für« (Ps 90,1).

Vom Nachlassgericht Fürth im Odenwald erhielt ich die Nachricht, dass das ursprüngliche Testament nach der Wiederverheiratung von Onkel Eduard geändert worden sei. Unser Haus in Birkenau war auf den Namen von Onkel Eduard und Tante Anna eingetragen worden. Im ersten Testament von 1966 war ich als alleiniger Erbe berücksichtigt worden. Das wurde mit Datum vom 10. Juni 1968 abgeändert: »Ich räume hiermit meiner Ehefrau Katharina Hoffmann, geb. ..., Birkenau-Odw., auf die Dauer ihrer Lebenszeit unentgeltlich ein Nießbrauchsrecht ein.« Dies bezog sich auf das ganze Haus. Tante Käthe (wie wir Onkel Eduards zweite Frau nannten) war damals 54 Jahre alt.

Christl und ich überlegten und beteten wegen dieser Erbschaftsfrage; dazu ließen wir uns von einem bekannten Notar beraten. Schließlich kamen wir zu dem Entschluss, dem Nachlassgericht in Fürth mitzuteilen, dass wir das Erbe ausschlagen. Die Unterschrift des Briefes wurde vom Notar in Bad Liebenzell beglaubigt.

Zwar tat es uns weh, auf das Haus zu verzichten, doch sahen wir keine andere Möglichkeit. Tante Käthe hatte uns schon signalisiert, dass die Fenster erneuerungsbedürftig seien. Andere Reparaturen wären angefallen. In Eigenleistung hätte ich nicht viel machen können. Einerseits fehlten mir die fachlichen Kenntnisse, andererseits war ich durch meinen Dienst wochentags und sonntags so eingespannt, dass ich zeitlich dazu nicht in der Lage gewesen wäre. Unser Wohnsitz war über 100 km von Birkenau entfernt, und die Finanzierung wäre auch nicht unproblematisch gewesen. Tante Käthe und ihre beiden Kinder waren zufrieden, und auch wir wurden darüber ruhig. Im Rückblick bin ich sehr dankbar, dass wir uns so entschieden haben.

Unsere liebe Mutter – »Mutterle« konnte Christa zu ihr sagen – war bis zu ihrem 84. Lebensjahr recht rüstig. Das war eigentlich erstaunlich, weil sie in den vorausgehenden Jahren oft krank gewesen war. Zwischen ihrem 60. und 70. Lebensjahr war sie so anfällig, dass Christa zeitweise sogar ihre Arbeitszeit im Büro um die Hälfte verringerte, damit sie ihren Eltern helfen und deren Haushalt führen konnte. Anne Pflaum war eine Mutter in Christus, eine aristokratische Persönlichkeit. Christa glich ihr äußerlich und innerlich am meisten von den drei Kindern. Bei ihr gesellte sich zu der vornehmen Hohenloher Höflichkeit eine rassig-charmante Durchsetzungsfähigkeit, die wohl von ihrer Großmutter aus Unteröwisheim stammte.

Während unseres Winter-Kurzurlaubs in Schopfloch vom 17.–22. Januar 1981 erfuhren wir, dass Mutter wegen ihrer Magenbeschwerden ins Bietigheimer Krankenhaus aufgenommen werden musste. Am 22. Januar sollte sie operiert werden. Wir packten am 20. Januar unsere Koffer und fuhren direkt nach Bietigheim. Zuerst besuchten wir Mutter im Krankenhaus. Etwa zwei Stunden blieben wir bei ihr. Eine Frau mit 84 Jahren und so regem Geist hat das Bedürfnis, vor einer solchen Operation das Herz auszuschütten. Soviel war bekannt: Es würde entweder ein Drittel des Magens oder der ganze Magen entfernt werden. Doch wie alles ausgehen würde, wusste nur der Herr ihres und unseres Lebens. Wir beteten miteinander. Dann erst gingen wir in die Hornmoldstraße, wo Werner Pflaum mit seiner Familie wohnte und wo unsere Mutter ihre Einliegerwohnung hatte.

Mutter überstand die Operation relativ gut. Immerhin war der ganze Magen entfernt worden und dazu ein Teil der Speiseröhre.

Bei uns lief vom 23.–30. Januar die Brüderfreizeit. Wir waren angebunden. Aber sofort danach, am 1. Februar, besuchten wir unsere Mutter im Bietigheimer Krankenhaus. Ihr Zustand war für uns beruhigend. Wir staunten, wie schnell sie sich nach diesem schweren Eingriff erholte.

Vom 2.–8. Februar fand die Allianz-Evangelisation im Kurhaus von Bad Liebenzell mit Pfarrer Dr. Heiko Krimmer statt. Diese hatte ich als Allianz-Vorsitzender zu eröffnen, sollte aber auch sonst möglichst dabei sein.

Am 9. Februar reiste ich mit den anderen Teilnehmern der Gnadauer Mitgliederversammlung im »Blauen Enzian«, in dem wir einige Wagen reserviert hatten, nach Kärnten. Im »Rojachhof« tagten wir bis zum 14. Februar. In dieser Zeit konnte sich

Christa mehr um Mutter kümmern, deren Genesung weiter fortschritt.

Wenn ich meine Notizen von damals lese, staune ich selbst, was alles möglich war: 19.–22. Februar Bibeltage in Kernen-Stetten; 2.–8. März Evangelisation in Sulz bei Lahr; 13.–19. März Evangelisation in Malmsheim. Dazwischen Unterricht und andere Termine. Meist fuhr ich nach den Abendvorträgen nach Hause, um tagsüber etwas anderes zu tun.

Als auch im Schwarzwald der Frühling eingekehrt war, kam unsere Mutter wieder für einige Zeit zu uns. Das Kinderzimmer war jetzt Mutters Zimmer. Wir installierten eine Bettklingel, damit sie uns vor allem nachts signalisieren konnte, wenn etwas nicht stimmte. Sonst war sie nicht bettlägerig. Nur das Essen machte ihr manchmal Mühe. Mutter durfte Schonkost essen, musste aber häufig erbrechen. Und das war anstrengend. Doch dann sagte sie: »Mein Magen ist beleidigt« – obwohl sie ja keinen mehr hatte. Sie meinte den »Ersatzmagen«, ein Stück ausgedehnten Darmes. Und dann aß sie noch einmal. Welch eine Energie und Disziplin! Andererseits konnte sie Appetit anmelden auf Pellkartoffeln und »Backsteinkäs«, was wohl einst ein Armeleuteessen gewesen sein muss. Wahrlich keine Diätkost für eine alte Dame ohne Magen! Aber die Speise blieb und wurde verdaut. Mutter war recht mager. Sie bekam, was sie sich wünschte. Wir freuten uns, dass wir sie bei uns hatten. Leider schenkte ich ihr manchmal nicht die nötige Aufmerksamkeit, wenn Termine drängten und ich müde war. Schade, es tut mir im Nachhinein Leid. Wie treu betete unser »Mutterle« für uns, für mich! Ich bin ihr viel Dank schuldig.

Mutter war sehr taktvoll. Sie konnte sich leise zurückziehen, wenn sie merkte, dass ich Christl brauchte, um etwas mit ihr zu besprechen. Sie verhielt sich nach dem Grundsatz: »Willst du etwas gelten, mach dich selten!« War sie eine Weile bei uns gewesen, meldete sie ihre Rückkehr in ihre eigene Bleibe in Bietigheim an, und umgekehrt. Eine weise, rücksichtsvolle Frau!

Mutter musste wegen ihrer Tumoroperation regelmäßig zu Nachsorgeuntersuchungen. Mit der Zeit gelang ihr das Essen auch besser, obwohl sie immer aufpassen musste, dass sie zur rechten Zeit das Richtige zu sich nahm und darauf achtete, dass der Mensch eine Einheit aus Geist, Seele und Leib ist.

Im Juni 1985 war »Mutterle« wieder bei uns. Wenn ich das Auto nicht brauchte, fuhr Christl mit ihr manchmal auf die Höhe, oft nach Beinberg, um mit ihr ein wenig spazieren zu gehen. Christl zeigte mir später die Bank, bis zu der Mutter es nur noch geschafft hatte, als sie das letzte Mal oben gewesen waren. Sie wurde zusehends schwächer.

Eines Tages zeigte sich Blut im Stuhl. Unser Hausarzt hielt es für nötig, die Patientin in das Kreiskrankenhaus nach Calw einzuweisen. Das war am 8. Juni. Meine Christl bereitete alles vor und begleitete Mutter im Krankenwagen nach Calw. Ich hatte bei einer Brüderratssitzung den Vorsitz zu führen. Lienhard Pflaum nahm auch daran teil. Er verließ die Sitzung, um nach Mutter zu sehen.

Vom 10. bis zum 17. Juni war ich zu evangelistischen Vorträgen im Zelt in Vaihingen/Enz. Landeskirchenrat Johannes Hasselhorn war ein paar Tage vor mir an der Reihe gewesen. Die Veranstaltung war von der Allianz vorbereitet worden. Der Besuch war erstaunlich gut.

Ich besuchte Mutter im Calwer Krankenhaus. Sie bekam Blut übertragen. Offenbar hatte sie ziemlich viel Blut verloren. Am 11. Juni wurde sie in das Bietigheimer Krankenhaus verlegt. Dort war sie operiert worden, und man kannte dort ihren Befund. Christl fuhr im Krankenwagen mit. Meine Arbeit in Vaihingen ging weiter. Am Donnerstag, 13. Juni, sprach ich über das Thema: »Tod – erlösende Vernichtung?« Am 14. Juni um 6.20 Uhr ging unsere Mutter im Krankenhaus in Bietigheim heim. Sie soll der Schwester in der Nacht gesagt haben: »Stellen Sie die Blutinfusion ab, ich will heimgehen.« Dann hätte sie die Hände gefaltet. So ging ihr irdisches Leben zu Ende.

Ich konnte die Arbeit in Vaihingen nicht abbrechen. Leute kamen zur Seelsorge. Christl, der der Abschied von ihrer Mutter sehr schwer fiel, und ich entschlossen uns, vor meinem Dienst im Zelt miteinander nach Bietigheim zu fahren. Sie wollte dort auch beim Versand der Traueranzeigen helfen.

Um 17.45 Uhr geschah es. Wir befanden uns auf der Straße

zwischen Illingen und Kleinglattbach. Ein LKW kam uns entgegen. Ein Landrover setzt zum Überholmanöver des LKW an, kam zu weit nach links herüber – also auf unsere Fahrbahn – und streifte unseren Wagen von vorn bis hinten. Die Glasscherben flogen durch unser Auto, die linke Tür war eingeklemmt und stark beschädigt. Christl und mir war nichts passiert. Das Auto musste in die Werkstatt abgeschleppt werden, nachdem die Polizei alles aufgenommen hatte. Ich nahm einen Mietwagen. Wir verständigten meinen Schwager Werner. Er kam auch zur Unfallstelle und machte zusätzliche Aufnahmen.

Weil das alles Zeit in Anspruch genommen hatte, fuhr Christl mit Werner nach Bietigheim. Ich machte mich mit dem Leihwagen auf den Weg nach Vaihingen. Die Zeit von 20.15 Uhr – der Augenblick, an dem das Programm zu beginnen hatte – war überschritten. Die Veranstaltung hatte schon begonnen. Das Zelt war bis zum letzten Platz voll besetzt. Der Chor hatte gesungen. Nun war ich dran. Zwar spürte ich noch die Glassplitter am Hals, hatte aber trotzdem einigermaßen ab- und umschalten können. Mein Thema war: »Angst – kann man sie überwinden?« Nach der Veranstaltung meldete sich jemand zur Seelsorge an. Dann fuhr ich nach Hause.

Am Donnerstag, dem 20. Juni, war das Begräbnis. Lienhard Pflaum hielt es. Ich betete zur Aussegnung in der Zelle den Psalm 103. Vater und Mutter hatten diesen Psalm täglich miteinander gebetet. Ich konnte es nur unter Tränen tun. Die Anteilnahme so vieler Menschen verwunderte uns. Unsere Mutter hatte doch schon lange Abstand vom aktiven Geschehen in den Gemeinschaften des Bezirks. Wieder nach zehn Jahren hatte das Grab auf dem Bietigheimer Friedhof die »abgebrochene Hütte« (2Kor 5,1) eines von uns so geliebten Menschen aufgenommen. Auf der Traueranzeige stand das Wort: »Deine Gnade soll mein Trost sein« (Ps 119,76).

Am 23. Juni fand die Gedächtnisstunde in der Gemeinschaft in Bietigheim Statt. Christl und ich kamen von einem Gartenfest in Bayern, wo ich zu predigen hatte, besuchten den Friedhof und nahmen anschließend an der Gedächtnisstunde teil.

Über vier Jahre lang hatte unsere Mutter ohne Magen gelebt, mit unserem Herrn Jesus Christus verbunden, treu den Dienst der Fürbitte verrichtend und zum Segen für uns und andere! Kinder, Enkel und Urenkel hatte sie an Geburtstagen und Festen treu bedacht. Keiner wurde übersehen oder vergessen. Und keiner kam zu kurz.

Unsere Mutter war fast 89 Jahre alt geworden. Und doch war dieser Abschied ein Einschnitt für uns alle. Ich versuchte, mich etwas mehr meiner Christl zuzuwenden, etwas mehr Zeit für sie zu haben. Wahrscheinlich gelang es mir nicht immer. Am 24. Juni hatten wir schon wieder Verpflichtungen, zwar sehr angenehme, die aber doch Zeit in Anspruch nahmen: Im Kurhaus fand einer der schon erwähnten »Feuilleton«-Evangelisationsabende mit Peter Hahne und dem Sänger Hans-Dieter Dobszinsky statt.

Irgendwann nach einigen Monaten wurde ich wegen des Unfalls am 14. Juni als Zeuge vom Amtsgericht Vaihingen vorgeladen. In Anwesenheit aller wurde plötzlich festgestellt, dass mit den Papieren des Unfallverursachers etwas nicht stimmte. Die Verhandlung musste vertagt werden. Ich bat den Richter, mich zum nächsten Termin nicht mehr vorzuladen. Er erfüllte meinen Wunsch.

Feste

Unsere besonderen Gedenktage vergaß ich nicht. Das soll kein Eigenruhm, sondern nur eine Feststellung sein. Am 8. April, da erhielt ich einst das Ja meiner Christl; am 2. Mai, unserem Hochzeitstag, und am 21. September, unserem Verlobungstag, bekam meine Frau eine Aufmerksamkeit. Erst recht beschenkte ich sie am 24. Januar, ihrem Geburtstag, am Nikolaustag und zu Weihnachten. Dafür die Geschenke auszusuchen war für mich immer eine besondere Freude.

Und wenn ich in bestimmten Städten war, wie München, Nürnberg, Stuttgart oder gar im Ausland, versuchte ich so viel Zeit zu erübrigen, mich umzusehen, was meiner Christl Freude machen könnte. Bei der Entwicklung von Geschenkideen half mir auch manchmal ein Einkaufsbummel mit Christl. Sie hatte einen Wunsch. Wir gingen in den entsprechenden Laden, sahen uns dies und jenes an.

Ich merkte, etwas gefiel ihr, doch sie wandte sich schnell davon ab. Warum? Sie hatte auf den Preis geschaut, und der war ihr meistens zu hoch. Ich merkte mir das Stück, ging sobald wie möglich wieder hin und kaufte es ihr. Meistens konnte sie sich dann auch darüber freuen.

Im Urlaub entdeckten wir auch schöne Sachen. Ich stellte die Testfrage: »Gefällt dir das?« Christl antwortete: »Ja, aber wo's hinpasst.« Damit wollte sie zum Ausdruck bringen: Das passt nicht zu uns. Als Predigertochter war sie zu Bescheidenheit und Sparsamkeit erzogen worden.

Gern brachte ich auch – gerade von Auslandsreisen – Nippsachen mit. Als wir uns der Ruhestandsgrenze näherten, meinte sie, wir müssten eigentlich unseren Gästen sagen: »Sucht euch etwas von unseren Vasen, Tellern und anderen Dingen aus und nehmt es als Andenken an diesen Besuch mit.«

Die runden Geburtstage feierten wir besonders. Den 50. meiner Christl wollte Susan Peters, die mit ihrem Mann, Professor Peters, über uns wohnte, für sie ausrichten. Das ist in Amerika so üblich. Mein 50. wurde von der Liebenzeller Mission ausgerichtet. Alle Mitarbeiter waren in das schöne Monbachtal eingeladen.

Christas 60. Geburtstag bereitete ich geheimnisvoll vor. Wir feierten auch im Saalbau des Monbachtales. Meinen 60. bereitete Christa vor und führte auch die Regie beim Fest in der »Pilgerruhe«. Manchmal fiel mein Geburtstag in die Verbandstagung, der 60. jedoch nicht. Trotzdem ließen sich die Kinder der Prediger etwas Nettes einfallen. Sie schenkten mir ein Album, in dem Bilder von ihnen, alphabetisch nach Familiennamen geordnet, enthalten sind. Darunter sind natürlich auch heute längst erwachsene und verheiratete Kinder.

Auf der ersten Seite steht: »Unserem ›Papa‹ Gajan zu seinem 60. Geburtstag und zu seinem 20-jährigen Dienstjubiläum von seiner großen ›LGV-Familie‹. Wir wünschen viel Freude beim Betrachten der Bilder.« Dieser Wunsch ging in Erfüllung. Auch heute freue ich mich noch, wenn ich in dem Album blättere. An allen unseren Geburtstagen sangen die Seminaristen und Bibelschülerinnen. Manchmal spielte auch der Posaunenchor des Seminars.

Vor unseren 60. Geburtstagen lag noch das 25-jährige Ehejubiläum, die so genannte »Silberne Hochzeit«. Dazu luden wir auch den entfernteren Verwandtenkreis ein. Wieder waren wir im Saalbau des Monbachtales. Am Sonntag, dem 30. April 1989, war das Fest. Wir hatten es ausnahmsweise auf den Jahrestag unserer standesamtlichen Trauung gelegt, weil dieser ein Sonntag war. Da konnten wir mit dem Erscheinen vieler der geladenen Gäste rechnen.

Christl hatte unser Gästebuch mitgenommen. Auf der rechten Seite, wo die Unterschriften folgen sollten, hatte sie handschriftlich geschrieben: »Anlässlich unseres 25. Ehejubiläums veranstalteten wir am 30. April 1989 im Monbachtal ein Verwandtschaftstreffen. Dabei waren anwesend: ...« Jeder Gast, der schreiben konnte, sollte sich eintragen. Die linke Seite wurde freigelassen für das Gruppenbild, das später eingeklebt wurde.

Manche Erwachsenen, die dabei waren, sind mittlerweile in der Ewigkeit; die Kinder sind erwachsen geworden. Mit meinem Geschenk überreichte ich meiner geliebten Christa am 2. Mai 1989 vier teils holprige Vierzeiler, die mir, wie leider nicht selten, *schnell* einfallen mussten. Sie konnten aber nur so schnell zu Papier kommen, weil mein Herz voll war.

2.5.1964 **25** 2.5.1989

Danke, Christel, Du hast mich treu begleitet.
Du warst mir Trost in manchem bittren Schmerz.
Was ich bedurfte, hast Du mir bereitet
und hattest offen stets für mich Dein Herz.

Im Dienst für JESUS warst Du mir Gehilfin,
zusammen mit mir trugst Du manche Last.
Doch lag in unserer Arbeit auch viel Freude drin,
die Du mit mir geteilet hast.

Wie gut, dass wir einander dürfen haben.
Wir fürchten unbekannte Zukunft nicht.
Gott gibt für alles uns die nöt'gen Gaben,
und sind es dankel, haben wir SEIN Licht.

So gehen wir getrost in's neue Morgen
und freuen uns an unserer Ehe Band.
Wir wissen, unser HERR wird weiter sorgen,
sind wir doch gern in SEINER guten, starken Hand.

Verschiedene Anfechtungen

Manche mögen denken, in einer Wohngemeinschaft von lauter Gläubigen und in einem solchen Aufgabenbereich, wie er uns zugewiesen war, könne es doch keine Anfechtungen geben. In der freien Wirtschaft, an jedem anderen säkularen Arbeitsplatz – selbstverständlich! Dort muss einem bewussten Christen ja der Wind ins Gesicht pfeifen.

Aus langer Erfahrung darf ich sagen: Das Leben und Dienen auf dem Missionsberg in Bad Liebenzell ist sehr schön. Keine Stunde davon möchte ich in meinem Leben missen. Es ist keine Überschätzung, wenn ich behaupte, der Missionsberg ist ein strategisch wichtiger Ort in Deutschland und darüber hinaus. Das gilt für andere Missions- und Reichgotteswerke auch. Gerade deshalb versucht der Feind, Gottes Mitarbeiter und Mitarbeiterinnen durcheinander und auseinander zu bringen, zu belasten und zu lähmen. Das darf man – auch wenn wir es mit einem besiegten Feind zu tun haben – nicht leicht nehmen. So waren auch Christl und ich manchmal angefochten, angegriffen und verletzt. Wer als Christ von Menschen angegriffen wird, die nicht dem Herrn Jesus gehören, empfindet das zwar auch als schmerzlich, doch wenn ihm das von Brüdern und Schwestern widerfährt, tut es weitaus mehr weh.

So gab es auch Zeiten in unserem gemeinsamen Dienst, die wir als sehr schwer empfanden. Gibt es jemanden, der das nicht kennt? Schuldzuweisungen sind hier fehl am Platz und helfen gar nicht weiter. Wer kann schon sagen, er hätte einem anderen nicht weh getan? Ich kann es nicht, leider nicht.

Damals, am 10. März 1990 – dieses Datum steht am Rand der Seite mit Jesaja 41 in meiner Bibel –, muss ich auch »Reichgottesschmerzen«[9] empfunden haben. Wir hatten an diesem Tag Besuch von einem Bruder aus Rumänien mit Begleitung. Auch vor der Grenzöffnung, erst recht danach, hatten Christl und ich eine offene Tür für Schwestern und Brüder aus den ehemaligen Ostblockstaaten. Viele von ihnen konnten mehr oder weniger gut Deutsch. Besonders schön war

---

[9] Ernst Buddeberg, »Heinrich Coerper«, S. 154.

es, wenn nach einem gefüllten Arbeitstag unsere Gäste bei uns saßen und wir uns über die Sache unseres Herrn austauschen konnten. Manche Leidenserfahrungen wurden uns mitgeteilt. Wir versuchten mitzuempfinden. Und manchmal schämten wir uns, über welche Kleinigkeiten, im Vergleich dazu, wir uns aufregen konnten.

An jenem 10. März 1990 war die Unterhaltung etwas gehemmt, weil dieser Bruder aus Rumänien der deutschen Sprache nicht kundig war. Er verstand zwar vieles, konnte sich aber nicht in Deutsch verständlich machen. Bevor er sich verabschiedete, gab er mir umständlich zu verstehen, dass ich ihm meine Bibel bringen sollte. Als er sie in seinen Händen hielt, schlug er Jesaja 41 auf und deutete auf den zehnten Vers. Dort steht: »Fürchte dich nicht, ich bin mit dir; weiche nicht, denn ich bin dein Gott. Ich stärke dich, ich helfe dir auch, ich halte dich durch die rechte Hand meiner Gerechtigkeit.« Das wollte er mir also zum Abschied hinterlassen. Wie oft ihm dieser Zuspruch in besonderen Lagen seines Lebens zum Aufatmen geholfen haben mag?!

Merkwürdig, wie das manchmal so ist: Dieses Wort passte genau in meine Lage. Anfechtungen plagten mich. Wollte ich auch fliehen? Ich weiß es nicht mehr genau. Wohin hätte ich auch fliehen sollen außer zu meinem so guten Dienstherrn? Aber dieses Wort, auf das der Finger eines rumänischen Bruders deutete, gebot und bot mir Halt. Es wurde mir zur Kraft und Hilfe. Es konnte gar nicht anders sein, hier war meines Gottes »rechte Hand« im Spiel. Wieder einmal bestätigte es sich: »Denn allein die Anfechtung lehrt aufs Wort merken« (Jes 28,19, nach alter Lutherübersetzung).

Neben den Lebensbildern und Andachten, die meine Christa bei den Bräuterüstzeiten weiterzugeben hatte, wurde sie auch in unsere Bezirke und Gemeinschaften und darüber hinaus zu Freizeiten, Wochenenden für Frauen, zu Frauentagen und Frauenstunden eingeladen. Um nur einige Beispiele zu nennen: Ich war mehrere Jahre lang regelmäßig zum ersten Adventswochenende in Müllheim, Südbaden, und oft begleitete mich Christl dorthin, um am Sonntagmorgen parallel zu unserer Männerstunde eine Frauenstunde zu halten. Am Buß- und Bettag 1986, der damals noch gesetzlicher Feiertag war, hatte sie in Mönchengladbach einen Frauentag. Vom 13.–15. Februar 1987 war Christl in ihren Heimatbezirk Bietigheim zu einem Frauenwochenende eingeladen.

Trotzdem kümmerte sie sich sehr um Menschen im »Städtle« (wie man auf dem Missionsberg Bad Liebenzell nennt). Manchmal berichtete sie mir ganz erfüllt von dieser oder jener Frau, die sie besucht hatte. Dann fragte ich meist zurück: »Wer ist das?« Christa antwortete mir: »Du fragst immer: Wer ist das? Wie oft habe ich dir schon von dieser Person berichtet!« Das war eine Anfechtung für Christl. Sie stellte immer wieder fest, wie wenig aufmerksam ich ihr offenbar zuhörte, wenn sie von ihren Begegnungen oder Besuchen in Bad Liebenzell erzählte. Mein Kopf war so besetzt mit Namen und Menschen aus den Bezirken im Land.

In unserer entfernteren Nachbarschaft im »Schießrain« war eine noch nicht alte Frau gestorben. Ihr Mann war krank. Natürlich hatte Christl an der Beerdigung teilgenommen. Doch nach ein paar Tagen wünschte sie, dass ich den Witwer besuche. »Ich gehe ja mit, wenn du willst, aber ich kann nicht allein gehen.« Da wurde ich meiner Frau zur Anfechtung. Sie wartete, erinnerte, bat und wartete wieder. Darüber war ich recht ärgerlich. Endlich entsprach ich ihrer Bitte und machte mit ihr den Besuch. Wie nötig war das! Als wir wieder den »Schießrain« heraufkamen, machte mir Christl zwar keine Vorwürfe, aber ich empfand: Sie wollte mir sagen, dass dieser Besuch auch schon früher hätte gemacht werden können. Ich gab ihr Recht. Es tat mir Leid, dass ich sie hatte so lange warten lassen.

Im August 1988 machte sich bei mir eine Bronchiektasie im Anfangsstadium bemerkbar, die mein Befinden recht beeinträchtigte. Zwar nahm ich meine Termine wahr, aber alles ging mit »angezogener Handbremse«, wie man zu sagen pflegt. Wenn es möglich war, ging ich mit Christl in Schömberg ein wenig spazieren. Dabei empfand ich eine Erleichterung. Gleichzeitig wurde mir das zur Anfechtung.

Am 11. September sollte ich beim Herbstmissionsfest die Predigt im Gottesdienst vor mindestens 6 000 Besuchern halten. Würde ich das schaffen? Der Hausarzt überwies mich zum

Röntgenologen. An der Lunge war keine Veränderung festzustellen. Längst bekam ich keine Einladung mehr zur Kontrolluntersuchung. Trotzdem ließ ich mich sporadisch vom Facharzt untersuchen. Der Lungenfacharzt meinte so nebenbei, wenn er das hätte, was ich habe, würde er für 14 Tage nach Sylt fliegen.

Diese Bemerkung half mir zunächst nicht viel. Später entnahm ich ihr eine Empfehlung und sprach mit meinem Hausarzt darüber. Er verschrieb mir eine ambulante Badekur, zwar nicht auf Sylt, aber auf der Nordseeinsel Föhr. Vom 21. September bis zum 13. Oktober 1988 waren dann Christl und ich in Goting bei Wyk auf Föhr. Zum ersten Mal in meinem Leben war ich an der Nordsee. Das Klima tat mir sehr gut, und die Kur war mir nützlich. Erquickt und für neue Taten ausgerüstet kehrten wir heim. Die für diese Zeit vorgesehenen Termine mussten eben gestrichen werden. Die Predigt beim Herbstmissionsfest konnte ich jedoch halten; der Text war der Wochenspruch der 15. Woche nach Trinitatis: 1. Petrusbrief 5,7. Vor 25 Jahren hatte ich dieses Wort zu meiner Abordnung und Einsegnung beim Herbstmissionsfest 1963 erhalten: »Alle eure Sorge werft auf ihn; denn er sorgt für euch.«

Am 16. Juni 1989 reiste ich wieder einmal nach Österreich. Zuerst fuhr ich mit dem Auto nach Nürnberg. Dort stellte ich es in der Schonhoverstraße bei unserem Gemeinschaftshaus ab. Mit dem Zug fuhr ich mit Theo Schneider, dem Generalsekretär des Gnadauer Verbandes, und Karl Heinz Schabel, damals Inspektor des Altpietistischen Gemeinschaftsverbandes, nach Eferding/Alkoven in Oberösterreich. Dort fand im *Astnerhof*, einem der typischen, großen Vierkanthöfe, eine Sitzung des Kuratoriums der *Johann-Tobias-Kissling-Gesellschaft* statt. Kurt Heimbucher hatte den Anstoß gegeben, diese Gesellschaft innerhalb des Gnadauer Verbandes zu gründen. Sie sollte die Gemeinschaftsarbeit in Österreich in verschiedener Hinsicht fördern.

Genannt wurde diese Vereinigung nach dem Nürnberger Kaufmann Johann Tobias Kissling, der eine besondere Liebe zu Österreich hatte.[10] Kisslings Hauptanliegen war es, die

---

[10] Kurt Heimbucher, Notizen aus meinem Leben, R. Brockhaus Verlag, S. 154–155.

Evangelischen in Österreich zu stärken. Unzählige Bibeln, Bibelteile, Erbauungsliteratur und Andachtsbücher nahm er nach Österreich mit. Hundertviermal soll er von Nürnberg nach Österreich gewandert oder gefahren sein. Das war im 18. Jahrhundert!

Am Samstag, dem 17. Juni, fuhren wir zurück. Um 18.30 Uhr kam ich zu Hause an. Meine Christl begrüßte mich gar nicht so fröhlich wie sonst. »Längst vermisste Brüder!« konnte sie sonst ausrufen, indem sie mich in den Arm nahm. Es stimmte etwas nicht.

Sie berichtete mir schonend, sie habe Schmerzen, es gehe ihr nicht so gut. Am Sonntagmorgen mussten wir den Arzt kommen lassen. Die Diagnose war: Verdacht auf Blinddarm-Entzündung. Aber mit der Einweisung in ein Krankenhaus wollte der Arzt noch ein wenig warten.

Unser Essen holte ich in der »Pilgerruhe«. Um 14 Uhr sollte ich auf dem Missionsfest in Schwaigern bei Heilbronn predigen. War es möglich, so kurzfristig abzusagen? Nebenbei bemerkt: Es waren für mich anfechtende Fragen, wenn ich schnell entscheiden musste, ob ich kurzfristig einen Dienst, der seit langem geplant war, absagen solle oder nicht.

Wir hatten die Frage auch mit dem Arzt besprochen und waren so verblieben, dass ich ihm sofort nach meiner Rückkehr berichte, wie das Befinden meiner Frau ist. Ich bat jemanden, nach Christl zu schauen, und fuhr nach Schwaigern. Um 18 Uhr kehrte ich wieder zurück. Es ging der Patientin nicht besser. Um 18.45 Uhr war der Arzt bei uns. Sofort erfolgte die Einweisung in das Krankenhaus »Siloah« in Pforzheim. Ich fuhr mit unserem Auto 19.30 Uhr ab. 20.30 Uhr: Aufnahme im »Siloah«. Von 22 Uhr bis 22.50 Uhr wurde Christl operiert. Ich sprach gleich anschließend mit dem Chirurgen. Er teilte mir mit, während der Operation sei der Blinddarm geplatzt. Bis Christl aus der Narkose aufgewacht war, durfte ich bei ihr bleiben. Kurz vor Mitternacht fuhr ich nach Hause. Am Montag, dem 19. Juni, besuchte ich Christl. Es hatten sich keine Komplikationen bemerkbar gemacht.

Nun stand die nächste, mich anfechtende Entscheidung vor mir: Was mache ich mit meinem Einsatz im Zelt in Kastellaun auf dem Hunsrück? Vom 20. bis 25. Juni sollte ich dort Vorträge halten. Meine liebe Christa sagte freilich: »Du musst gehen!« Ich hatte gar nicht viel Zeit zum Überlegen und für das Gebet. Am Abend musste ich noch zu einer auswärtigen Bezirksbrüderratssitzung. Also packte ich am Dienstagmorgen meinen Koffer. Bei Familie Benz, die inzwischen schräg über uns im Haus wohnte, bekam ich etwas zum Mittagessen. Dann fuhr ich nach Pforzheim zu Christl. Es ging ihr, den Umständen entsprechend, schon recht gut. Ich sorgte dafür, dass ein Telefon auf ihren Nachttisch kam, und hinterließ ihr die Telefonnummer meines Kastellauner Quartiers. Wir beteten und befahlen uns gegenseitig den schützenden und helfenden Händen unseres großen und guten Herrn an. Dann fuhr ich weiter nach Kastellaun. 240 km entfernte ich mich von meiner lieben Patientin. Das fiel mir nicht leicht, obwohl ich wusste: Jesus ist bei ihr – und bei mir. Und in ihm sind wir miteinander verbunden. In solchen Lagen wird man sich erst richtig bewusst, was die Gemeinschaft mit Jesus bedeutet.

Natürlich rief ich immer wieder bei Christl an. Sie lag inzwischen in einem Zimmer mit vier Betten. Ein Fernseher lief pausenlos. Sie wollte den Mitpatientinnen auch etwas von unserem Herrn Jesus sagen und sich nicht durch Meckern über Zweitrangiges »Türen zuschlagen«. Also ertrug sie, manchmal lesend, manchmal mit geschlossenen Augen, still die permanente Schallkulisse.

Am 25. Juni fuhr ich auf dem Heimweg kurz vor Mitternacht durch Pforzheim. Zu so später Stunde konnte ich keinen Besuch mehr bei Christl machen. Am nächsten Tag und an den beiden folgenden fuhr ich zu ihr. Am 29. Juni durfte ich sie wieder nach Hause holen.

Den Wunsch meiner Frau, noch einmal mit mir privat nach Israel zu reisen, hatte ich nicht vergessen. 1991 hatte sie ja die letzte Gruppenreise organisiert. Nun hatte unser Prediger Karl-Heinz Geppert, damals im Bezirk Villingen-Schwenningen, eine einjährige Beurlaubung beantragt, um mit seiner Familie dieses Jahr in Israel leben zu können. Die Beurlaubung wurde genehmigt. Familie Geppert war seit Herbst 1993 in Jerusalem. Ursula Geppert arbeitete als Krankenschwester in einer Klinik.

Karl-Heinz war Hausvater, Hausmann, Gelegenheitsarbeiter und nahm noch einige Vorlesungen in der Dormitio (Benediktiner-Abtei »Maria Heimgang«) in Jerusalem wahr. Katholische und evangelische Theologiestudenten erhalten dort eine Einführung in die Archäologie und biblische Topographie. Auch Theologiestudenten des Albrecht-Bengel-Hauses in Tübingen haben dort schon Gastsemester absolviert. Ein herausragender Lehrer in Dormitio ist der Prior P. Bargil Pixner.

Im Herbst 1994 wollten Gepperts wieder nach Deutschland kommen und im Liebenzeller Gemeinschaftsverband eine Predigerstelle einnehmen. Im Verbandsbrüderrat hatten wir darüber beraten. Nun sollten die Vorschläge unterbreitet werden. Das macht man natürlich lieber im Gespräch als durch die modernen Fernkommunikationsmittel, erst recht, wenn ohnehin eine Reise nach Israel in petto war.

Zu ihrem Geburtstag, am 24. Januar 1994, erhielt Christa von mir einen Gutschein »Für eine Reise nach Israel als meine Begleiterin – für ein paar Tage«. Dazu schrieb ich noch:

»Mein liebes Christalein,
ich bin so dankbar,
dass es Dich gibt
und dass ich Dich hab.
24. Januar 1994 Nur Dein Alfred.«

In der zweiten Jahreshälfte 1994 stellte sich bei mir Bluthochdruck ein. Mein Hausarzt versuchte, ihn mit Medikamenten unter Kontrolle zu bekommen. Das gelang teilweise. Eine regelmäßige, später tägliche Kontrolle des Blutdrucks wurde verordnet. Ich hoffte, dass sich in der etwas ruhigeren Zeit Ende Dezember, Anfang Januar alles normalisieren würde.

Wir erlebten 1994 wieder ein schönes Weihnachtsfest. Zwar war ich am 23. und 24. Dezember um Dienste bei den Gästen in der »Pilgerruhe« gebeten worden. Doch das machte Freude, begegneten wir hier doch vielen guten Bekannten.

Am ersten Weihnachtsfeiertag besuchten uns Siegfried und Irmgard Pflaum mit Marianne und Volker, ihren erwachsenen Kindern. Siegfried ist der älteste Sohn von Onkel Wilhelm

Pflaum, dem Metzger und Landwirt. Er ist beruflich in die Fußspuren seines Vaters getreten, hatte inzwischen aber das Geschäft auch schon wieder seinem Sohn Volker, dem jungen Metzgermeister, übergeben, der eine ebenso gute Qualität herstellt wie seine Vorväter. Es hatte sich so eingespielt: An einem der Weihnachtstage kamen die lieben Unteröwisheimer zu uns. Am zweiten Weihnachtstag besuchte uns die Bietigheimer Familie Werner Pflaum, allerdings ohne Matthias, der schon freundschaftliche Verpflichtungen hatte. Er hatte uns ersatzweise mit seiner Linda am 6. November besucht. Am 27. Dezember kamen noch nach guter Gewohnheit Dr. Karlheinz und Lydia Mall aus Bonn, die Gäste in der »Pilgerruhe« waren, zu uns. Dann hatten wir einige Tage zum Ausruhen. Auch am Altjahrsabend waren wir zu zweit. Die Silvesterfeier erlebten wir im Missionshaussaal.

Es ist eine gute Gewohnheit im Werk der Liebenzeller Mission und in den Gemeinschaften, die mit ihm verbunden sind, dass für das neue Jahr Lose gezogen werden: für das gesamte Werk, für die einzelnen Abteilungen, für unsere Gemeinschaften und auch von jedem einzelnen. Wie alles in dieser Welt kann auch eine solche gute Gewohnheit missbraucht werden. Doch der Missbrauch darf den guten Gebrauch nicht hindern.

Meine Christl und ich saßen in der letzten Bank. Es war uns schon ein paar Tage zuvor ein Gebetsanliegen, dass wir nach dem Kärtchen greifen, auf dem das Wort für uns steht, wegweisend, korrigierend oder bestätigend, ermutigend. Endlich kam der Teller mit den Losen in unsere Reihe. »Gott sprach: Ich bin der HERR, dein Arzt«, stand auf Christas Neujahrslos. Und darunter standen die beiden Zeilen:

»Ein Arzt ist uns gegeben,
der selber ist das Leben.«

Ich sehe ihre Hand vor mir, als wäre es heute. Sie hielt mir dieses Los zum Lesen hin. Auch habe ich ihren Gesichtsausdruck dabei noch in guter Erinnerung.

Am 2. Januar 1995 fuhren wir in unsere »Winterhöhle« nach

St. Blasien. Wir hatten diesmal einige Tage länger als sonst gebucht, da ich zwischendrin vom 6.–8. Januar zu einer Komiteeklausur nach Hohrodberg fahren musste.

Sigismund Schmidtke, unser Prediger in St. Blasien, und seine Frau Ilse hatten ein Videogerät, um auch ihren Kinderstundenbesuchern etwas visuell vorführen zu können. Merkwürdigerweise hatte Sigismund den zuvor im Fernsehen gezeigten Film »Sissi« aufgenommen. Er wollte uns diesen Film an einem der Abende vor meiner Abreise nach Hohrodberg zeigen. Ich hatte etwas Interesse dafür, weil er ja in der Donaumonarchie spielt und auch Historisches wiedergibt. »Sissi« wird lungenkrank, was in ausführlichen Szenen vor Augen geführt wird. Christl wendet sich Ilse Schmidtke zu mit der Frage: »Wurde sie wieder gesund?« Daran erkannte ich, wie intensiv sie dieses Geschehen miterlebte.

Ich kehrte von Hohrodberg nach St. Blasien zurück. Zwei Tage später fuhren wir nach Hause. Die ersten zwei Drittel des Jahres 1995 verliefen im gewohnten Rhythmus. Alles war wie immer. Oder doch nicht? Die Brüderfreizeit (Mitarbeitertage) kam, diesmal vom 18. bis 25. Januar. Der vorletzte Tag war der Geburtstag meiner Christl. Ich hatte sie zum Mittagessen in die »Pilgerruhe« mitgenommen.

Das Ehepaar Mertens aus Essen – sie kamen manchmal im Winter für ein paar Tage in die »Pilgerruhe«, um Abstand von ihrem Beruf zu gewinnen – war gerade auch anwesend. Herr Mertens ist Geiger bei einem Orchester in Essen, seine Frau Sängerin und Gesanglehrerin. Sie ermunterte ihren Mann, seine Geige aus dem Zimmer zu holen. Dann spielten beide – sie Klavier, er Geige – ein Musikstück für meine Frau. Solche Aufmerksamkeiten mied meine Frau normalerweise so gut es ging. Diesmal ging es nicht anders: Sie ließ es sich gefallen.

Die Gnadauer Mitgliederversammlung rückte näher. Sie war vom 13.–16. Februar im »Haus Friede« in Hattingen angesetzt. Wegen unsicherer Witterungsverhältnisse fuhr ich mit dem Zug, und zwar schon am Sonntag, da wir am Montagvormittag – wie meistens – noch eine Vorstandssitzung hatten. Um 19 Uhr begann dann die Mitgliederversammlung. Bischof i. R. Dr. Werner Laich, Eisenach, hielt den Eröffnungsvortrag. Anschließend traf sich der Vorstand noch mit ihm zu einem zwanglosen Austausch. Präses Christoph Morgner und manche anderen Brüder des Vorstandes lieben solche »Apostolische Nachtstunden«, wie Kurt Heimbucher das zu nennen pflegte. Während dieser Gesprächsrunde bekam ich ohne Vorwarnung starkes Nasenbluten. Ich entfernte mich, so diskret wie möglich. Draußen begegneten mir Brüder. Sie merkten, dass die Blutung nicht zu stillen war. Schließlich fuhr mich Johannes Grosse, der in Hattingen ortskundig ist, in das Evangelische Krankenhaus. Da wurde meine Nase tamponiert. Der Arzt in der Notaufnahme kontrollierte aber auch meinen Blutdruck, der sehr hoch war. Er empfahl, mich auf Station zu behalten. So war ich im Handumdrehen vom »Haus Friede« in das Evangelische Krankenhaus versetzt. Mein Herz war etwas in Mitleidenschaft gezogen. Am nächsten Morgen aber ging es mir wieder besser.

1995 hat Christl zum ersten Mal Notizen in dem Büchlein »Mut für den Tag« gemacht. Jemand hatte es ihr geschenkt. Am 14. Februar schrieb sie hinein: »Frühmorgens Anruf von Alfred aus dem Krankenhaus!« Und am 15. Februar ist darin zu lesen: »Alfred zurück von Hattingen.«

Am Tag zuvor wurde ich noch eingehend untersucht, zum Beispiel durch Belastungs-EKG und Herzecho. Der Arzt hat dabei festgestellt, dass mein Herz etwas blockte. Er empfahl mir, zu Hause einen Internisten aufzusuchen und ein Langzeit-EKG machen zu lassen. Die Medikation wurde verändert. Am Abend entfernte der HNO-Arzt die Nasen-Tamponage. Einige Brüder hatten mich vom »Haus Friede« aus besucht. Mit meinen Zimmerkollegen konnte ich gute Gespräche führen, Gottes Wort lesen und beten. Nach dem Mittagessen holte mich Wilfried Dehn ab, der auch schon einen Tag früher nach Hause fahren wollte. Ich holte in »Haus Friede« meine Sachen, und dann fuhr ich mit Wilfried heim.

Mein Nasenbluten – so stellte ich mir das mit meinem Laienverstand vor – war wie ein Aderlass. So hatte man doch einst die Hypertonie behandelt, hörte ich irgendwo. Vom Hausarzt ließ ich mich zum Internisten nach Pforzheim überweisen, der mich sehr gründlich untersuchte und zur selben Diagnose kam wie der Arzt in Hattingen.

Christl hatte sich während meiner Abwesenheit bei der in der »Pilgerruhe« stattfindenden Frauenfreizeit nützlich gemacht. Das tat sie gern. Sie spielte das Klavier. Am 19. Februar steht in ihrem Büchlein: »Psalmenfest«. Das hatte sie sorgfältig vorbereitet.

Es war seit der juristischen Verselbständigung des LGV üblich, dass sich an einem Tag der Vorstand mit Frauen traf. Diesmal fand dieses Treffen am 28. Februar in Waldkirch statt, bei Willy und Elsbeth Wacker. Dabei wurde manches besprochen; wir besichtigten die Firma Gütermann, in der Willy Verkaufsleiter gewesen war. Nach unserer Zusammenkunft besuchten Christl und ich noch eine Patientin nach ihrem Herzinfarkt in der Reha-Klinik. Anschließend fuhren wir heim.

Wenn ich die Notizen meiner Christl weiterverfolge, sind bei ihren Aktivitäten Besuche, Bewirtungen und Putzen bestimmend. In Bad Liebenzell machte sie Besuche, aber auch auswärts, zum Beispiel in Schopfloch bei den Frauen Schwab. Dort gibt es nämlich mehrere, von denen zwei näher gekennzeichnet sind: Frau Schwab (»Lädle«) und Frau Schwab (Mutter von Brigitte; Letztere ist eine meiner Mitarbeiterinnen in der Redaktion).

Zum Mittagessen war bei uns Tobias Michael, der Bildhauer aus Sachsen, zu Gast. Er hatte den Auftrag vom LGV, ein Kunstwerk für das Foyer im neu erbauten Missions- und Schulungszentrum (MSZ) zu fertigen. Außerdem kamen Matthias, unser Neffe, mit seiner Linda und den beiden Müttern. Da ging es um die Vorbesprechung der Hochzeitsfeier, die im Monbachtal sein sollte.

Am 18. März hat Christl notiert: »Putzen im MSZ«. Am 1. April sollte die Einweihung stattfinden, und so gab es viel zu putzen. Außerdem ist immer wieder »Thermalbad« zu lesen. Christa hatte sich einige Bäder verschreiben lassen.

Drei Termine kann ich nicht übersehen: Am Sonntag, 19. März, war Christl zur »Goldenen Konfirmation« nach Bietigheim in die Stadtkirche eingeladen. Dort war sie vor 50 Jahren konfirmiert worden und hatte unter schwierigen Verhältnissen – es war die Endphase des Zweiten Weltkriegs – den Denkspruch erhalten: »Ich schäme mich des Evangeliums von Jesus Christus nicht, denn es ist eine Kraft Gottes, die selig macht alle, die daran glauben« (Röm 1,16).

»Wenn du nicht mitgehen kannst, gehe ich alleine«, so lautete die grundsätzliche Entscheidung, die Christa getroffen hatte. Sie hatte schon in anderer Beziehung ihre Erfahrungen mit meinem Kalender gemacht. Sie kannte mich zu gut, um zu wissen, dass ich eigentlich nicht gerne Sonntage für solche Anlässe *opferte*. Doch diesmal hatte ich den Sonntag für die »Goldene Konfirmation« meiner Frau reserviert. Ich spürte wohl, dass es ihr ein besonderes Anliegen war, dabei zu sein.

Es war ein trüber, nasskalter Sonntag. Wir kamen zeitlich leider etwas knapp in Bietigheim an. Christl eilte mir voraus, Richtung Gemeindehaus bei der Stadtkirche, wo sich die Gruppe treffen wollte, um dann miteinander in die Kirche zu gehen. Nach dem Gottesdienst, nahmen wir mit den anderen »goldenen Konfirmanden« das Mittagessen im »Kronenzentrum« ein. Auch andere waren von auswärts angereist. Es kam zu interessanten Tischgesprächen. Christa hatte von unserem Verteilblatt »Augenblick mal« genügend Exemplare mitgenommen, um jedem der mit ihr einst Konfirmierten eines zu überlassen.

Am 23. März hatte ich zwei Verpflichtungen, denen ich ohne Christl nicht hätte gerecht werden können: Um 11 Uhr sollte ich mich beim Notar in Dinkelsbühl einfinden; um 20 Uhr sollte ich die Bibelstunde im Missionshaus in Bad Liebenzell halten. Und ich war krank. Ein grippaler Infekt trieb die Temperatur hoch. Ich fühlte mich nicht wohl. Doch der Notartermin war eine Gebetserhörung für unsere Dinkelsbühler Gemeinschaft. Sie hatte kein eigenes Haus. Der gemietete Raum war nicht sehr familienfreundlich. Eine Kinderbetreuung parallel zur Gemeinschaftsstunde war nicht möglich. Auch für die Jugendarbeit gab es nur begrenzte Möglichkeiten. Kurzum, es wurde etwas Eigenes angestrebt. Doch das sollte innerhalb der Stadtmauern in der sehenswerten Altstadt sein. »Schönste Stadt der Welt«, hatte sie August Horeld, mein Vorgänger, genannt. Er stammte nämlich aus Dinkelsbühl.

Dann wurde uns – eigentlich wider Erwarten – ein Haus mit großem Grundstück innerhalb der Stadtmauern angeboten. Die in dem Haus lebende Frau war verstorben, und ihr Erbschaftsverwalter aus München hatte diesen Notartermin mitbestimmt. Christl sagte: »Ich fahr' dich nach Dinkelsbühl.« Etwa um 15 Uhr kehrten wir zurück, sodass ich noch etwas Zeit zum Entspannen und Vorbereiten hatte. Um 20 Uhr war Bibelstunde; der Text war die Tageslese: der letzte Abschnitt in dem spannenden Bericht von dem Sieg Davids über Goliath (1Sam 17,52–58).

Um 22.30 Uhr ließen wir doch noch unseren Hausarzt kommen, weil das Fieber so angestiegen war.

Unter dem Datum vom 27. März steht schlicht geschrieben: »Rentenantrag gestellt.« Christl hatte auch Anspruch auf Rente. Den Antrag darauf hatte sie an jenem Montag gestellt. Wir hatten gelegentlich über unseren Ruhestand gesprochen. Wir standen vor der Alternative: Entweder scheide ich mit 63 oder mit 65 Jahren aus. Mein Mandat als Inspektor ging bis zu meinem 65. Lebensjahr. Das hatte sich bei der letzten Wahl so ergeben. Für den Antritt des Ruhestandes mit 63 Jahren sprach, dass uns zu dieser Zeit das Umziehen leichter fallen würde als zwei Jahre später. Und wir wollten unseren Ruhestandssitz mindestens 70 km von Bad Liebenzell entfernt einnehmen. Das war die Entfernung, die der Veteran unter den Evangelisten, Ernst Krupka, Jungvermählten als Abstand zu ihren Elternhäusern empfahl.

Schließlich ergab sich eine Kompromisslösung. Friedhelm Geiß, einer derer, die als mögliche Nachfolger von mir galten, konnte frühestens 1997 aus seiner Aufgabe als Geschäftsführer im Südwestdeutschen EC-Verband herausgelöst werden. Deshalb wollte ich, wenn Gott mir die Kraft dazu schenkt, bis zu meinem 64. Lebensjahr Inspektor im LGV bleiben. Gerhard Horeld, der jetzige Vorsitzende, war schon mein regelmäßiger Stellvertreter.

Im April hatte Christl wieder für verschiedene Gäste gut gekocht. Ich erwähne nur drei Einladungen: Zum Abendessen hatten wir am 3. April vier junge Ungarn zu Besuch. »Anna Pálúr, Sabi, Susi, Gyöngyver«, hat Christl notiert. Diese jungen Freunde aus Ungarn pflegte sie »unsere Kinderle« zu nennen.

Am 6. April steht in ihrem Büchlein: »Br. Weiland zum Mittagessen. – Gebetserhörung (passendes Menü).« Pfarrer Werner Weiland ist einer der Dozenten am Theologischen Seminar.

Am 13. April heißt es: »Michael Pflaum mit Familie zum

Mittagessen (Pizza).« Michael, Missionar in Sambia, ist einer unserer Patensöhne.

Einmal im Frühling und einmal im Herbst fuhren wir nach Birkenau, um die Gräber herzurichten. Am 15. April trug Christa ein: »Gebetserhörung (schönes Wetter) – Gräber gerichtet.« Sie bereitete solche Unternehmen sehr sorgfältig im Gebet vor, viel mehr als ich. So erlebte sie bewusst auch Erhörungen ihrer Gebete.

Dann kam Ostern und damit unsere Verbandstagung im Monbachtal, bei der Christl sich wieder mütterlich beteiligte. Unmittelbar daran schloss sich am 22. die LGV-Mitgliederversammlung in Unteröwisheim an. Dort feierte ich also meinen 62. Geburtstag. Um 19 Uhr kehrte ich heim, um am Sonntag mit Christl nach Graben zu reisen. Dort hatte ich um 9.30 Uhr im Gottesdienst zu predigen, anlässlich der Einführung unserer von der Badischen Landeskirche zur Kasualienverwaltung beauftragten Prediger. Von dort fuhren wir nach Feuchtwangen weiter, wo ich um 14 Uhr zu predigen hatte. Da waren wir unterwegs ganz für uns und konnten uns austauschen, vor allem auch schon vorausschauend. Ein Höhepunkt stand uns nämlich bevor: Vom 29. April bis 4. Mai 1995 hatten wir eine Reise in die Slowakei geplant.

Am 3. Mai verabschiedeten wir uns nach dem Frühstück von der schönen Tatra. Wir wollten Jan Janco in Krasna Ves besuchen, kurz hinter Wien übernachten und am 4. Mai heimkehren. Schwager Werner und Christl, seine Frau, wollten in unserem Quartier bei der *Rosenberger* Autobahnraststätte Großram nach dem Abendessen noch etwas sitzen bleiben. Meine Christa machte unmissverständlich deutlich, dass sie sich zurückziehen wolle. Ihren Gesichtsausdruck dabei vergesse ich nicht. Es war, als wollte sie zum Ausdruck bringen: Ich muss mit meinen Kräften haushalten. Ich ging mit ihr.

Am Heimreisetag war sie wieder recht vital. Wir sprachen mit Freuden über das Erlebte und lachten über unser Radebrechen bei der Begegnung mit der lieben »Matka«, der Mutter von Jan Janco in Krasna Ves, die uns wie ein Magnet festhielt, bis sie uns mit ihrem Sohn zusammengebracht hatte, der noch an seinem Arbeitsplatz war.

Am 5. Mai hat Christl notiert: »Von David möchte ich lernen: Geduld und Vertrauen.« Das war ihr in der Bibelstunde im Haus »Salem« an jenem Freitag wichtig geworden.

Am Sonntag, dem 7. Mai, hatte ich im MSZ den Gottesdienst mit Abendmahl zu halten. Am Nachmittag wollten uns Matthias und Linda besuchen. Es sollte das Traugespräch stattfinden. Matthias hatte den Wunsch, in der evangelischen Stadtkirche in Bad Liebenzell getraut zu werden, der Kirche, in der er konfirmiert worden war. Er hatte einst an dem Konfirmandenseminar teilgenommen, das modellhaft in Bad Liebenzell von der Liebenzeller Mission im Auftrag der Ludwig-Hofacker-Vereinigung durchgeführt wurde. Zum anderen sollte ich die beiden trauen. Die Hochzeit war für 24. Juni geplant.

Das Traugespräch verzögerte sich ein wenig, weil unangemeldet unser Neffe Günter Thomas mit Familie zu Besuch kam. Christl war sehr flexibel und durch solche Überraschungen nicht aus der Ruhe zu bringen. Sie knipste uns alle auf dem Balkon. Das Foto befindet sich in unserem Gästebuch. An den Rand schrieb sie: »Zu unserer Überraschung und Freude kamen noch Günter und Christine mit Jakob dazu.« Auf der anderen Seite steht der Eintrag von Matthias und Linda.

Vom 12. bis zum 14. Mai waren wir bei der Klausur des Verbandsbrüderrates mit Frauen und Kindern. Sie fand wieder in dem »Rosenschlösschen« in Staudernheim statt. Dabei war Christl ganz eifrig damit beschäftigt, diese Tage für die Frauen schön zu gestalten. In ihrem Tagebuch steht, was sie an Gebäck mitgenommen hatte: »Zwei Linzer Torten, Rührkuchen.«

Am Samstag, 13. Mai, feierte sie mit den Frauen das Psalmenfest, während wir eine Brüderratssitzung hatten. Am 14. kehrten wir wieder zurück, nachdem wir die Predigerfamilie Suckut in Bad Kreuznach besucht hatten.

Am 19. Mai steht in Christas Tagebuch: »Vorsorgeuntersuchung.«

Am 21. Mai begleitete mich meine Frau in die schöne Schweiz nach Pfäffikon zur Mitgliederversammlung des Evangeliums-Rundfunks. Für die Frauen wurde zur Abwechslung ein Ausflug angeboten. Christl notierte: »Ausflug mit den Frauen nach Sargans. Unterwegs Halt in Werdenberg, Geburtsort von Carl Hilty«, dem Schweizer Nationalrat, Juristen und Philosophen. Er vertrat einen christlichen Humanismus. Glück, meinte er, sei das Geheimnis der Kraft. Immer wieder war Christl damit beschäftigt, Kleider – »aber keine minderwertigen« – für Ungarn und die Slowakei zusammenzusuchen, die Freizeit im Juli/August stand uns ja noch bevor: Wien, Budapest, Hohe Tatra, Prag. Und am 30. Mai steht in ihren Aufzeichnungen: »Mit Alfred in Stuttgart zum Einkaufen.«

Der Juni begann mit den Festen – Pfingstmissionsfest, Gemeinschaftstag. »Heinrich, Lisbeth, Werner, Christl zu Besuch. – Danke für das freundliche Wetter!« So steht es im Büchlein meiner Christa am 4. und 5. Juni: »Alfred in der Stadtkirche gepredigt. – Danke für das gute Wetter!«

Am 6. Juni hatten wir die dritte Bibelschulklasse zum Abendessen bei uns. Die Eintragungen in unserem Gästebuch der Klassen, die wir eingeladen hatten, sind schön und originell. Meistens waren die Schüler kreativ und ließen sich etwas einfallen. An dieser Stelle möchte ich eine Kostprobe geben. Nach einer solchen Einladung stand vor unserer Abschlußtür ein Obstteller, schön arrangiert, mit dem Begleitschreiben, das wegen der schönen Schrift und Poesie hier im Original wiedergegeben wird.

> Guten Tag, liebe Frau Gajan,
> ob Sie mich wohl nehmen an?
>
> Ich komme direkt von der Südsee her
> und höre noch rauschen das
> brausende Meer.
> Mein Kleid, das ist aus Ananas,
> ich hoffe doch, sie mögen das.
> Mein Kopf enthält viel Vitamine,
> ein Grund für meine freundliche Miene!
> Solange sie jetzt sind allein,
> will ich Ihr Gefährte sein.
> Doch wenn dann kommt ihr lieber Mann,
> fangen Sie gleich zu essen an.
>
> Hiermit bedankt sich die S 3
> für die „Abendesserei".

Frau Gajan Lehrerwohnheim

Am 13. Juni notierte Christl: »Zur Sonografie beim Hausarzt. – Mit Schwester Waltraud in Calmbach zum Kleider-Abholen.« Wieder ging es um Kleiderspenden für den Osten. Dann notierte sie sechs Namen, deren Träger sie besuchte – alles an ein und demselben Tag neben den Aufgaben in Haushalt und Küche.

Am 14. Juni lese ich: »Besuch bei Frau Wohlleber« (eine schwerkranke Frau in der Stadt) – »Anfang der Erkältung.« Am 19. bekam Christl vom Arzt Antibiotika.

Dann folgte die Hochzeit von Matthias und Linda, auf die sich Tante Christa so gefreut hatte. Und weil die Trauung in der Stadtkirche, die Feier aber im Monbachtal war, spielte sich manches in unserer Wohnung ab. Etwas angeschlagen bewirtete Christl am 24. Juni das Hochzeitspaar, Andreas, den *Fotografen*, und die Mutter von Linda beim Mittagstisch. Natürlich ging sie mit zur Kirche und in das schöne Monbachtal, dem allerdings die Sonne fehlte. Es war überhaupt kühl. Wir beide boten auch noch etwas bei der Feier dar, gingen aber früher als andere nach Hause.

Am 3. Juli steht in Christls Tagebuch: »Beim Arzt: Antibiotika.« Die Erkältungssymptome hatten also noch nicht nachgelassen. Doch Christl ließ sich nicht hängen. Am 5. Juli notierte sie: »Erdbeer-Aktion mit Bärbel (Wolfsberger), Fahrt nach Eberdingen. – Abends Besuch von Familie Winkler.« Ein Missionsfreund hatte angerufen, man könne Erdbeeren abholen. Da fuhren eben die beiden Frauen. Sie holten sie nicht nur, sondern verteilten und verwerteten sie auch. Judith Sturm (geb. Pflaum), die mit ihrer Familie auf dem Missionsberg wohnte, berichtete mir viel später, dass auch sie in den Genuss dieser Verteilaktion gekommen war.

Der 6. Juli war ein besonders schöner Tag, nicht nur, was das Wetter betraf. Christl und ich fuhren mit Otto und Monika Fahrer nach Maroldsweisach. Sie sollten sich ihre zukünftige Predigerwohnung ansehen. Wir waren glücklich, eine Lösung für unsere Pionierarbeit in den Hassbergen gefunden zu haben. Wie freute sich meine Dienstgehilfin mit! Sie war ganz beteiligt am Geschehen in unserem großen Verband.

Zum Sommerfest für unsere Bergbewohner am 8. Juli gaben

wir nur unser Gebäck ab, grüßten die Versammelten, um dann nach Bietigheim weiterzufahren, wo wir eine Einladung hatten: Werner Pflaum wollte uns die Dias zeigen, die er in der Slowakei gemacht hatte. Und am 9. Juli besuchten uns sehr seltene Gäste: Friedrich und Helene Pflaum von Unteröwisheim. Mit ihnen hatten wir sonst einen sehr regen Kontakt; sie waren auch bei unseren Familienfesten dabei. Nur zu Besuchen in Bad Liebenzell reichte es meistens nicht.

Die Eintragung vom 12. Juli muss ich noch zitieren: »Besuch bei Fräulein Witte, Bruder Reichle, Schwester Anna Nagel.« Damals haben wir unsere frühere Englischlehrerin und Mitarbeiterin in der LGV-Redaktion, Maria Witte, das letzte Mal besucht. Sie war im Altenheim in Stammheim. Ich weiß noch, dass wir für sie das Lied »Solang mein Jesus lebt« sangen. Bei manchen Strophen bewegten sich ihre Lippen mit. Und Jakob Reichle, der Reutlinger Zahnarzt, einstige Posaunenchordirigent und fleißige Laienverkündiger, lag im Calwer Krankenhaus im Sterben. Wir grüßten ihn zum letzten Mal. Ich segnete ihn.

Am 23. Juli hatte ich eine Verkündigungseinheit beim 75-jährigen Jubiläum der Gemeinschaft in Unteröwisheim übernommen. Meine Christl begleitete mich. Sie hatte sich noch nicht erholt. Manchmal sah ich sie besorgt an. Doch dann tröstete ich mich damit, dass sie ja immer wieder den Arzt konsultierte und auch Untersuchungen hinter sich hatte, mit angeblich guten Ergebnissen. Am 25. Juli fuhren wir gemeinsam zur Beerdigung unseres Brüderratsmitglieds Hermann Petermann nach Boos bei Bad Kreuznach. Am 21. Juli war ich überraschend benachrichtigt worden, dass Hermann heimgegangen war. Ich sollte die Predigt im Gottesdienst nach der Bestattung halten. Es ist dort üblich, dass man vom Friedhof direkt in die Kirche zu einem Gottesdienst geht. Erst kurz zuvor waren wir bei Hermanns 60. Geburtstag gewesen, wo er sich von mir eine Andacht über seinen Konfirmationsspruch, Psalm 103,2, gewünscht hatte. Um die Osterzeit lag er in der »Diakonie«, dem Krankenhaus der Diakonischen Anstalten. Am Gründonnerstag hatte ich ihn noch besucht. Er hatte eine heimtückische Krankheit, die die Ärzte nicht in den Griff bekommen konnten. Bei der Verbandsbrüderratsklausur in Staudernheim hatte er uns noch gesagt, es ginge jetzt aufwärts. Nun war es *heimwärts* gegangen. Für sein Begräbnis hatte er den Wunsch geäußert, dass ich auch wieder über seinen Konfirmationsspruch die Predigt halte. Es war ein heißer Tag. Zeitweise mussten wir in der prallen Sonne stehen. Ich schaute immer wieder zu meiner Christl. Sie verstand diese Blicke und sagte mir beruhigend: »Es geht mir gut.«

Am 26. Juli notierte sie: »Dud Korrektur gelesen.« Am 28. Juli: »Blutsenkung beim Hausarzt«, und dann folgt die Eintragung von einem Besuch bei zwei Schwestern im Feierabendhaus. Telefonisch erfragten wir das Ergebnis der Blutsenkung. Sie war erhöht.

Aber am 29. Juli begann unsere Freizeit. Meine Christl hatte alles sorgfältigst verpackt, die gesammelten Kleider zusätzlich in Kleidersäcken. Ich will an dieser Stelle nur einige Szenen aufleuchten lassen, die meine Frau Christa und ihr Ergehen betreffen.

Wir saßen im hinteren Drittel des guten Reisebusses. Ich merkte: Meine Christl fühlt sich nicht so wohl wie bei anderen Reisen vergangener Jahre. Als wir in Wien angekommen waren, war sie recht müde. Dann begann noch eine Stadtführung. Die letzte Station der Führung war das »Hundertwasser-Haus«. Ich merkte: Jetzt reicht es! Doch das war bei manchen anderen auch so. Das tröstete mich wieder.

Am nächsten Tag in Budapest war Christa wieder erholt und unternehmungslustiger. Die Begegnung mit unseren Freunden Pálúr László, Juliska und Anna erfreute sie. Auf der Fischerbastei gab Christl ihren Fotoapparat wieder Anna (wie schon in früheren Jahren einmal) und bat sie, uns beide zu knipsen.

Schon unterwegs im Bus sagte Christa mir, sie werde im Hotel in der Tatra aufpassen müssen, was das üppige Essen betrifft. Sie befürchtete eine Gewichtszunahme. Wir wohnten im »Bellevue« im vierten Stock. Christl benutzte meist die Treppe. Es kam vor, dass sie das zweimal hintereinander machte. Ihre Begründung: »Ich brauche Bewegung bei diesem guten Essen.« Ich fuhr meistens mit dem Lift.

Christl hatte sich vorgenommen, an Missionare einen

Postkartengruß aus der Tatra zu schicken als Dank für die empfangenen Rundbriefe. Das hat sie konsequent durchgeführt. Außerdem hatte sie Traktate in slowakischer Sprache mitgenommen. Ein slowakischer Student, Ján Bobocký, der recht gut Deutsch konnte, nahm wieder an unseren Bibelarbeiten teil. Sein Onkel war im Hotel Ober gewesen. Als wir unsere Tschirmer See-Tour machten, bat sie ihn, auch Traktate zu verteilen und in ihrer Nähe zu bleiben. Falls jemand sie ansprechen würde, sollte er dolmetschen. Als wir dann vom Tschirmer See mit dem Sessellift zum Solisko hinauffuhren, war Christl ganz glücklich, dass sie alle Traktate verteilt hatte.

Wieder trafen wir die Familie meines Schulfreundes Eugen Ganovsky. Sie luden uns an einem Abend zum *Piroggen*-Essen ein. Das ist eine Spezialität der dortigen Küche. Christl entschuldigte sich, dass wir um 21.30 Uhr aufbrechen wollten: »Evi, weißt du, es geht mir diesmal nicht so gut.«

Mich focht das körperliche Befinden meiner geliebten Frau sehr an. Als wir zum Einkaufsbummel in Poprad unterwegs waren – es war am letzten Tag unseres Aufenthalts in der Slowakei –, ging Christl mit Evi in einige Geschäfte, während ich mich ganz allein auf eine Bank in der Anlage setzte, um mit unserem Vater im Himmel zu sprechen. Ich musste mein besorgtes Herz vor ihm ausschütten. Dann gewann ich wieder Zuversicht. Und als uns einige aus der Gruppe begeistert wissen ließen, sie hätten ein tolles Handarbeitsgeschäft gefunden, ging ich mit Christl hin und kaufte ihr eine schöne, handgestickte Osterdecke. Sie sah mich viel sagend an, aber wehrte es nicht ab.

Dann kam noch Prag. Da war Christl von der Wirkungsstätte von Johannes Hus, der *Bethlehemskapelle,* begeistert. Und beim Kaffeetrinken nach der letzten Stadtbesichtigung war sie wieder recht entspannt und fröhlich. Am letzten Abend in Prag überreichte uns die Gruppe eine schöne Kuchenplatte aus Porzellan mit Zwiebelmuster, das Christl so liebte, und eine Kuchenschaufel. Schnell schüttelte ich ein Gedicht aus dem Ärmel, das ich auf der Heimreise im Bus vortrug. Wir kamen am 12. August wohlbehalten daheim an. Christl gestand mir, dass sie auf der Hinreise gebangt habe, ob sie die Freizeit nicht abbrechen und nach Hause fahren müsse.

Die schwerste – und doch eine schöne Zeit unserer Ehe

Im Urlaub

Was war das nur? Was steckte in meiner Christa? Nun stand unser Urlaub bevor. Meine Hoffnung war, dass sie da zu neuen Kräften kommen würde.

Am 15. August fuhren wir nach Tiefenbach. Zweieinhalb Wochen wollten wir uns dort erholen. Freilich sprachen wir auch mit unserem großen Arzt über das Befinden meiner lieben Christa. Er hatte es ihr ja mit dem Jahreslos zugesprochen: »Ich bin der HERR, dein Arzt.« Doch vereinbarten wir: Wenn sich das Befinden meiner Christl bis zum Sonntag (das war der 20. August) nicht bessert, suchen wir am Montag in Oberstdorf einen Internisten auf.

Es gelang uns diesmal im Urlaub alles so schnell. Der Besuch der Rehe traf schon am ersten Abend ein. Sie kamen ganz in die Nähe unseres Fensters, um zu äsen. Sonst ließen sie immer einige Tage auf sich warten. Christl hatte einen bestimmten Wunsch: Sie hätte gern eine Bluse in einem besonderen Blauton gehabt, der zu einem ihrer Röcke passen sollte, und dazu einen Pulli, passend in Rot. Am 17. August machten wir einen Ausflug nach Immenstadt und Oberstaufen und fanden beides, wie gewünscht.

Die Besserung im Allgemeinbefinden blieb leider aus. So erkundigten wir uns nach dem Gottesdienstbesuch in Oberstdorf bei Bekannten nach einem Facharzt für innere Krankheiten.

Am Sonntagabend besuchten wir noch Marianne und Siegfried Rittmann, uns gut bekannte Gemeinschaftsleute aus Maisenbach, die auch gerade Urlaub in Hirschegg machten. Es regnete, wie es wohl nur im Kleinen Walsertal regnen kann.

Am 21. August um 10.30 Uhr waren wir beim Internisten in der Sprechstunde. Wir erklärten ihm unser Anliegen und auch, weshalb wir ihn gerade in unserem Urlaub aufsuchten. Er meinte, wenn das schon so lange gehe mit den Infekten und meine Frau schon zwei Antibiotika-Behandlungen hinter sich hätte, sei es empfehlenswert, eine Röntgenaufnahme zu machen. Er tat dies gleich. Bald war das Röntgenbild in seinen Händen. Er stellte einen Schatten auf der linken Lungenhälfte fest. Es könnte ein Infiltrat sein, meinte er. Mir kam das nicht so vor, da ich Infiltrate von meinen eigenen Lungenaufnahmen her kannte, und so fragte ich naiv: »Ist das im linken Oberfeld nicht zu exakt abgegrenzt?« Er schaute mich an und fragte zurück: »Sind Sie ein Kollege?« Ich antwortete ganz erstaunt: »Nein, wie kommen Sie darauf?« »Weil Sie vom linken Oberfeld sprechen – meinen Sie, es ist ein Tumor?«, überlegte er laut. Nein, so hatte ich das nicht gemeint. Ich hatte noch nie einen Tumor auf einer Röntgenaufnahme gesehen. »Ich muss Sie gleich zu einem Lungenfacharzt überweisen«, meinte er weiter. Er versuchte zu telefonieren. Drei verschiedene Nummern hatte er gewählt. Immer war nur der automatische Anrufbeantworter zu hören mit der Mitteilung, dass die Ärzte in Urlaub seien. »Wissen Sie was? Ich schicke Sie gleich zum Radiologen nach Sonthofen.« Er vereinbarte den Termin. Wir konnten gehen.

Es war also etwas Ernsthaftes – das wussten wir jetzt. Es lag ein Lungenbefund vor. Aber was für einer? Wir beteten, dass es doch nichts Schlimmes sein möchte. War die Urlaubsfreude ohnehin schon gedämpft gewesen durch das Befinden von Christl, so kamen jetzt ernste Sorgen auf.

Am 22. August waren wir um 10.30 Uhr in der Bahnhofstraße in Sonthofen beim Radiologen. Wir mussten nicht lange warten. Es wurden die CT-Aufnahmen gemacht. Bald darauf rief man uns in das Sprechzimmer. Er nahm sich auffallend viel Zeit für uns, um uns den Befund ausführlich zu erklären. »Leider Gottes«, meinte er, »kann ich Ihnen nichts Besseres sagen.« Es müsse so bald wie möglich eine Bronchoskopie gemacht werden, um eine Gewebeprobe zu entnehmen. Nur so könne eine exakte Diagnose gestellt werden.

Wir spürten an seinem Verhalten, dass er Schlimmes befürchtete. Er ließ uns Zeit, uns zu fassen und zu überlegen. Er meinte, man könne auch in einer der Kliniken im Allgäu bronchoskopische Untersuchungen durchführen.

Mir wurde klar, dass wir unseren Aufenthalt in Tiefenbach abbrechen mussten. Ich sagte: »Ich meine, es ist besser, die

Bronchoskopie dort durchführen zu lassen, wo man auch über die Therapie sprechen kann.« Er stimmte zu und fragte: »An was denken Sie?« Ich dachte schnell nach. Mir fielen Tübingen und Löwenstein ein. Als ich Heidelberg-Rohrbach erwähnte, stimmte er sofort zu. Ja, dieses Haus fände er geeignet. Wir sollten nochmals zum Internisten gehen, damit er für uns einen möglichen Aufnahmetermin in der Thoraxklinik in Heidelberg in Erfahrung bringe.

Inzwischen war es Mittag geworden. Wir bedankten und verabschiedeten uns. Irgendwo in Sonthofen suchten wir nach einem geeigneten Restaurant, wo wir in Ruhe essen konnten. Ja, wir brauchten jetzt Ruhe. Wir zogen auch das Schweigen vor. Es war uns bewusst, dass wir uns erst einmal mit dem Gehörten auseinander setzen müssen, bevor wir uns darüber austauschen können. Aber wie gut war es, dass wir, wenn auch schweigend, beieinander waren. Unser Lebensgefühl hatte sich verändert. Die Umwelt nahmen wir anders wahr. Das Essen schmeckte nicht besonders. Schaufenster, an denen wir vorbeigingen, interessierten uns nicht.

Unsere Gedanken waren – ja, wo waren sie eigentlich? Waren sie im Gestern oder im Morgen? Waren sie bei Gott? Waren sie bei uns? Bestimmten sie Resignation oder Hoffnung? Vielleicht schwang von allem etwas mit. Aber ich kann ja nur von meinen Gedanken sprechen. Und doch identifizierte ich mich ganz mit Christl. »... und sie werden sein *ein* Fleisch« (1Mose 2,24 b), so hat es Gott von Mann und Frau im Schöpfungsbericht gesagt. Ich versetzte mich in die Lage meiner Frau. Ich litt mit ihr. So gern hätte ich ihr alles abgenommen, so gern ihr geholfen. Und doch empfand ich gleichzeitig meine Ohnmacht.

Im »Falkenhorst«, unserem Quartier, angekommen, begannen wir langsam, wieder Worte zu finden. Etwas vom Ersten, was Christa mir sagte, lautete so: »Ich möchte in Bietigheim das Begräbnis haben. Und du heiratest so schnell wie möglich wieder.« Es fiel mir schwer, so etwas zu hören. Ich wollte an so einen Ausgang dieser Krankheit nicht denken. So nüchtern dachte jedoch meine Frau an die letzte Konsequenz. Ich wehrte ab, gedanklich und mit Worten.

Und dann war klar: Wir konnten nicht lange untätig sein. Die Ferienwohnung musste gereinigt werden. Es galt, mit dem Packen der Koffer zu beginnen. Am nächsten Vormittag stand noch der Besuch beim Internisten an, und dann würden wir die Heimreise antreten.

Außerdem hatten wir inzwischen die Nachricht erhalten, dass Elisabeth Thomas an Schilddrüsenkrebs erkrankt sei. Die Schwester meiner Frau lag schon im Bietigheimer Krankenhaus und sollte operiert werden. »Heute Abend müssen wir noch bei Lisbeth in Bietigheim anrufen«, sagte Christl. So initiativ war sie! Freilich half ich ihr beim Putzen und Packen, doch ich war wie gelähmt. »Weißt du«, sagte mir Christl, »das hab ich schon von Krebspatienten gehört: Man muss so leben wie vorher.«

Inzwischen war die Zeit für das Abendbrot gekommen. Wir aßen miteinander, räumten die Küche wieder auf und fuhren nach Oberstdorf, um im Bietigheimer Krankenhaus anzurufen. Am nächsten Tag sollte Elisabeth operiert werden. Wir versuchten sie zu ermuntern, berichteten kurz von unserem Ergehen und davon, dass wir am 23. August unseren Urlaub in Tiefenbach beenden würden. Der Arztbesuch in Oberstdorf am nächsten Morgen brachte uns nicht viel weiter. Von Heidelberg aus ließ man uns sagen, wir sollten am Nachmittag noch einmal anrufen, man würde uns dann einen Aufnahmetermin für Christl nennen können. Also verabschiedeten wir uns, packten unser Auto und fuhren zunächst nach Lindau.

Unterwegs riefen wir in Heidelberg in der Thoraxklinik an und erfuhren, dass für Christl die Aufnahme für Montag, den 28. August, vorgemerkt wurde. In Lindau kannten wir schon ein gutes Schuhgeschäft. Wir wollten für Christl Hausschuhe für das Krankenhaus kaufen. Ich dachte, ich könnte dort auch den Gutschein einlösen, den ich meiner Frau zu ihrem Geburtstag geschenkt hatte für ein Paar schöne Straßenschuhe. Das jedoch war leider nicht möglich. Sie hatten einfach nicht, was uns vorschwebte. Die Hausschuhe bekamen wir. Als der Verkäufer hörte, dass sie für einen Krankenhausaufenthalt seien, sah er uns von der Seite an. Er kannte uns ja bereits aus früheren Jahren. Dann brachte er Hausschuhe mit jenen Sohlen, mit denen man auf den Krankenhausböden nicht ausrutscht.

Bei *Vinzenz Murr*, einer Metzgerladen-Kette mit Stehimbiss, nahmen wir das Mittagessen ein. Dann fuhren wir an das Schweizer Ufer, wie immer, um in Arbon wieder einzukaufen. Der Migros schloss nach unserem Einkauf, deshalb konnten wir im Migros-Restaurant nicht mehr zu Abend essen. Wir versuchten es daneben auf einer Terrasse mit Seeblick. In unserer Nähe wurde an einem Tisch geraucht. Da sagte mir Christl zum ersten Mal, wie lästig ihr das sei.

Vorbereitungen zu Hause

Dann fuhren wir heim. Es war uns recht, dass es schon nach 22 Uhr war, als wir auf dem Missionsberg ankamen. Wir wollten möglichst niemandem mehr begegnen.

Nach der gemeinsamen Stille in unserer schönen Wohnung fuhren wir am 24. August zuerst nach Pforzheim, um einiges für den Krankenhaus-Aufenthalt einzukaufen. Am Nachmittag ruhten wir ein wenig aus. Dann begann Christl, die Waschmaschine in Gang zu setzen. Sie zeigte mir, was es bei der Kochwäsche, bei der Buntwäsche usw. zu beachten gilt. Für mich war das alles fremd. Ich bemühte mich, aufzunehmen, zu lernen.

Nun galt es, meine Mitarbeiter im Büro zu informieren.

Am Abend kochten Christl und ich »Lecso«, eine ungarische Spezialität aus Tomaten, Speck, Paprika, Zwiebeln und Knoblauch. Ich schnitt das Gemüse. Und wieder sollte ich dabei lernen. Es gibt ja Männer, die sehr gerne kochen, aber meine Stärke war es nie.

Auch Freitag, der 25. August, verging mit mancherlei Hausarbeit. Am Samstag wurde geputzt. Ich durfte staubsaugen und abstauben. Dazu nahm ich die Leiter, weil ich auch auf den Schränken alles gründlich entstauben wollte. Christl schmunzelte. Wochen später berichtete sie anderen noch, ich hätte mit Hilfe der Leiter abgestaubt. Wir kochten auch wieder zusammen. Es gab den so beliebten Sommersalat. Wir gönnten uns eine Mittagsruhe und am Abend einen Spaziergang in Maisenbach. Jetzt war unsere Unterhaltung wieder normal; wir besprachen alles, was uns bevorstand. Ich hatte ja noch Urlaub und deshalb viel Zeit für Christl.

Die Tasche für die Klinik war gepackt. Im Haushalt war alles fertig. Am Sonntagabend setzte sich Christl ans Klavier und spielte ein Lied. Ich ging auch in unser Wohnzimmer und stellte mich still zu ihr. Sie spielte »Sollt ich meinem Gott nicht singen?«, unser Hochzeitslied, mit der Schlusszeile, die in jeder Strophe wiederkehrt: »Alles Ding währt seine Zeit, Gottes Lieb in Ewigkeit.« In der letzten Strophe heißt es: »... bis ich dich nach dieser Zeit lob und lieb in Ewigkeit.«

Christl hatte im Losungsbüchlein nachgeschaut, wie Losung und Lehrtext für Montag, den 28. August, lauteten. »Mein Herz ist fröhlich in dem Herrn« (1Sam 2,1). »Der Gott der Hoffnung aber erfülle euch mit aller Freude und Frieden im Glauben, dass ihr immer reicher werdet an Hoffnung durch die Kraft des heiligen Geistes« (Röm 15,13). Und unter diesen Gottesworten stand die Liedstrophe von Paul Gerhardt:

> »Sollt ich meinem Gott nicht singen?
> Sollt ich ihm nicht dankbar sein?
> Denn ich seh in allen Dingen,
> wie so gut er's mit mir mein'.
> Ist doch nichts als lauter Lieben,
> das sein treues Herze regt,
> das ohn Ende hebt und trägt,
> die in seinem Dienst sich üben.
> Alles Ding währt seine Zeit,
> Gottes Lieb in Ewigkeit.«

Wir haben einen Gott, der redet. Wieder einmal hatte er sich an entscheidender Stelle zu Wort gemeldet. Wir hatten gehört und waren erquickt. Kraft dieser Zusage machten wir uns am Montag auf den Weg nach Heidelberg.

Heidelberg

Um zehn Uhr wurden wir bei der Aufnahme erwartet. Wir dachten, die Aufnahme geschähe ganz individuell: Man würde registriert und anschließend gleich in ein Zimmer gewiesen, das längst, also seit vergangenem Mittwoch, reserviert war. Weit gefehlt. Die Aufnahme musste zwar sehr persönlich sein, doch dann hieß es einfach: »Station 15!«, und damit wusste man zunächst alles.

Obwohl gerade größere Umbaumaßnahmen in vollem Gang waren, erinnerte ich mich noch daran, wo Station 15 sein musste. Das war die einstige Frauenstation, auf der meine Mutter 1961 gestorben war. Auf Station 15 angekommen, wurde uns ein Platz in einem Aufenthaltsraum angeboten, der angesichts der Größe der jetzt gemischten Station winzig war. Dann tat sich zunächst eine Weile nichts. Wir suchten gegen Mittag die Cafeteria auf, die wegen des Umbaus provisorisch war, um eine Kleinigkeit zu essen.

Um 14.30 Uhr wurde Christl immerhin ins Labor und zum EKG geschickt. Das signalisierte uns, dass sie nicht in Vergessenheit geraten war. Ich merkte, dass dauernd Bewegung auf der Station war. Die Patienten mussten erst entlassen werden, deren Betten den Neuaufgenommenen zugeteilt werden sollten. Dann wurde uns endlich die Zimmernummer 10 genannt, aber wir sollten noch warten. Bald darauf wurde wieder eine andere Nummer genannt. Es leuchtete mir ein, dass die Belegung bei gemischten Stationen wesentlich schwieriger ist. Das war damals, als ich noch »Stationsschreiber« auf der Station 6 gewesen war, viel einfacher. Wir waren eine reine Männerstation gewesen.

Endlich erfuhren wir um 16 Uhr, dass meine Patientin in Zimmer 10 einziehen könne. Es war ein Zweibettzimmer. Ein Blick auf das Türschild ließ mich den Namen »Förschler« lesen. Dieser Name war uns nicht unbekannt. Eine mit Christl befreundete Lehrerin von Bad Liebenzell hieß so. Wir betraten das Zimmer und standen vor einer behinderten Frau. Wir grüßten, stellten uns vor. Sie grüßte uns freundlich, sodass ich Mut hatte, zu sagen, dass uns der Name nicht unbekannt sei und woher wir ihn kannten. »Ja, das ist meine Cousine, und der Name Gajan ist mir auch nicht unbekannt«, hörten wir sie sagen. Und dann fügte sie hinzu: »Ich bin auch Christ.«

War das eine freudige Überraschung! Das war doch wirklich eine gnädige Fügung. Sie war von Birkenfeld bei Pforzheim. Deshalb also musste die Zimmernummer korrigiert werden. Hier war kein Dauerfernsehprogramm zu befürchten.

Ich half Christl beim Einräumen. Bevor ich mich verabschiedete, konnte ich laut mit beiden Patientinnen beten. Kurz vor 19 Uhr verließ ich das Krankenhaus. Ich fuhr aber nicht nach Hause. In Wiesloch durfte ich bei Christa und Harald Berger, unseren Verwandten, vorübergehend ein Zimmer beziehen: Übernachtung mit Frühstück, manchmal auch mit Mittag- oder Abendessen. Damit war der Anfahrtsweg wesentlich verkürzt.

Für den nächsten Tag war die Bronchoskopie geplant; deshalb sollte ich erst am frühen Nachmittag in die Klinik kommen. Als ich nach 14 Uhr auf die Station kam, war Christl noch nicht im Zimmer. Etwa eine halbe Stunde später wurde sie von der Untersuchung zurückgebracht. Jetzt brauchte die Patientin etwas Erholung. Damals, 40 Jahre zuvor, hatte ich die Bronchoskopie sehr gefürchtet, hatte ich doch miterlebt, wie andere sich danach noch quälten. Nicht ein einziges Mal hatte ich diese Untersuchung während meiner langen Krankheitszeit über mich ergehen lassen müssen. Doch nun hatte meine Frau es erlitten. Aber ich staunte, wie rasch Christa sich wieder erholte. Es stellten sich keine Nachwehen ein. Um 16 Uhr musste sie wieder zum Röntgen.

Wir hatten verabredet, dass ich einen kurzen Besuch bei meinem Freund Rolf Müller mache, der inzwischen alt geworden war. Er wohnte nicht weit von der Klinik entfernt, dort, wo er damals auch schon gewohnt hatte. Das Leben war für ihn beschwerlicher geworden, nachdem er seine Frau Elise hatte hergeben müssen. Er lebte mit seinem ledigen Sohn, der natürlich berufstätig war, zusammen. Das bedeutete, dass er tagsüber meist allein war. Betroffen nahm er Kenntnis von der Erkrankung meiner Christa. Nachdem wir uns ausgetauscht hatten, beteten wir. Dann ging ich wieder zu meiner Christl.

Bis zum 4. September hatte ich Urlaub. Trotzdem legte meine Frau Wert darauf, dass ich die Gelegenheit dazu nützte, um Besuche nachzuholen, die in dieser Gegend schon längst einmal fällig gewesen wären. So meldete ich mich für den Mittwochvormittag bei zwei Personen in Wiesloch an. Am frühen Nachmittag war ich wieder in der Klinik. Dann ging ich mit Christl in Heidelberg spazieren. Ihr Allgemeinbefinden hatte sich gebessert. Sie hatte einen regelmäßigen Tagesablauf, konnte essen und schlafen.

Unterwegs erzählte sie mir, was sie unternommen hatte. Sie fuhr Frau Förschler mit dem Rollstuhl zu einer Untersuchung. Auch hatte sie sich den Schlüssel für die Empore in der Krankenhauskapelle geben lassen, um dort auf dem Instrument zu spielen. Es war mein liebes Christalein, so wie ich es kannte, schätzte und sehr, sehr liebte. Manchmal sagte sie mir: »Ich zehre immer noch von unserer schönen Freizeit in der Tatra.« Wie wird das Ergebnis der Biopsie ausfallen? Diese bange Frage begleitete uns. Die bei der Bronchoskopie entnommene Gewebeprobe war eingeschickt worden. Mindestens bis Freitag müssten wir warten.

Am Donnerstag war ich schon um 11 Uhr bei Christl, weil ich am Nachmittag nach Weinheim musste. Dort war wegen einer Immobilie für die Gemeinschaft ein Lokaltermin anberaumt worden, den der Verbandsvorstand mit den verantwortlichen Brüdern vor Ort wahrnahm. Von dort fuhr ich am späten Abend gleich in mein Quartier nach Wiesloch.

Am Freitag, dem 1. September, gegen 17 Uhr, teilte uns der Stationsarzt mit, dass der pathologische Befund *Adeno CA* lautet. Er stellte uns eine operative Entfernung des linken oberen Lungenlappens in Aussicht. »Sie müssen kämpfen«, sagte er zu meiner Frau. »Wir werden kämpfen in Ergebung und Widerstand«, kam es über meine Lippen. Ich meinte, Ergebung in den Willen unseres Gottes und Widerstand gegen die Krankheit. Ich könne jetzt meine Frau in einen Wochenendurlaub mitnehmen bis zum Sonntagabend. Ob meine Frau mich auf einer längeren Fahrt am Sonntag begleiten dürfe, fragte ich zaghaft. Die Antwort war zustimmend.

Jetzt wussten wir es also genau. Es war doch, wie befürchtet, ein bösartiges Geschwür. Auch wenn wir schon einige Tage den Gedanken daran nicht mehr los wurden, wussten wir es jetzt erst mit Bestimmtheit. Und das musste wieder verarbeitet werden.

Um 19.30 Uhr trafen wir zu Hause ein. Als wir am Montag unsere Wohnung verlassen hatten, war der Befund zwar auch schon vorhanden, aber bekannt war uns diese schonungslose Diagnose noch nicht. Wie gut war es auch jetzt, dass wir beisammen waren! Die Heimfahrt verlief wieder wortkarg. Doch wir hatten einander. Und vor allem hatten wir IHN, den Herrn unseres Lebens, unserer Ehe, unseres Dienstes. Von ihm spricht die Liedstrophe von Christian Keimann, der nicht Theologe, aber im Dreißigjährigen Krieg ein bewährter Pädagoge war. Sie stand unter Losung und Lehrtext am 1. September 1995:

»Nicht nach Welt, nach Himmel nicht
meine Seel sich wünscht und sehnet;
Jesus wünscht sie und sein Licht,
der mich hat mit Gott versöhnet,
mich befreit vom Gericht;
meinen Jesus lass ich nicht.«

Am Samstag erledigten wir miteinander die Besorgungen in der Stadt. Gemeinsam brachten wir die Blätter zu den Abonnenten (es war ja Monatsanfang). Am Nachmittag besuchte uns die liebe Schwester Barbara Löscher vom Feierabendhaus.

Christl war entschlossen, mit mir am Sonntag in die Hassberge zu fahren, wo Otto und Monika Fahrer als neues Predigerehepaar eingesegnet werden sollte. Das bedeutete, rechtzeitig alles für die nächste Woche in der Klinik zu packen, sonntags früh um 9.45 Uhr zu starten und von Altenstein direkt nach Heidelberg zu fahren. Wir machten es so. Um 19.30 Uhr waren wir wieder in der Klinik. Ich fuhr dann noch nach Bad Liebenzell zurück.

Am Montag sollte ich um 10 Uhr am Kolloquium der Absolventenklasse teilnehmen. Am Nachmittag hatte ich eine Aufnahme für den Evangeliums-Rundfunk. Um 18 Uhr war ich wieder bei meiner Christl. Wir hatten uns ganz auf die vorgesehene Operation eingestellt. Beim Sanatorium »Hensoltshöhe« in Gunzenhausen hatte ich Erkundigungen im Blick auf eine Anschluss-Heilbehandlung eingeholt, bei der ich meine

Frau gern begleitet hätte. Am selben Abend fuhr ich wieder nach Hause, weil ich am Dienstag bei einer Beerdigung einen Nachruf halten sollte.

Wenn ich auf dem Missionsberg gefragt wurde, wie es meiner Frau gehe, gab ich regelmäßig zur Antwort: »Das Befinden ist gut, aber der Befund ist schlecht.« Wenn ich Christl fragte, wie es ihr gehe, antwortete sie meistens: »Danke, es geht mir gut.«

Am Donnerstag, dem 7. September, fuhr ich erneut nach Heidelberg. Dazwischen hatte ich mit Christl mindestens zweimal am Tage telefoniert. Um 16 Uhr sollte an diesem Tag die Vorstellung zur Operation sein. Christl war schon zur Operationsgymnastik geschickt worden. Kurz vor 16 Uhr sagte uns der Stationsarzt, es würden nur die Befunde, nicht der Patient vorgestellt. Das Ergebnis erfuhren wir prompt: Eine präoperative Chemotherapie solle den Befund verkleinern, um das Risiko der Operation zu verringern; der Befund liege nahe an der Aorta. Das bedeutete: Verlegung auf Station 4, eine der onkologischen Stationen. »Es wird wohl eine längere Sache«, fügte der Arzt hinzu.

Nach dieser Nachricht fuhren wir miteinander nach Wiesloch zu Bergers. Wir mussten diese Enttäuschung erst verkraften. Der Stationsarzt hatte Christl in Aussicht gestellt, dass die Operation schnell durchgeführt werden könne, und dann würde die Anschluss-Heilbehandlung bald folgen. Wir hatten uns schon die Trainingsanzüge dafür gekauft. Am 7. September schrieb ich in meinen Tempus-Kalender, und zwar unter die Notiz über den Bescheid nach der Befundvorstellung: »Ich bin der HERR, dein Arzt.« An diesen Zuspruch des Jahresloses von Christl erinnerten wir uns gern. Enttäuschten uns die tüchtigen Ärzte in der Klinik, wies uns das Wort auf den Arzt hin, der es noch besser wusste als sie. Waren wir versucht, unsere Hoffnung zu sehr in die Erfahrung eines Professors zu setzen, machte uns das Wort klar, wer der oberste Chefarzt ist.

Nachdem ich Christl wieder in die Klinik zurückgebracht hatte, übernachtete ich in Wiesloch. Am 8. September wurde Christl auf Station 4 verlegt. Das verlief ähnlich wie die Aufnahme in die Klinik. Wieder saßen wir in einem kleinen Aufenthaltsraum, bevor endlich das Einzelzimmer 14 frei war und wir einräumen konnten. Christa erkundigte sich bei der Schwester: »Wird hier auch gestorben?« Antwort: »Ja.«

Wiederholt wurden Untersuchungen durchgeführt: EKG, Spirometer, Röntgenaufnahmen der Knochen ... Da fiel den Ärzten etwas auf. Einer der Stationsärzte, ein junger Holländer, meinte, wahrscheinlich handle es sich um altersbedingte Degenerationserscheinungen.

Während Christl bei diesen Untersuchungen war, wartete ich im Aufenthaltsraum. Plötzlich sah ich Rolf Müller vorbeigehen. Er hatte mich nicht bemerkt. Schnell stand ich auf, um ihn am Arm zu fassen. »Bin ich dankbar, dass ich euch gefunden habe! Ich irrte durch das ganze Kellergeschoss«, sagte er.

Wir waren wieder in dem Gebäude, in dem er mich einst oft besucht hatte, allerdings kam er damals durch den Park in das Haus, das noch dieselbe Eingangstür wie in den fünfziger Jahren hatte. Ich war damals zwei Stockwerke höher gelegen. Diese Erinnerungen stiegen unwillkürlich in mir empor. Als Rolf mir gegenüber saß, sagte ich: »Weißt du noch, was du uns damals vorgesungen hast? ›Glaube, glaube und vertraue, glaube wider allen Schein ...‹« »Ja«, antwortete er und ergänzte: »›Glaube, glaube und vertraue, glaube, und der Sieg ist dein.‹« Er wartete, bis Christa wieder auf Station war. Dann beteten wir miteinander. Er verabschiedete sich, und ich begleitete ihn ein Stück.

Es war wieder Freitag, und wieder durfte ich Christl nach Hause mitnehmen. Am Sonntag war das Herbstmissionsfest. Inzwischen hatte es sich herumgesprochen, dass meine Frau krank sei. Schriftliche Grüße trafen ein, aber auch durch Besuche wurden wir überrascht. Pálúr Anna, die junge Frau aus Budapest, war eine der ersten. Sie hatte nach dem Abitur eine Zeit lang die Bibelschule in Bad Liebenzell besucht mit dem doppelten Ziel, sich theologisch weiterzubilden und gleichzeitig ihre Deutschkenntnisse zu vervollständigen. Anschließend wollte sie dann in Budapest Germanistik studieren. Sie brachte »Béres csepp« mit. Das sind Tropfen, die ein Dr. Béres entwickelt hat, und die bei Tumorerkrankungen angewendet werden, aber besonders vorbeugend erfolgreich gewesen waren.

Asztalos Szoltán und seine Frau Ildiko besuchten uns. Sie waren aus Ungarn zum Missionsfest angereist. Zwei Frauen, die auch im Lehrerwohnhaus wohnen, kümmerten sich um Christa.

Meine Patientin hatte den Wunsch, dass unter Handauflegung mit ihr gebetet wird; so wie es in Jakobus 5,13–16 steht. Sie hatte auch die Auswahl der beiden Brüder getroffen, die das tun sollten, denen sie vertraute. Weil beim Missionsfest diese Personen zu erwarten waren, wählte sie als Termin den Sonntagnachmittag nach dem Fest. Ich hatte zuvor mit ihnen die Verabredung getroffen.

Am Dienstag sollte eine größere Untersuchung durchgeführt werden, die Mediastinoskopie. Auch im Blick darauf war Christl das Gebet wichtig. Oh ja, wir beteten auch sonst. Die Ermunterung des Apostels: »Betet ohne Unterlass« (1Thess 5,17) brauchte in unserer Lage keiner besonderen Erklärung. Wo ich mich auch befand, gerade bei meinen längeren Autofahrten, sprach ich mit unserem Herrn, dem Arzt, über meine Patientin. Und wenn ich das Lied von Paul Gerhardt »Befiehl du deine Wege« meditierte, blieb ich bei Strophe zwei länger stehen. Da heißt es:

> »Dem Herren musst du trauen,
> wenn dir's soll wohl ergehn;
> auf sein Werk musst du schauen,
> wenn dein Werk soll bestehn.
> Mit Sorgen und mit Grämen
> und mit selbsteigner Pein
> lässt Gott sich gar nichts nehmen,
> es muss erbeten sein.«

Auch beteten viele auf dem Missionsberg, im Land und im Ausland für Christa, sicher auch für mich. Doch Christl wollte der besonderen Einladung im Wort Gottes zum Gebet für Kranke folgen.

Nach 18 Uhr fuhren wir wieder miteinander nach Heidelberg. Ich übernachtete in Wiesloch, weil ich am Montag gleich frühmorgens in der Klinik sein wollte. Zuerst erschien der Anästhesist, um uns über die Risiken aufzuklären. Auch der

Chirurg kam, um die Patientin kennen zu lernen. Wir wurden gründlich über mögliche Komplikationen in Kenntnis gesetzt. Um auch bei Christl das Vorgetragene etwas zu relativieren, sagte ich dem Arzt: »Wir leben alle im Risiko. Wenn ich mich nachher in das Auto setze, um nach Wiesloch zu fahren, begebe ich mich in ein nicht kleines Risiko.« Gleichzeitig wollte ich dem Arzt damit zu bedenken geben, dass wir alle einen höheren Schutz benötigen.

Am Dienstag, dem 12. September, fand vormittags auch die Chefvisite statt. Der Professor ermutigte uns mit der Nachricht, dass die Knochenuntersuchung nach gründlicher Begutachtung nichts Auffälliges zeigte; es werde eine »präoperative Chemo« durchgeführt werden.

Die Stationsärztin, die für meine Frau zuständig war, wollte es aber genau wissen. Sicher tat ich ihr unrecht, wenn ich sie mit jenen Zollbeamtinnen verglich, die sich an den Grenzübergängen zu den ehemaligen Ostblockstaaten mit besonderem Eifer über die Gepäckstücke aus dem Westen kommender Passanten stürzten und dabei keine Zahnbürste übersahen. Mir schien es, sie setzte ihren ganzen Ehrgeiz daran, nachzuweisen, dass meine Frau Metastasen hatte. Später ging mir auf, dass sie so gründlich sein musste, eben weil davon abhing, ob eine Operation möglich sein wird oder nicht. Und davon wieder schien die Chemotherapie abzuhängen. Christl pflegte die Ärztin »meine Doktora« zu nennen.

Die Untersuchung des Mediastinums (d. h. des mittleren Teils der Brusthöhle) am Nachmittag gehörte zu diesen Maßnahmen, die das ermitteln sollten. Um 12 Uhr wurde Christl in den Operationssaal gefahren, um 14.45 Uhr wieder zurückgebracht. Das Erste, was sie mir sagte: »Ich traue mir ja nicht, ob ich wirklich schon ganz wach war, aber ich meine, der Operateur ist, als ich schon vor dem Operationssaal stand, an meinem Bett vorbeigegangen und sagte, es sei frei, er habe nichts gefunden.« Am nächsten Tag erhielten wir die Bestätigung: »Das Mediastinum ist frei.«

Waren wir glücklich und dankbar! »Danke, danke, danke!«, schrieb Christl in ihr Tagebuch. Ich erfuhr es erst am Abend, als ich von der Gnadauer Vorstandssitzung in Dillenburg zurückgekommen war. Ich blieb zwei Stunden bei Christl, dann fuhr ich nach Wiesloch weiter zum Übernachten. Am nächsten Tag kehrte ich nach Bad Liebenzell zurück. Von dort fuhr ich nach Geislingen a. d. Steige weiter, wo ich an einer Beerdigung teilnehmen musste. Am Abend, wie auch sonst, wenn ich einige Stunden zu Hause war, holte ich mir die Post und die dringendste Arbeit im Büro ab. Kassetten meines Diktiergeräts ließ ich im Büro; diese schrieb Schwester Annemarie, meine Sekretärin, bis zum nächsten Mal ab. Im Einzelzimmer meiner Christl konnte ich meistens ungestört arbeiten. Dort hatte ich auch die meiste Muße dazu. Ich konnte immer wieder zur Patientin schauen und wusste um die aktuellen Ereignisse. Zwar wurde uns deutlich gesagt, dass uns das Einzelzimmer nicht garantiert werden könne. Es könnte auch sein, dass das Zimmer meiner Frau während des Wochenendurlaubs anderweitig belegt werde und sie mit einem anderen Zimmer vorlieb nehmen müsse.

Am 15. September wurde eine CT-Aufnahme von der Lunge gemacht und eine Metastase festgestellt. Eine Durchleuchtung folgte und ein Gespräch mit der Ärztin. »Sie haben Krankheitsstufe 4«, sagte sie Christl. »Und wie viele Stufen gibt es?« fragte die Patientin zurück. Anwort: »vier.« Wieder einmal hatten wir eine niederschmetternde Botschaft zu hören bekommen. Ich habe den Gesichtsausdruck meiner Christa noch vor mir, als sie sagte: »Es geht immer weiter hinunter.«

Wieder war es Freitag, und wieder durften wir nach Hause fahren. Immer noch wurde untersucht, noch nicht therapiert. Am Montag, dem 18. September, wurden uns zwei verschiedene »Chemos« vorgestellt. Der dafür zuständige Arzt sprach unter anderem von dem Gemcitabin; es sei neu. Einmal in der Woche, jeweils mittwochs, würde die Infusion angeschlossen. Ein Zyklus bestünde aus drei Infusionen. Dann sei eine Pause, während der man zu Hause sein könne. Die Blutwerte würde der Hausarzt kontrollieren. Doch stehe es noch nicht fest, ob das die Therapie sein würde. Sie würden alle Daten eingeben; der Computer ermittelt dann das Ergebnis.

Diese Nachricht veranlasste uns zu zweierlei: Wir wollten unserem großen Arzt vertrauen, dass die Entscheidung des

Computers seine Entscheidung ist. Zum anderen telefonierte ich mit Dr. Hans-Ulrich Linke in Gunzenhausen. Er hat viel Erfahrung. Seine kleine Tochter hatte auch einen Tumor im Thoraxraum, hatte verschiedene Therapien bekommen, wurde operiert und ist genesen. Er ist Christ und uns gut bekannt. Außerdem ist sein Bruder auch Onkologe. Er konnte mir auch sagen, dass sein Bruder bei einem Kongress den Chef und den Oberarzt der Heidelberger Onkologie kennen gelernt hatte. Sie seien sehr erfahrene Ärzte, und wir könnten ihnen vertrauen. In solchen Lagen tut es gut, wenn man noch eine zusätzliche menschliche Adresse hat, an die man sich wenden kann.

Am Dienstag sollte die Entscheidung fallen. Ich übernachtete wieder in Wiesloch, um schon am Vormittag in der Klinik sein zu können. Etwa um 15 Uhr wurde uns gesagt: »Der Computer hat entschieden: ›Gemcitabin.‹«

»Danke, Herr, für Deine Entscheidung«, hat meine Christa in ihr Tagebuch geschrieben. Auf derselben Seite steht auch: »Siebte Rippe gebrochen?« Es hatte sich ein stechender Schmerz in der linken Seite und im Rücken eingestellt. Eine Zielaufnahme wurde von der siebten Rippe gemacht, bei der kein Befund festzustellen war. Am nächsten Tag, dem Mittwoch, war Therapietag. Nun also sollte mit der Behandlung begonnen werden – dreieinhalb Wochen nach der Aufnahme meiner Christl in die Thoraxklinik!

Ich fuhr am Dienstagabend nach Hause. Mittwochs um 10 Uhr musste ich in Freiburg sein zum Regionaltreffen für die in Südbaden stationierten vollzeitlichen Mitarbeiter. Am Donnerstag reise ich zum Gnadauer Arbeitskreis Bayern nach Gunzenhausen. Bei dieser Gelegenheit konnte ich mit Dr. Linke auch noch über die inzwischen gefallene Entscheidung sprechen. Am frühen Freitagnachmittag war ich wieder bei Christa. Telefonisch hatte ich schon erfahren, wie es ihr am Infusionstag ergangen war.

Gleich nach der Entscheidung, dass Christa Chemotherapie bekommen wird, beschäftigte uns der zu befürchtende Haarausfall. Wir sahen ja die Patienten auf dem Flur, die »Chemo« bekamen. Sie halfen sich mit verschiedenartigen Kopfbedeckungen. Zweitfrisuren hatten die meisten noch nicht. Christl hatte einen Einfall, den sie auch gleich in die Tat umsetzte. In

Ein Kerem bei Jerusalem wohnt Gudrun Barzemer, die Tochter des früheren Hausvaters und Lehrers Joachim Götschke und seiner Frau Christa. Sie hat einen Israeli geheiratet. Kurz entschlossen rief Christl von ihrem Zimmer aus in Israel an. Sie bat darum, ihr so eine Kopfbedeckung zu schicken, wie sie orthodoxe Jüdinnen tragen. Es dauerte nicht lange, und die gewünschte Kopfbedeckung war in Heidelberg.

Noch einmal wünschte Christl das Gebet unter Handauflegung. Am Samstag, dem 23. September, hatten wir in Bad Liebenzell Verbandsbrüderratssitzung. Für 18 Uhr hatte ich die beiden Brüder, die wir schon beim ersten Mal darum gebeten hatten, eingeladen. Wir waren uns dessen bewusst, dass das Gebet mit Kranken nicht bedeutet, unserem himmlischen Vater ein Kommando zu erteilen, nun zu heilen. Wir wollten ihm damit nicht vorschreiben, was er zu machen habe. Uns war bewusst: Gott hat nicht nur ein *Gesundheitsamt*, er hat auch ein *Erziehungsamt*.

Christl wollte dem einladenden Wort gehorchen. Ich musste es ihr nicht vorschlagen. Es kam von ihr. Und so ist es ja auch gemeint, wenn es in dem Zusammenhang heißt: »Ist jemand unter euch krank, der rufe zu sich die Ältesten der Gemeinde, dass sie über ihm beten« (Jak 5,14 a). In ihrer Bibel hat Christl die Spruchkarten aufbewahrt, die sie in jenen Tagen erhielt. Auf ihrer Rückseite hat sie das Datum handschriftlich notiert: Am 10. September 1995: »Lasst uns aufsehen zu Jesus, dem Anfänger und Vollender des Glaubens« (Hebr 12,2), und am 23. September 1995: »Ich bin bei dir, spricht der HERR, dass ich dir helfe« (Jer 30,11).

Als Christl Monate später aufschrieb, wofür sie während ihrer Krankheitszeit zu danken habe, erinnerte sie sich auch daran: »Erhörung bei Mediastinoskopie« (das war nach dem 10. September); »Teilerhörung bei Kernspint« (das war nach dem 23., nämlich am 28. September).

Am 27. September erhielt Christl die zweite Infusion. Am Donnerstag fuhr ich zu ihr. Ich traf sie nicht in ihrem Zimmer an. Sie befand sich zur Kernspintomographie. Ich holte sie im Wartezimmer ab. Zunächst wollte man uns die Diagnose nicht mitteilen; es hieß, die behandelnden Ärzte würden das lieber selbst tun. Doch dann sagte uns der Arzt, dass die siebte Rippe wohl gebrochen sei. Und da sich kein Unfall ereignet habe, sei anzunehmen, dass dies etwas mit dem Befund an der Lunge zu tun habe. Das Ergebnis der Untersuchung sei aber weniger schlimm als befürchtet. Das Brustbein sei frei. »Danke, danke«, schrieb Christl wieder. Das meinte sie mit »Teilerhörung«.

Am 4. Oktober ging der erste Chemo-Zyklus zu Ende. In den Zykluspausen wurde die Patientin dem Hausarzt anvertraut. Doch wer würde unser Hausarzt sein? Diese Frage beschäftigte uns schon einige Zeit. Wir waren über 20 Jahre lang im Krankheitsfall bei einem Arztehepaar in Behandlung gewesen – Christl bei ihr, ich bei ihm. Unser Vertrauen war durch die Erfahrungen der letzten Monate enttäuscht. Meine Christa hatte den Arztbesuch nicht gescheut. Regelmäßig ging sie zur Vorsorgeuntersuchung. Auch in der ersten Hälfte dieses Jahres war sie einige Male bei ihrer Ärztin gewesen. Nie wurde sie zum Röntgen geschickt. Erst der Internist in Oberstdorf musste auf die Idee kommen, eine Aufnahme vom Thoraxraum zu machen. Konnten wir jetzt unsere Ärzte einfach wieder in Anspruch nehmen, so als wäre nichts gewesen? Uns war klar: Wir müssen vorher ein Gespräch mit beiden Ärzten führen. Am 29. September kommen wir wieder nach Hause. Vielleicht kann es an diesem Wochenende sein.

Ich rief am Vormittag an. Der Arzt meldete sich. Ich sagte kurz, dass meine Frau stationär in der Thoraxklinik in Heidelberg sei, von wo aus ich auch anrufe, und dass wir heute zum Wochenendurlaub nach Bad Liebenzell kämen und ihn und seine Frau gern sprechen möchten. Er nahm mit seiner Frau kurz Rücksprache und sagte: »Wir kommen heute Abend.« Das stand uns also bevor, als wir wieder einmal von Heidelberg heimfuhren!

Und dann saßen wir uns gegenüber. Ich leitete ein und begann bei mir. Die Frauen wollte ich schonen. Für meinen hohen Blutdruck hatte er nicht die richtigen Medikamente gefunden. Das ist nicht schlimm, doch hätte er mich dann eben stationär einstellen lassen müssen. Und das sei unterblieben. Ich musste erst zu einer Sitzung nach Hattingen reisen, um dort wegen starken Nasenblutens in das Krankenhaus eingeliefert zu werden. Dort untersuchte man mich richtig, gab mir die nötigen

Medikamente und verwies mich an einen Internisten. »Das Ergebnis dieser Untersuchungen hat Ihnen der Internist mitgeteilt. Bis jetzt haben Sie es nicht für nötig befunden, mir zu sagen, was bei mir vorliegt.« So direkt sprach ich mit ihm.

Dann leitete ich über zu den Erfahrungen meiner Frau. Offen ließ ich es unsere Ärzte wissen, dass unser Vertrauen zu ihnen leider geschmälert ist. Nun war es ausgesprochen, sachlich und an Versäumnisse erinnernd, aber nicht gehässig. Sie hörten mir still zu. Dann sagten beide: »Wir geben Sie frei, Sie können sich andere Ärzte suchen, wenn Ihr Vertrauen zu uns nicht ausreicht.« Ich bat um Bedenkzeit bis Montag. »Sie wissen, dass wir Christen sind«, fügte ich noch hinzu. »Christen leben von der Vergebung und dürfen auch Vergebung leben.« Wir bedankten uns für ihren Besuch und verabschiedeten uns.

Christl und ich stimmten in dem Entschluss überein, den ich am Montag, dem 2. Oktober, wie verabredet weitergab: Wir bleiben bei unseren Ärzten.

Ärzte sind Menschen mit Grenzen. Erwarten wir nicht manchmal zu viel von ihnen? Machen wir sie nicht zu dem, was uns dann wieder an ihnen nicht gefällt, nämlich zu jenen »*Göttern in Weiß*«? In den Apokryphen steht der Satz: »Ehre den Arzt mit gebührender Verehrung, damit du ihn hast, wenn du ihn brauchst« (Sir 38,1).

Wir haben uns in diesen Wochen in der Thoraxklinik in Heidelberg manchmal über Ärzte geärgert. Wir hatten es überwiegend mit jungen Ärzten zu tun. Ich versuchte, mich in sie hineinzuversetzen. Manchmal scheinen sie arrogant zu sein, wollen aber wohl nur etwas Abstand schaffen zu dem Patienten, dem sie gern helfen möchten – und oft nicht können. Dann fehlt ihnen auch die Zeit und manchmal gewiss auch die Erfahrung, gerade was den Umgang mit Patienten betrifft. Die Bemerkung eines jungen Arztes ließ mich aufhorchen: »Das ist bei dieser schrecklichen Krankheit alles möglich.« Ich meinte ehrliche Ohnmacht zu erkennen. Auch lernte ich das Staunen über den Einsatz solch junger Ärzte, die nicht selten Tag und Nacht im Dienst sind.

Am Mittwoch, dem 4. Oktober, erhielt Christl die dritte Infusion. Der Professor hatte wegen der Rippe vier Bestrahlungen angeordnet. Diese wurden zwischen dem 10. und dem 13. Oktober durchgeführt. Dafür hatte Christa vom 13. bis zum 18. Heimataufenthalt.

Sie hatte, lange bevor die Krankheit festgestellt worden war, zwei Außendienste für den Herbst zugesagt: einen Frauentag in Darmstadt und eine Frauenstunde in Breitenberg, nicht weit entfernt von Bad Liebenzell.

Auf Station 15 riet man uns, diese Termine nicht gleich abzusagen. Inzwischen hatten wir einen von den beiden doch absagen müssen. Den Dienst in Breitenberg am 13. Oktober übernahm ich und nahm meine Frau mit. Ich wollte den Frauen, die ja für sie beteten, und Christl eine Freude machen. Christa musste stärker husten und war schwächer geworden. War das eine Reaktion auf die Chemo- oder auf die Strahlentherapie?

Zu Hause angekommen, fanden wir die Nachricht vor, dass Elisabeth Graichen heimgegangen war, die Frau meines ehemaligen Probedienstvaters, der derzeit Prediger in Ulm war. Bei ihr hatte man im Sommer überraschend einen Bauchspeicheldrüsentumor entdeckt. Als Christa und ich am 15. August ins Allgäu gefahren waren, wollten wir in der Griesbadgasse in Ulm nach ihr schauen. Sie befand sich aber gerade bei einer Untersuchung, und Ernst war bei ihr. Ihre Tochter Elisabeth berichtete uns über ihr Ergehen. Wir gaben Grüße und gute Wünsche weiter und fuhren wieder ab. Am 12. Oktober hat Gott sie heimgeholt. Am 17. war das Begräbnis. Ich konnte nur alleine hinfahren.

Am Abend meinte Christl: »Wenn ich es doch auch schon hinter mir hätte!« Meine Christa machte sich wahrscheinlich mehr Gedanken über den Verlauf ihrer Krankheit als ich. Aber sie war sehr tapfer und achtete auch auf den Wortlaut der vielen Karten und Briefe, die sie erhielt. So konnte sie feststellen: »Schau, da stehen keine Genesungswünsche mehr.« Oder sie freute sich über den schlichten Satz: »Von Herzen wünschen wir Dir gute Besserung!«

Wie schnell gingen auch diese vier Tage vorbei! Am 18. Oktober starteten wir schon um 7.30 Uhr nach Heidelberg zum zweiten Chemo-Zyklus. Nun wurde meine Patientin in ein Dreibettzimmer gelegt, weil sie sich ja nur einen Tag und eine

Nacht zur Infusion dort aufhalten sollte. Viele Patienten wurden untersucht und dann an die Infusion angeschlossen, also verzögerte sich alles.

Um 13 Uhr musste ich nach Feuchtwangen zu einem wichtigen Gespräch weiterfahren. Als ich dort angekommen war, berichteten mir Wilhelm und Edda Schindler, meine Frau hätte angerufen. Ich könne sie schon heute abend abholen, denn die Blutwerte seien so gut, dass sie nach der Infusion wieder entlassen wird. Das hätte der Oberarzt gesagt. Was für eine wohltuende Überraschung!

Das Gespräch war beendet. Ich wurde noch zum Abendessen eingeladen. Das Telefon klingelte. Meine Frau war am Telefon, sie wollte mich sprechen. »Ich habe noch keine Infusion bekommen«, sagte sie. Ihre Stimme klingt noch in meinem Ohr. »Ich bekomme auch keine«, fuhr sie fort. »Meine Lunge wurde geröntgt, der Tumor ist gewachsen. Die Chemotherapie wird abgesetzt.« Ich war wie vom heißen ins kalte Wasser geworfen. Was sollte ich sagen? Wie sollte ich trösten? »Christl, ich komme sofort«, rief ich in den Hörer. »Fahr aber vorsichtig!«, sagte sie zurück.

Schnell verabschiedete ich mich und eilte zum Auto. Es regnete in Strömen. Ich kann nicht beschreiben, was ich empfand, als ich die 150 Kilometer über die triste Autobahn fuhr. »Herr, hier bin ich«, konnte ich nur sagen, wie der Patriarch Abraham es an entscheidenden Knotenpunkten seines Lebens in Ergebenheit seinem Gott sagte. Derselbe Gott hatte sich mit dem Wort an meine liebe Christa, sein Kind, gebunden: »Ich bin der HERR, dein Arzt.« Er verliert die Kontrolle nicht. Er ist und bleibt Herr der Lage.

Auf Station 4 in der Klinik war kein Arzt mehr zu sehen. Im Dreierzimmer hatten die anderen Patientinnen Besuch. Im kleinen Aufenthaltsraum lief der Fernseher. Eine teilnahmsvolle Schwester brachte uns zwei Stühle in eine Ecke auf dem Flur. Da saß mein Christalein neben mir und weinte. Sie hat in den zurückliegenden Wochen in meiner Anwesenheit nicht oft geweint. Ich hielt ihre liebe, zarte Hand. Was sollte ich sagen? Mein Herr war ihr Herr – ihr Arzt. Sie wusste, wo sie Zuflucht nehmen konnte. Dazu bedurfte es keiner Appelle meinerseits.

Ein Strom wundersamer Liebe floss durch mein Herz. Diese Liebe sollte sie von mir haben. Dass ich zu ihr halte, sollte sie wissen. Mehr hatte ich nicht zu geben. So saßen wir nebeneinander. War es eine Stunde? War es länger? Es wurde immer ruhiger auf Station. Der Besuch hatte sich auch aus dem Zimmer entfernt. Wir schütteten noch vor unserem Herrn unser Herz aus. Ich brachte sie ins Zimmer und verabschiedete mich. Nach Wiesloch fuhr ich, wo ich bei Bergers etwa um 21 Uhr ankam.

Am Donnerstag war ich um 8.30 Uhr bei Christl. Sie hätte eine unruhige Nacht gehabt, erzählte sie, aber nicht, weil sie schwerer Gedanken wegen nicht hätte schlafen können. Den beiden Zimmerkolleginnen ging es nicht gut. Sie mussten so schrecklich erbrechen, und sie hätte ihnen geholfen. Das war typisch für Christa.

Der Professor kam, um mit uns zu sprechen. Wir befanden uns in dem winzigen Arztzimmer: er, ihm gegenüber saß Christl, hinter ihr standen zwei Stationsärzte, und ich stand neben der Patientin. Er erklärte, weshalb die »Chemo« abgebrochen wurde, und schlug eine Strahlentherapie vor.

Sollte ich Christa in dieser Klinik lassen? Wäre Tübingen entfernungsmäßig günstiger? Hinsichtlich der Entfernung, ja, im Blick auf die Fahrzeit kaum. Die *Schillerhöhe* bei Stuttgart kam uns gar nicht in den Sinn. Der Chef wusste von meinen Veränderungsgedanken. Er hielt uns nicht, aber er riet uns auch nicht dazu. »Herr Professor«, begann Christl, »wenn Ihre Frau die Patientin wäre, würden Sie ihr auch die Strahlentherapie empfehlen?« Der Professor schaute die beiden Ärzte hinter ihr an, dann sagte er bestimmt und glaubwürdig: »Ja.« Das gab den Ausschlag, dass Christl zustimmte.

Wieder wurde ein Einzelzimmer für Christa freigemacht. Wir zogen um. Am Nachmittag gingen wir spazieren. Wir hatten Boden unter den Füßen. Wir waren entschlossen, den Weg miteinander zu gehen. So hatte ich es vor ein paar Tagen meinen Brüdern vom Gnadauer Vorstand gesagt: »Gott hat uns auf einen Weg gestellt, an dessen Anfang und Ende Jesus steht.« In dieser Gewissheit wollten wir nach vorn schauen und vorwärts schreiten.

Am Abend fuhr ich nach Hause, um am nächsten Morgen wieder nach Heidelberg zurückzukehren.

Ich durfte ja meine Christa wieder mit nach Hause nehmen, denn es war Freitag. Nachmittags hatte ich Komitee-Sitzung. Aber am Samstag machten wir in Maisenbach auf der Höhe einen schönen Spaziergang. Anschließend schauten wir bei Rittmanns und ihrer durch einen Schlaganfall pflegebedürftigen Mutter vorbei. Am Sonntag musste ich nach Bayern fahren. Von 11 Uhr bis etwa 18 Uhr war ich unterwegs. Um 19.30 Uhr fuhr ich mit Christl wieder nach Heidelberg.

Am Montag war die Vorstellung in der Strahlenklinik. Am Dienstag fand die Simulation statt, und am Mittwoch, dem 25. Oktober, begann die Bestrahlung des Lungentumors. Nachmittags war ich wieder bei Christl. Am Freitag fuhr ich mit zur Strahlenklinik. Christl wollte, dass ich im Regieraum während der Bestrahlung in den Monitor schaue. Dort konnte ich sie ganz alleine auf dem Behandlungstisch liegen sehen, wo sie ihre »*Bombe*«, wie sie sagte, erhielt. Ich habe es gern gemacht. Das vermittelte ihr meine Teilnahme. Ein zweites Mal wünschte sie das nicht mehr. Das genügte ihr. Ich wusste ja jetzt, was mit ihr gemacht wird. Durch die drei Chemo-Infusionen hatte sich kein Haarausfall eingestellt. Seit Beginn der Strahlenbehandlung ging der Husten weg.

25 Bestrahlungen waren verordnet worden. Drei hatte sie jetzt schon bekommen. Wir waren wieder zu Hause. Am Samstag erhielten wir Besuch von Elisabeth, ihrer Schwester, mit Heinrich und zwei ihrer Enkelkinder, Cornelius und Christine. Elisabeth Thomas hatte inzwischen die Operation und die Nuklearbehandlung hinter sich. Auch hatte sie sich wieder erholt. Wie lieb! Manches hatte sie uns zum Essen mitgebracht. Christl ging mit Lisbeth und Cornelius in den Keller, um es aufzubewahren. Dabei hätte Cornelius seine Großtante angeschaut und ihr freundlich gesagt: »Das schaffst du!« Das hat ihr so gut getan.

Am Sonntag hatte ich wieder Dienst. Nur die Predigt bei der Einweihung des neuen Hauses in Kleinglattbach hatte ich am Nachmittag zu halten. Aber in dieser Zeit war meine Christl alleine. Friedrich Hetzel, seit der Verselbstständigung des LGV der Vorsitzende unseres Verbandes, dessen zwei Söhne Mediziner sind, sagte mir zwar: »Bleib, so gut es nur geht, bei deiner Christa – sie ist schwer krank.« Ich versuchte es zu tun, so gut es nur ging.

Schön war, dass wir jetzt erst am Montag in die Klinik zurückkehren mussten, sodass wir zum Bestrahlungstermin rechtzeitig dort waren. Unser Wochenrhythmus war jetzt der: Von Montag, zweite Vormittagshälfte, bis Freitagnachmittag war Christl in der Klinik, die restliche Zeit zu Hause. Ich fuhr sie montags hin, holte sie freitags ab und besuchte sie immer mittwochs. Sie fasste zufrieden zusammen: »Vier Tage in der Klinik, drei Tage zu Hause, da kann man nichts sagen.«

Nur ein einziges Mal, nämlich am Montag, dem 20. November, konnte ich nicht fahren. Ich musste an diesem Vormittag zu einer Sitzung zum Evangelischen Oberkirchenrat nach Stuttgart fahren. Frau Schiek, die Frau des früheren Bürgermeisters von Bad Liebenzell, zu der Christa ein freundschaftliches Verhältnis unterhielt, hatte uns schon länger angeboten, mit ihrem Wagen einzuspringen. Diesmal nahmen wir ihr Angebot an. Ich sehe uns noch in unserer Küche stehen. Vor der Abfahrt betete ich, wie wir es auch sonst zu tun pflegten:

»Führe uns, o Herr, und leite
unseren Gang nach deinem Wort;
sei und bleibe du auch heute
unser Beschützer, unser Hort:
Nirgends als bei dir allein
können wir recht bewahret sein!«

Als ich Christl wieder telefonisch sprach und am darauffolgenden Mittwoch bei ihr war, erzählte sie mir, wie das Frau Schiek beeindruckt hätte. So habe ihre Mutter einst auch mit ihnen gebetet.

Ich hatte Christl erzählt, dass damals, als die Ordensschwestern in der Thoraxklinik dienten, Kruzifixe in den Zimmern über der Eingangstür hingen. In einem Zimmer hatten wir noch ein Kruzifix gesehen, sonst waren jetzt in manchen Zimmern nur noch die Spuren der Nägel zu sehen, an denen sie einmal hingen. Weshalb in dem einen Zimmer noch eines hing? Ist es vergessen worden? Oder hatte es eine andere Bewandtnis? Meine Christa erkundigte sich einfach danach, als sie einmal ein längeres Gespräch mit einer der Schwestern hatte. Die Kruzifixe lagerten noch im Haus. Dieses in dem einen Zimmer sei auf Wunsch aufgehängt worden. Wenn sie eines wünsche, könne man für sie auch eines aufhängen. So lautete die Auskunft. Christl wünschte es, und bald darauf hing ein Kruzifix über der Tür.

Einmal brachte ich von unserer Buchhandlung Wandposter mit. Meine Patientin wollte nur eines. Sie wählte es aus. Ich brachte es an der Wand an. Nur keinen frommen Überschwang! Nicht mehr scheinen als sein! Sie wollte nicht kräftig christlich auftragen. Sie ließ sich von Christus durchtragen, durch Höhen und Tiefen, durch Hoffnung und Enttäuschung. Das machte auf ihr Leben und Leiden aufmerksam. Das ließ dann auch aufhorchen, wenn sie etwas von ihrem Vertrauen auf Gott, von ihrem Leben mit Jesus aussprach. Einmal nur fiel mir ein Gesichtsausdruck auf, den ich vorher bei ihr nicht kannte. Wir hatten, leider sehr kurz, über *Verherrlichung* unseres Herrn in unserem Leben gesprochen. Da nahm ihr Gesicht ganz erwartungsvolle Züge an, als wären ihre Blicke von den Wänden ihres Krankenzimmers nicht aufzuhalten, als sei ihr Leben nicht eingegrenzt von der Schwere ihrer Krankheit. Das war auffallend neu für mich. Meine Christa war nicht überschwänglich.

In diesen Wochen dachte ich sehr über unseren Ruhestand nach. Ich hielt Ausschau nach einer möglichen Eigentumswohnung. Meine Christa bremste. Sie wollte noch warten. Was ich in Augenschein nahm, zerschlug sich auch. Einmal kam ich aus dem Büro eines uns bekannten Bauunternehmers. Da stieg der Gedanke in mir auf: Ist denn das alles eine Fata Morgana? Tränen kamen in meine Augen. Ich stieg schnell in unser Auto.

Am 1. November hatte Christl einen therapiefreien Tag und war zu Hause. Wir erhielten Besuch von Unteröwisheim. Friedrich, der Vetter meiner Frau, und seine Helene waren gekommen. Sie brachten uns ein großes Geschenk mit. Es war die Einladung, wenn wir freitags immer von Heidelberg nach Hause fahren und die Autobahn gerade wegen starken Verkehrs schlecht passabel ist, sollten wir doch die Bundesstraße fahren und bei ihnen Zwischenstation machen. Wir seien herzlich zum Abendessen eingeladen. War das lieb! Wir folgten gern dieser Einladung. Wie freute sich Christl darüber! Sie wünschte sich nur Nudelsuppe. Die konnte sie gut und mit großem Appetit essen. Die Strahlen hatten den Schlundbereich schon etwas in Mitleidenschaft gezogen. Aber die Nudelsuppe »rutschte« gut. In der Klinik hatte man ihr geraten, Salbeibonbons in den Mund zu nehmen. Ab dem 10. November bekam Christl auch Multibionta-Infusionen, die ihr gut taten.

Es war so schön, mit meiner Patientin von Heidelberg in den herbstlichen Abend zu fahren, Richtung Unteröwisheim an die Stätte der Väter. Meistens gingen wir noch zuvor in Heidelberg-Rohrbach zum Einkaufen. Was wir für die Tage zu Hause mitnahmen, hatte sich Christa schon überlegt.

Sie las natürlich täglich in ihrer Bibel. Außerdem hatte sie auch für andere Lektüre Interesse. Ziemlich am Anfang, nachdem die Krankheit festgestellt worden war, las sie die Lebensgeschichte eines christlichen Ehepaares. Die Frau war auch tumorkrank. Es werden in diesem Buch die verschiedenen Phasen der Krankheit geschildert, bis Gott die Frau von der Erde abrief. Auf Station 4 in der Thoraxklinik sagte sie mir einmal: »Gelt, ich darf doch auch etwas Lustiges lesen.« Natürlich konnte ich dem nur zustimmen. Sie hatte sich aus ihrer Bibliothek das Büchlein ausgewählt »*Ist das richtig, Herr Doktor?*« von Max Kibler. »Heute hab ich wieder richtig gelacht«, konnte mir Christl dann berichten, wenn ich sie am Mittwoch besuchte. Oder sie sagte anerkennend: »Dass du immer wieder auf Station auftauchst, macht schon Eindruck.«

Einmal berichtete sie mir etwas Trauriges, was sie von zwei Mitpatientinnen erfahren hatte. Meine Frau lernte die beiden jungen Frauen erst bei der Strahlentherapie kennen. Ihre Männer hatten sich von ihnen getrennt. Jeder hatte dieselbe Begründung: »Ich kann deine Krankheit nicht ertragen.« Wir beide empfanden ganz gleich, wie grausam und unwürdig für eine Ehe das war, und hatten großes Mitleid mit diesen armen Frauen.

Beschämend war es für mich, als Christa einer meiner Mitarbeiterinnen anlässlich eines Besuches sagte: »Mein Mann trägt mich auf Händen.« Sie wollte damit zum Ausdruck bringen, wie sie jeden Handgriff, den ich für sie tat, schätzte. So behandelte ich zum Beispiel ihren Rücken, der durch die Strahlen verbrannt war, mit Öl. Dabei sagte ich meistens: »Du hast einen schönen Rücken.« Dass ich ihr Gepäck trug, ist doch schließlich selbstverständlich. Ich empfand ja nur allzu deutlich, wie unzulänglich alles war, was ich tat oder tun konnte, gerade auch im Haushalt. Immer mehr wurde mir bewusst, wie viel ich versäumte, was ich hätte anders machen müssen.

Viktoria Dehn, Marianne Rechkemmer und Renate Schiek halfen uns, die Wohnung in Ordnung zu halten. Das Essen holte ich gelegentlich in der »Pilgerruhe«, wenn Christl zu Hause war. So kamen wir gut durch. War ich in der Klinik, bekam ich manchmal eine Portion zum Mittagessen, damit ich mit meiner Frau zusammen essen konnte. Sonst ging ich ins »Schafhäutle«, ein Café in der Stadtmitte. Von dort brachte ich meiner Patientin Trüffel mit, die sie anfangs mochte. Später bevorzugte sie Käsegebäck. Bei fortgeschrittener Strahlenbehandlung wurde ihr das für den Hals zu rau. Mit dem Besuch im »Schafhäutle« verband ich noch Besorgungen, die meistens anfielen.

Es war an einem Freitag, am frühen Nachmittag. Die Herbstsonne schien freundlich und ermutigend. Ich fuhr auf der dreispurigen Autobahn zwischen Karlsruhe und Bruchsal. Plötzlich überquerte ein PKW etwa 400 Meter vor mir von der rechten Spur die beiden linken Spuren, wurde von der mittleren Gleitplanke aufgefangen, schleuderte etwas und fuhr auf der linken Spur ein Stück in Gegenrichtung. Ich befand mich auf der mittleren Spur. Ein Blick in den Innenspiegel: Hinter mir war, Gott sei Dank, etwas Spielraum. Ich bremste leicht, gab dann sofort wieder Gas, damit ich an dem mir Entgegenkommenden vorbei war, bevor er eventuell doch noch auf meine Bahn geraten würde. Ich war an ihm vorbei. Kein Auffahrunfall! Der, der aus unerklärlichen Gründen die Autobahn überquert hatte, stand auf seinen Rädern. Kein Zusammenstoß! Ich fuhr weiter und verließ bei der nächsten

Ausfahrt die Autobahn. Mir reichte es. Ich konnte nur danken für die Bewahrung an diesem Tag, aber auch an allen früheren Tagen. Was hätte in Bruchteilen von Sekunden alles geschehen können! Wie hat Gott, unser Vater, bei den vielen Fahrten seine Hände über uns gehalten!

In der zweiten Novemberhälfte erlebten Christa und ich am Rande auch, dass zwei Patientinnen auf Station 4 starben. Eine von ihnen kannten wir. Sie hatte auch eine Strahlenbehandlung bekommen, und dann ging's ans Sterben. Sie musste längere Zeit kämpfen. Christl meinte, es würde bei ihr lang dauern. Diese Frau lag im Nachbarzimmer. Auch der Vater einer Schwester von Station 4 war im Nachbargebäude gestorben. Einige Wochen zuvor musste eine andere Schwester, die Schwedin war, in ihre Heimat reisen, weil ihr Vater im Sterben lag. Als sie wieder zurückgekommen war, hatte meine Christa ein längeres Gespräch mit ihr über Tod und Ewigkeit.

Nun war es schon auszurechnen: Wenn keine Bestrahlung mehr ausfallen muss (was aus technischen Gründen auch schon vorgekommen war), würde die letzte Behandlung am 5. Dezember sein. Am 6. Dezember wäre dann der Entlassungstag meiner Christl. Wir überlegten, was wir in dieser Adventszeit Ärzten und Schwestern schenken wollten. Sie sollten eine kleine Anerkennung bekommen.

Ausgerechnet am 4. und 5. Dezember fand die alljährliche Gnadauer Vorstandsklausur in Dillenburg statt. Diesmal sollten drei Gäste aus Kirchenleitungen teilweise dabei sein. Da das Thema sehr wichtig war, meinte ich, auch daran teilnehmen zu müssen. Ich packte also für Montag, den 4. Dezember, auch meine Reisetasche. Mit Christl fuhr ich kurz vor 10 Uhr zu Hause ab. Der Termin in der Strahlenklinik war um die Mittagszeit. Weil es die vorletzte Behandlung war und ich am nächsten Tag bei der letzten nicht dabei sein konnte, wollte ich sie dorthin fahren. Manchmal gab es lange Wartezeiten. Wir machten aus: Ich fahre schnell in die Stadt, esse dort etwas und komme wieder zurück, um Christl abzuholen. Ich hatte allerdings vor, damit noch den Einkauf eines Weihnachtsgeschenkes zu verbinden. Das musste natürlich ganz geheim bleiben. Am Mittwoch, dem Entlassungstag, bot sich dafür keine Gelegenheit. An diesem Tag war für 10 Uhr das Abschlussgespräch mit dem Professor anberaumt. Also war es die letzte Gelegenheit für mich in Heidelberg, für meine Christl etwas zu kaufen.

Es klappte alles wie am Schnürchen. Ich konnte in der Tiefgarage des Kaufhofs parken. Dann ging es rasch in das bestimmte Geschäft, das ich schon anvisiert hatte. Ich fand alles, was ich wollte – Rock, Bluse, eine schöne Strickjacke in Größe 42. Schnell konnte ich auch noch etwas essen. Und dann lief ich im Eilschritt in die Tiefgarage. Alles wurde sorgsam ins Auto geladen. Ich stieg ein. Der Motor lief. Ich stieß zurück, und – es krachte. Hinter mir kam langsam oder stand ein PKW, in dem eine Dame am Lenkrad saß. Sie behauptete, sie sei gestanden. Ich sei aufgefahren. Sie gab mir die Visitenkarte ihres Mannes: ein Rechtsanwalt. Sofort gab ich ihr alle Daten, die sie von mir wissen musste. Ich wollte doch schnellstens in die Klinik, um Christl abzuholen. Es war nicht viel an unseren Fahrzeugen zu sehen. Bei mir musste man genau hinschauen, um an der hinteren Stoßstange und dem Kofferraumdeckel eine Veränderung festzustellen.

Ich fuhr so schnell ich konnte in die Strahlenklinik, in der Hoffnung, dass Christl nichts merkt. Sie saß schon im unteren Foyer und wartete geduldig. Kein Vorwurf traf mich. Ich entschuldigte mich, dass es so spät geworden war – 13.45 Uhr. Es hatte diesmal – ausgerechnet diesmal! – keine lange Wartezeit bei der Bestrahlung gegeben. Und ich konnte meine Verspätung gar nicht begründen. Ich wollte weder vom Einkauf etwas sagen noch von dem Auffahrunfall, dem einzigen Unfall, der mir in diesen Monaten passierte. Ich kam mir vor wie damals in meiner Kindheit, als ich von meiner Schule in Matzdorf wieder nach Hause gekommen war und gesagt hatte, der Unterricht falle aus.

Wir gingen zum Auto. Christl merkte nichts. Wir fuhren in die Thoraxklinik. Ich ging mit ihr ins Zimmer. Sie aß ein wenig und legte sich hin. Das sollte sie nach der Behandlung immer. Dann blieb ich noch etwa eine Stunde bei ihr, um dann nach Dillenburg weiterzufahren. Das innere Gleichgewicht hatte ich allerdings noch nicht ganz wiedergefunden. Um 16.50 Uhr kam ich in der Gnadauer Zentrale an, und schon um 17 Uhr begann die Sitzung. Die erste Einheit ging bis 21.30 Uhr.

Am nächsten Tag hatte Christl die 25. Bestrahlung. Man sagte uns, in der Strahlenklinik würde an diesem Tag keine Röntgenaufnahme gemacht. Man würde etwas Zeit vergehen lassen, weil die Strahlen nachwirkten. Ich erwartete deshalb noch keine Auskunft über den Befund. In der zweiten Nachmittagshälfte des 5. Dezember rief ich meine Frau an, um zu hören, wie es ihr geht. Sie war recht unruhig und sagte: »Der Stationsarzt ist an mir vorbeigegangen und hat mich mit einem so ernsten Gesicht angeschaut, nachdem hier in der Thoraxklinik eine Röntgenaufnahme gemacht worden war. Ich traue mich nicht, ihn nach dem Ergebnis zu fragen, weil ich ein schlechtes befürchte.« Das sagte sie mir mit immer größerer Erregung. »Ist der Arzt noch auf Station?«, fragte ich zurück. »Ja«, antwortete sie. »Ich rufe ihn sofort an, und dann sage ich dir Bescheid«, versprach ich ihr.

Ich rief das Arztzimmer auf Station 4 an. Der besagte Arzt meldete sich. Ich sagte ihm mein Anliegen und was meine durch die Strahlentherapie besonders sensible Frau aus seiner ernsten Miene schloss. Er sagte mir, dass sein Gesichtsausdruck wirklich nichts mit dem Ergebnis der Röntgenaufnahme zu tun gehabt hätte. »Der Tumor ihrer Frau ist kleiner geworden«, gab er mir als Auskunft. Ich bedankte mich und legte auf. Schnell wollte ich das meine liebe Christl wissen lassen. In wenigen Sekunden sprachen wir wieder miteinander. Freudig berichtete ich ihr, was ich vom Arzt erfahren hatte. Meine Christa atmete auf. »Das genügt mir«, sagte sie. »Jetzt kann ich schlafen.« Beide freuten wir uns auf den nächsten Tag, den 6. Dezember. In ihr Tagebüchlein schrieb sie: »Der Befund ist zurückgegangen. Nicht uns, Herr, nicht uns, sondern deinem Namen gib Ehre! Danke, danke, danke!«

Am Mittwoch, dem 6. Dezember, startete ich um acht Uhr in Dillenburg. Bereits vor 10 Uhr traf ich in der Klinik in Heidelberg ein. Dann ging ich mit Christl in das Nachbargebäude, in dem sich das Sprechzimmer des Chefs der Onkologie befindet. Er erklärte uns die jüngste Röntgenaufnahme, bestätigte auch, dass der Tumor kleiner geworden sei. Auf der linken Seite unten sei ein wenig Exudat vorhanden, das aber gar nicht störe. Auf meine Frage, was denn die

Bestrahlung bewirken solle, gab er zur Antwort: »Der Tumor soll ausgetrocknet werden.« Auch sprach er davon, dass die Strahlen nachwirkten. Wir bedankten uns und verabschiedeten uns von ihm, von den anderen Ärzten und Schwestern. Nachdem wir die Papiere in Empfang genommen hatten, packten wir unser Auto und verließen die Thoraxklinik in Heidelberg. Auch ich hatte im Jahre 1957 am 7. Dezember dieses Haus verlassen dürfen. Bei meiner Christl war es im Jahre 1995 der 6. Dezember.

Wir fuhren nach Unteröwisheim zu Helene und Friedrich. Dort trafen wir etwa um 12.30 Uhr ein. Christl notierte unter dem 6. Dezember: »Heimkehr! – Unterwegs in Unteröwisheim Nudelsuppe gegessen.« Diese Zwischenstation bei unseren Verwandten hat sie so wohltuend empfunden und war sehr, sehr dankbar dafür! Ein Teller gute, kräftige Nudelsuppe ist mehr als ein Becher Wasser. Er wird erst recht »nicht unvergolten bleiben« (Mk 9,41).

Wieder zu Hause

Kurz vor 15 Uhr kamen wir zu Hause an. Unsere Freunde hatten unsere Wohnung etwas vorgeheizt. Wir freuten uns, zu Hause zu sein. Wie sehr die Strahlentherapie Christl Kräfte abverlangt hat, kam nach und nach erst richtig zum Vorschein. Jetzt sollte sie sich ausruhen und etwas erholen. Im Januar würden wir erst eine Einladung zur Nachsorgeuntersuchung von der Thoraxklinik erhalten.

Die ganze schöne Adventszeit hatten wir nun vor uns. Natürlich holten wir aus unserer Advents- und Weihnachtskiste im Keller Dekorationsstücke für unsere Wohnung. Die schöne, beleuchtbare Sternenkette wurde ins große Wohnzimmerfenster gehängt. Strohsterne wurden an die gewohnten Stellen platziert.

An einem Abend wollten wir miteinander ein Quantum »Vanillekipferl« backen. Das war ein Fest! Ich knackte die großen Walnüsse, die wir von Südbaden geschenkt bekommen hatten. Christl löste die Kerne von der Schale. Dann durfte ich sie reiben. Den Teig machte meine gute Köchin. Miteinander formten wir dann die Kipferl. Dann kamen sie auf das ungefettete Blech. Nachdem sie leicht gebacken waren, kamen sie aus dem Backrohr. Solange sie noch warm waren, wurden sie in einer Mischung von Puder- und Vanillezucker umgedreht und in die gewohnte Dose geschichtet. Christa lachte mich nach der Aktion aus, weil ich so müde war.

Mehr Weihnachtsgebäck haben wir uns nicht geleistet. Wir bekamen von verschiedenen »Produzenten« »*Weihnachtsbrötle*«, sodass wir keine mehr zu backen brauchten. Doch dieses Rezept für »Vanillekipferl«, das aus der österreich-ungarischen Küche stammt, haben wir miteinander gebacken – das war das Schönste dabei. Das hatte unser, besser: Christaleins »*Gschmäckle*«.

Jetzt leuchtete wieder das durch die Vorhänge rötlich gefärbte Licht zu den beiden Küchenfenstern hinaus. Das war für mich das Signal: Mein liebster Mensch war zu Hause und wartete auf mich. Jetzt war unsere Wohnung wieder meine Heimat, weil Christl hier war!

Leider musste ich sie auch immer wieder alleine lassen. Wir hatten zu dieser Zeit zwei Krisenherde im Verband, die Zeit und Kraft in Anspruch nahmen. Doch je näher Weihnachten kam, desto mehr Zeit konnte ich auch mit Christl verbringen. Wir fuhren vor dem Mittagessen oft nach Maisenbach. Manchmal lag auf unserem Weg eine dünne Schneeschicht. Dann hinterließen wir die ersten Spuren. Wir genossen die winterliche Sonne, die gute Luft. Dann kehrten wir zurück, aßen und erledigten die Küchenarbeit. Nachmittags legte sich Christl meistens so auf die bequeme Wohnzimmer-Couch, dass sie sehen konnte, wer zur Tür hereinkam. Post und Anrufe wurden nicht weniger.

Auch bekamen wir lieben Besuch: Willy und Elsbeth Wacker, Heinrich und Elisabeth Thomas, Lydia Stuhlmüller und Gertrud Oberst, ihre Tochter aus Unteröwisheim, Rüdiger Daub, unser LGV-Verwaltungsleiter, und seine Frau Ellen, Judith Sturm, geb. Pflaum, Michael und Bärbel Pflaum – wegen des Gesundheitszustandes von Bärbel waren sie vorübergehend von Sambia zurückgekehrt –, Brigitte Schwab und Helga Hartmann, meine Redaktionsmitarbeiterinnen, sowie Friedrich und Helene Pflaum. Ich habe jetzt nur einige Namen genannt, wohl wissend, dass solch ein Unterfangen gefährlich ist. Man kann jemanden vergessen. Und gewiss ist die Aufzählung nicht erschöpfend. Den Genannten, aber auch allen Ungenannten, die wir nicht weniger schätzten, sei herzlich gedankt.

Inzwischen hatte Christl so viel Post und andere Zeichen der Liebe erhalten, dass wir nur per Rundbrief dafür danken und ein wenig über ihr Ergehen berichten konnten.

Jetzt, in einem solchen Ernstfall, zeigte sich überdeutlich, was die Zugehörigkeit zur Gottesfamilie bedeutet. Der Apostel Paulus hat das in die Worte gefasst: »Wenn ein Glied leidet, so leiden alle Glieder mit, und wenn ein Glied geehrt wird, so freuen sich alle Glieder mit« (1 Kor 12,26).

Unser Hausarzt besuchte meine Patientin auch regelmäßig. Ihr Befinden war durch einen Schmerz unter dem Arm beeinträchtigt. Der Arzt meinte, es handle sich um Folgen der Strahlenbehandlung, zumal sich auch eine kleine Schwellung in der Achselhöhle zeigte.

Nachdem dieser Schmerz bis zum 23. Dezember nicht nachgelassen hatte und die Feiertage bevorstanden, an denen man nicht unbedingt Ärzte in Anspruch nehmen will, rief ich in der Praxis an. Die Frau Doktor war am Apparat. Sie empfahl ein Medikament namens *Musaril*. Da es Samstag um die Mittagszeit war, bot sie mir eine zwar schon angebrochene Packung an, die sie aber in der Praxis hätte. Ich machte mich gleich auf den Weg. Dreimal eine Tablette sollte meine Frau nehmen und zusätzlich noch ein *ben-u-ron*-Zäpfchen.

CHRISTA und ALFRED GAJAN
Schießrain 16/2
75378 Bad Liebenzell
Tel.: 0 70 52/17-2 33

Bad Liebenzell, 21. Nov. 1995

Liebe Brüder und Schwestern, liebe Freunde und Verwandte,

erlaubt uns bitte die Anrede in der zweiten Person Mehrzahl, denn wir müssen leider mit einem Rundbrief auf die unerwartet vielen schriftlichen und fernmündlichen Grüße, auf die Grüße durch Päckchen und per Fleurop reagieren.
Aus Euren Zeilen, Worten, Zusagen treuer Fürbitte und Zeichen Eurer Verbundenheit und Eures Mittragens strömt uns soviel Liebe entgegen, daß wir aufrichtigen Herzens dachten: Das sind wir nicht wert.
In aller Bescheidenheit können wir nur unserem Vater im Himmel danken für Euch Ihr Lieben.
Vielen, vielen herzlichen Dank Euch, für Eure Mühe und Treue!

Am 28. August begann für meine Christa der Aufenthalt in der Thoraxklinik Heidelberg. Gute drei Wochen wurde nur untersucht. Am 20. September wurde mit der Chemo-Therapie begonnen, die nach einem Zyklus abgebrochen wurde. Seit 25. Oktober wird meine Christa bestrahlt.
Bis jetzt durfte sie jedes Wochenende zu Hause verbringen. Das tut uns beiden so gut.

Über diesen unseren gemeinsamen Weg hat Gott, unser Vater, das Wort gestellt, das meine Christa als Jahreslos für 1995 erhielt:

„Ich bin der Herr, dein Arzt" *(2. Mose 15, 26b)*

Wir wissen wohl, daß wir diesen Satz nicht als Orakel-Spruch mißbrauchen dürfen. Wir dürfen es aber auch nicht ignorieren, weil das eine Beleidigung unseres lebendigen Herrn wäre, dessen Wort wahrhaftig ist, und was er zusagt, das hält er gewiß.
So nehmen wir dieses Wort als freundlichen Zuspruch und als starke Verheißung in der Gewißheit, daß wir nichts zu beanspruchen haben, aber um alles betteln dürfen. Ja betteln, aber nicht wie ein Bettler auf der Straße bei Fremden, sondern wie ein Kind bei seinem Papa. Wir tun es in Jesu Namen, denn

„Ein Arzt ist uns gegeben, der selber ist das Leben."

Manchmal werden wir gefragt, wie wir alles innerlich verkraften. Darauf können wir nur sagen: Wir haben schon sehr miteinander geweint. Dessen schämen wir uns nicht. Doch das andere stimmt auch, was Philipp Spitta singt: „... er hat's gesagt und darauf wagt mein Herz es froh und unverzagt und läßt sich gar nicht grauen."

Unser großer Herr segne Euch und vergelte Euch Eure Fürbitte und Liebe! Gleichzeitig wünschen wir Euch eine gesegnete Adventszeit in der Freude an dem Licht des Lebens.
In großer Dankbarkeit sind wir

Eure

Christa u. Alfred Gajan

Als ich wieder zu Hause war, nahm Christl gleich eine *Musaril*-Tablette. Zwischen 17 und 18 Uhr bekamen wir Besuch von Lienhard und Renate Pflaum mit ihrer Tochter Esther.

Da fiel mir zum ersten Mal auf, dass meine Christa bei zwei oder drei Worten, wenn sie sich besonders konzentrierte, etwas Mühe hatte, sie zu finden und auszusprechen. Vielleicht haben das andere gar nicht gemerkt. Etwa um 20 Uhr kamen noch Ewald und Hildegard Rager, um kurz hereinzuschauen. Als sich das wiederholte, dachte ich, meine Christa ist wahrscheinlich müde. Trotzdem las ich den Beipackzettel von *Musaril* und entdeckte unter der Rubrik »Nebenwirkungen« unter anderem: »Müdigkeit, Mattigkeit, verlangsamtes oder undeutliches Sprechen.« Damit war für mich die Sache klar: Das kann eine Folge von *Musaril* sein.

Am Heiligen Abend waren wir unter uns. Bei zwangloser Unterhaltung fiel mir bei Christl nichts auf. Den Weihnachtsbaum – in der üblichen Größe: vom Boden bis zur Decke – hatten wir schon am Vortag in das Wohnzimmer gestellt. Jetzt wurde er geschmückt. Dabei gab mir Christl diese oder jene Anweisung. Die Krippe stellte ich auf und die übliche Weihnachtsdekoration wurde angebracht. Meine liebe Christa hatte wieder die Spezialität aus Matzdorf gekocht: Krautsuppe mit in Scheiben geschnittenen geräucherten Bratwürsten. Nach dieser herzhaften, mit Speck- und Zwiebelschmelze versehenen Speise schmeckte dann das Süße besonders gut. Die Küche wurde in Ordnung gebracht.

Nachdem ich mein am 4. Dezember in Heidelberg eingekauftes Geschenk verpackt und unter den Christbaum gelegt hatte, zündete ich die Bienenwachskerzen an. Christl und ich saßen im warmen Wohnzimmer. Wie gut, dass wir uns hatten und so liebten! Diesmal musste ich die Kerzen früher auslöschen, sie verbrauchten zu viel Sauerstoff. Das merkte Christl. Aber sie setzte sich ans Klavier und spielte aus »O freudenreicher Tag« ein Weihnachtslied nach dem anderen. Zu manchem sang ich den Text. Dann las ich wie immer das Weihnachtsevangelium, den schönen, vertrauten Text nach Lukas. Anschließend beteten wir.

Christl machte mich darauf aufmerksam, noch den Porzellan-Aufsatz aus der Vitrine zu holen, den ich ihr Weihnachten 1994 geschenkt hatte. Darauf wurde Weihnachtsgebäck gelegt. Als Krönung kamen die selbst gebackenen »Vanillekipferl« darauf. Jetzt erst ging es an das Auspacken der Geschenke. Jetzt konnte ich Christalein sagen, warum ich am 4. Dezember so lange gebraucht hatte und dann vor lauter Eile in der Tiefgarage so unachtsam war. Inzwischen hatte meine Frau auch gemerkt, dass das Heck unseres Autos beschädigt war. Christl freute sich über die Bluse und die Strickjacke. Der Rock passte leider nicht. Den wollte ich, wenn wir im Januar wieder nach Heidelberg zu fahren hatten, umtauschen. Mir schenkte Christl einen Bademantel, zu einem Schlafanzug passend; beides hatten wir im Herbst in Pforzheim gekauft. Wir feierten nicht zu lange. Ich hatte am ersten Weihnachtstag um 10 Uhr die Predigt im Gottesdienst der Missionsberggemeinde zu halten.

Christa begleitete mich zum Gottesdienst. Sie wollte zum hinteren Eingang hineingehen und auf der Empore Platz nehmen, damit sie nicht zu vielen Besuchern begegnete. Das Beantworten der wohl gemeinten Fragen wäre doch zu anstrengend gewesen. Es war für mich so schön, meine Frau auf der Empore zu sehen. Sie saß ganz alleine in der letzten Reihe auf dem ersten Stuhl neben der Tür.

Der Predigttext waren die Verse 4–7 aus dem vierten Kapitel des Galaterbriefs. Ich sprach über Gottes Weihnachtssendung. Sie kam rechtzeitig an, hatte einen zeitgemäßen Inhalt und hat zeitlose Folgen. Im letzten Teil führte ich aus, dass die Sendung des Sohnes Gottes unsere Gotteskindschaft zur Folge hat. Und das hat wieder zeitlose Folgen: »... wenn aber Kind, dann auch Erbe durch Gott« – so heißt es am Schluss des Textes (Gal 4,7 b).

»Der Sohn des Vaters, Gott von Art,
ein Gast in der Welt hier ward
und führt uns aus dem Jammertal,
macht uns zu Erben in seim Saal. Kyrieleis!«[11]

---

[11] »Gelobet seist du, Jesu Christ«, Martin Luther.

Nach dem Gottesdienst holte ich Christa oben ab. Zum hinteren Ausgang verließen wir das schöne neue Gebäude des Missions- und Schulungszentrums.

Am Abend des 25. Dezembers besuchten uns wieder Karlheinz Mall und seine Frau aus Bonn. Sie waren auch in diesem Jahr Gäste in der »Pilgerruhe«. Christl sprach nicht viel. Am 26. Dezember habe ich notiert: »Sprachstörung mehr.« Das stellte ich besonders fest, als Gerhard Hund, einer unserer Prediger, mit seiner Frau am Abend noch bei uns hereinschaute. Ich hatte um 19.30 Uhr in einer Weihnachtsfeier in Unterlengenhardt zu sprechen: »Bethlehem ist überall.« Um 21.30 Uhr war ich wieder zu Hause.

Am 27. Dezember besuchten uns Werner, der Bruder meiner Christa, mit Andreas und Michi. Ihnen erklärte ich, weshalb Christl wenig spricht. Für den nächsten Tag hatte ich einen Gesprächstermin mit Alfred Zimmermann vereinbart, dem damaligen Vorsitzenden des »Timotheusvereins« in Lahr-Dinglingen, und Heinrich Grünewald, dem Enkelsohn des Gründers der Liebenzeller Mission, Pfarrer Heinrich Coerper. Wir saßen im Wohnzimmer. Christl bereitete in der Küche unser Mittagessen vor. Sie kam kurz ins Wohnzimmer, grüßte die beiden Gäste freundlich und fragte mich, wo ich die Fleischküchle hingetan hätte. Ich hatte sie auf die Heizung zum Auftauen gelegt, ging gleich mit hinaus und fand sie zunächst auch nicht. Sie waren hinter die Heizung gerutscht. In der Küche sagte sie mir erklärend: »Ich hab nicht gewusst, was ich reden soll, da hab ich nichts gesagt.« So klug umging sie ihre Sprachstörung.

Vom 30. Dezember bis 9. Januar hatte ich Urlaub. Anstatt in St. Blasien wollten wir uns in Villingen im Gästehaus »Tannenhöhe« der Aidlinger Schwestern etwas erholen. Ich hatte Schwester Ingeborg die Krankheit meiner Frau geschildert. Sie hatte viel Verständnis, weil sie selbst auch schon betroffen war und wieder genesen durfte.

Mit dem Haus war alles klar. Klar war mir nicht, ob es richtig ist, dass wir gehen. Die Sprachstörung war nicht behoben. Wie schon oft, wandte ich mich am 29. Dezember wieder an Hans-Ulrich Linke, den Arzt in Gunzenhausen.

Nachdem ich ihm alles geschildert und meinen Verdacht auf das *Musaril* ausgesprochen hatte, fragte er nach der Dosierung des Medikaments. Als er hörte, dass wir mit dreimal einer Tablette begonnen hatten und Christa auch jetzt das gleiche Quantum nahm, meinte er, man hätte langsamer beginnen sollen. Ob wir denn nach Villingen gehen sollten? »Ist deine Frau motiviert?«, fragte er zurück. »Sie hat den Koffer gepackt, das Meiste ist vorbereitet«, antwortete ich. »Dann geht«, war sein Rat.

Auf der »Tannenhöhe«

Am 30. Dezember, einem Samstag, saß Christl vormittags vor ihren Büchern, um die Lektüre für die »Tannenhöhe« auszusuchen. Zum Mittagessen gab es Aufgewärmtes. Wir räumten in der Küche auf. Nach 14 Uhr fuhren wir nach Villingen ab. Schneeregen begleitete uns auf der Singener Autobahn.

Gegen 16 Uhr hatten wir die »Tannenhöhe« gefunden.

Ein sehr schönes Zimmer hatten uns die lieben Schwestern bereitgestellt. Das Abendessen wollten wir im Speisesaal einnehmen, deshalb sollte sich Christl noch etwas ausruhen. Ich stellte das Auto auf den richtigen Platz und erledigte alles, was bei einer Anreise nötig ist. Die Hausmutter, Schwester Ruth, hatte uns an ihren Tisch platziert. Auch sie zeigte großes Verständnis für uns. Wir waren ja zu einer Weihnachtsfreizeit dazugestoßen, die bereits begonnen hatte. Nach dem Abendessen wurde ein Liedvers gesungen. Es war das Lied von Margret Birkenfeld »Nimm die Freude mit«. Mir war die Melodie zwar nicht ganz unbekannt, trotzdem konnte ich nicht mitsingen, weil mir der Text fremd war. Zu meinem großen Erstaunen sang meine liebe Christl mit:

»Ohne Freude niemand leben mag,
nimm die Freude mit in jeden neuen Tag.«

So heißt der Refrain. Ohne Sprechschwierigkeiten kam der Text von den Lippen meiner Frau. Schwester Ruth schaute und lächelte. Ich war beglückt. Neue Hoffnung keimte in mir auf. Wir gingen in unser Zimmer und legten uns bald zu Bett. Das Frühstück hatten wir uns gleich bei der Ankunft aufs Zimmer bestellt. Die anderen Mahlzeiten wollten wir im Speisesaal einnehmen. Am 31. Dezember wollte sich Christl nach der Mittagsruhe anziehen. Ich war gerade draußen. Als ich ins Zimmer kam, hielt sie sich an der Sessellehne und konnte sich nicht alleine aufrichten. Sie konnte mir nicht richtig schildern, was vorgefallen war. Ich vermutete, sie hatte das Gleichgewicht verloren.

Mit meiner Hilfe ging es dann gut weiter. Aber beim Kämmen hatte sie wieder Schwierigkeiten. Sie stand vor dem Spiegel und konnte ihre schönen Haare nicht hochstecken. Die linke Hand konnte sie nicht so einsetzen, wie es nötig gewesen wäre. Ich überlegte, was zu tun sei. Dann setzte sich meine Christa auf einen Stuhl, und ich versuchte sie zu frisieren. Das hatte ich bei meiner Oma als Kind schon abgeschaut: Ich flocht einen schönen Zopf und steckte ihn hoch. Leider hielt er nicht lange. Ich musste vor dem Abendessen noch sehr üben, bis die neue Frisur hielt. Christl war damit einverstanden. Wir konnten in den Speisesaal gehen.

Wieder wurde nach dem Abendessen eine andere Strophe von diesem neueren Lied gesungen, und erneut sang meine Christa mit: »Ohne Freude niemand leben mag ...« Ich meinte festzustellen, dass es ihr diesmal etwas schwerer fiel. Um 19 Uhr begann die Silvesterfeier für die Gäste. Christl entschloss sich mitzugehen. Wir setzten uns so, dass wir ohne zu stören aufstehen und gehen konnten, wenn es uns nötig erschien. Um 21 Uhr ging ich mit meiner Patientin aufs Zimmer.

Schwere Gedanken zogen durch meinen Kopf. Was war das wieder? Meine tapfere Christa gab nicht auf. Sollte ich es tun? Unser Arzt für Seele und Leib war da, und er würde bei uns bleiben. Das Jahreslos von Christl für 1995 verliert doch seine Gültigkeit mit dem zu Ende gehenden Jahr nicht. Es hatte schon gegolten, längst bevor die Krankheit festgestellt worden war, und es wird auch weiter gelten!

Christl mahnte: »Du musst wieder zurückgehen und die Jahreslose für uns ziehen.« Als sie im Bett lag, ging ich hinunter. Ich musste nicht lange warten. Noch vor 22 Uhr wurden die Lose herumgereicht. Um das rechte Wort für meine Frau und für mich innerlich flehend griff ich nach den schönen Kärtchen, zuerst für meine liebe Christl, dann für mich. Es waren Doppelkärtchen. Auf der vorderen Seite war eine Burg dargestellt. Auf der dritten Seite stand auf allen Kärtchen dasselbe Wort:

»Ja, Herr, du tust es:
Du bietest mir Schutz,
Du bist meine Burg!
Du wirst mich führen und leiten,
wie du es versprochen hast!«
(Ps 31,4, nach »Hoffnung für alle«)

Auf der zweiten Seite war mit Schreibmaschine das persönliche Jahreslos geschrieben.

Auf dem Kärtchen, das ich für Christl gezogen hatte steht: »Ich will dich erhören und führen. Von MIR erhältst du deine Früchte« (Hos 14,9). Ich erhielt das Wort: »Der HERR, dein Gott, ist ein barmherziger Gott. ER wird dich nicht verlassen« (5Mose 4,31). Ich las die Worte meiner lieben Patientin vor. Sie nickte zustimmend. Wir beteten noch. Dann versuchten wir zu schlafen.

Am Neujahrstag fiel es Christl schwer, sich herzurichten. Den Gottesdienst besuchte ich auf ihren Wunsch hin alleine. Bei einem kleinen Spaziergang auf allerdings winterlichem Straßenbelag mit Unebenheiten merkte ich, dass ihr linker Fuß etwas am Boden schleifte. Als wir nach dem Mittagessen im Speisesaal wieder auf unser Zimmer gingen, sagte sie mir: »Vielleicht geht's jetzt doch aufwärts.« Es war so mutmachend, so wohltuend, diese Worte fehlerfrei und ohne Störung aus ihrem Mund zu hören!

In der zweiten Nachmittagshälfte setzten wir uns in den Erker unseres Zimmers, sahen noch etwas zum Fenster hinaus, und als es ganz dunkel war, machten wir die Stehlampe an. Ich hatte einen Abschnitt vorgelesen aus dem Büchlein, das Christl als Urlaubslektüre zu Hause ausgesucht hatte: »Ich bin der

Herr, dein Arzt«, von C. H. Spurgeon, mit dem Untertitel: »Worte des Trostes für Kranke, Betrübte und Notleidende«. Diesmal kam mir der Gedanke: Lass doch Christl vorlesen! Ich bat sie darum. Sie nahm das Büchlein in die Hand und las den Abschnitt bis in die Betonung fehlerfrei vor, mit ihrer lieben, so wohltuenden Stimme. Ich staunte. In mir jubelte es. Ich streichelte ihren Kopf, lobte sie und dankte ihr.

Trotzdem bewegte mich die Frage, was ich unternehmen muss. War das alles wirklich nur auf das *Musaril* zurückzuführen? Hätte sich nicht inzwischen wieder alles normalisieren müssen? Wir hatten ja das Medikament reduziert und schließlich abgesetzt.

In der Nacht zum 2. Januar wurde ich an Professor Karl-Ludwig Scholler in Freiburg erinnert. Als ich merkte, dass meine Christa wach war, erzählte ich ihr von meinem Vorhaben, bei Schollers anzurufen. Ihre Antwort: »Heute.« Das war mir eine deutliche Bestätigung.

Karl-Ludwig Scholler ist emeritierter Anästhesist und Professor an der medizinischen Fakultät der Freiburger Universität. Er ist der Schwiegersohn des Verwaltungsdirektors Wilhelm Steinhilber, der in seinem Ruhestand mit seiner Frau in Bad Liebenzell wohnte und der Liebenzeller Mission als Archivar und Autor nützlich war. Wir waren im Jahre 1974 zeitgleich in das neue Lehrerwohnhaus eingezogen. Sie waren unsere *Obermieter*. Das Ehepaar Scholler war schon vielen Patienten aus dem südbadischen Raum und darüber hinaus behilflich gewesen, wenn sie eine Klinik in Freiburg in Anspruch nehmen mussten. Dessen kann nur anerkennend gedacht und dafür herzlich gedankt werden.

An diesen in Freiburg bekannten und bewährten Mediziner wollte ich mich also wenden. Niemand ging am Dienstagmorgen ans Telefon. Ich rief Udo Naber, unseren Prediger im Bezirk Freiburg, an. Er wusste mir zu sagen, dass Familie Scholler in Adelboden im Skiurlaub sei. Er könnte mir aber die Telefonnummer von dort besorgen. Nach kurzer Zeit hatte ich die Nummer und rief in Adelboden an. Dort erreichte ich die Schollers. Ich berichtete kurz von unserem Ergehen und bat um seinen Rat. Er meinte, er müsse die Patientin sehen. Am 6.

Januar kämen sie wieder nach Freiburg, und am Sonntag, dem 7. Januar, würden sie zum Gottesdienst auf die »Tannenhöhe« kommen. Dann wäre Gelegenheit, uns zu treffen und alles Weitere zu besprechen. Ich kam wieder zu Christl ins Zimmer und berichtete ihr das Ergebnis. Sie hörte mir aufmerksam zu. Dann fragte sie: »Was hat's gekostet?« So praktisch-schwäbisch dachte sie. Ich musste schmunzeln. Sie meinte, das Telefonieren in die Schweiz müsse recht teuer gewesen sein.

Der Tag verlief wie die anderen auch. Nur am frühen Nachmittag muss sie nach der Mittagsruhe abermals das Gleichgewicht verloren haben. Wieder war ich draußen. Als ich ins Zimmer kam, stützte sie sich wieder auf die Lehne des Sessels. Wie dankbar war ich, dass sie nicht zu Boden gefallen war! Das muss mit dem linken Fuß und dem linken Arm zu tun gehabt haben, die den Dienst versagten.

Esther Pflaum, die Missionsärztin, hatte unabhängig von uns auch einige Tage auf der »Tannenhöhe« gebucht und war am 2. Januar angekommen. Sie besuchte uns noch vor dem Abendessen. Ich berichtete ihr alles von den letzten Tagen. Nach dem Abendessen, das Christl und ich wieder im Speisesaal einnahmen, kam sie noch einmal und bot ihre Hilfe an.

Am Mittwoch, dem 3. Januar, rief ich um die Frühstückszeit wieder in Adelboden an. Ich meinte, bis zum 7. zu warten, wäre zu lange. Ich berichtete Karl-Ludwig Scholler die jüngsten Erfahrungen. Gleich wollte er im Neuro-Zentrum in Freiburg anrufen. Er vermittelte die stationäre Aufnahme am selben Tag. Der Transport sollte liegend geschehen. Den Krankenwagen müssten wir bestellen; ein Arzt in Villingen sollte den Auftrag geben.

Ich leitete mit Hilfe der Schwestern alles in die Wege. Wir packten. Esther Pflaum half ihrer Tante Christa beim Anziehen. Um 12 Uhr bekamen wir etwas zum Essen ins Zimmer. Um 12.30 Uhr kam der Wagen. Esther begleitete die Patientin. Ich fuhr mit unserem Auto hinterher. Die Schwestern Ruth und Ingeborg winkten teilnehmend.

Die Krankentransporte werden auf dem kürzesten Weg vorgenommen. Von Villingen nach Freiburg ist ein beachtlicher Höhenunterschied zu überwinden. Es ging auf schmalen

Straßen in Serpentinen hinunter. Plötzlich hielt der Krankenwagen. Ich erschrak und hielt auch, so rasch ich konnte.

Schnell stieg ich aus und stürzte zum Wagen vor mir. Esther war schon ausgestiegen. Die Spuren auf ihrem Mantel ließen mich erkennen, was geschehen war: Christl hatte erbrechen müssen. Ich wandte mich unserem Auto zu, um einen Lappen zu holen, und bemerkte, dass das Auto in Bewegung war. Es rollte mir langsam entgegen. Ich versuchte, einzusteigen und die Handbremse anzuziehen, aber es gelang nicht. Da kam ein PKW den Berg heraufgefahren – doch im rechten Augenblick kam unser Audi zum Stehen. Das alles spielte sich in Sekunden ab. Ich stieg ein und zog endlich die Handbremse, die ich beim Aussteigen vor Aufregung zu ziehen vergessen hatte. Beim Krankenwagen angekommen, blickte mich Christl beruhigend an und meinte: »Es ist schon wieder gut.«

Die Patienten liegen im Kranken- oder Notarztwagen entgegen der Fahrtrichtung. Ich ließ mir erklären, dass das wegen der eventuellen Behandlung während des Transportes so sein müsse. Die Kurven hatten das Ihre dazu beigetragen, aber auch die Fahrt bergabwärts. Hätte ich das gewusst, dann hätte ich meine Patientin in unser Auto gesetzt.

Die Fahrt ging weiter. Unterwegs ordnete ich meine Gedanken wieder. Wer hatte jetzt unseren Wagen zum Stehen gebracht? War es ein Ast, der am Straßenrand lag und das rechte Vorderrad bremste? Oder ein Stein vor dem linken Rad? Auch das wäre ja nicht von ungefähr gewesen. Nein, nein! Ich hatte auch nichts Derartiges gesehen. Es muss Gottes unmittelbares Eingreifen gewesen sein. Vielleicht war es einer der »dienstbaren Geister, ausgesandt zum Dienst um derer willen, die das Heil ererben sollen« (Hebr 1,14). Ich verstand die beiden Gottesworte für den 3. Januar 1996 im Herrnhuter Losungsbüchlein ganz persönlich:

»Eile, mir beizustehen, HERR, du meine Hilfe!«
(Ps 38,23)
»Der Herr aber stand mir bei und stärkte mich.«
(2Tim 4,17)

In meinem Kalender sind beide Bibelworte unterstrichen, und das Wort »Eile« im ersten Satz versah ich mit drei Strichen. Unser treuer Herr eilte, uns, mir beizustehen. Seine Hilfe, Bewahrung und Stärkung haben wir so manches Mal erfahren!

In Freiburg

Kurz vor 14 Uhr erreichten wir das Neuro-Zentrum in Freiburg. Wir wurden in die neue, schöne Klinik gebracht. Bei der Aufnahme wurde uns sofort Station und Zimmernummer genannt. Man fuhr uns auf Station »Jung«. Die Stationen sind in den Universitätskliniken in Freiburg nach verdienten Professoren und Ärzten genannt. Christl wurde in ein Zweibettzimmer gelegt. Wir packten ein wenig aus. Der Stationsarzt kam zur Aufnahme-Untersuchung. Im Zimmer lag noch eine ältere Dame, die schlaganfallgefährdet war. Esther Pflaum – ich hatte sie mit dem Stationsarzt bekannt gemacht – verabschiedete sich gegen 17 Uhr. Sie hatte Gelegenheit, auf die »Tannenhöhe« mitgenommen zu werden.

Nun war meine Christl wieder in einer Klinik. Ich musste in ihrer Nähe bleiben. Schon von der »Tannenhöhe« aus hatte ich bei Familie Naber angefragt, ob ich ein paar Nächte bei ihnen unterkommen könne. Sie luden mich herzlich ein, in dem mir von früheren Diensten schon vertrauten Gastzimmer Wohnung zu beziehen. So schwer es mir fiel, ich musste am Abend Christl verlassen und nach Bahlingen am Kaiserstuhl fahren.

Am nächsten Tag war ich um 9.30 Uhr wieder bei ihr. Sie sah ausgeruht aus. Ich erinnerte sie an den Liedanfang »Aber der Herr ist immer noch ...« »... größer«, ergänzte Christl mit Betonung. Ich sagte ihr, dass sie mir gefalle, worauf sie mit der Begründung antwortete: »Gestern ging's mir auch weniger gut.« Das war wieder typisch Christalein. Ich kann mich nicht erinnern, dass sie mir während ihrer Krankheit einmal gesagt hätte: »Es geht mir schlecht.« So sagte sie auch diesmal nicht: »Gestern ging's mir schlecht.«

Das Zimmer war modern und sehr zweckmäßig eingerichtet, die Nasszelle großzügig ausgestattet. Was uns das Zimmer besonders sympathisch machte, war das Neue Testament in einem Regal über dem Tisch. Die Exemplare in jedem Zimmer stammten vom Gideonbund, einer christlichen Vereinigung, die es sich zur Aufgabe gemacht hat, Bibeln und Bibelteile in Krankenhäuser, Hotels, Schulen, Gefängnissen u. a. zu verteilen.

Einmal befand sich dieses Neue Testament, wohl durch das Abstauben, umgedreht in dem kleinen Regal. Christa machte mich gleich darauf aufmerksam, ich möchte es doch richtig hinstellen.

Bald wurde auch die CT-Aufnahme vom Kopf gemacht. Die Diagnose teilte uns der Stationsarzt mit: Gehirntumor. Die Ausfallerscheinungen würden aber hauptsächlich von dem Ödem ausgelöst, das die einzig mögliche Abwehr des Körpers gegen den Tumor sei. Er habe die Aufnahme gleich den Chirurgen gezeigt; sie raten zu einer baldigen Operation. Weil der Tumor so günstig liege, könne man ihn herausschälen. Zunächst müsse aber das Ödem ein paar Tage mit Cortison behandelt werden.

In den folgenden Tagen wurden weitere Untersuchungen gemacht. Am 5. Januar sagte meine tapfere Christl bei der Visite auf die Frage nach dem Befinden: »Es geht besser!« Am nächsten Tag wünschte sie, dass ich ihr beim Haarewaschen helfe. Wie gern tat ich das, war es mir doch ein Signal, dass die Unternehmungslust der Patientin stieg! Wir lasen dann miteinander die Bibel. Ich konnte in der Cafeteria der Klinik eine Kleinigkeit zu Mittag essen. Am frühen Nachmittag besuchten uns Esther und Michael Pflaum.

Und dann gingen wir im Klinikgebäude spazieren. Es gab manches zu erforschen. Dem Architekten hatte es gefallen, im Foyer ein Gewässer zu installieren, das an die Gestaltung der Stadtmitte Freiburgs erinnert. Sitzecken mit bequemen Sesseln gab es auch genügend. Wenn man wollte, konnte man Platz nehmen. Kranke und gesunde Menschen kamen und gingen. So wurde Christl auch etwas mit dem Gebäude vertraut. Ab 16 Uhr waren wir wieder im Zimmer. Dann war die Bettnachbarin fort, und ich konnte Christl vorlesen. Als ich mich am Abend wieder verabschiedete, sagte Christalein mit dem mir so vertrauten Tonfall: »Ich wünsch dir eine gute Nacht!« Wie trösteten mich diese sechs Worte! Ich ging leichter von ihr fort als an den

Abenden zuvor. Von Nabers aus rief ich bei Familie Scholler an. Sie waren von Adelboden zurückgekehrt und meinten, ich könne ab morgen bei ihnen wohnen. Wie freundlich war das! Bei Familie Naber hatte es mir gut gefallen, aber ich musste täglich ca. 40 Kilometer fahren. Schollers wohnen in Freiburg.

Am 7. Januar packte ich morgens meine Sachen und fuhr in die Klinik nach Freiburg.

Freudige Überraschungen warteten auf mich. Christl hatte sich selbst gewaschen. Gefrühstückt hatte sie auch schon. Ich half ihr beim Kämmen, rieb ihren Rücken mit Öl ein und war ihr beim Anziehen behilflich. Dann lasen wir miteinander die Bibelabschnitte für den Tag, sie und ich im Wechsel je einen Vers. Dann fragte sie mich: »Meinst du, dass ich hier noch einmal rauskomme?« Natürlich bejahte ich die Frage zuversichtlich. Dann riet sie mir: »Heute gehst du in die Stadt zum Essen!« Sie meinte, was ich in der Cafeteria bekomme, reiche nicht.

Doch dann besuchten uns Karl-Ludwig Scholler und seine Frau Viola und nahmen mich zum Mittagessen mit. Gleichzeitig konnte ich auch schon meine Sachen und einen Teil des Gepäcks meiner Christa – wir kamen ja vom Urlaub – mitnehmen. Um 14 Uhr war ich wieder bei Christl. Wieder gingen wir im Haus spazieren. Am Abend las ich wieder aus Spurgeons Buch »Ich bin der Herr, dein Arzt« vor. Die Fahrt zum Quartier war diesmal wesentlich kürzer.

Am Montag, dem 8. Januar, begleitete mich Professor Scholler in die Klinik. Er wollte mit dem Chirurgen sprechen, der die Operation vornehmen sollte, aber auch mit dem Stationsarzt. Wieder erlebten wir zwei angenehme Überraschungen: Ich durfte zum Mittagessen in das Kasino gehen. Und außerdem tauchte Silke Gugel aus Ihringen, deren Familie mir schon seit langem bekannt war, als Schwester auf Station »Jung« auf. Ihrem Vater Bernhard hatte ich erst zum Geburtstag am 6. Januar gratuliert. War das schön, eine gläubige Krankenschwester auf Station zu wissen! Sie brachte dann auch in einem Korb köstliche Sachen zum Vesper mit. Wie die Raben den Propheten Elia versorgten, so sorgte die Familie Gugel für mich.

Unvergesslich schön waren die Spaziergänge, die ich mit Christl machen konnte. Die Ausfallserscheinungen hatten durch die Cortison-Behandlung nachgelassen. Die Tage waren schon frühlingshaft. Wir wagten uns auch in den Bereich vor die Klinik. An der Südseite des Gebäudes konnte man sich gut aufhalten; dahin schickte die Sonne ihre wärmenden Strahlen. Die vielen lieben Menschen, die an uns dachten, hatten sich schnell umorientiert. Sie riefen sowohl im Krankenzimmer an oder mich abends bei Familie Scholler. Alle wollten wissen, wie es meiner Frau geht.

Unter dem 8. Januar steht in meinen Notizen: »Christl in der Nasszelle gefallen. Es ist nichts passiert.« Sie aß selbstständig, und nach der Mittagsruhe machten wir wieder den uns so lieb gewordenen Spaziergang. Wir wagten uns bis zur Medizinischen Klinik vor und bewegten uns dann auch noch im Innenbereich des Neuro-Zentrums.

Die Untersuchungen wurden weiter vervollständigt; alles diente als Vorbereitung für die Operation. Als wir am Freitag, dem 12. Januar, von Untersuchungen in der Medizinischen Klinik zurückkamen, stellte mir Christl unvermittelt die Frage: »Meinen die, ich leb nachher noch lange?« Fragen wie diese schmerzten. Aber ich stellte mich ihnen und antwortete, was ich mit gutem Gewissen sagen konnte: »Niemand weiß, wie lange er lebt, auch die Ärzte wissen es von einem Patienten nicht.« Christl hatte wohl aufmerksam gehört und ernst genommen, was der Stationsarzt hinzugefügt hatte, als er uns die Operation vorschlug: »Sie soll die Lebensqualität mehren.« Von Mehrung der Lebensquantität sprach er nicht. Das ist meiner hochsensiblen Patientin aufgefallen. Doch hat sie nie die Meinung ausgesprochen, es lohne sich ja doch nicht, noch diese Operation auf sich zu nehmen. Sie lebte auf sie zu und war mit ihr einverstanden. Als sie einmal in Gedanken versunken in ihrem Bett lag, nahm ich ihre Hand und sagte ihr, zwar im Bewusstsein meiner Unzulänglichkeit und doch fest entschlossen, Diakon meiner kranken Frau zu sein: »Mit mir kannst du rechnen.« Sie sah mich gütig und ernst an. Ob sie dabei dachte: »Du nimmst dir viel vor!«? Jedenfalls nickte sie zustimmend.

Es gehörte zum Abschluss des Tages, dass ich Christl vorlas, eben aus dem schon erwähnten Büchlein »Ich bin der Herr, dein Arzt«. Meistens war es ein Kapitel. Daran anschließend sprach ich ein Gebet. Und dann bekam meine Patientin Bepanthen-Nasensalbe und Labello für ihre Lippen. An diesem Freitag hatte ich beides vergessen. Ich verabschiedete mich, verließ das Zimmer und war bereits im Foyer angekommen, da wurde ich daran erinnert. Ich war so müde und wäre so gern zum Auto gegangen, um in mein Quartier zu fahren. Es kann doch nicht schlimm sein, wenn man das einmal unterlässt! Aber mir ließ es keine Ruhe. Ich holte den Aufzug und ließ mich hinauffahren. Ich klopfte an und betrat das Zimmer. »Dreimal darfst du raten, was ich vergessen habe«, sagte ich. Christl antwortete mit einem schelmischen Blick: »Oh, ich weiß wohl.« Ich gab ihr die Nasensalbe und den Labello-Stift. Sie lächelte mir dankbar und lieb nach. Jetzt ging ich beruhigt aus der Klinik.

Ja, merkwürdig müde war ich manchmal. Ich fragte Karl-Ludwig Scholler: »Warum bin ich denn so müde? Ich hab doch wirklich nichts gearbeitet.« Meinen geplanten Urlaub hatte ich bereits überzogen. Durch Schwester Annemarie, meine Sekretärin, hatte ich schon eine Menge Termine absagen lassen. Wie dankbar war ich, dass Gerhard Horeld, mein Stellvertreter, manches für mich erledigte! Und dies und das las oder diktierte ich in der Klinik oder in meinem Quartier. Doch gemessen an meinem üblichen Arbeitspensum erschien mir das nichts zu sein.

Professor Scholler antwortete mir: »Ja, du sitzt, und dein Gehirn arbeitet unaufhörlich. Du überlegst dir andauernd Lösungen, und das macht müde.« Er lehrte mich auch, dass sich unser Gehirn nur von Zucker ernährt, während unser Herz ein »Allesfresser« ist. Einmal fragte er mich, wie ich mich denn fühle. Ich antwortete prompt: »Wie damals auf der Flucht.« Dabei dachte ich an 1944, wo wir auch aus dem Koffer lebten.

Es war am 13. Januar, einem Samstag. Ich betrat um acht Uhr das Zimmer meiner Christl. Schwester Silke und eine weitere Schwester befanden sich im Zimmer. Sie berichteten mir, meine Frau sei auf dem Weg zum Frühstückstisch hingefallen. »Es tut nichts weh«, sagte sie. Das Waschen ging sehr mühsam.

Das zweite Bett in Christls Zimmer war frei geworden. Ich wagte die Frage, ob ich bei meiner Frau übernachten dürfe. Die Antwort lautete: »Ja.« Irgendwann im Laufe des Tages holte ich mir das dazu Nötige aus meinem Quartier bei Schollers. Um 11 Uhr kam Esther. Später schaute auch Michael herein. Seine Frau Bärbel befand sich jetzt nach der Operation zur Kur in Bad Krozingen. Freiburg lag also auf dem Weg.

Bei den Mahlzeiten saß Christl wohl am Tisch, beim Essen musste man ihr aber jetzt behilflich sein. Nachmittags kam die Dienst habende Ärztin (es war ja Samstag) und verordnete eine CT-Aufnahme. Es war keine gravierende Veränderung des Befundes feststellbar. Vor allem war keine Gehirnblutung eingetreten. Deshalb wurde keine Notoperation vorgenommen. Aber eine richtige Pflege meiner Patientin war jetzt nötig. Der linke Arm musste zum Beispiel unterlegt werden, damit er nicht anschwoll.

Gegen 20 Uhr ging die Tür unseres Zimmers auf. Herein kamen Lienhard und Renate Pflaum mit Wilfried Sturm, ihrem Schwiegersohn. Er ist Pfarrer und theologischer Lehrer am Theologischen Seminar in Bad Liebenzell, der Mann von Judith. Das hätte ich nicht erwartet. Am Vortag hatte Lienhard das Begräbnis seines jüngeren Bruders Gerhard in Hannover gehalten. An diesem Tag, am 13. Januar, waren sie erst am Vormittag wieder nach Hause zurückgekehrt. Und zudem hatte Lienhard an diesem Tag Geburtstag. Er kam auf mich zu und umarmte mich. Damit waren im Bruchteil einer Sekunde alle Spannungen vergangener Jahre aufgehoben. Das war Versöhnung! Wir dachten nicht über Meinungsverschiedenheiten nach. Auch wollten wir sie nicht erörtern. An Schuldverteilung waren wir nicht interessiert. Wir gaben uns still die Hand und vergaben uns alles. Christa war hellwache Zeugin des Geschehens. Was das für sie in ihrem jetzigen Zustand bedeutete, kann ich nicht zu Papier bringen. Lasten waren beseitigt, Schatten mussten weichen. Renate, Esther und Wilfried standen dabei. Unser großer Versöhner, Jesus Christus, war vor allem dabei. Und ich bin überzeugt, dass sich ein nicht zu unterschätzendes Publikum aus der unsichtbaren Wirklichkeit für diese Szene interessierte.

Ich berichtete kurz über unser Ergehen und mein Glücklichsein über die Möglichkeit, das Zimmer mit meiner Patientin teilen zu dürfen. Wir beteten miteinander Psalm 23, den Psalm vom guten Hirten. Beim Abschiednehmen bedankte ich mich für die Handgriffe unserer »Leihtochter«, wie ich Esther nannte. »Bitte«, sagte Lienhard, »nehmt sie nur in Anspruch.« Sie verließen uns wieder. Das war eine der vielen Gotteserfahrungen, die die schwerste Zeit unserer Ehe zu einer schönen Zeit werden ließ!

Drei Nächte durfte ich mit Christl in Zimmer 168 bleiben. Am Sonntagnachmittag setzte Christl ihre Brille auf und las im Bett die Post, die uns von zu Hause gebracht worden war.

Am Montag hatte sie einen anstrengenden Untersuchungstag. Eine Oberärztin war als Anästhesistin für die Operation vorgesehen. Weil die Operation um einen Tag vorverlegt wurde, war es ihr leider terminlich nicht möglich, diese Funktion bei der Operation zu übernehmen. Sie besuchte aber die Patientin noch vor der Operation und begründete die Veränderung im OP-Team. Der Anästhesist, der für sie einsprang, kam am Montag, einen Tag vor der Operation, um über die Operation aufzuklären. Er sagte ermutigend: »Die Risiken sind nicht größer als bei anderen Patienten. Die Lungenfunktion ist sehr gut. Das EKG ist in Ordnung. Auch das ›Blutgas‹, der Blutsauerstoff, ist in Ordnung.«

Am Dienstag, dem 16. Januar, wurde Christl auf die chirurgische Station »Riechert« verlegt. Dort wurde uns auch das Formular vorgelegt, auf dem per Unterschrift das Einverständnis mit der Operation erklärt werden musste. Christl gab ihre Zustimmung. Ich unterschrieb für sie.

Um 14.50 Uhr wurde meine Frau in den Operationssaal geholt. Ich begleitete sie bis zur Schleuse. Dann musste ich sie hergeben. »Hier bin ich mit meinem liebsten Menschen«, sagte ich zu unserem Herrn. Dann war sie meinen Augen entschwunden. Ich fuhr mit meinem Gepäck zurück in mein Quartier bei Familie Scholler. Dort betete ich. Was konnte ich sonst tun? Doch ich tat noch etwas. Ich brachte ein paar Worte in verdichteter Sprache zu Papier:

»Wir sind am Ende; jedoch nicht garaus,
ist DEINE Güte doch so groß und so gewiss!
Zu DIR, oh Vater, blicken wir hinaus,
aus unserer Enge, unserer Finsternis.

Was DU sprichst, ist wie Felsen uns so fest:
Ich will dich erhören und führen ...
Und als heilgen Verheißungsrest
lässt DU DEINE Früchte sie auch spüren.

Du gehst nun, meine Christl, in starken Händen gebettet.
Unser Vater, der Arzt, ist gewiss dabei.
Jesus, unser Herr, hat dich von Sünde und Tod errettet.
Dir und mir gilt, dass ER mit uns sei!«

Um 20.40 Uhr erfuhren wir, dass meine liebe Patientin aus dem Operationssaal auf »Intensiv I« gebracht worden war. Vor 10.30 Uhr am nächsten Tag sollte ich sie nicht besuchen, weil mehrere Patienten zu versorgen waren.

Als ich zu ihr kam, war es, als wäre sie mir neu geschenkt. Sie erkannte mich und lächelte. Das Mittagessen kam. Ich half ihr dabei. Die Schwester fragte: »Wie hat's geschmeckt?« Antwort: »Sehr gut!« Wie dankbar war ich unserem großen Arzt und Herrn! Für den frühen Nachmittag hatte ich einen Termin beim Operateur erhalten. Es war mir ein großes Anliegen, auch ihm zu danken. Er sah mich verwundert an – ob ihm so etwas selten begegnet? »Ich weiß nicht, ob das Gehirn alle Funktionen übernehmen wird«, meinte er, jeden falschen Optimismus bremsend.

Am 18. Januar wurde Christa schon wieder von »Intensiv I« auf die Station »Riechert« verlegt. Das Bett neben ihr war frei. Abermals wagte ich zu fragen, ob ich bei ihr übernachten dürfe, und abermals bekam ich eine zustimmende Antwort mit der Einschränkung: »... wenn nicht bis zum Abend ein Notfall aufgenommen werden muss.«

Friedrich Hetzel und Gerhard Horeld wollten an diesem Donnerstag zu einem Gespräch in die Klinik kommen. Ich erwartete sie im Foyer. Da kam der Chef der Neurologie die Treppe herunter. Ich grüßte ihn. Er fragte: »Kann ich etwas für

Sie tun?« Ich war etwas überrascht und meinte, er verwechsle mich mit jemand anderem. Deshalb sagte ich: »Mein Name ist Gajan.« Er erwiderte: »Ich weiß.« Ich wunderte mich noch mehr und berichtete ihm, dass meine Frau jetzt operiert sei und es ihr den Umständen entsprechend gut gehe. Er lächelte. Diese Begegnung ermutigte mich, später bei seiner Sekretärin ein Gespräch anzumelden.

Dass Esther Pflaum immer wieder ihre Tante besuchen kam, war mir eine Hilfe. So konnte ich in Ruhe das Gespräch mit dem Vorsitzenden unseres Verbandes und meinem Stellvertreter führen. Auch konnte ich die erforderlichen Besorgungen erledigen. Ich konnte zum Friseur gehen, was sehr nötig geworden war. Dieser meinte wohl, ich hätte wenig Zeit für ihn, und kürzte das Haar so, dass ich mir recht entstellt, geradezu verjüngt vorkam. Als ich so frisiert Christl unter die Augen kam, sagte ich vorbeugend: »Gelt, für werktags geht's!?« Sie erwiderte: »Oh, es geht auch für sonntags.«

Am 19. Januar durfte Christl wieder auf die Station »Jung«, also von der chirurgischen in die neurologische Abteilung umziehen. An diesem Freitag verabschiedete sich Dr. Esther Pflaum von uns. In wenigen Tagen sollte sie wieder nach Afrika ausreisen.

Meine Christa wurde wieder kräftiger und hatte einen guten Appetit. Als ich am Samstag bei ihr eintraf, hatte sie sich schon gewaschen. Wir beteten miteinander. Den ersten Satz, den ich sie wieder laut beten hörte, habe ich mir aufgeschrieben: »Herr Jesus, du kannst uns beschützen.« Sie hatte, wie sie mir sagte, zum ersten Mal wieder richtig ihre Gebetsstille halten können. Auch die Funktion der linken Hand und des linken Fußes besserte sich.

Unser Neffe Günter Thomas mit seiner Frau Christine, die auch Neurologin ist, besuchten uns mit ihrem kleinen Jakob an diesem Samstag. Und am Sonntag schauten die lieben Schwestern Ruth und Ingeborg mit Schwester Renate von der »Tannenhöhe« bei uns herein. Wir machten gerade unseren Spaziergang auf dem Stationskorridor. Sie sangen für uns – auf meine Bitte hin – das Lied »Nimm die Freude mit«, das ich immer noch im Ohr hatte.

Von Montag, dem 22. Januar, bis Sonntag, dem 4 Februar, durfte ich wieder im Zimmer meiner Christl übernachten. Das war wie ein »Nachholurlaub«, zumal in diese Zeit der 65. Geburtstag meiner Frau fiel. Es war auch so sauber und schön in diesem Haus. Auf der Station gab es einen Frühstücksraum. Jeden Morgen war ein leckeres Buffet aufgebaut. Hier durften alle Patienten ihr Frühstück einnehmen, die nicht bettlägerig waren.

Was diesen schwersten Abschnitt unserer Ehe auch zu einem der schönsten machte, war, dass immer wieder neu eine wundersame Liebe zu Christa mein Herz durchfloss, die mich sagen ließ: »Christl, ich hab dich viel lieber als vor 30 Jahren.« Dann wurde ihr Blick ganz weit und sie bewegte ihren Kopf von links nach rechts und zurück, als wollte sie sagen: Das ist unbegreiflich.

Dann war es mir auch ein Bedürfnis, ihr für ihren treuen Einsatz an meiner Seite zu danken, aber auch für dies und jenes Opfer, das sie auf sich genommen hatte. Darauf reagierte sie mit den wenigen Worten im Ton der Selbstverständlichkeit: »Das hab ich doch alles so gern gemacht.«

An einem dieser Tage nach der Operation stand sie wie üblich vor dem Mittagessen auf. Sie sah zum großen Fenster hinaus. Die Sonne schien freundlich in den Park, der die verschiedenen Klinikgebäude voneinander trennte. Ärzte und Pflegepersonal verließen die Häuser, um ins Kasino zum Mittagessen zu gehen. Nachdem sie diesen Menschen in Weiß ein wenig zugesehen hatte, sagte sie: »Schau, so viele junge, schöne, intelligente Menschen! Ich möchte so gern noch mehr retten.« Dafür schlug ihr Herz: Menschen zu sagen, dass sie Jesus, den Retter, brauchen. Das tat sie mit einer gewinnenden und erfinderischen Liebe, nicht plump und deshalb auch nicht abstoßend.

Am 23. Januar besuchte uns Elisabeth. Sie wollte während des Geburtstags ihrer Schwester in Freiburg bleiben. Übernachten konnte sie bei Familie Gugel in Ihringen. Und dann kam der 24. Januar, der besondere Geburtstag meiner geliebten Frau. Als Elisabeth im Zimmer war, verschwand ich schnell, um in der Stadt das Geschenk zu kaufen: eine Armbanduhr mit größerem Leuchtzifferblatt. Es sollte etwas Schönes und Praktisches sein.

Christl musste nämlich alle vier Stunden Cortison einnehmen, auch bei Nacht. Deshalb musste die Uhr ein gutes Leuchtzifferblatt haben. Auch an diesem Tag hatte meine Patientin Anwendungstermine: Krankengymnastik und Ergotherapie.

Für den Nachmittag hatte sich Besuch von unserer Geschäftsstelle angemeldet: Schwester Annemarie, Brigitte Schwab, Gerhard Horeld und Rüdiger Daub kamen gegen 16 Uhr und brachten eine Gitarre mit. Sie hatten erwartet, Christa mit einem großen Kopfverband anzutreffen und waren erstaunt, dass sich nur auf der rechten Stirnhälfte ein kleines Pflaster befand. »Christa, was dürfen wir dir singen, was für ein Geburtstagslied wünschst du dir?« Die Antwort kam spontan – wir hatten vorher gar keine Zeit gehabt, um über so etwas zu sprechen. »Du hast mein Leben so reich gemacht«, sagte das Geburtstagskind. Sie hatte einst im Jugendbund und im Gitarrenchor dieses Lied von Fritz Woike oft gesungen. Es ist durch neuere Lieder etwas verdrängt worden. Wir bekamen auswendig leider nur zwei Strophen zusammen, merkwürdig aber nicht die ersten beiden, sondern die erste und die dritte Strophe:

»Du hast mein Leben so reich gemacht,
dem heißen Sehnen Erfüllung gebracht.
All meine Sünden decktest du zu,
an deinem Herzen fand ich die Ruh.

Du bist im Kampfe mir Burg und Hort,
im wilden Sturme der Ruheort.
Du bist mein Retter in jeder Not.
Du bist mein Leben, kommt einst der Tod.«

Als wir zu singen begannen, zog meine Christl die Bettdecke über den Kopf und schluchzte, wie ich sie selten hatte weinen sehen. Doch dieses »Seufzen«, wie es der Apostel Paulus nennt (Röm 8,22.23; 2Kor 5,2), machte das Zeugnis, das sie mit diesem Liedwunsch ablegen wollte, so echt.

Anschließend tranken wir im Frühstücksraum Kaffee zu dem Kuchen, den Elisabeth gebacken und mitgebracht hatte. Christl saß dabei und freute sich über die Gemeinschaft mit den Lieben. Gegen 18 Uhr verließen uns die Gäste alle. Elisabeth fuhr mit dem Zug wieder nach Bietigheim. Die anderen kehrten mit dem Auto nach Bad Liebenzell zurück. Die beiden Gottesworte im Losungsbüchlein vom 24. Januar habe ich mir angestrichen:

»Bewahre mich Gott, denn ich traue auf dich« (Ps 16, 1).

»Gott hat uns aus einer so großen Todesgefahr errettet
und wird uns auch fernerhin erretten;
auf ihn setzen wir unsere Hoffnung,
dass er uns auch in Zukunft erretten wird« (2Kor 1,10).

Darunter stand die Liedstrophe von Joachim Neander:

»Lobe den Herren, der künstlich und fein dich bereitet,
der dir Gesundheit verliehen, dich freundlich geleitet.
In wie viel Not hat nicht der gnädige Gott
über dir Flügel gebreitet!«

Ab dem nächsten Tag frühstückte Christl mit mir im Frühstücksraum. Wir suchten uns möglichst die Plätze aus, von denen man den »Schauinsland«, den Hausberg von Freiburg, sehen konnte. Oft kroch, während wir aßen, die Sonne hinter ihm herauf.

Freitag, der 26. Januar, war wieder ein denkwürdiger Tag. Wir saßen beim Frühstück. Viele Fortschritte hatten wir in der kurzen Zeit nach der Operation schon erfahren. Wir waren so dankbar. Da sagte Christl: »Ich will mir aufschreiben, wofür ich zu danken habe.« Im Zimmer gab ich ihr ein Blatt Papier. Sie nahm einen Bleistift zur Hand und schrieb. Ich habe das beschriebene Blatt aufbewahrt, auf dem zu lesen steht:

»Das schöne Zimmer mit Frau Förschler.
Der Arzt mit seinen Bemühungen.
Verlegung nach Station 4.
Erhörung bei Mediastinoskopie.
Teilerhörung bei Kernspint.
Und immer noch Einzelzimmer!!
25. Oktober bis 5. Dezember 95 – Ultraharte Röntgenstrahlen.

6. Dezember 95 Entlassung.
Kein Kopfweh (ausgn. die eine Migräne).
Ich kann auf dem Rücken schlafen.«

All das hatte Christl so schnell aus dem Stegreif notiert.

Am Nachmittag kam der Oberarzt zur Besprechung der Nachbehandlung, die uns der Stationsarzt schon angekündigt hatte. Der Kopf sollte sicherheitshalber bestrahlt werden; 12 Bestrahlungen waren vorgesehen. Dabei sei mit Haarausfall zu rechnen. »Sie können die Therapie ablehnen. Wir empfehlen sie Ihnen aber«, sagte der Oberarzt von der Strahlenabteilung.

Nachdem er gegangen war, weinte meine Christl wieder in Anwesenheit des Stationsarztes. »Haben Sie vor etwas Angst?« fragte er. »Vor dem Letzten«, war die nüchterne Antwort meiner Patientin. »Da kann man heute Erleichterung schaffen«, meinte er fachmännisch und wirklichkeitsnah. Als er gegangen war und Christl meine Betroffenheit sah, sagte sie: »Ich will's weglegen. Ich hab es doch bei unserer Mutter gesehen.« Sie hatte sich durchgerungen und sagte später: »Dann halt ich eben auch noch meinen Kopf hin.«

Von ihren Genesungsfortschritten nach der Operation ließ sie sich nicht täuschen, obwohl sie sehr dankbar dafür war. So sagte sie bei einer Visite auf die Frage nach ihrem Befinden: »Es geht mir ordentlich, aber die Krankheit ist ja noch in mir«; obwohl ich und andere keine Anzeichen ihres Lungenbefundes feststellen konnten.

Christl bediente sich jetzt beim Frühstück selbst, auch kämmte sie sich selbst, und wir machten wieder, zunächst im Haus, dann aber auch im Freien unsere Spaziergänge. Wir fuhren sogar mit der Straßenbahn in die Stadt, um einzukaufen.

Und jeden Morgen, außer Samstag und Sonntag, meistens um 7.30 Uhr ging ich mit ihr in die Medizinische Klinik zur Bestrahlung. Christa wollte auch alleine zur Bestrahlung gehen. Ich ließ es mir aber nicht nehmen, sie zu begleiten. Als ich einmal in Bad Liebenzell war, ging Elisabeth, ihre Schwester, mit ihr. Das war doch immer recht früh, und dann musste man über den Park in ein anderes Gebäude und dort durch die Röntgenabteilung hinunter in den Keller gelangen. Wir mussten mindestens eine Viertelstunde vorher das Zimmer verlassen, und das in Straßenbekleidung und mit Mantel. Deshalb holte ich Christa, bevor sie aufstand, eine Tasse frischen Kaffees aus der Stationsküche ans Bett. Dabei schaute sie mich dankbar an. Dazu aß sie ein paar Kekse. Dann stand sie auf. So ging sie doch nicht mit ganz nüchternem Magen zur Behandlung.

Den 29. Januar muss ich noch besonders erwähnen. An diesem Tag wurden die drei Klammern an ihrer Stirn gezogen. Auch besuchten uns an diesem Tag Albert und Marianne Rechkemmer, mit denen wir einiges besprachen, auch was unsere Wohnung betraf. Wir hatten ja unser Wohnzimmer in seiner Weihnachtsdekoration mit Christbaum zurückgelassen. Am 9. Januar hatten wir wieder nach Hause kommen wollen. Marianne hatte aber alles schon schön aufgeräumt.

Und einen unerwarteten Besuch bekamen wir auch noch: Eine uns bekannte Frau aus Altbulach, die zur Gemeinschaft gehört, hatte den schönen Einfall, meiner Frau etwas Liebes zu tun. Frau Rentschler beauftragte ihre Nichte, die in der Apotheke des Universitätsklinikums in Freiburg arbeitete, einen Besuch zu machen und Blumen abzugeben. Sie kam nach Dienstschluss und brachte ein apartes Amaryllis-Gesteck mit. Die Knospen ließen eine ungewöhnliche Farbmischung erkennen. Nach und nach gingen sie auf und bereiteten uns an jedem Tag eine neue Überraschung. Christl hatte eine große Freude an diesem Blumenarrangement, das vor ihr am Fenster stand.

Am 31. Januar kam Elisabeth, meine Schwägerin, wieder mit dem Zug. Ich hatte beabsichtigt, nach Bad Liebenzell zu fahren, um das Nötigste zu erledigen und einen Rentenantrag mitzubringen. Mein 63. Geburtstag rückte näher, und ich war entschlossen, mit diesem Datum aus dem Angestelltenverhältnis des Liebenzeller Gemeinschaftsverbandes auszuscheiden. In der ersten Nachmittagshälfte machten meine Christl, Lisbeth und ich noch einen Spaziergang unter der schön wärmenden Sonne Südbadens. Gegen 16 Uhr fuhr ich dann Richtung Norden.

Es war ein merkwürdiges Gefühl, unsere Wohnung zu betreten. Was lag alles hinter uns, seitdem wir sie verlassen hatten! Ich hatte keine Zeit, sentimental zu werden. Es blieben mir ja nur wenige Stunden, in denen es galt auszupacken, aufzuräumen, vorzubereiten, einzupacken ... Und dann muss ich auch noch verschlafen haben. Ich stand erst um 7.40 Uhr auf! Um 10.30 Uhr rief ich bei Gerd Großhans, unserem Rentensachverständigen, in der Verwaltung wegen des Rentenantrags an. Er lud mich ein, zu ihm hinaufzukommen. Er hätte jetzt gerade Zeit und würde mit mir den Antrag sofort ausfüllen. Ich folgte dieser Einladung überrascht und froh. Zu meinem großen Erstaunen war das so schnell erledigt, dass ich noch vor 12 Uhr bei der Arbeitsbesprechung in unserer Geschäftsstelle hineinschauen und zur Bank gehen konnte, um meine Erledigungen dort zu verrichten. Pünktlich um 12.30 Uhr war ich bei Rechkemmers zum Mittagessen. Sie hatten mich freundlicherweise eingeladen.

Gerd hatte es fertig gebracht, ausnahmsweise um 13.30 Uhr einen Termin im Rathaus zu erhalten. Der Rentenantrag konnte noch am 1. Februar vom Rathaus in Bad Liebenzell nach Berlin abgeschickt werden, und ich konnte um 14.45 Uhr wieder nach Freiburg abfahren. Durch eine sonnige Landschaft fuhr ich wieder gen Süden. Um 16.45 Uhr betrat ich mit meinen Taschen die Klinik. Elisabeth und Christa, die beiden Schwestern, hatten auch noch etwas voneinander gehabt. Zunächst übergab ich meiner Frau den Kontoauszug unserer Bank, auf dem die erste Überweisung ihrer Rente zum 1. Februar verbucht war. Sie freute sich darüber.

Als ich Christl berichtet hatte, mein Rentenantrag sei jetzt auch schon gestellt, sah sie mich ernst an und fragte: »Hast du dir das auch gut überlegt?« »Ja«, war meine spontane Antwort. Ich habe es so überlegt, wie ich es damals überlegen konnte. Ich wollte die Möglichkeit schaffen, für meine Frau da zu sein. Sie brauchte mich doch. So viele Jahre hatte sie im Dienst an meiner Seite gestanden. Ich konnte sie jetzt nicht vernachlässigen. Ich betrachtete es als meinen Dienstauftrag von höchster Instanz, mich um sie zu kümmern. Dass meine Entscheidung wirklich richtig war, wurde mir bestätigt. Aber erholen musste ich mich doch ein wenig nach diesem exakten »Fahrplan«. Knapp eine Stunde nach meiner Ankunft in Freiburg brachte ich Elisabeth zum Bahnhof. Sie fuhr nach Bietigheim zurück. Dann waren Christl und ich wieder für uns.

Es war Christl von den Ärzten geraten worden, ihr langes Haar kürzen zu lassen. Es wäre für die Kopfbestrahlung besser und auch vorteilhafter, wenn sich der Haarausfall einstellt. Ich habe immer das schöne Haar meiner Frau bewundert. Sagte sie mir in früheren Jahren manchmal, es könnte ja sein, dass man im Alter das Haar abschneiden lassen müsse, wehrte ich immer ab: »Ich habe dich mit deinem schönen, langen Haar kennen gelernt und geheiratet. So möchte ich dich behalten.« Ich hatte auch jetzt wahrscheinlich mehr zu kämpfen als Christl. Am 2. Februar um 10 Uhr kam die Friseuse. Sie machte der Patientin eine zweckmäßige, aber nette Frisur. Es fiel mir nicht schwer, meiner Christl zu sagen: »Du gefällst mir; und schau, du hast immer noch leicht gewelltes Haar! Hier hast du eine Locke! Die ist richtig schön!« Christl schmunzelte. Und der schöne Zopf wurde aufgehoben. »Aber nicht in eine Plastiktüte, in eine Papiertüte«, riet uns die Friseuse.

Die Ärzte sprachen davon, Christl auf die Station »Meisner« in der benachbarten HNO-Klinik zu verlegen, wo sich auch Strahlenpatienten befanden. Ich wehrte mich innerlich dagegen. Ich wollte ja gern ausziehen und das eine Bett freimachen, wenn nur Christl auf Station »Jung« bleiben könnte. Hier war sie mit allem so vertraut. Die HNO-Klinik ist ein Betonhochhaus, das saniert wurde. So zog ich am Montag, dem 5. Februar, aus und übernachtete wieder bei Schollers.

Auch war es Christl ein Anliegen, dass ich unsere vollzeitlichen Mitarbeiter in Südbaden besuche. So fuhr ich am Dienstag nach Müllheim, wo ich außer unserem Prediger noch andere Familien besuchte und am Abend an der Männer-Gebetsstunde teilnahm. Hier wurde auch für uns viel gebetet. Ich wollte mich bedanken und mitbeten. Kurz vor 22 Uhr war ich wieder in meinem Quartier.

Am Mittwoch musste Christl dann doch auf Station »Meisner« in ein Zweibettzimmer umziehen. Ihre Zimmerkollegin, eine ältere Dame, war zum Wochenende im Heimaturlaub. Sie waren nur vier Tage beieinander, denn am Dienstag, dem 13. Februar, wurde meine Christl entlassen, nachdem zuvor die Strahlenbehandlung zu Ende geführt und die Patientin gründlich untersucht worden war. Ich besuchte noch die vollzeitlichen Mitarbeiter in den Bezirken Emmendingen und Lahr.

Davor jedoch, am Sonntag, dem 11. Februar, luden uns Karl-Ludwig und Viola Scholler in ihr Haus ein. Sie wären fort, und wir dürften uns in ihrem Wohnzimmer aufhalten. Sie wollten Christl etwas Abwechslung bieten. Wir nahmen die Einladung an, machten aber vor allem in Landwasser einen ausgedehnten Spaziergang.

In diesen Tagen entstand mein Bericht für die zweimonatlich erscheinende Kolumne in »Durchblick und Dienst« (4/96, S. 77). Im letzten Abschnitt schrieb ich unter der Überschrift »Freiburg«: »Am Sonntag, dem 11. Februar, besuchte ich mit meinen Gastgebern den Abendgottesdienst unserer Gemeinschaft in Freiburg in der Luisenstraße. Es war schön zu sehen, wie ›Alte mit den Jungen den Namen des Herrn loben‹ (Ps 148,12 b.13).

Bruder Müller übernahm die Einleitung; die Frau des Jugendbundleiters lud zu einer besonderen Veranstaltung ein; Udo Naber verkündigte, beim Austeilen des Herrenmahls halfen Bruder Müller und der Jugendbundleiter. Es war also eine schöne Gemeinschaftsstunde im Vollsinn des Wortes. Eine besondere Freude war es für mich, eine Krankengymnastin, der ich in der Klinik schon etliche Male begegnet war, unter den jungen Leuten zu entdecken. Eine Nachwirkung meines Besuchs der Gemeinschaftsstunde am Sonntagabend in der Luisenstraße erlebte ich am Montag, als ich auf dem Weg zum Mittagessen in das Personalkasino des Klinikums war: Ein hochgewachsener, schlanker, blonder junger Mann ging an mir vorbei, von dem ich wusste: Den hast du schon gesehen! Deshalb grüßte ich ihn. Nach kurzer Zeit stand er neben mir, strahlte mich an und sagte: ›Sie waren doch gestern Abend in der *Stund.*‹

Am Montagabend besuchte ich auf dem Weg in mein Quartier unseren kranken Bruder Adolf Leimenstoll im Diakonie-Krankenhaus. Er lag immer noch auf der Intensivstation nach seinem Herzinfarkt und einer Dilatation. Seine Tochter, Schwester Erika Leimenstoll, war 15 Jahre lang meine Sekretärin gewesen. Deshalb konnte ich Freiburg nicht verlassen, ohne bei ihm gewesen zu sein. Ich grüßte ihn mit einem Satz, der mir bei der Abendmahlsfeier am Sonntag in der

Luisenstraße geschenkt wurde: ›Da die Jünger den Herrn sahen, wurden sie froh‹ (Joh 20,20 b, frei zitiert). Wie wichtig ist es doch, von allem, dem Schönen und dem Unangenehmen, wegzusehen und hinzublicken auf Jesus! Wie heilsam ist es, von Krankheiten, deren Namen hypnotisierend wirken, wegzublicken und den Herrn anzusehen, der jedem Sturm gewachsen ist! Ihm ist nichts unmöglich. Wir können nur kindlich zu ihm flüchten und bitten: ›Ich glaube, Herr, hilf meinem Unglauben‹ (Mk 9,24).«

Meine Patientin hätte schon am Montag, dem 12. Februar, entlassen werden können. Doch da wären wir erst in der zweiten Nachmittagshälfte aufgebrochen, und es stürmte mächtig, sodass der Wind auch größere Äste von den Bäumen riss. Als wir von einer Untersuchung in einem anderen Gebäude durch den Park Richtung HNO-Klinik gingen, verschlug uns ein starker Windstoß den Atem. Ich blieb stehen. Christl suchte bei mir Zuflucht und lachte dabei hell heraus. Diesen Sturm ließ ich mir gern gefallen. Wenn sich der Sturm dieser Krankheit nur jetzt auch gelegt hätte! Am 6. und am 7. Februar, als ich so dankbar und glücklich war, dass die Ausfallserscheinungen durch die operative Entfernung des Gehirntumors beseitigt worden waren, schrieb ich einige Verse auf unter dem Titel:

Aufgewacht

Aufgewacht! Nach Stunden der Narkose.
Wunder, dass Bewusstseinslose
wieder wachen, denken, essen, sinnen
und aus ihren Augen Tränen rinnen.

Aufgewacht! Von Intensivstation verlegt.
Glieder, die sich früher nicht mehr geregt,
und Lippen bewegen sich, die vor Tagen schwiegen!
Schöne Stunden vor uns liegen!

Aufgewacht! Tag um Tag gewinnst du wieder.
Nacht wird abgelöst von Licht und Lieder!
Dein Geburtstagswunsch hat es hervorgebracht:
»Du hast mein Leben so reich gemacht.«

Aufgewacht! Zu neuen Kräften darfst du kommen.
Worte werden dir geschenkt, die dir genommen!
Vom Krankheitssturm darfst du genesen;
es ist, als wär es nicht gewesen.

Aufgewacht! Du liest die Bibel mir.
Gebet – ich tat's für dich – jetzt beten wieder wir!
Wie gut und groß bist du, oh Gott und Vater,
der Armen, Schwachen Tröster und Erbarmer.

Aufgewacht! Einmal bei dir, in deiner Welt;
daheim, von keiner Not gequält!
Unser Mund wird dann voll Lachens sein;
unsere Zunge rühmen, unser Herz sich deiner freu'n!

Christa las es damals aufmerksam, aber kommentarlos.
    Wir richteten also unsere Heimfahrt auf den nächsten Tag ein. Von den Ärzten und Krankenschwestern im Neuro-Zentrum hatten wir uns schon vor dem Umzug in die HNO-Klinik verabschiedet. Auf Station »Meisner« war es wesentlich weniger Personal, mit dem wir es zu tun hatten. Karl-Ludwig und Viola Scholler kamen noch vor unserer Abreise in die Klinik. So lieb und rücksichtsvoll waren sie! Sie wollten uns die Fahrt zu ihnen ersparen. Wir dankten ihnen sehr. Wie viel hatten sie an uns getan! Doch das war ja nur ein Beispiel von vielen!

Auf dem Heimweg

Unsere Taschen und Koffer waren im Auto. Der Sturm des Vortages hatte Wolken mitgebracht. Unsere Zukunft war für uns auch in Wolken gehüllt. Man hatte uns gesagt, wann wir mit einer Einladung zur Nachsorge-Untersuchung rechnen könnten.
    Unsere Freunde hatten wir gebeten, unsere Wohnung etwas vorzuheizen. Marianne hatte uns bei ihrem Besuch in Freiburg am 8. und 9. Februar versprochen, für das Mittagessen am Tag

unserer Heimkehr zu sorgen. Doch das waren ja nur die ersten Schritte.

Das Losungsbuch brachte uns für den 13. Februar gute Nachricht. Hier hatten wir gelesen:

»Ist denn die Hand des Herrn zu kurz? Aber du sollst jetzt sehen, ob sich dir mein Wort erfüllt oder nicht«
(4Mose 11,23).

Aus dem Neuen Testament wurden wir erinnert und ermuntert:

»Auf alle Gottesverheißungen ist in Jesus Christus das Ja; darum sprechen wir auch durch ihn das Amen, Gott zum Lobe« (2Kor 1,20).

Von Adam Reissner stammt der Liedvers darunter:

»Du bist mein Stärk, mein Fels, mein Hort,
mein Schild, mein Kraft – sagt mir dein Wort –,
mein Hilf, mein Heil, mein Leben,
mein starker Gott in aller Not: Wer mag mir widerstreben?«

Meine Christl setzte sich neben mich in den Wagen. Weil sie schon etliche Wochen keine lange Autofahrt mehr gewöhnt war, bot ich ihr an, einige Pausen unterwegs zu machen.

Zwischen »Freiburg Mitte« und »Freiburg Nord« fuhr vor uns ein PKW mit einem KH-Kennzeichen für »Bad Kreuznach«. Sofort stellte Christl den Zusammenhang her, indem sie bemerkte: »Dass Hermann Petermann so schnell sterben musste.« Das war die letzte Beerdigung, bei der wir miteinander am 25. Juli 1995 in Boos bei Bad Kreuznach gewesen waren.

Nachdem wir eine ganze Strecke zurückgelegt hatten, bot ich Christl an, eine Pause zu machen. Sie lehnte ab mit der Begründung: »Ich sitz so gut.« Wir fuhren weiter. Plötzlich kam sie auf ihre Schuhe zu sprechen, die wir in Heidelberg während ihres Aufenthalts in der Thoraxklinik gekauft hatten. Damit hatten wir den Gutschein eingelöst, den ich ihr zu ihrem

Geburtstag im Januar 1995 geschenkt hatte. »Haben wir damals gedacht, ich leb noch lange?«, fragte sie. Dann fuhr sie fort: »Wir bringen sie gleich dem Heinz Gann«, unserem Schuhmacher, »damit er ganz dünne Gummisohlen darauf macht. Ich möchte sie daheim anziehen. Sonst sind sie zu glatt.«

Wieder fragte ich, ob wir denn eine Pause einlegen sollen. Christl verneinte wieder. Wir befanden uns zwischen den Ausfahrten »Karlsbad« und »Pforzheim West«. Es begann zu schneien. Christl stellte fest: »Wir fahren in den Winter hinein.« In Pforzheim-Dillweißenstein fuhren wir an einer Baustelle vorbei, an der wir in den vergangenen Monaten oft vorbeigekommen waren. Wir konnten die verschiedenen Bauabschnitte beobachten. Jetzt war das Gebäude fast fertig. »Oh, das hat aber Fortschritte gemacht«, stellte Christl fest.

Um 12.30 Uhr kamen wir in Bad Liebenzell auf dem Missionsberg an. Es schneite auch hier. Christl stieg aus. Ich wollte gleich etwas Gepäck mit hinauf in unsere Wohnung nehmen. Sie stand an der Treppe vor dem Lehrerwohnhaus, wartete und schaute sich alles an. Ihr Blick ging auch hinauf zur Burg und zu den Waldhängen. Dann stiegen wir die Treppe zur Wohnung hinauf. Ich ging ihr voraus. Es dauerte bei Christl länger als sonst. Auch hielt sie sich am Treppengeländer. Ich stellte oben schnell ab und ging ihr etwas entgegen. Jetzt waren wir beide in unserer Wohnung. Obst und Blümchen hatten unsere Freunde hingestellt und Gottes Wort auf Karten. Nach dem Mittagessen, das uns Marianne Rechkemmer um 13 Uhr brachte, ging Christl zu Bett. Es war nach der langen Autofahrt und allen vorherigen Strapazen höchste Zeit!

Die Vorhänge sollte ich aufziehen. Christl war helle Krankenzimmer mit großen Fenstern gewöhnt. Wegen der Balkonüberdachung ist unser Schlafzimmer etwas dunkel, erst recht bei Schneefall. Gern erfüllte ich ihren Wunsch. Und dann sagte sie originell: »Und gelt, morgen früh scheuchst du mich nicht so bald raus!« Das versprach ich ihr gern; ich hatte es ohnehin so geplant. Am Nachmittag hatte ich auszupacken und aufzuräumen.

Am nächsten Tag, dem Mittwoch, ging ich schnell in mein Büro, um nach dem Nötigsten zu schauen. Mein Arbeitsplatz musste jetzt in meinem Arbeitszimmer und generell in der Wohnung sein, das war klar. Am Nachmittag machte unser Arzt einen Besuch. Beim Abhören des Rückens war nichts festzustellen. Die Witterungsbedingungen waren nicht für einen Spaziergang geeignet; so blieben wir in der Wohnung. Christl ging durch die Räume. In meinem Arbeitszimmer blühte der Osterkaktus verfrüht. Sie freute sich sehr daran.

Am Donnerstag bezog ich unsere Betten frisch; dabei hatte ich auch noch einen Knopf an einem Überzug anzunähen. Christa sah mir aufmerksam zu und bemerkte: »Du bist ganz geschickt.« Das tat mir gut. Ich kam mir nämlich im Haushalt recht ungeschickt vor. Am Donnerstagabend fiel mir ein Geräusch beim Atmen auf, das sich am Freitag verstärkte. Deshalb rief ich den Arzt. Er kam und verabreichte ein schleimlösendes Mittel. Vorsichtshalber kontrollierten wir die Temperatur. Christl hatte über 38 Grad, was ungewöhnlich war.

Die Nacht zum Samstag war für sie unruhig. Beim Frühstück saßen wir uns in der Küche wie üblich gegenüber. Ich schaute meine Patientin besorgt an, dann wanderten meine Blicke zum Schränkchen neben der Eckbank. Dort stand eine Karte mit dem Wort, das uns in den letzten Monaten viel bedeutet hatte. Schwester Annemarie hatte es mir mit dem Computer vergrößert und ausgedruckt: »Ich bin der HERR, dein Arzt.« Der Blick meiner Christl folgte dem meinen. Dann sah sie mir offen und ruhig in die Augen. Wir sagten nichts. Ich holte wieder den Arzt, obwohl die Temperatur etwas unter 38 Grad war. Er verschrieb ein Antibiotikum. Ich besorgte es noch vor dem Mittagessen, damit sie die erste Kapsel nach dem Essen nehmen konnte. Natürlich war ich in Sorge. War die Ruhe nach dem Sturm so kurz?!

Das gemeinsame Abendgebet beendeten wir immer mit dem etwas veränderten Schluss des Paul-Gerhardt-Liedes: »... und stell die güldnen Waffen ums Bett und deiner Engel Schar«[12] Nach dem »Amen« stellte Christa die Frage: »Und wie ist das mit den ›güldnen Waffen‹ ganz konkret, ganz praktisch?« Wie

---

[12] aus: »Nun ruhen alle Wälder«.

dumm war ich, dass ich diese Frage nicht verstand und deshalb keine Antwort darauf wusste! Erst in den nächsten Tagen begriff ich, dass meine liebe Patientin Gottes Wort meinte, »das Schwert des Geistes« (Eph 6,17).

Die Nacht war für Christl anstrengend. Einmal hörte ich sie laut beten (es muss der Höhepunkt eines Kampfes gewesen sein): »Ach, Herr Jesu, hilf mir doch aus Gnaden!« Die Temperatur war morgens 37,7 Grad. Der Arzt hatte uns angeboten, zu kommen, wenn wir ihn brauchen. Um acht Uhr rief ich ihn an und berichtete ihm. Er kam und überwies Christl in das Städtische Klinikum Pforzheim.

Es blieb uns wenig Zeit. Ich sollte bei meiner lieben Christa sein und doch auch packen und für das Krankenhaus alles herrichten. Ein Anruf in Bietigheim nützt ja nichts, dachte ich: Bis von dort jemand bei uns war, wäre der Krankenwagen längst vorgefahren. Dennoch rief ich an. Und es hat etwas genützt. Heinrich Thomas telefonierte mit Rechkemmers und bat, dass jemand zu uns komme. Hildegard Rager, die über uns wohnte, kam, um Christl zu waschen. Ich konnte packen. Dann kam auch schon Marianne Rechkemmer, die nach Pforzheim mitfahren wollte.

Nun war das Gröbste gemacht. Das Frühstücksgeschirr war auch weggeräumt. Christl hatte nur ganz wenig essen können. Sie saß am Fußende des Bettes. Ich stand vor ihr und wusste genau: Sie erwartet, dass ich jetzt noch bete, wie es üblich war, wenn wir die Wohnung verließen, um eine Reise anzutreten. Aber ich war mit anderen Fragen beschäftigt: Was ist für diese Fahrt für Christl anzuziehen zweckmäßig? Habe ich alles Nötige eingepackt? Und anderes ging mir durch den Kopf. Da sah mich meine Frau mit ihren dunklen, etwas müde wirkenden Augen an und sagte: »Er kann uns beschützen!« Sie hatte ja in der Nacht zu ihm gefleht: »Ach, Herr Jesu, hilf mir doch ...« Mit ihren Augen unterstrich sie den Zuspruch.

Der Krankenwagen war mittlerweile eingetroffen. Die Glocken läuteten zum »Vaterunser« im Gottesdienst in der Stadtkirche. Auch bei uns auf dem Missionsberg war Gottesdienst. Es war der Sonntag Estomihi: »Sei mir ein starker Fels!« (Ps 31,3).

Der Wochenspruch war für mich viel sagend: »Seht, wir gehen hinauf nach Jerusalem, und es wird alles vollendet werden, was geschrieben ist durch die Propheten von dem Menschensohn.« (Luk 18,31). Wir begegneten niemandem, als wir in die Autos stiegen. Marianne Rechkemmer stieg bei Christl ein, ich fuhr mit unserem Wagen. Wie oft waren wir diese Strecke, das schöne Nagoldtal entlang, gefahren, Richtung Heidelberg und zurück, mit Hoffen und Bangen! Was würde jetzt auf uns warten?

Bei der Notaufnahme im Pforzheimer Städtischen Krankenhaus ging es zu wie auf einem kleineren Schlachtfeld. Zuerst mussten wir warten, dann wurde untersucht. Die Röntgenaufnahme von der linken Lunge meiner Christl ließ nichts erkennen. Der linke Thoraxraum war gefüllt mit Exsudat. Während wir warteten, ging Marianne Rechkemmer zum Kiosk, um uns etwas zum Essen zu holen. Dann kam Christl auf die Intensivstation, wo punktiert wurde. Zwei Liter Flüssigkeit holte der Arzt heraus; es war Blut dabei. Dann lag meine liebe Christa ganz erschöpft da.

Gegen Abend sagte man uns, dass meine Frau ein Bett in einem Zweierzimmer auf »M 4« hätte. Es war ein Zimmer, das von der darüber liegenden Privatstation übernommen worden war. Christas Körpertemperatur war auf 37,2 Grad gesunken. Um 21.30 Uhr fuhr ich ungern, aber müde nach Hause. Wie würde die Nacht bei Christl sein?

Zwischen sechs und sieben Uhr, bevor die Nachtwache abgelöst wurde, rief ich am anderen Morgen an. »Die Nacht war ruhig«, wurde mir gesagt. Um 9.15 Uhr war ich im Krankenhaus. Meine Patientin hatte sich in der Nacht etwas erholt. Ein Gespräch mit dem Stationsarzt war das Nächste. Ich hatte etwas von dem Obst mitgebracht, das wir bei der Rückkehr von Freiburg bekommen hatten. Kiwis aß Christl so gern. Ich halbierte sie und gab ihr dann löffelweise davon. Christl machte mich aufmerksam, doch auch der Mitpatientin etwas Obst anzubieten. Sie bediente sich gern. Hildegard Rager schaute am Vormittag herein. Wir sangen ein paar Liedstrophen, nachdem ich die Mitpatientin um ihr Einverständnis gebeten hatte. Als Christl von einer Untersuchung mit dem

Wagen zurückgebracht wurde, sagte sie mir bestimmt: »Mein Leben geht zu Ende.«

Ich habe schon oben erwähnt, dass meine Christa ihren Zustand viel realistischer einschätzte als ich. Und das wusste sie auch. Deshalb wollte sie mir immer wieder deutliche Hinweise geben. Ich habe das abgewehrt und wurde dabei auch oft durch ihr Ergehen ermutigt. Diesmal nahm ich ihre Aussage ernst. Es war mir mit einem Mal klar: Jetzt musst du loslassen! Das hatte zur Folge, dass ich den Text einer Traueranzeige zu formulieren begann, zuerst gedanklich, dann schriftlich, wozu ich vor ein paar Tagen noch nicht in der Lage gewesen wäre. Da hinein legte ich meine ganze Liebe zu meiner Frau. Als ich damit fertig war, wurde es mir zum Auftrag, den Lebenslauf von Christa Gajan, geb. Pflaum, zu schreiben. Dabei geschah das Merkwürdige, dass es mir leichter ums Herz wurde.

Nachdem ich Christalein beim Mittagessen geholfen hatte, ging ich zum Essen in die Stadt. Jeder Schritt, den ich mich vom Krankenhaus entfernte, fiel mir sehr schwer. Das Essen wollte mir in diesem Restaurantmilieu auch nicht schmecken. Ich aß eben, weil man etwas essen muss.

Das Abendessen nahm Christl im Bett ein. Es war für sie beschwerlich. Ich half ihr wieder. Doch während der Mahlzeit kam der Professor zur Visite. Ich verließ das Zimmer. Während ich draußen wartete, hörte ich, dass meine Frau hustete. Dann kam eine Schwester heraus, holte etwas und ging wieder hinein. Endlich kam auch die Visite heraus. Der Professor sprach mich an und berichtete mir, dass sich meine Frau verschluckt hatte. Es hatte als Beilage zum kalten Abendessen »Mixed Pickles« gegeben, was man in Zukunft meiden sollte. Der Essig sei zu scharf. Ich wusste schon, worum es ging. Christl hatte wieder Schluckbeschwerden wie auch in den letzten Tagen vor der Operation in Freiburg. Man musste ihr beim Essen die nötige Zeit geben. Doch es war gut, dass der Professor das miterlebt hatte.

Ich hatte später Gelegenheit, mit ihm, dem Oberarzt und dem Stationsarzt zu sprechen. Dabei erfuhr ich, dass die Mitpatientin verlegt würde. Natürlich fragte ich sofort, ob es nicht möglich sei, mit meiner Frau das Zimmer zu teilen. Sie stimmten zu. Wie gut, dass ich in der Frühe, vorausahnend, zu

Hause für diesen Fall alles mitgenommen hatte! Ich musste nur zum Auto gehen, für das ich einen kostenlosen Parkplatz gefunden hatte, und meine Sachen holen. Jetzt wohnte ich also mit meinem Christalein in Zimmer 506. Ich konnte ihr in Ruhe aus der Bibel vorlesen, und auch das neue Gemeinschaftsliederbuch hatte ich mitgenommen. Ich konnte mit Christl beten. Wir waren keine Privatpatienten, und dennoch hatte ich diese Vorzüge in den Kliniken. Wie treu und barmherzig hat der Herr, unser Arzt, auch dafür gesorgt!

Die folgende Nacht verlief ruhig. Das Frühstück musste ich in der Kantine einnehmen, weil ich noch nicht aufgenommen war. Doch das wurde im Laufe des Tages auch geregelt. Dann bekam ich alle Mahlzeiten mit Christl im Zimmer serviert. Ich hatte manches zu erledigen. Unter anderem wollte ich die Friseuse in Freiburg wegen einer Zweitfrisur anrufen, denn der Haarausfall hatte inzwischen begonnen. Aber ich kam nicht durch; es war Fastnacht-Dienstag. Ich sollte am Donnerstag wieder anrufen.

Trotzdem fand ich die Muße, am Lebenslauf meiner Frau weiterzuschreiben, als wir alleine im Zimmer waren. Christalein sah mir zu. Sie muss gemerkt haben, dass ich engagiert dabei war, und fragte: »An was bischt denn?« Diese Redewendung kannte ich sehr gut. Das war ihre Muttersprache. Sie interessierte sich für meine Arbeit. Ich stand schnell auf und ging zu ihr ans Bett. Leider konnte ich ihr nur eine ausweichende Antwort geben. Das hat mich schon sehr beschäftigt, und ich habe Gott um Vergebung gebeten. Mit einem Bruder habe ich auch darüber gesprochen. Er meinte: »Deine Frau hat doch geahnt oder gewusst, an was du gearbeitet hast.«

Aber so sehr ich über meine Reaktion betrübt war, ihr Interesse hat mich gefreut und mich auf den Gedanken gebracht: Vielleicht ist das gar nicht nötig. Gott kann gegen allen Schein noch so eingreifen, dass Ärzte und Schwestern sich wundern müssen, auch jene Schwester, die mir Sonntagabend nichts anderes zu sagen wusste, als: »Ihre Frau wird ja nicht mehr gesund.« Ich fragte sehr forsch zurück: »Wer sagt das?«

Christl wurde am Dienstag noch einmal punktiert. Es wurden 1,5 Liter Flüssigkeit aus dem linken Thoraxraum herausgeholt. Auch eine Sonographie wurde gemacht. Die Ärzte sagten mir: »Wir können nicht mehr therapieren.« Ich schrieb weiter. Jetzt war ich schon an der Predigt. Es war mir klar, dass ich meiner so geliebten Frau diesen letzten Dienst tun wollte. Am Mittwoch war ich damit fertig.

Manche Besuche stellten sich bei uns ein. Auch ein Gespräch mit dem Vorstand musste anscheinend noch am Mittwoch in einem kleinen Aufenthaltsraum stattfinden. Friedrich und Helene von Unteröwisheim kamen. Sie waren verwundert, wie sich der Zustand meiner Christl verändert hatte. Als sie sie das letzte Mal in Freiburg gesehen hatten, waren sie sehr erstaunt gewesen, mit welchem Appetit und welcher Geschwindigkeit Christa ihr Putenschnitzel mit Beilagen gegessen hatte.

Am Nachmittag besuchten uns Werner und Christl Pflaum. Meine Christa sagte ihnen ruhig aber bestimmt: »Es geht heim!« Manche anderen kamen, die uns nahe standen, wie Helmut und Ingrid Danneberg, die vor wenigen Jahren Schweres bei einer Tumorerkrankung von Ingrid durchgemacht hatten. Sie durfte wieder genesen. Gott sei Dank dafür! Hans und Bärbel Schweizer sind auch am Mittwoch gekommen.

Die Nacht zum Donnerstag war etwas unruhiger. Inzwischen wusste ich, was Christalein mit der Frage nach den »güldnen Waffen« gemeint hatte. Ich las ihr Bibelworte oder Liedstrophen vor. Schnell reagierte sie darauf und wurde ganz ruhig.

Am Donnerstag rief ich wieder bei der Friseuse in Freiburg an. Sie versprach, umgehend drei oder vier Zweitfrisuren zur Ansicht zu schicken. Ich sagte meiner Christl, was ich erfahren hatte. Sie antwortete: »Ist recht!« Vor dem Mittagessen kamen noch Lienhard und Renate Pflaum. Wir beteten. Dann sangen wir »Solang mein Jesus lebt«. Die letzte Strophe lautet:

»Drum blick ich nur auf ihn,
o seliger Gewinn!
Mein Jesus liebt mich ganz gewiss,
das ist mein Paradies.«[13]

---

[13] Nach dem Text des englischen Liedes »While my redeemer 's near« von Ernst Gebhardt.

Christl war am Sauerstoffgerät angeschlossen. Das Blutgas war so gesunken. Auch wurde sie über Infusionen ernährt. Ich begleitete den Besuch hinaus und sprach an, was mich bewegte. »Lienhard«, sagte ich, »ist es dir zu wenig, wenn ich dich bitte, den Dienst am Grab zu übernehmen? Ich habe Lebenslauf und Predigt schon fertig und möchte den Teil in der Kirche übernehmen.« »Nein, das ist mir nicht zu wenig«, antwortete Lienhard. »Aber gib mir eine Zweitschrift deiner Predigt, falls du nicht weiterkommen solltest. Wir, Michael und ich, haben es in Hannover bei der Beerdigung von Gerhard auch so gemacht; es war nicht nötig, dass Michael für mich einsprang, aber sicherheitshalber machten wir es so«, fügte er hinzu. »Ich weiß«, sagte ich, »unser allmächtiger Herr kann auch jetzt noch zur Genesung helfen; dann werfe ich gern meine ganze Vorbereitung in den Papierkorb.« Wir verabschiedeten uns auf dem Flur.

Der Donnerstag ging schnell vorbei. Abends, wenn die Schwestern zum Richten der Betten kamen, musste ich immer das Zimmer verlassen. Dann ging ich in der Anlage hinter dem Haus spazieren. Es fielen oft Schneeschauer. Die frische Luft tat mir gut. Da schüttete ich mein Herz vor unserem treuen Herrn aus. Alles sagte ich ihm, was mich in diesen Tagen so sehr bewegte. Ich wollte einverstanden sein mit seinem guten Willen. Zu meiner in- und auswendig gelernten »eisernen Ration« gehörte schon seit etlichen Jahren das Lied von Philipp Spitta »Ich steh in meines Herren Hand«. Ich ging es Strophe für Strophe gedanklich durch und setzte meinen Namen darunter, auch bei Strophe drei und vier:

»Und was er mit mir machen will,
ist alles mir gelegen;
ich halte ihm im Glauben still
und hoff auf seinen Segen;
denn was er tut, ist immer gut,
und wer von ihm behütet ruht,
ist sicher allerwegen.

Ja, wenn's am schlimmsten mit mir steht,
freu ich mich seiner Pflege;
ich weiß: die Wege, die er geht,
sind lauter Wunderwege.
Was böse scheint, ist gut gemeint;
er ist doch nimmermehr mein Feind
und gibt nur Liebesschläge.«

Nach etwa einer halben Stunde waren sie oben im Zimmer fertig. Dann ging ich wieder hinauf. Ich hatte nicht nur Sauerstoff, ich hatte auch Ewigkeitsluft geatmet. Bald ging ich dann auch ins Bett. Es stand am Fenster, das ich einen schmalen Spalt öffnete.

Christl schlief wenig. Wenn sie unruhig wurde, machte ich das kleine Licht an und las ihr ein Lied vor. Nach der zweiten Strophe schon wurde sie ganz ruhig. Ich sagte ihr auch ein bekanntes Bibelwort. Dazwischen kam die Nachtschwester und befeuchtete ihre Lippen.

Am Freitagmorgen – es war der 23. Februar – nach dem Betten machen setzte ich mich zu ihr ans Bett und hielt ihre Hand. Einmal saugte der Stationsarzt Schleim ab. Das brachte der Patientin Erleichterung. Er meinte in der zweiten Vormittagshälfte, jetzt sollte er vorsichtshalber etwas Morphium geben, meine Frau könnte Schmerzen bekommen. Ich bat ihn, noch zu warten. Meine Christl war ruhig. Ich sagte ihr Gottesworte, auch Losung und Lehrtext aus dem Losungsbuch:

»Lobe den HERRN, meine Seele, und vergiss nicht, was er dir Gutes getan hat« (Ps 103,2).

»Petrus begann zu sinken und schrie: Herr, hilf mir!
Jesus aber streckte sogleich die Hand aus und ergriff ihn« (Mt 14, 30–31).

Von Johannes Mentzer stand die Liedstrophe darunter:

»Ich hab es ja mein Lebetage
schon so manch liebes Mal verspürt,

dass du mich unter vieler Plage
getreulich hast hindurchgeführt;
denn in der größesten Gefahr
ward ich dein Trostlicht stets gewahr.«[14]

Es war gegen 11 Uhr. Da löste Christl plötzlich ihre linke Hand aus meiner Hand und hob sie hoch, wie zum Gruß oder als wollte sie sie jemandem reichen, dass er sie ergreife. Auf diese Gedanken aber kam ich erst viel später. Jetzt meinte ich, ich solle sie wieder zurückholen. Christa aber wehrte mit ihrem Gesichtsausdruck, obwohl die Augen geschlossen waren, sanft ab. Nach einer Weile erst legte sie ihre Hand wieder in meine Hand. Das war ihr letztes Reden mit mir – durch Zeichensprache.

Nach halb zwölf Uhr wurde meine Suppe gebracht. Damit sie nicht kalt wurde, setzte ich mich an den Tisch und begann zu essen. Ein paar Minuten später kam die Visite: der Stationsarzt, eine Ärztin und ein junger Assistent. Ich schaute zu ihnen und zum Bett – und stellte fest, dass bei Christl der Atem ausblieb. Schnell stand ich auf und trat ans Bett. Da atmete Christl wieder. Dann trat wieder eine Pause ein. Ich legte meiner Frau die rechte Hand auf die Stirn und segnete sie im Namen des dreieinigen Gottes, des Vaters, der sie wunderbar geschaffen hat, des Sohnes, Jesus Christus, der sie vollkommen und ewiggültig erlöst hat, des Heiligen Geistes, der sie als Anwalt und Tröster gewiss gemacht und zubereitet hat für Gottes ewiges, herrliches Reich. Zwischendurch atmete Christa noch ein- oder zweimal. Während ich sie segnete, ging sie heim aus dieser sichtbaren und vergänglichen Welt in die für unsere Augen jetzt unsichtbare, aber ewige Welt Gottes. Die Ärzte rührten sich nicht. Ich sagte noch die bekannte Liedstrophe:

»Endlich kommt er leise,
nimmt mich bei der Hand,
führt mich von der Reise
heim ins Vaterland.«

---

[14] Aus dem Lied »O dass ich tausend Zungen hätte«.

Die erste Strophe des Liedes »Ist es eine Freude Mensch geboren sein?« von dem jungen Vikar Christian Rudolf Flad, der schon mit 26 Jahren heimgerufen worden war (1804–1830), hatte Christl während der Strahlentherapie in Heidelberg manchmal zitiert:

»Ist es eine Freude,
Mensch geboren sein?
Darf ich mich auch heute
meines Lebens freun?«

Ich hatte damals auf die dritte Strophe verwiesen:

»Ja, es wär zum Weinen,
wenn kein Heiland wär,
aber sein Erscheinen
bracht den Himmel her!«

Jetzt erst drückten mir die Ärzte die Hand. Der Stationsarzt sagte: »Wir lassen Sie allein, damit Sie Abschied nehmen können. Ich komme in 20 Minuten wieder, um den Tod Ihrer Frau festzustellen.« Ich war alleine mit meiner Christa. Ich legte ihr die Hand auf die Augen und zog den Ring von ihrem Finger, in dem »Alfred« steht und zwei Daten: »21.9.1963« und »2.5.1964«. Ihre neue Uhr, mein Geburtstagsgeschenk zum 24. Januar, hatte ich ihr schon vor zwei oder drei Tagen vom Arm nehmen müssen. Ihre lieben, zarten Hände, die sich so oft auch für mich gefaltet und mir so viel Gutes getan hatten, faltete ich, weil sie sich jetzt nicht mehr selbst falten konnten.

Plötzlich klopfte es an der Tür. Herein kam der junge Assistent. Mit einem unüberhörbaren sächsischen Akzent fragte er schüchtern: »Darf ich mit Ihnen noch ein ›Vaterunser‹ beten?« Wir beteten es miteinander.

Inzwischen begannen die Glocken vom Turm der gegenüberliegenden Kirche zu läuten. Es war 12 Uhr, und so fügte ich noch die letzte Strophe des bekannten Liedes »Stern, auf den ich schaue« hinzu:

»Drum so will ich wallen
meinen Pfad dahin,
bis die Glocken schallen
und daheim ich bin.
Dann mit neuem Singen
jauchz ich froh dir zu:
Nichts hab ich zu bringen,
alles, Herr, bist du!«[15]

Der junge Mann hatte mitgesprochen. Deshalb fragte ich noch: »Sie kommen aus Sachsen?« »Ja«, antwortete er. »Dort gibt es noch Christen«, fügte ich hinzu. »Viele!«, sagte er und verließ schnell das Zimmer.

Genau sechs Monate hatte die schwerste und doch so schöne Zeit unserer Ehe gedauert. Ich nenne sie auch das »Allerheiligste« unserer Ehe. Am 23. August 1995 war die Krankheit festgestellt worden – am 23. Februar 1996 war die Krankheit beendet.

Das Leben geht weiter

Ich schaute auf das Bett. Was da lag, war die »abgebrochene Hütte« (2Kor 5,1). Die musste ich zurücklassen, verlassen!

Mit dem Telefon, das auf dem Nachttisch stand, erledigte ich noch einige Telefonate. Bei Heinrich Thomas in Bietigheim rief ich gleich wegen des Begräbnistermins an.

Meine liebe Christl hatte nämlich ihrer Schwester Elisabeth damals, am 31. Januar, als ich sie in Freiburg alleine gelassen hatte, den Auftrag gegeben, nachzufragen, ob eine Bestattung im Grab unserer Eltern in Bietigheim möglich sei. Nachdem wir eine positive Antwort bekommen hatten, wollte ich den Willen meiner Frau respektieren. Deshalb musste der Begräbnistermin mit dem Friedhofsamt in Bietigheim-Bissingen geklärt werden. Unser Schwager Heinrich konnte das noch am frühen Nach-

---

[15] Aus dem Lied »Stern, auf den ich schaue...« von Cornelius Friedrich Adolf Krummacher.

mittag dieses Freitags erledigen und gab mir als Termin durch: Donnerstag, 29. Februar. Den Termin musste ich haben, um die Traueranzeigen drucken zu lassen.

Ich packte unsere Sachen zusammen. Dann verließ ich das Zimmer 506, in dem sich vor zweieinhalb Stunden Zeit und Ewigkeit berührt hatten. Ich verabschiedete mich vom Stationspersonal, holte die Papiere in der Verwaltung und verließ das Städtische Krankenhaus in Pforzheim. Ich lud ein und fuhr nach Bad Liebenzell. Nach den trüben Tagen mit Schneeschauern schien jetzt die Sonne.

Auf dem Heimweg spielte sich viel in meinem Kopf und Herzen ab. War das jetzt noch mein »Heimweg«? »Meine Heimat ist dort, wo meine Frau ist«, hatte ich doch immer gesagt. Das bewirkte in meinem Denken eine Umorientierung. Ich wusste: Dieser Satz gilt jetzt vollinhaltlich. Und wo ich gerade hinfahre, das ist meine Herberge.

Und trotzdem bin ich auf dem »Heimweg« nach wie vor, seitdem ich meinem Herrn Jesus Christus gehöre, mit Gott versöhnt und sein Kind bin. Nur bin ich es jetzt noch viel bewusster. Viel zielstrebiger möchte ich diesen Weg gehen, nicht leichtfertig abweichen, auch keinen Millimeter. Denn die Weichenstellungen sind ja zunächst nicht oder kaum zu merken. Doch führen sie auf ein anderes Gleis und damit am Ziel vorbei. Aber dieses Ziel, das will ich unbedingt erreichen, an dem meine geliebte Christa nun angekommen ist!

So kam ich auf den Missionsberg zurück, zum ersten Mal als Witwer. Was ist das? Manche hörte ich schon sagen, Frauen oder Männer, die ihren liebsten Menschen hergeben mussten, seien nur noch halb. Andere sagten, sie hätten eine Amputation erfahren. Wie ist das bei mir? Ich suchte nach einer Sprachregelung für mich. Ich fand sie: »Ich war doppelt gewesen – jetzt bin ich einfach, nur einfach, sehr einfach.« Der Gedanke begleitete mich auf Schritt und Tritt: So schön, wie es mit Christa war, wird es nie mehr für mich auf diesem Planeten werden. Aber das andere wusste ich auch gewiss: »Das Schönste kommt noch!«

Es gab viel zu erledigen. Das lenkte auch ein wenig ab. Manchmal wurde ich durch meine zurückliegenden Erlebnisse von dem abgelenkt, was jetzt auf mich einstürmte.

Am Samstag, dem 24. Februar, war Brüderratssitzung auf dem Missionsberg. Ich nahm von 10.45 Uhr an daran teil. Ein Seminarist aus der Absolventenklasse hatte das mitbekommen und fragte den Hausvater: »Ist denn Bruder Gajan nicht traurig? Da war er schon den ganzen Tag bei der Sitzung.« Hätte er Gelegenheit gehabt, mich persönlich zu fragen, wäre meine Antwort gewesen: »Oh ja, ich bin traurig, sehr traurig.«

Manchmal weine ich viel, und ich weine gern, wie nach einem Abschied. Das Heimweh gehört zu meinem täglichen Brot. Doch es beginnt auch die Freude Einkehr zu halten in mein heimwehkrankes Herz – die Freude über die Heimat, das Vaterhaus (Joh 14,1–3). Es ist die Vorfreude auf das Schauen unseres Vaters, unseres Retters, Jesus Christus; Vorfreude auch auf das Wiedersehn mit meiner so sehr geliebten Frau Christa. Und diese Vorfreude gewinnt an Kraft, die alle Trauer langsam überwindet. »Als die Traurigen, aber allezeit fröhlich ...«, so hat der Apostel Paulus einmal geschrieben (2Kor 6,10 a). Ich verstehe ihn jetzt besser. Das mag widersprüchlich klingen und ist doch so beglückende Wirklichkeit eines Menschen, der mit Jesus Christus lebt.

Ich empfing in den folgenden Tagen Besuche lieber, teilnehmender Menschen. Die Fahrt nach Bietigheim folgte am Sonntag. Es gab manches mit unseren Angehörigen zu besprechen. Am Montag mussten noch Formalitäten erledigt werden.

Und dann befand ich mich mit Werner Pflaum in der Friedhofsgärtnerei. Frau Seitel, die Chefin, saß uns gegenüber. Sie hatte Christa gut gekannt. Es ging um die Auswahl der Blumen für die Dekoration. Werner schwieg. Ich zunächst auch. Da hätte ich jetzt so gern Christa gefragt. Doch plötzlich wurde ich an das Amaryllis-Arrangement auf dem Fenstersims im Neurozentrum in Freiburg erinnert und an das darüber so erfreute Gesicht von Christa. Und so wagte ich zu fragen: »Kann man auch Amaryllis dazu verwenden?« »Oh, das kann man freilich«, bekam ich zur Antwort. Und dann fügte ich hinzu: »Bitte, dann aber nicht nur eine Farbe – alle Farben, die es gibt!« Damit war der Auftrag erteilt.

Meine Angehörigen rieten mir ab, das Begräbnis selbst zu halten. Auch Hanspeter Wolfsberger, der Direktor der Liebenzeller Mission, meinte, es sei am Donnerstag noch zu schwer für mich. Ich hörte diesen Rat, dachte aber: Wenn Gott mir all das am Kranken- und Sterbebett meiner Frau geschenkt hat, wird er mir auch die Kraft geben, am 29. Februar zu sprechen.

Der letzte Februartag im Schaltjahr 1996 war klar und sonnig. Welch ein Geschenk! Sehr viele Menschen versammelten sich auf dem Friedhof St. Peter in Bietigheim-Bissingen schon lange vor 13 Uhr. Es war für mich überwältigend. Schwer war es, zum letzten Mal die Körperhülle von Christl zu sehen, die welken Lippen, die so frisch und anmutig gewesen waren. Als ich vor dem noch offenen Sarg stand, ging es mir durch Kopf und Herz: Ich würde es wieder so machen. Das hatte ich ihr immer wieder an unseren Gedenktagen – am 8. April, am 21. September und am 2. Mai – gesagt oder geschrieben.

Hier auf dem Friedhof erhielt ich aber auch die Kraft aus der Gewissheit lebendiger Christenhoffnung: Christa lebt bei Christus, unserem gemeinsamen Herrn. »Wenn auch unser äußerer Mensch verfällt, so wird doch der innere von Tag zu Tag erneuert«, sagt uns Gottes Wort (2Kor 4,16). Und dieser »innere« Mensch lebt, auch wenn der »äußere« gestorben ist. In solcher Gewissheit und der Kraft, die sie vermittelt, konnte ich alles sagen, was ich meinte sagen zu müssen, mit Lienhard dem Sarg folgen und viele Menschen grüßen.

Die vollzeitlichen Mitarbeiterinnen und Mitarbeiter im Liebenzeller Gemeinschaftsverband bildeten einen Chor. Sie sangen das Lied »Du hast mein Leben so reich gemacht«. Pfarrer Wilfried Sturm spielte die Orgel in der Kirche. Als Vorspiel hatte er »Jesu meine Freude«, den Choral von Johann Crüger, gewählt. Als ich die Melodie hörte, dachte ich sofort an die letzte Strophe des Textes von Johann Franck: »Weicht, ihr Trauergeister, denn mein Freudenmeister, Jesus, tritt herein ...«

Eine schöne Nachfeier, bei der es auch einen Imbiss gab, schloss sich im überfüllten Gemeinschaftshaus des Süddeutschen Gemeinschaftsverbandes in der Pforzheimer Straße an. Viele Schwestern und Brüder meldeten sich zu Wort.

Eins dieser Worte will ich hier wiedergeben, denn es charakterisiert meine Dienstgehilfin. Helga Hartmann, früher eine unserer Predigersfrauen, dann meine Mitarbeiterin in der Redaktion, sagte: »Für die Geschäftsstelle des Liebenzeller Gemeinschaftsverbandes möchte ich an die persönlichen Begegnungen und an die Zusammenarbeit mit Christa Gajan erinnern. Wer und was war Christa für uns Mitarbeiter?

Sie war uns eine mütterliche Freundin. Diesen Wesenszug haben wir oft an ihr gesehen. Sie war nämlich an uns persönlich und an unseren Familien interessiert. Sie hat sich informiert, und sie hat für uns gebetet. Bei ihr konnte man über seine Sorgen sprechen. Beim Stichwort ›Mütterlichkeit‹ fällt mir eine kleine Begebenheit ein. Obwohl Christa keine eigenen Kinder hatte, hatte sie sehr viel Verständnis für die Kinder im Haus und in ihrer Umgebung. Im Frühjahr hatten Kinder Blumen auf der Wiese gepflückt, die sie gerne verkaufen wollten. In Christa fanden sie eine Kundin. Und als sie zu uns ins Büro kam und uns darüber erzählte, sagte sie: ›Ich hab ihnen die Sträuße abgekauft, weil sie sich doch so viel Mühe gegeben hatten.‹

Christa war eine Kollegin. Sie war nicht nur die Frau unseres Chefs. Sie hat in unserer Geschäftsstelle mitgearbeitet. Ein besonderes Interesse hatte sie an den beiden Zeitschriften, die unser Verband herausgibt: ›Augenblick mal‹ und ›Durchblick und Dienst‹. Viele Jahre lang hat Christa Korrektur gelesen. Sie war eine strenge Korrekturleserin. Es gab manche Diskussion mit dem DUDEN in der Hand. Aber auf Christa konnten wir uns verlassen. Sie war Expertin für Bibelstellen und Liedverse und achtete auch auf die theologischen Zusammenhänge. Christa hat die Rubrik ›Dienst der Frau‹ betreut. Sie hat die Autorinnen beauftragt. Und sie suchte nach interessanten Meldungen, die wir in ›Durchblick und Dienst‹ veröffentlichen konnten.

Christa war eine fleißige Leserin. Viele, viele Zeitschriften hat sie für uns durchgesehen. Bei den Büchern liebte sie besonders die Lebensbeschreibungen. Sie beschäftigte sich zum Beispiel mit Frauengestalten wie Dora Rappard, Hedwig von Redern und Gräfin Waldersee. Deshalb schrieb sie manche Artikel über biblische Gestalten.

Christa war eine Vermittlerin. Sie hat im seelsorgerlichen Bereich viele Menschen und deren Situationen mit ihrem Mann getragen. Ihre Verbindung zu Schwester Annemarie, der Sekretärin ihres Mannes, war sehr eng. Sie hat Schwester Annemarie viel geholfen, ihre Arbeit als Sekretärin gut zu tun und die Zusammenhänge einzuordnen.

Christa war eine Missionarin. Sie hat sich von der isolierten Situation auf dem Missionsberg nicht gefangen nehmen lassen. Sie hatte persönliche Kontakte zu Menschen in der Stadt. Sie brachte ›Augenblick mal‹ in die Häuser. Und sie kannte ihre Abonnenten. Sie war mit ihnen im persönlichen Gespräch.

Christa war eine gute Hausfrau. Davon haben wir immer wieder profitiert. Wenn wir bei Christa eingeladen waren, hat sie uns verwöhnt. Es konnte aber auch vorkommen, dass sie im Büro erschien und irgendetwas Leckeres vorbeibrachte, als Gruß und Motivation für uns.

Christa war eine Frau für die kleinen, unscheinbaren Dinge. Sie machte Besuche bei den Feierabendschwestern, bei anderen Alten und Kranken. Sie erledigte Besorgungen, machte andere Liebesdienste und fuhr die Leute.

Und nicht zuletzt hat mich das persönlich besonders beeindruckt: *Christa war eine Frau mit Geschmack und Stil.* Sie liebte schöne Dinge und konnte sich daran freuen. In den vergangenen Monaten haben wir zusammen mit Alfred und Christa Gajan gelitten und gehofft. Und ein Stück weit haben wir uns für die beiden wie eine Familie gefühlt. Wir danken Gott, dass er uns Christa gegeben hat. Wir werden sie sehr vermissen.

Für Alfred Gajan wollen wir weiter da sein in all den Tiefen der Einsamkeit, die auf ihn zukommen. Für ihn und mit ihm wollen wir dem Wort vertrauen: ›Siehe, um Trost war mir sehr bange, du aber hast dich meiner Seele herzlich angenommen‹ (Jes 38,17).«

Etwa um 18 Uhr gingen wir noch einmal im familiären Kreis sowie mit Karl-Ludwig und Viola Scholler von Freiburg auf den Friedhof. Der Erdhügel war abgedeckt mit einigen Kränzen, obwohl wir anstelle von Blumenspenden ein Opfer für den Liebenzeller Gemeinschaftsverband erbeten hatten. Am meisten beeindruckten mich die Worte, die auf der Schleife des Kranzes von der Liebenzeller Mission standen: »Treue und Güte«. Dafür bedankte sich die Liebenzeller Mission bei Christa Gajan, die von früher Jugend an zu ihr gehörte. Diese Worte charakterisierten meine gute, liebenswerte, treue Ehefrau, die tüchtige, sparsame, gastfreie Hausfrau, die kluge, engagierte, motivierende, auch korrigierende Dienstgehilfin. Wir hatten das Vergehende von ihr zum Vergehenden getan.

Um 21.30 Uhr kam ich in meine Herberge, die jetzt ja leer war. Doch das nahm ich mir fest vor: Keine Selbstbemitleidung dulden! Sie ist eine Anfechtung und zieht nach unten. Sie nützt gar nichts, sondern schwächt nur.

Unter den Stößen von Kondolenzbriefen befanden sich einige Karten mit den Worten von Hieronymus, dem Kirchenvater und Klostervorsteher in Bethlehem, der das Alte Testament und das Neue Testament in die lateinische Sprache übersetzte (Vulgata):

»Wir wollen nicht trauern, dass wir sie verloren haben,
sondern dankbar sein dafür, dass wir sie gehabt haben,
ja, auch jetzt noch besitzen.
Denn wer heimkehrt zum Herrn,
bleibt in der Gemeinschaft der Gottesfamilie
und ist nur vorausgegangen.«

Oft empfinde ich wie Dora Rappard, das Vorbild meiner Frau, es 1909 nach dem Heimgang ihres Mannes Carl-Heinrich zum Ausdruck brachte:

»Bei Christus! O suchet nicht in weiter Fern,
die da entschlafen sind im Herrn!
Sein teures Wort bezeugt uns klar:
Sie sind bei Christus immerdar.

Bei Christus! Nicht in fremdem Raum,
nicht wie in schattenhaftem Traum;
bei Christus, der zu jeder Frist,
wie er´s gesagt, bei uns ja ist.

Bei Christus hier, bei Christus dort:
oh selger Bergungsort!
So sind geschieden wir nicht weit:
Sie sind nur auf der andern Seit.

Sie gingen leis im Dämmergraun,
des Königs Angesicht zu schaun;
und wir im heißen Trennungsschmerz,
wir flohen näher an sein Herz.

Oh Jesu, dir sei Dank gebracht,
dass du zerbrachst des Todes Macht,
und dass die Deinen dort und hier
auf ewig eines sind in dir!«[16]

Nicht hier ist Christa, für meine Sinne ist sie nicht wahrnehmbar, sie ist ja ewig. »Was aber unsichtbar ist, das ist ewig« (2Kor 4,18). In Jesus, unserem gemeinsamen Herrn, ist sie mir ganz nah. »Mit dem Herzen sieht man gut, unseren Augen ist das Wesentliche unsichtbar!«[17]

Ich bin gewiss: Christa schläft weder noch ist sie tot – ganz tot. Ihr Leib ist tot und liegt als Same zur Auferstehung in unserer Grabstätte. Ihre Seele, ihr inwendiger Mensch, ihre Person, wie immer man sagen will, aber lebt *in Gottes Welt, daheim, im Vaterhaus, von keiner Not gequält.* Christa geht es jetzt unangefochten gut. Mir geht es unverdient gut, – manchmal angefochten gut. Das ist eben der Unterschied zwischen jener Dimension und der uns vertrauten Welt.

Nein, einem Betrug meiner eigenen Phantasie oder einer falschen Theologie will ich nicht zum Opfer fallen. Doch was Gottes Wort mir an Hoffnungsgut für Gottes Kinder mitteilt, will ich gern und dankbar annehmen und bin überhaupt nicht bereit, mir diese lebendige Hoffnung durch eine falsche Theologie verkürzen zu lassen. Ich begegne leider so viel Skepsis gegenüber dem grandiosen Hoffnungsgut der Christen – auch unter Christen. Vergewisserung scheint mir dringend nötig zu sein. Keine Selbstsicherheit, keine *securitas*[18], aber die Vergewisserung, die *certitudo* (d. h. Gewissheit), die Gottes Wort und Gottes Geist schenkt, ist vonnöten.

---

[16] Dora Rappard, »Lichte Spuren«, Brunnen Verlag, S. 201.
[17] Antoine de Saint-Exupéry, »Der kleine Prinz«.
[18] D. h. Fahrlässigkeit, Selbstsicherheit, falsche Gemütsruhe.

Wenn doch Verunsicherte nur in Luthers »Kleinem Katechismus« und darin insbesondere die Erklärung des dritten Artikels vom zweiten Hauptstück, dem Glaubensbekenntnis, lesen würden! Und wem es nicht gefällt, dass Luther vom »Jüngsten Tag« spricht und damit die Heilsgeschichte zusammenfasst, der kann sich ja die heilsgeschichtlichen Stationen dazu denken. Möchte jemand lieber einen Zeitgenossen dazu hören, der schlage in dem Kompendium »Abriss einer Dogmatik« von Horst Georg Pöhlmann (Jahrgang 1933) nach. Dort kann man zur Frage, was nach dem Tod kommt, Wichtiges finden in Kapitel XIII. *De Novissimis* (»Von den letzten Dingen«), ab Seite 323.

Nach wie vor empfehlenswert ist auch »Das Schönste kommt noch« von Fritz Rienecker und »Nach dem Sterben« von D. Paul le Seur. Letzteres wird nur antiquarisch zu haben sein. Sicher gibt es auch noch andere gute Literatur und nicht zu vergessen: die inhaltvollen und aussagekräftigen Choräle.

Um Missverständnisse auszuschließen: Die Christenhoffnung gilt Christen, also Menschen mit Jesus. Das Neue Testament verharmlost den Tod nicht. Der Tod ist ein Feind (1Kor 15,26). »Es ist den Menschen bestimmt, einmal zu sterben, danach aber das Gericht« (Hebr 9,27). Diesen Feind, den Tod, hat Jesus Christus besiegt – aber noch nicht beseitigt. Deshalb wird auch das irdische Leben der Christen beendet. Der leibliche Tod setzt nicht nur der irdischen Lebenszeit, sondern auch der Gnadenzeit das Ende. Er nimmt die Chance, Frieden mit Gott zu bekommen. Deshalb ist es so wichtig, das Angebot des Evangeliums jetzt anzunehmen, sein Leben Jesus Christus jetzt anzuvertrauen. Der schwäbische Bauer Johann Michael Hahn lädt in seinem Lied freundlich und dringend ein:

> »Benütze dein seliges Heut,
> die Gnade hat Schranken und Zeit!
> Lass die nicht verschwinden
> und bleib nicht dahinten!
> Komm, eile herzu!
> In Jesus ist Ruh!«[19]

---

[19] »Die Seelen sind übel daran ...«.

Wer hier ohne Jesus Christus stirbt, wird auch dort ohne ihn sein. »Wer den Sohn hat, der hat das Leben; wer den Sohn Gottes nicht hat, der hat das Leben nicht« (1Joh 5,12).

Es ist mein Herzenswunsch, dass alle jüngeren und älteren Menschen, denen ich in Evangelisationen, bei Freizeiten oder bei anderen Anlässen die einladende Botschaft des Evangeliums sagen durfte, und die Leser dieses Buches sagen können: »Gelobt sei Gott, der Vater unseres Herrn Jesus Christus, der uns nach seiner großen Barmherzigkeit wiedergeboren hat zu einer lebendigen Hoffnung durch die Auferstehung Jesu Christi von den Toten, zu einem unvergänglichen und unbefleckten und unverwelklichen Erbe, das aufbewahrt wird im Himmel ...« (1Petr 1,3–4).

Abschiedsschmerz

Am 4. März fuhr ich zum Begräbnis meines Freundes Rolf Müller nach Heidelberg. Merkwürdig, wie nahe die Versetzungen dieser beiden Gotteskinder von der kämpfenden zur triumphierenden Gemeinde lagen.

Natürlich schritt ich bei dieser Gelegenheit manchen mir so vertrauten Weg *in memoriam* ab. Auch versuchte ich die Gelegenheit zu nützen, den Rock einzutauschen, den ich auf Datum und Tag genau vor drei Monaten für Christa als Weihnachtsgeschenk in Heidelberg gekauft hatte. Der Geschäftsführer stand vor mir. Ihm konnte ich mein Anliegen vortragen. Da es auch ein Herrenfachgeschäft in Heidelberg mit demselben Namen gibt, dachte ich, das könnte per Gutschein erledigt werden. Der Herr eröffnete mir, dass die Firma zwar denselben Namen habe, aber ganz andere Besitzer. Ich sagte: »Ich würde ja so gern für meine Frau etwas anderes mitnehmen«. »Aber ...?« fragte er. So musste ich es ihm sagen, dass ich leider nicht mehr heimlich für sie einkaufen könne. Dabei konnte ich meine Tränen nicht zurückhalten, weil ich an die Ereignisse denken musste, die mit dem 4. Dezember 1995 zusammenhingen. Das demütigte mich und machte mich traurig. Er war so vornehm und händigte mir den Betrag bar aus.

Ja, es demütigt mich manches: das, was ich falsch gemacht hatte, und das, was ich versäumt hatte. Ich bin viel schuldig geblieben und schuldig geworden, zum Beispiel, dass ich nicht begriffen habe, dass meine schwerkranke Patientin sich in den Stunden der Nacht vom 17. zum 18. Februar Gottes Wort wünschte, die »güldnen Waffen«! Aber auch, dass ich nicht für ein christliches Symbol im Krankenzimmer 506 auf »M 4« im Städtischen Klinikum Pforzheim gesorgt hatte! Da war nichts gewesen, an dem die Augen eines Sterbenden, solange sie noch geöffnet waren, hätten einen Halt finden können. In Freiburg schaute Christa so gern zu dem Neuen Testament auf dem Regal. Auf Station 4 in der Thoraxklinik hatte sie das Kruzifix über der Tür und das Poster gehabt. Aber in den letzten Stunden ihres irdischen Lebens war nichts für ihre Augen im Raum, das sie an das Evangelium erinnert hätte. Was wäre noch alles aufzuzählen!

Ich weiß, dass Gott, unser Vater, mir vergeben hat, und dass Christa mir vergeben hat. Und doch demütigt es mich täglich, wenn ich daran denke. Es ist eben nicht *wieder-holbar* – nichts vom Schwersten und nichts vom Schönsten unserer Ehe, nichts von unserer ganzen Ehe, nichts von unserem ganzen Leben. Wäre es *wiederholbar*, so würde ich meine ganze Erfahrung einbringen – denke ich manchmal – und Fehler gutzumachen, Versäumtes nachzuholen versuchen. Doch ob es mir gelänge? Und selbst, wenn es mir gelänge, würde ich andere Fehler begehen und anderes versäumen. Ich bin eben ein Mensch, der total von Vergebung um Jesu Christi willen lebt.

Und das betrifft auch meinen Dienst, meinen Gottesdienst. Es war bei der letzten Verbandstagung im Monbachtal, die ich verantwortlich leitete, in der Woche nach Ostern 1996. Pfarrer Christoph Morgner, der Präses des Gnadauer Verbandes, hielt die Hauptvorträge. Er musste aber am Freitag unmittelbar nach der Bibelarbeit abreisen, sodass er das Abendmahl nicht mehr mit uns halten konnte. Ich wurde darum gebeten. Das gab mir den letzten Anstoß, meine Schwestern und Brüder für meine Versäumnisse und mein Versagen um Vergebung zu bitten. Das war sehr demütigend, aber auch befreiend. Tränen standen in meinen Augen. Ich war früher nicht »nahe am Wasser gebaut«, wie man salopp sagt. Aber jetzt war und ist es manchmal immer noch so. Einer unserer jungen, kernigen Mitarbeiter kam dann auf mich zu und sagte: »Stark genug, um schwach zu sein!« Es hatte ihn anscheinend beeindruckt.

Man spricht ja von »Trauerarbeit«, die es nach einem solchen Abschied zu leisten gilt. Ich verwende dieses Wort nicht gern, obwohl ich zustimmend sagen muss: Trauern kostet Kraft. Das Wort »Arbeit« gefällt mir daran dennoch nicht. Es kann dahingehend missverstanden werden: Ist die Arbeit geleistet, dann ist es geschafft. Ist das Pensum erfüllt, ist alles erledigt. Und außerdem erinnert es auch sehr an »Eigenleistung«. Aber solch einen Abschied kann man unter diesem Gesichtspunkt nicht »erledigen«.

Jahre nach dem frühen Tod ihres Sohnes August, der als Theologiestudent in Göttingen schwer erkrankte, dichtete Dora Rappard:

»Vergessen? Nein, ich kann es nie vergessen!
Noch heute ist das Weh so unermessen wie weites Meer.
Doch in den stillen Fluten
da spiegeln sich des Himmels goldne Gluten.«

Ich kann auch nicht sagen, dass ich mit Trauern fertig sei oder wann ich damit fertig sein werde. Will ich es überhaupt?! Ich bin doch nicht traurig »wie die andern, die keine Hoffnung haben« (1Thess 4,13).

Was meinen Abschiedsschmerz, mein Heimweh lindert, ist die Bibellese in Christas Bibel, die sie auch in den Kliniken dabei hatte. Es sind täglich mindestens drei Kapitel, die ich lese. Inzwischen bin ich dabei, diese Bibel schon zum vierten Mal durchzulesen. Die Stellen, die Christa angestrichen hat, sind mir wie ein Vermächtnis. Sie benutzte die *Jubiläumsbibel*.

So hat sie zum Beispiel bei Hesekiel 24 unter den Erklärungen den Satz angestrichen: »An einem Diener Gottes soll alles predigen, auch wie er Freude und Leid des Familienlebens trägt.« Das bekräftigt meine Entdeckung, wie das Apostelwort gerade jetzt auch mir gilt: »Denn ich denke, Gott hat uns Apostel als die Allergeringsten hingestellt, wie zum Tode verurteilte. Denn wir sind ein Schauspiel geworden der Welt und den Engeln und den Menschen« (1Kor 4,9). Mir ist klar: Dieses hier genannte »Publikum« hat ja ein volles Recht zu sehen, wie es Menschen, die Jesus gehören, in Freud und Leid geht. Weiter ist mir klar, dass ich dabei keine Rolle einzustudieren brauche. Das würde nur zur Verkrampfung führen. Ich brauche nur ganz nahe bei Jesus zu bleiben, mit ihm zu leben, noch besser: ihn in mir leben zu lassen.

Oder im Neuen Testament etwa hat Christa für sich und für mich auf einer Seite an den Rand von unten nach oben geschrieben: »Am Ende unseres Lebens brauchen wir alle dasselbe: GNADE!«

So lese ich in ihrer *Jubiläumsbibel* ihrer Spur nach.

Ich will ja gern vorwärts stapfen, so energisch wie ich kann

Das Leben – jedoch ein anderes, ein neues Leben – geht bei Christa weiter. Und das Leben hier geht bei mir weiter, natürlich anders als früher. Seit dem 1. Mai 1996 erhalte ich Rente. Mit diesem Datum bin ich als Inspektor des Liebenzeller Gemeinschaftsverbandes aus dem Dienst ausgeschieden. Somit gehöre ich keinem Gremium im Verband mehr an. Auf der Basis einer »Aushilfsbeschäftigung« sollte ich bis 31. August 1997 die Aufgabe des Schriftleiters behalten und Kontaktperson bei Gesprächen mit Kirchenleitungen sein.

Vom Gnadauer Vorstand wurde ich gebeten, mein Mandat dort nicht mit dem Ausscheiden aus meinem Dienstverhältnis zurückzugeben. Auch andere ehrenamtliche Aufgaben behielt ich noch, etwa beim Evangeliums-Rundfunk International, bei der Deutschen Zeltmission, beim Missionsbund Licht im Osten, bei der Ludwig-Hofacker-Vereinigung und im »Birkenwegkreis«. Nach und nach werde ich auch von diesen Ämtern zurücktreten. Im Werk der Liebenzeller Mission gehöre ich noch der Mitgliederversammlung an; am Theologischen Seminar nehme ich einen kleinen Lehrauftrag wahr. Ich erlebe den Segen des Loslassens. Wenn unsere Hände frei werden, füllt sie Gott mit Neuem, oft Ungeahntem.

Gottes Wort darf ich verkündigen! Das möchte ich, solange es irgend geht, nicht aufgeben.

Zum 16. September 1996 lud der Liebenzeller Gemeinschaftsverband zu meiner offiziellen Verabschiedung ein. An jenem schönen Montagnachmittag kamen weit über 500 geladene Gäste ins Missions- und Schulungszentrum auf den Missionsberg.

Da erschien die »Spitze« von Gnadau. Christoph Morgner hat den Festvortrag übernommen mit dem Thema »Bewegung und Institution«.

Die Inspektoren, zum Teil auch die Vorsitzenden der nachfolgend genannten Gemeinschaftsverbände aus Württemberg und darüber hinaus waren gekommen: Altpietistischer Gemeinschaftsverband; Süddeutscher Gemeinschaftsverband; Südwestdeutscher EC-Verband; Chrischona-Gemeinschaftswerk in Deutschland; Evangelischer Verein für innere Mission Augsburgischen Bekenntnisses; Pfälz. evangelischer Verein für innere Mission ...

Darüber hinaus waren dabei:
- die Leitung der Liebenzeller Mission; Mitarbeiterinnen und Mitarbeiter in Werk und Verband
- die zuständigen Dezernenten der Kirchenleitungen von Baden, Bayern und Württemberg
- unser Bürgermeister
- die christliche und weltliche Presse
- aber auch zahlreiche Bekannte und Verwandte.

Es wurde ein Mammutprogramm mit Grußworten, Chorliedern, Musikstücken und anderem abgewickelt. Das hätte ich mir nicht träumen lassen, dass ich so verabschiedet werden würde! Mein Dienst war und ist doch Stückwerk. Gottlieb Weiland, unser Evangelist, dessen Witwe auch anwesend war, pflegte zu sagen: »Wer mich kennt, der lobt mich nicht. Und wer mich lobt, der kennt mich nicht.« Und wenn von dem ausgesprochenen Lob wirklich etwas stimmte, dann gebührte es zuständigkeitshalber umgehend meinem großartigen Dienstherrn.

Ich bin den verantwortlichen Brüdern des Liebenzeller Gemeinschaftsverbandes sehr dankbar für dieses schöne Fest; Gott segne sie in ihrem nicht leichten Dienst! Gern schaue ich die Bilder an und höre die Kassetten von meiner Verabschiedung. Wie schön: Jetzt gehöre ich zu den »*unbezahlbaren Brüdern*«! Zuvor war ich ein »*teurer Bruder*«.

»Ich will ja gern vorwärts stapfen, so energisch als ich kann.« Nach Resignation klingt das nicht. Ist es ein Aufbegehren oder ein Ausschlagen gegen ein unverstandenes Schicksal? Die Worte stammen gar nicht von mir, sondern von keinem geringerem als Professor Adolf Schlatter, dem begnadeten und bewährten Lehrer der Theologie an der Tübinger Fakultät. Sie stehen in einem Brief an seine Geschwister in St. Gallen vom 19. Dezember 1907 – etwa fünf Monate nach dem frühen

Heimgang seiner Frau Susette. Schlatter war damals 55 Jahre alt und »stapfte« noch 31 Jahre weiter, ohne wieder zu heiraten, obwohl er fünf Kinder hatte, von denen noch zwei zur Schule gingen. 1996 erschien die Biographie von Adolf Schlatter.[20] Nicht lange nach dem Heimgang meiner Frau Christa habe ich diese Lebensbeschreibung mit großem Gewinn gelesen.

Auch über meinem Leben steht der beste Planer, der grandiose Regisseur, den ich »Vater« nennen darf. Er macht keine Fehler.

Ich »stapfe« erst einen kleinen Teil der Zeit, die Adolf Schlatter als Witwer lebte. Er hat mit sechs Buchstaben viel gesagt. Nein, es ist kein beschwingtes, leichtfüßiges Gehen, kein stolzes Schreiten, sondern ein mehr oder weniger mühsames *Stapfen*.

Wie gut, dass die Last meines verantwortungsvollen Dienstes nicht mehr auf meinen Schultern liegt! In den zwei Monaten nach dem Heimgang meiner Christa, die mich noch ganz forderten, wurde mir bewusst: So kann es nicht lange weiter gehen.

»Ich bin noch nicht recht ins Leben zurückgekehrt«, teilte Adolf Schlatter nach dem Abschied von seiner Frau Susette Professor Lütgert mit[21]. Das konnte ich damals gut nachempfinden.

Ob ich ohne den schmerzvollen Abschied so schnell aus meinen vielfältigen Aufgaben herausgefunden hätte? Wäre ich von meinen Ämtern relativ leicht losgekommen, wenn nicht meine Dienstgehilfin mir auf diese besondere Weise geholfen hätte, loszulassen?

Immer noch habe ich genügend Aufgaben, auch nach dem 31. August 1997. Mein treuer Dienstherr hat mich noch nicht zum »alten Eisen« gelegt. Es sind unter den Aufträgen, die ich erhalte, sogar solche dabei, von denen ich früher nicht geträumt hätte.

Es ist für mich ein Vorrecht, meine »Herberge« in unserer

---

[20] Werner Neuer, »Adolf Schlatter – Ein Leben für Theologie und Kirche«, Stuttgart 1996 (siehe dort S. 449–450).
[21] Ebd. S. 446.

Wohnung behalten zu haben. Ich habe mit Gerhard Horeld, der früher Stellvertreter gewesen war und jetzt Vorsitzender des Liebenzeller Gemeinschaftsverbandes ist, offen darüber gesprochen, ob er es für seine und die Verbandsarbeit als störend empfände, wenn ich noch auf dem Missionsberg wohnen bliebe. Erst als er das verneinte, habe ich das Angebot, in unserer Wohnung zu bleiben, gern angenommen. Es ist eine großzügige Geste seitens der Leitung der Liebenzeller Mission! Ich weiß zwar ganz nüchtern: Auch das ist vorübergehend. Doch ein Umzug gleich nach meinem Ausscheiden hätte die Auflösung unseres Haushaltes bedeutet. Das wäre die dritte Zäsur gewesen, die mir nicht leicht gefallen wäre.

Christa hatte mich ja noch darin eingewiesen, wie man die Waschmaschine bedient. Jetzt habe ich schon Routine darin, und es macht mir sogar Freude, die dann frisch duftende Wäsche auf- und abzuhängen, zu bügeln oder zusammenzulegen und in den Schrank zu räumen. Es gehört ja auch noch manches andere zum Haushalt. Beim Waschen und Bügeln meiner Oberhemden ist mir die Werkswäscherei dankenswerterweise behilflich. Hier kann ich auch meine Bettwäsche mangeln lassen. Dankbar, sehr dankbar bin ich, dass mir Marianne Rechkemmer beim Reinigen der Wohnung behilflich und dass Albert, ihr Mann, damit einverstanden ist. Einmal im Jahr wird Großputz gemacht, mit Vorhangwäsche und allem, was dazu gehört. Dabei hilft auch Viktoria Dehn mit. Auch ihr und ihrem Mann Wilfried, meinem Klassenbruder, bin ich sehr dankbar.

In der »Werkstatt« von Christa, der Küche, bin ich wirklich nur stümperhafter »Ersatzmann«. Morgens und abends bin ich hier hauptsächlich tätig. Nur ab und zu koche ich mir auch etwas zum Mittagessen. Oft bin ich unterwegs, manchmal gehe ich in unseren zentralen Speisesaal, um ein Mittagessen einzunehmen. Auch werde ich immer wieder zum Essen eingeladen.

Manchmal »stapfe« ich auch stopfend, Socken und Wäsche stopfend und Knöpfe annähend. Aber ich »stapfe« gern.

Christa hatte mir in Freiburg so liebevoll gesagt: »Das hab ich doch alles so gern gemacht!« Warum sollte ich das nicht auch gern tun? Sie hat immer wieder – schon längst vor ihrer Erkrankung – zum Ausdruck gebracht, dass auch Hausfrauenarbeit Gottesdienst ist. Und diese Aussage kam mir so zugute. Meister darin bin ich freilich nicht! Ich bin von Christa heute so begeistert wie vor fünf oder vor 35 Jahren. Ich liebe sie. Wahrscheinlich hätte ich es nicht verstanden, wenn mir das früher jemand gesagt hätte. Solche Liebe ist niemals unser Produkt. Man kann sie sich auch nicht einsuggerieren. Es gibt eine Quelle bei Gott, aus der Liebe fließt. Der heilige Gottesgeist bringt sie in unser Herz. Diese Liebe ist rein und opferbereit, stärkend und beglückend. Sie kommt eben von Gott. Deshalb ist sie krisenfest.

Wo solche Liebe Menschenherzen nicht erreicht, bleibt auch eine Ehegemeinschaft, wenn sie überhaupt diesen Namen verdient, auf mehr oder weniger Erotik und Sexualität, auf gemeinsame Erziehungspflicht, auf Gütergemeinschaft herabgesetzt. Gewiss, auch das sind Gaben unseres Schöpfers. Aber sie sind nicht krisenfest. Wie weit kommen wir schon mit ihnen ohne die edelste Gabe des Erlösers, seine Liebe! (Siehe 1Kor 13.) Damit soll die Ehe nicht idealisiert werden, auch unsere Ehe nicht. Die Ehe lebt – auch unsere Ehe lebte – von der Vergebung. Ebenso weiß ich, dass die Ehe mit dem Irdischen endet. Die Liebe aber endet nicht! Deshalb »stapfe« ich gern!

Sehr gern verrichte ich auch noch alle Dienstaufträge im Gnadauer Verband, im Liebenzeller Gemeinschaftsverband, in der Liebenzeller Mission und darüber hinaus. Ganz vorn steht dabei der Verkündigungsdienst, der mich auch in die Ferne führt: nach Zypern und Griechenland, nach Mallorca, Ungarn, in die Slowakei, nach Österreich wie nach Maisenbach oder wohin auch immer.

Ebenso gern war ich im Februar 1997 mit dem Gnadauer Vorstand in Bonn, wo wir zusammen mit dem Gesamtvorstand des Deutschen CVJM Gespräche mit Politikern führen konnten und einen Empfang bei dem damaligen Bundeskanzler Dr. Helmut Kohl im Bundeskanzleramt hatten. Das werde ich wohl nicht vergessen: Ich besaß die Frechheit, ihn beim Abschied vor dem Speisesaal um ein Autogramm zu bitten. Ich wollte doch in

»Durchblick und Dienst« darüber berichten und dabei seine Unterschrift in die Nähe seines Bildes bringen. Es ist auch alles gelungen: Die Veröffentlichung eines Berichtes, des Bildes und seiner Unterschrift.

Natürlich war ich auch gern bei der »Eurim«-Tagung im April 1997 in Komorni Lhothka, im tschechischen Teil des Teschner Landes. Sonntags durfte ich im Frühgottesdienst in der großen Gnadenkirche im polnischen Teschen die Predigt halten. Ja noch mehr, ich sollte auf Wunsch des jungen Pfarrers, der mich übersetzte, wenigstens einen Satz der Liturgie in polnischer Sprache singen! Ich habe vorher fest geübt – und es ging.

Auch das schöne Diakonissenmutterhaus in Dzieliegow durfte ich bei dieser Gelegenheit besuchen und die Predigt im Gottesdienst halten. Anschließend wurde das Mittagessen im geschmackvoll eingerichteten Speisesaal bei dezenter musikalischer Kulisse eingenommen.

Wie gern war ich in den Schulferien 1998 in der Bibelschule Pécel bei Budapest, um jungen Ungarn, die die deutsche Sprache lernen, Vorträge in Deutsch zu halten! Es ging um recht anspruchsvolle Themen. Sie waren mit dem Sekretär Mikolicz Gyula abgesprochen. Pálúr Anna, die Deutschlehrerin an einem Gymnasium in Budapest ist, half dann den Schülern, die *harten Brocken* zu verarbeiten.

Ich »stapfe gern vorwärts«. Das heißt: Ich muss nicht rückwärts, nicht vergangenheitsorientiert leben. O ja, ich *darf* mich erinnern und ich tue es so gern mit dem Vorzeichen des Losungswortes vom Tag des Heimgangs von Christa: »Lobe den Herrn, meine Seele, und vergiss nicht, was er dir Gutes getan hat« (Ps 103,2). Ich muss nicht vergessen, sondern ich darf und ich soll dran denken! Viele Wege, die ich heute zurücklege, waren doch einst *unsere* gemeinsamen Wege. Durch vieles werde ich an Christa erinnert.

Ende Januar zieht es mich nach Freiburg. Möglichst am 24. besuche ich das Neuro-Zentrum, gehe auf Station »Jung«, wo wir den letzten Geburtstag meiner Frau erlebten. Dann fahre ich mit der Straßenbahn oder mit dem Auto in die Stadtmitte, gehe zu dem Geschäft, wo ich das letzte Geburtstagsgeschenk für

Christa besorgt habe, und fahre wieder zurück. Alles *in memoriam* – »in Erinnerung«.

Erinnerung ist schön – schöner ist die Erwartung. Normalerweise haben Menschen in der dritten Lebensphase, wie man heute zu sagen pflegt, nicht mehr viel zu erwarten. Deshalb leben sie, vielleicht ohne es zu merken, aus der Erinnerung. Das meiste liegt hinter ihnen, weniges vor ihnen; so leben sie im Gestern. Christen aber sind doch gerade mit zunehmendem Alter der größten aller Erwartungen näher gekommen: Gottes großer, unvorstellbar schöner Ewigkeit! Dort haben wir viel zu erwarten. Dort dürfen wir den Vater sehen, dem wir alles verdanken: das irdische Leben und alles, was er in es gelegt hat. Jesus, seinen Sohn, dürfen wir sehen, unseren Retter und Herrn, dem wir eine vollkommene und ewiggültige Erlösung verdanken. Wir dürfen unsere Lieben wiedersehen, die im Glauben an Jesus uns vorangegangen sind. Mit ihnen dürfen wir dem Vater und dem Sohn dienen – dann vollkommen, dann, ohne schuldig zu bleiben und schuldig zu werden, im neuen Jerusalem (Off 22,3 b–4).

Das brach übrigens schon am Begräbnistag als heißer Wunsch in meinem Herzen auf, dass Christa und ich dort in einem Team dienen dürfen. Ob das den Verhältnissen im neuen Jerusalem entspricht? Ist das zu irdisch gedacht? Ich warte gespannt.

Dieses Leben nach vorn geschieht mit dem Vorzeichen: »Ich vergesse, was dahinten ist, und strecke mich aus nach dem, was da vorne ist, und jage nach dem vorgesteckten Ziel, dem Siegespreis der himmlischen Berufung Gottes in Christus Jesus« (Phil 3,13–14). Das war der mir vorgegebene Text der Ansprache, die ich am 23. Juli 1995 beim 75. Jubiläum der Gemeinschaft in Unteröwisheim hielt, wo Christa noch unter den Zuhörern vor mir saß.

Ich »stapfe gern vorwärts«, denn es geht ja heimwärts. Dabei wird die Gegenwart nicht vernachlässigt, ganz im Gegenteil: Es ist auf diesem Heimweg mein sehnlicher Wunsch, Treue im Kleinen zu üben. In meinem verantwortungsvollen Dienst war ich manchmal großzügig. Ich musste Prioritäten setzen, Wichtiges von weniger Wichtigem unterscheiden. Nicht selten kam das scheinbar weniger Wichtige zu kurz. Jetzt möchte ich mir immer mehr von meinem Herrn die Prioritäten setzen lassen. Marie Schmalenbach, die Frau eines Superintendenten, die 23 Jahre lang als Witwe lebte, hat uns mit ihrem Lied ein Gebet gelehrt, das um Ewigkeitsmaßstäbe bittet:

»Ewigkeit, in die Zeit leuchte hell hinein,
dass uns werde klein das Kleine
und das Große groß erscheine;
selge Ewigkeit, selge Ewigkeit!«

Zielbewusst, heimatorientiert zu leben ist schön.

Ja, ich »stapfe gern vorwärts«, denn das Licht vom Vaterhaus erhellt Weg und Horizont! Dabei kann ich mich auch über Etappenziele freuen. Diese Freude wird aber durch die Freude auf das Endziel gereinigt und deshalb leuchtender.

Ich betreibe keinen Friedhofskult. Unsere Grabstätte ist pflegeleicht angelegt. Gern übernehme ich die Einpflanzungen. Meine Angehörigen in Bietigheim-Bissingen begießen die Pflanzen im Sommer. Zum Ewigkeitssonntag bringe ich ein schönes Wintergesteck auf den Friedhof St. Peter. Und am 23. Februar stelle ich ein Amaryllis-Arrangement auf unser Grab – ja, auf *unser* Grab. Es ist beim Friedhofsamt geklärt, dass auch für mein »*Pilgerkleid*« noch Platz darin ist.

Nachdem das schlichte Kreuz, auf dem nur »Christa Gajan« mit den beiden Daten stand, durch einen Grabstein ersetzt worden ist, stehe ich noch lieber davor. Dass der Name meiner Frau so alleine dastand, tat mir weh. Jetzt ist zu dem Grabmal für unsere Eltern und Tante Helene noch ein schmaler Stein aus dem gleichen Material dazugestellt worden. Damit die Steine nicht zu massiv wirken, hat Tobias Michael aus Sachsen eine schöne Holztafel hineingearbeitet. Und auf dieser stehen unsere beiden Vornamen, darunter unser Familienname. Darüber befinden sich unsere Geburtsjahre. Über meinem Vornamen fehlt noch das Jahr der Versetzung aus dieser Zeit zu der Schar »der vollendeten Gerechten« (Hebr 12,23). Dieses Datum ist noch unbekannt. Sollte unser Herr Jesus Christus vorher kommen, um seine Gemeinde abzuholen, wird er mich nicht zurücklassen, wenn auch mein Name schon auf dem Grabstein steht: wenn mein Verhältnis zu ihm nur in Ordnung ist! Meinen Lebenslauf habe ich auch schon abgefasst, damit keine unbeabsichtigte Geschichtsfälschung geschieht. Die Liedwünsche sind ebenfalls schon notiert.

Es war an Pfingsten 1996. Christoph Morgner war Festredner bei einem Jubiläum des Hensoltshöher Gemeinschaftsverbandes in Gunzenhausen. Ich hatte dabei ein Grußwort zu sagen. In seine Ansprache ließ er die Frage einfließen: »Haben Sie schon den Text für ihre Beerdigung ausgewählt?« So eine Frage habe ich noch nie in einer Predigt gestellt. Doch man lernt nie aus. Nach seiner Predigt saßen wir nebeneinander. Ich flüsterte ihm zu, dass ich meinen Lebenslauf geschrieben und die Lieder ausgesucht hätte, den Text hätte ich aber noch nicht. »Das kommt noch«, meinte er. Er hatte recht. Inzwischen habe ich ihn. Es ist ein Wort aus dem Alten Testament: die Zusammenfassung der dramatischen Biografie Josefs.

Übrigens ist es für mich auffallend und nicht von ungefähr, dass Christa in der Josefsgeschichte drei gleichlautende Sätze in ihrer Bibel angestrichen hat: »Gott hat mich vor euch hergesandt« (1Mose 45,5 b.7 a.8 a).

Der Text, der für mein Begräbnis, wenn unser Herr Jesus Christus nicht vorher kommt, vorgesehen ist, lautet: »Gott gedachte es gut zu machen« (1Mose 50,20 b).

Ich »stapfe gern vorwärts«!

Wir sind ja auf dem Heimweg

Nur ein paar Tage nach dem Heimgang meiner Frau Christa erhielt ich Post von einem Teilnehmer unserer Tatra-Freizeit 1995, der ein leidenschaftlicher und guter Amateurfotograf ist. Er schickte mir eine Aufnahme zu, die er bei unserer Pragbesichtigung am Ende der Reise gemacht hatte. Christa und ich kamen aus dem Veits-Dom auf dem Hradschin. Ich hatte mich bei ihr eingehängt. Wir wussten nicht, dass wir fotografiert werden sollten. Der Fotograf kam hinter uns und knipste. So entstand die letzte Aufnahme von uns beiden.

Der Absender machte zu diesem Bild zwei Anmerkungen: Zum einen solle ich auf unsere Schritte achten. Wir gehen im Gleichschritt. So war das in unserer Ehe- und Dienstgemeinschaft, dachte ich, als ich das Bild sah. Der Gleichschritt war nicht soldatisch oder durch ein Kommando bedingt; wir taten das freiwillig, aus eigenem Wollen. Zum anderen fügte der Fotograf hinzu, man könnte über das Bild schreiben: »Hinten nachsehen.« Damit war ich nicht ganz einverstanden. Ich ließ ihn wissen, dass ich über das Bild, für das ich mich herzlich bedankte, schreibe: »Wir sind ja auf dem Heimweg.«

Es ist eines der Lieder, das wir Hedwig von Redern (1866–1933), der Mitbegründerin und Zweiten Vorsitzenden des Deutschen Frauen-Missions-Gebetsbundes verdanken. Christa mochte diese gesegnete, originelle Frau; sie hat auch ein Lebensbild von ihr ausgearbeitet. Die vier Strophen dieses Liedes lauten:

> »Wir sind ja auf dem Heimweg,
> was blickt ihr so betrübt?
> Wir sind ja auf dem Heimweg
> zum Vater, der uns liebt.
>
> Und wer da heimwärts wandert,
> schaut nicht viel nach dem Pfad,
> er denkt nur an die Freude,
> die er vor Augen hat.
>
> Schon hier und da ein Lichtlein
> blickt durch den Nebel her,
> das kommt schon von der Heimat,
> sie ist nicht ferne mehr.
>
> Ach, das Nachhausekommen!
> Kein Wort hab ich so gern,
> wir sind ja auf dem Heimweg
> nach Salem, zu dem Herrn.«